欺骗与测谎——陷阱与良机

（第二版）

Detecting Lies and Deceit: Pitfalls and Opportunities

（Second Edition）

［荷］Aldert Vrij 著

韩春梅 张 磊 刘 远 译

刘洪广 刘慧娟 审校

中国人民公安大学出版社

·北 京·

图书在版编目（CIP）数据

欺骗与测谎：陷阱与良机：第二版/［荷］阿尔德特·弗瑞著；韩春梅，张磊，刘远译. —北京：中国人民公安大学出版社，2016. 10

书名原文：Detecting Lies and Deceit Pitfalls and Opportunities（second edition）

ISBN 978 -7 -5653 -2708 -7

Ⅰ. ①欺… Ⅱ. ①阿… ②韩… ③张… ④刘… Ⅲ. ①测谎—文集 Ⅳ. ①D918 -53

中国版本图书馆 CIP 数据核字（2016）第 243630 号

本书版权登记号：图字：01 -2015 -0930

Title：Detecting Lies and Deceit Second Edition by Aldert Vrij，

ISBN：978 -0 -470 -51624 -9

欺骗与测谎——陷阱与良机（第二版）

［荷］Aldert Vrij 著

韩春梅 张 磊 刘 远 译

出版发行：中国人民公安大学出版社
地 址：北京市西城区木樨地南里
邮政编码：100038
经 销：新华书店
印 刷：北京市泰锐印刷有限责任公司

版 次：2016 年 10 月第 1 版
印 次：2016 年 10 月第 1 次
印 张：23. 75
开 本：787 毫米 ×1092 毫米 1/16
字 数：490 千字

书 号：ISBN 978 -7 -5653 -2708 -7
定 价：68. 00 元

网 址：www. cppsup. com. cn www. porclub. com. cn
电子邮箱：zbs@ cppsup. com zbs@ cppsu. edu. cn

营销中心电话：010 -83903254
读者服务部电话（门市）：010 -83903257
警官读者俱乐部电话（网购、邮购）：010 -83903253
教材分社电话：010 -83903259

译者说明

不管是在图书大厦还是网上书店，琳琅满目的心理学书架中总能看到以识谎为主题的书籍。随手翻看这些书籍就可大致感觉到，往往缺乏严谨的论述，一些经验性的片面观点比比皆是，甚至有的观点在不同的书籍中还相互矛盾。究其原因是由于近年来识谎领域渐渐为人们所了解，而大众也迫切地想了解识谎的相关知识。一些书商便利用这一契机以“识谎”为主题来吸引大众的眼球，而其内容大多以个人经验为主，缺乏充分的证据。这样一来就会给读者带来误导，甚至让读者以为“识谎”这一领域就是骗人的“伪科学”，而对这类研究失去信心。

其实，科学识谎一直是心理学界不断研究的一个问题。从古时候的嚼米断案、摸圣猴法，发展到现在的多导仪检测、脑电测试、声波测试等，人们识谎的手段越来越趋向于客观化、科学化。然而，研究者们在研究中不断摸索，反复询问这几个问题：这些先进的技术到底能在多大程度上识别谎言？这些技术各自有何优势？在实际应用中它们能发挥多大的作用？

本书是近年来为数不多的对欺骗和识谎研究进行系统介绍的综合性学术著作。也就是说，本书呈现的论点和论据是依据科学严谨的实验而得来的，而非著者个人的经验。大量经过实践检验的识谎技术得以在本书中展现，其中将最近比较流行的非言语行为识谎也纳入其中与读者分享讨论。本书作者 Aldert Vrij 以科学严谨的态度对各种测谎方法进行了批判性介绍，并引入大量的国际上识谎研究的最新数据。对于外行来说，本书所介绍的一些新技术可以让您对神秘的测谎工作有一个全面且客观的认识；对于专业人员来说，书中展示的各类数据资料可为研究提供帮助。

本书的出版是集体智慧的成果。国际关系学院心理教育研究中心王龙老师（第6章）、中国科学院心理研究所2013级研究生肖亚辉（第9章、第10章）、北京大学对外汉语教育学院2013级研究生张媛媛（第14章）、中国政法大学刑事司法学院杨冉明老师（第5章）和武汉大学心理系2010级本科生李泽成（第7章、第8章部分内容），感谢他们在百忙之中抽出时间对本书翻译工作的帮助和支持。本译著最大限度地保留原版书的章节体例设置，保留了原书的文前顺序，删除了外文索引。

由于译者翻译水平有限，难免出现纰漏，还望各位读者谅解，并多多批评指正。

2014 年于中国人民公安大学

推 荐 序

欺骗与测谎是一个令人感兴趣的话题，从传统道德的角度，欺骗是负性的；但另一方面，欺骗又是人类复杂的社会认知能力的体现。因此，研究欺骗与测谎也是心理学者一直以来较为热门的专业领域之一。

由 Aldert Vrij 教授编写的《欺骗与测谎——陷阱与良机（第二版）》一书对国际上近年来比较热门的说谎与欺骗研究进行了全面、细致的描述。该书饶有新意地对各类研究的优劣进行了客观而准确的评论。对于基础心理学研究者而言，这是一本能够深入了解谎言与欺骗机制的好书，而对于应用心理学实践者来说，该书对现阶段测谎研究所形成的具体方法和问题进行了系统的归纳，能够更好地指导实践。特别值得一提的是，该书对目前主流的认知神经科学技术，ERP 和 fMRI 测谎进行了方法学描述与研究综述，介绍了测谎领域的新突破，有利于拓展读者的视野，促进相关学科在中国的发展。

该书的出版在一定程度上满足了时代发展的需要，书中全面系统地介绍了进入21 世纪以来国际测谎领域研究的发展成果。相比第一版而言，作者在本版中更加注重鸟瞰全貌，删减陈旧，反映新知。书中提供了当代欺骗研究的资料和新内容，并兼顾以往的知识架构。知识面广，研究内容新，观点独特，具有较强的学术和应用价值。

最后，衷心感谢中国人民公安大学的老师和同学们的辛苦付出，相信在你们的努力下，这本书中文版的出版能够给中国心理学界注入新的活力。

深圳大学情绪与社会神经科学研究所

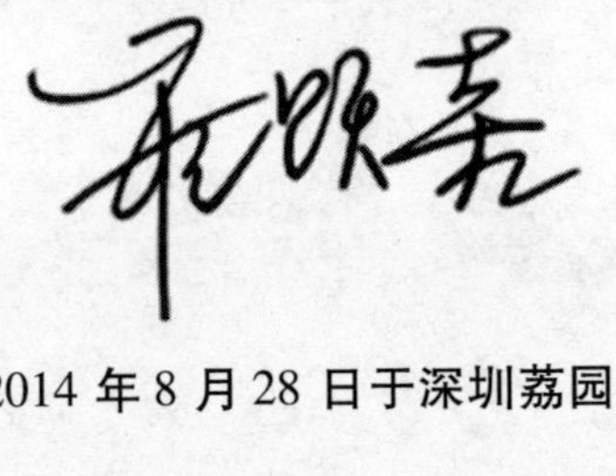

2014 年 8 月 28 日于深圳荔园

目　录

作　　者

Aldert Vrij 担任英国朴茨茅斯大学（University of Portsmouth）心理系应用社会心理学教授。目前已发表300余篇论文，其研究领域主要是关于识谎和欺骗的非言语和言语线索。他还曾担任警方讯问嫌疑人的顾问、法庭专家证人；曾在全世界范围内应邀对识谎专业人员和学者进行演讲和培训。目前，Aldert Vrij 担任丛书《法律与犯罪心理学》（Legal and Criminological Psychology）主编，该套丛书已由英国心理学会出版发行。

丛 书 序

Wiley 出版的犯罪、警务与法律心理学系列丛书涉及了当代研究的重要领域。这套书的目的不仅在于以通俗易读的方式呈现研究结果，而且希望这套丛书可以为政策制定与实践应用产生一定的影响。从这个角度来说，本套丛书不但希望可以为心理学家所使用，而且希望所有关注犯罪识别与预防、警务和司法程序的人都可以从本套书中受益。

本书聚焦谎言和欺骗的识别，但同样也关注真相的查明。开始的章节重点介绍关于人们在试图判断某人欺骗和（随之发生的）错误识别中存在的种种谬误。随后的章节中提及很多人经常撒谎（尽管本意是好的）。因此，大多数人可能去学习怎样能够成功撒谎。第 3 章和第 4 章呈现了内容丰富且有深度的论述：（1）与非语言和言语行为/线索识别欺骗有关的各种心理学理论；（2）已经研究发现的与欺骗有关的线索。第 5 章回顾了人们普遍认为与识谎有关的线索以及前两章中被认为是错误信念的大量研究。紧接着第 6 章对善于识别谎言/诚实的人是如何做到的进行了全面的解读，其中包括相关的专业人员的解读。

第 7 ~ 10 章对已开发的用于从行为和言语来判断欺骗和诚实度的过程/技术进行考察。其中一些在全世界范围内推广的技术方法还未被研究证实是有效的。事实上，过分依赖这些技术可能导致无辜者被迫害，而有罪者则继续逍遥法外。

第 11 ~ 13 章关注尝试通过身体或大脑活动来识别欺骗的技术和方法。已有研究证实这类识谎技术的结果略高于或接近于随机水平。这些章节和第 14 章同样想解释为什么识别说谎者如此困难。

关键的最后一章关注于人们如何提高他们的识谎技巧。其内容有别于很多书中所提及的老套识谎方法，而是通过心理学理论和研究从深层次进行探究。

本书涉及领域广，内容多（引用了超过 1100 篇参考文献），Aldert Vrij 教授努力编写比第一版（2000 年版）更加优秀的图书。这本书是学术最高水平的代表，它将帮助人们了解为什么识别谎言是如此的困难——我确信它一定会！

RAY BULL

GRAHAM DAVIES

2007 年 8 月

前　言

在 2000 年出版《识别谎言和欺骗》（Detecting Lies and Deceit）一书时，我并没有打算在十年之内出版第二版著作。然而，一些重大的事件改变了我的想法。自 2000 年以来，世界范围内已经经历了几次恐怖袭击和安全威胁。美国政府发动了其所谓的“反恐战争”。基于此背景，识别谎言的愿望比以前更加急切，政府召集大量专家设计识谎工具来让公民免受侵害。

科学家们通过不断开展研究对这一问题进行回应。目前每年有超过 150 篇关于欺骗和谎言识别的文章发表在经同行评审的期刊上。一些学者称自己已经开发出具有高准确率的识谎工具，并鼓励政府使用这些工具。他们是怎么打算的呢？是具有实质进展还是虚张声势？亦或两者都有？我的观点是，实质进展和虚张声势的宣传往往缠绕在一起。同样，我认为将两者区分开来的唯一途径是例举出关于说谎和识谎的全面的事实和观点。事实的解释可以让读者对准确性形成更加全面的见解。

本书对目前已发表的欺骗研究进行了全面的回顾。这与第一版书中一些方面有所不同。首先，对旧的文本进行了更新，并添加了数百篇新的研究。其次，对在 2000 年版中未提到的识谎方法进行描述，如行为分析访谈法、科学内容分析（SCAN）、声压分析、热成像、P300 脑电研究和功能性磁共振成象（fMRI）研究。再次，由于如今欺骗研究领域已发生巨大的变化，因此有必要对我书中的内容进行重写，因此我对大部分旧的文本进行了重写并调整结构。例如，本书中提到专业人员为什么不能识别谎言以及他们怎么做能够成为更好的识谎者。这些章节在 2000 年版本中并未涉及。

我相信，为您呈现的本书内容与 2000 年版本相比内容更加全面、结构更加合理。我同样认识到，由于这本书比 2000 版包含更多的内容文本，因此读者可能会更倾向于阅读个别章节而非从头到尾进行通读。为了便于读者的这种阅读方式，我已经确定本书各个章节之间是相互独立的，并不受彼此的影响。

致　谢

在此我非常感谢 Samantha Mann 博士对本书草稿提出的宝贵建议。同样感谢 Sharon Leal 博士对本书生理学有关的章节（第 11 ~13 章）和第 15 章提出的深刻见解，以及 Pär Anders Granhag 教授对第 15 章提出的有建设性的意见。我还要感谢过去及现在资助我实施研究的机构，这些机构按首字母排序（英文名称）：英国国家学术院、荷兰政府、荷兰科学研究组织（NWO）、经济和社会研究委员会（ESRC）、休姆信托基金会、纳菲尔德基金会、英国政府、美国政府和朴茨茅斯大学。没有他们的经济帮助我将无法实施我的研究并撰写此书。在我的很多研究中，被试是来自荷兰和英国的警官。我高度欣赏他们的参与热情，他们为具有专业基础识谎者的技能提出了宝贵的意见。另外，我还要感谢为我们提供警方询问嫌疑人视频的警官。这为我们开展在现实高风险情境下，实施诚实者和说谎者的行为研究提供了机会。最后，由衷地感谢约翰威立（John Wiley & Sons）国际出版公司出版了本书。

第1章 引 言

◇◇关于欺骗的谬论

人人都知道说谎是什么意思，我们对说谎的熟悉也使得我们对欺骗有了深刻的认识。① 例如，我们都知道说谎是不受欢迎的行为。正直的人没有说谎的习惯，所以我们自己也很少说谎。而这点恰恰让我们变得不善于说谎。我们讨厌说谎，也讨厌被别人欺骗。我们不希望和骗子们在一起时，总想着尽量避免和他们接触。

幸运的是，大多数人也没有成为一个善于说谎的人。他们紧张的行为，避免接触的眼神都表明他们正在说谎。因此，我们仅仅通过观察某个人的行为就可以认出说谎者，特别是在面对孩子、搭档和亲密朋友的时候说谎。

当然，一些人如专业行骗者、走私者和其他类型的罪犯，通过欺骗来达到他们的目的。如果成功，将使我们遭受重大伤害。幸而有一群人可以很好地保护我们，避免让我们陷入骗子们的圈套，这就是专业识谎者。这些识谎者更善于识破谎言，特别是在使用专业的测谎仪器时。事实上，过去使用过的一些测谎仪器后来证明是无效的，但是测谎仪器一直在不断改进。例如，科技的发展如脑成像技术使得研究者可以直接了解人们的思想与情感，因而可以十分准确地识别某人是否在撒谎。所以，专业人员使用比过去复杂得多的讯问技术来识别谎言。

谎言识别准确吗？事实上不准确。上述所有描述更像是虚构的故事而非事实。而我将在本书中逐一破解它们。

◇◇说谎高手与识谎白痴

人们往往低估了自己说谎的能力（Elaad，2003）。究其原因有以下几点：首先，他们高估了自己表达想法、情绪和其他精神状态的程度（如错误信念*，Gilovich，Savitsky，& Medvec，1998）。换句话说，人们错误地认为自己编造的谎言是显而易见的。其次，人们的自我知觉更趋向于积极评价（Taylor & Brown，

① 我将交替使用说谎（Lying）和欺骗（Deception）这两个术语。

1988)，通常认为自己比别人更有道德感（Taylor & Brown，1988）。而承认自己善于说谎与积极的自我形象不相匹配。尽管人们说的谎言更多的是属于善意的谎言，但记住的谎言更多的是严重的谎言（Elaad，2003）。本书指出，识别恶意的谎言比识别善意的谎言更容易，因而人们大多记住比较容易识别的谎言（恶意的谎言）。最后，人们可能记得的是说谎失败时的情形，特别是在说谎失败导致消极结果的时候。由于忘记了说谎成功时的情形，他们自己可能低估了他们说谎成功的次数。

人们也常常高估了自己的识谎能力（Elaad，2003），而其实更多的谎言并未引起人们的注意。谎言未被识别出来的原因有很多，这些原因可以归为三种（Vrij，2007）：低动机、识谎的困难以及识谎者所犯的错误。

◇◇低动机——鸵鸟效应

谎言未被发现的其中一个原因是人们根本没打算识别它们，不想了解事情的真相。我将这一现象定义为“鸵鸟效应”。一个人不想知道真相的原因至少有以下三点：

第一，谎言有时候比真相更让人愉快。这种情况下忽视谎言更可取。例如，对一个人身材、发型、穿着或成绩的恭维，有什么必要烦恼它是不是真实的呢？

第二，有时候人们不想调查他们到底有没有被骗，是因为害怕知道真相。有数据表明，50%的男性和40%的女性有婚外情（Feldman & Cauffman，1999），而且其中很多人未被发现。例如，一位丈夫可能会尽量避免怀疑他的妻子有婚外情，因为如果他发觉事情的真相，并面对自己的爱人时，他的妻子可能会选择离开丈夫。这可能是丈夫不愿看到的。因此，知道事情的真相可能会给这位丈夫带来不愿看到的后果，所以他决定不追究这件事。在 Lewinsky 的丑闻曝光后，Clinton 总统告诉他的官员们他没有和莱温斯基发生过性关系。白宫的行政主管 Erskine Bowles 在那时更愿意相信他。当他接受 Grand Jury 采访时，Bowles 说道：“我能告诉你的是：我效劳的这个男人看着我的眼睛说他没和那个女人发生性关系。如果我不相信，我就没法继续工作，因此我得相信他。”（The Independent，14 September，1998，p. 4）

第三，人们有时候不想识别谎言是因为他们对知道真相后能做些什么感到迷茫。例如，大多数客人不想知道主人是不是真的喜欢他们送的礼物，因为他们即使知道主人不喜欢他们的礼物后也不能做什么。在严重的问题上，谎言可能以相同的原因而不被发现。试想上边例子中提到的妻子不离开她丈夫，她的丈夫又该怎么做呢？一旦婚姻出轨，“戴绿帽子”的丈夫也会在信任妻子问题上陷入困扰之中，而且这种影响需要很长一段时间才能修复。Clinton 的私人秘书 Betty Currie 试着避免了解与 Clinton 和 Lewinsky 有关的细节可能是出于同样的原因。一次，Lewinsky 对 Currie 谈起总统和她自己时说道：“只要没人看到我俩在一起，那就什么都没发生。”Currie 回应道：“我不想听了，别再说了。我再也不想听了。”（The Observer，13 September 1998，p. 8）事实上，我们可以很清楚知道关于此事的任何细节将使 Currie 陷入困境，让其在究竟是公布事实真相还是扮演得力助手的角色上艰难抉择。这可能就是她更倾向于保持不知情的原因。

◇◇识谎的困难

正如本书所说，即使是在有意想识别谎言的时候，人们也常常以失败告终。有研究显示，即使是专业的识谎者，如海关工作人员或警察，也常常作出错误判断。他们的识谎能力不比外行人高多少。因为识谎实在是太难了。其中主要的困难是由于没有某种特定的动作、语言或生理反应是和欺骗相联系的。也就是说，不存在童话中主人公说谎鼻子就变长的类似表现。这意味着没有让识谎者完全可以依赖的某个特定反应。另外，说谎者可能有意地表现出可以制造诚实印象的语言、非语言或生理反应来迷惑识谎者。正如我们所了解到的，说谎者使用所谓“反测谎”手段常常能骗过专业测谎仪器。

◇◇识谎者犯的错误

人们不能正确识谎的另一类原因是由于在识谎过程中常发生错误。本书中我将讨论很多识谎者常犯的错误，如常将注意力集中在与识谎无关的线索上。其中之一的原因是因为有人教他们这么做。例如，Inbau 和他的同事写了一本关于审问嫌疑人的畅销书。本书的最新第四版于 2001 年出版发行（Inbau，Reid，Buckley，& Jayne，2001）。[①] 在他们的书中提到了一系列嫌疑人说谎可能出现的行为。这些线索包括姿势变换、眼神躲避、自适应行为（摸后脑勺、摸鼻子、揪或抚摸头发、扯衣服上的线头等）、说话时用手遮挡嘴部或眼部、隐藏手部（坐在手上）或者隐藏双脚（藏在椅子下面）。特别是说谎者将他们的手放在嘴部或眼睛周围来避免视线接触这一观点经常在警察类文章中提及（Brougham，1992；Gordon & Fleisher，2002；Kuhlman，1980；Macdonald & Michaud，1992；McKinnon，1982；Rabon，1992；Walkley，1985；Walters，1996；Waltman，1983；Yeschke，1997；Zulawski & Wicklander，1993）。同样，本书中我也指出，这些行为能提示说谎，但 Inbau 和其他识谎文章中提到的大部分行为线索与说谎无关。这也是为什么识谎者注意到行为线索却仍不能正确识谎的原因之一。

---

① 尽管有很多警察手册，但我主要关注 Inbau，Reid，Buckley 和 Jayne（2001）的书籍。因为他们的手册广泛应用于警方和军事审讯中，十分受欢迎（Gudjonsson，2003）。

◇◇缺乏实效性

当人们阅读识谎文章后或听专业识谎人员的介绍后，往往会对自己的识谎能力过于自信。原则上来讲，可通过观察某人的行为，分析其话语或测量生理反应来识别谎言。但这三方面内容往往缺乏研究的支持。下面将举例说明。美国心理学退休名誉教授 Paul Ekman 终生致力于利用非言语线索识谎。他的研究影响了学术界长达数十年。不久前他宣布，任何人在学习其研发的测谎系统之后都可达到95%以上的准确率（New York Times Magazine，5 February 2006；又见 Washington Post，29 October 2006 类似描述）。然而，并没有研究支持这一说法（第6章）。

在 Inbau 等人（2001）的手册中详细讨论了一种访谈技术——行为分析访谈法（Behaviour Analysis Interview，BAI）。这个手册与一个训练项目相连，通过训练，John E. Reid 和他的同事将 BAI 和其他方法传授给专业从业人员。其网站（http://www.reid.com/training_programs/r_interview.html）声称，1974 年以来，已有超过 30 万名权力机关与安全领域的专业人员参加了他们为期三天的训练项目。其进一步声称经过行为分析评估的受训者可以准确地识别 85% 的谎言（Inbau *et al.*，2001）。而事实上这一说法仍缺乏关键的证据支持（第 7 章，见 Blair & Kooi，2004）。

已退休的德国名誉心理学教授 Udo Undeutsch 研发了基于语言的测谎工具——陈述有效性评价（Statement Validity Assessment，SVA）。他报告这种方法已成功应用于德国及瑞典数千起儿童性虐待犯罪案件的调查当中，并且其结论与之后审判结果相一致（Undeutsch，1982）。这表明这种方法具有很高的准确性。然而，上述内容并没有得到 SVA 的研究支持。在论述 SVA 一章中，我将讨论不能否认 SVA 的专家结论的原因——在儿童性虐待案件中往往没有实际的证据，因而不太可能反驳 SVA 专家的结论（第 8 章）。

是否应该使用多导仪（Polygraph）作为测谎工具的争论十分激烈，本书中也将详细解释。专业人员往往相信多导仪有高准确度。美国多导仪测试官 Dan Sosnowski 称在美国对多导仪的评估显示多导仪的测谎准确率达到 97%（The Independent，11 October，1999，p. 1）。Sosnowski 的言论是夸张的，而根据科学多导仪的有关文献，多导仪的准确性也遭到了质疑。

Pavlidis，Eberhardt 和 Levine（2002a）在著名杂志《自然》报告了一种高清晰度的热成像技术，通过记录眼部热成像模式来检测可识别的谎言。这一技术不需要专业人员操作，也不需要物理接触，因而他们建议将其应用于快速安全筛查当中。他们的文章自然吸引了媒体的大量关注，因为听起来这项技术很有发展前景。它可以应用到机场安检中识别走私贩和潜在的恐怖袭击者。然而，在随后的勘误中 Eberhardt 和 Levine（2002b）纠正了上述说法“并未表达出这种热成像技术已经适用于大规模安检中的意思”（斜体部分系作者所加）。我将在本书中说明《自然》中的文章所报告的谎言检测方法是否可靠的争议（第11章）。

测量大脑反应这一方法推出以来，有人声称这种技术可以成功应用于测谎当中。例如，Farwell博士开发了“Brain Fingerprinting”（脑指纹）技术，并在其公司的网站www. brainwavescience. com上大加宣传。他声称通过测量脑电波可以准确地区分诚实者和欺骗者，而其他人却很少信服。Wolpe，Foster和Langleben（2003）指出实际上只有相当少的被试参与了测试，而且大部分脑指纹数据没有发表在有同行评审的期刊上。[①] 也就是说Farwell的技术并没有接受严格的科学审查。为了支持其高准确性的结论，Farwell提及在他网站上与Smith于2001年进行的研究。针对这篇所谓证据充分的报告，美国国家研究委员会（National Research Council）（2003，p. 162）进行了讨论，并提到“受训者面对的刺激量很小，而且总样本量也很少……是否能将这些结论推广到其他更复杂背景下的群体尚不清楚”。有趣的是，在南佛罗里达州大学工作的心理生理学家Emanuel Donchin（Farwell之前的毕业导师以及其中一篇文章的合著者）反思Farwell的文章后提道：“必要的研究工作还从未开展”（Knight，2004）。换句话说，脑指纹的准确性并没有Farwell博士宣传的那么准确（第12章）。

Ruben Gur主要研究脑结构与脑区的活动。其所在小组是声称达到99%测谎准确率的研究小组之一，并将应用于恐怖分子的探测（Wild，2005）。同样，他那项99%准确率的研究也没有发表在有同行评审的期刊上，而在有同行评审的期刊上发表的准确率要低得多。此外，Gur测谎技术的前提假设过于简单化。Gur声称“说谎总比说实话复杂”（Wild，2005），而如本书所述，事实并非如此（第13章）。

◇◇本书内容

本书讨论了说谎的言语、非言语和生理指标，并讨论了这三个指标的谎言识别力。我将特别强调两个问题：（1）说谎者与诚实者在非言语行为、说话内容以及生理反应中是否存在系统的差异？（2）通过观察非言语行为、说话内容以及生理反应能在多大程度上区分出说谎者？

本书从欺骗的一般问题开始。在介绍欺骗的定义后，我描述了各种类型的谎言，人们说谎的原因，人们说谎的频率以及说谎的个体差异。第二章中主要介绍说谎是生活中重要的一部分。在社交中谎言的角色分为两部分：有时说谎对他人造成

① 同行评审（Peer Review）是科学写作的重要一环。这一过程主要是由编辑和至少2名评审对作者提交的文章进行严格审查。这些评审委员是与作者在相同研究领域的科学工作者，因而对文章中本领域的研究方法有较深入的研究。由于编辑与同行在审查后发现一些严重的缺陷，大多数递交给同行评审的文章是被拒绝的。而没有被拒的文章在出版之前一般要进行一定的修改。

了伤害，但在生活中又有很多谎言属于善意的谎言，作为社会润滑剂，它对于他人是有益的。

第 3 章介绍了非语言行为与欺骗的关系。我列举了几个理论证明非言语行为可以作为欺骗的线索而出现，并讨论了诚实者和说谎者的行为研究。其中包括警察审问嫌疑人，政客 Bill Clinton 和 Saddam Hussein 表现出的行为。本章将说明大部分非言语线索与欺骗行为无关，而仅仅很少的一部分和欺骗行为有联系。非言语行为与欺骗的关系是复杂的。因为欺骗线索因人而异，并且与发生背景密切相关。

第 4 章是接下来 5 个章节中第一个介绍识谎言语线索的章节。在后面章节中（第 7 ~10 章）将从言语线索的角度讨论专业识谎者和学者使用的言语测谎工具。在第 4 章我将总结言语测谎工具之外的言语线索。其中一些线索与欺骗有较弱的关系。

第 5 章将讨论人们是如何相信骗子们的所作所为的。人们常常用错误的言语和非言语线索来识谎。人们相信的许多测谎指标实际上与测谎无关，而人们认为与测谎无关的指标却与欺骗有着一定的关系。这些错误观点在世界范围内获得广泛认同，包括专业识谎者和识谎的外行，如警察、海关官员、移民局官员和狱警。

第 6 章主要讨论外行人是如何靠所谓的言语和非言语线索，对陌生人、朋友、爱人或孩子识谎的。本章显示，通常在这种情况下，即使人们在意事情的真相，人们也很难识别出谎言。进而，本章将讨论专业测谎人员是如何通过言语或非言语行为识别谎言的。尽管在通常情况下他们表现得并不比外行人好。

第 7 ~13 章讨论专业人员与学者常使用的各种测谎手段。第 7 章介绍唯一依靠非言语线索识谎的专业方法——行为分析访谈法（BAI）。BAI 同样也涉及部分言语线索。它供全世界测谎从业者学习使用。第 8 章中我讲解了言语陈述可靠性的评估方法——陈述有效性评估（SVA），它开发于德国和瑞典，并运用了评估性虐待受害者的陈述信度。迄今为止，SVA 是使用最广的言语测谎工具。在一些国家，SVA 的评估结果可作为法庭证据使用。第 9 章介绍了另一个言语准确性评估工具——现实监控（RM）。据我所知，由于 RM 具有非常深厚的理论基础，其未被专业人员广泛使用，而是更多的被专业学者使用。在第 10 章中，主要讨论科学内容分析（SCAN）。像 BAI、SCAN 这样的技术已在世界范围内广泛应用。

第 11 ~13 章是关于识谎的生理线索。历史上人们一直假设说谎行为是与人体内的生理活动相伴的。如今，这些活动可以通过不同的方法进行测量，如多导仪（Polygraph），也就是“测谎仪”（这一名称是被误导了，我将在第 11 章讨论）。多导仪可通过测量手指出汗、血压以及呼吸来实现测谎的目的。至于为什么说谎者和诚实者在多导仪测试上会有不同的生理反应，有许多理论基础解释。这些不同的理论基础造成了不同的测试范式。第 11 章将讨论各种基于关注理论的询问范式。第 12 章则对基于朝向反射的询问范式进行介绍。尽管不断完善的测试范式在世界范围内已经非常流行，但是十分完善的以朝向反射为基础的范式在日本和以色列等国仍被限制使用。

在第 11 章中将讨论热成像技术。其中一项技术是测量眼部周围血流情况和重读声音的分析。另一项技术则是测量声音的震颤和其他方面。这两项技术都属于基于关注的识谎技术。第 12 章中主要讨论基于定向反射的脑电测量 P300 脑电波的技术（EEG－P300）。有人称这么多种可供选择技术与多导仪测试有本质上的不同，而这种说法具有误导性。在测量指标上二者确有不同，而在测试范式中的使用上是相同的。因而这些技术在测试范式上有着相同的优缺点。

第 13 章描述了一种基于测量脑区和脑结构活动的测谎方法。这些活动通过功能磁共振成像（functional Magnetic Resonance Imaging，fMRI）加以测量。这一技术是生理学测谎的最新发展，同样与多导仪测谎有着原理上的不同。但使用的测谎范式依旧是一样的。

第 7～13 章中科学文献的综述表明，任何一种准确性评估工具的测谎能力都不够完美。但都要比仅观察某人的言语和非言语行为识谎准确得多。①

第 3～13 章中讲了一些识谎的陷阱。在第 14 章中，我将对这些陷阱进行系统的介绍，并提出了人们不能识谎的 15 种原因。最后一章（第 15 章）介绍关于提高识谎能力的技巧。我提出了一些关于如何通过语言分析或测量生理反应来提高识谎能力的建议。进而，我提出谎言研究专家与其他领域专家合作是十分必要的。第 15 章中的大部分内容是关于如何通过观察某人的言语或非言语行为来提高识谎的准确性，而且我为识谎者提出了 17 种指导意见供他们使用。我之所以在这一章中注意这一类识谎方法主要有两点原因。首先，这一类识谎方法最不准确，因而可能有最大的提升空间；其次，这类识谎方法在更多的情况能够使用。因为它不需要转录某人的话语（对于很多语言分析方法是必需的），也不需要仪器，如多导仪、电极帽（用于脑电测试），或 fMRI 扫描仪器。

---

① 在第 7～10 章中，如果是指通过系统方法进行语言分析的准确性评估时，我将使用语音分析（Speech Analysis）这一术语。如果是指使用非系统的方法观察（或注意）言语线索时，我将使用言语行为（Verbal Behaviour）这一术语。

第2章 说谎——自私行为和社会润滑剂

欺骗是我们日常生活的一部分。一个人说喜欢自己的生日礼物，尽管实际上这根本不是他想要的；客人恭维主人的烹饪技术，尽管实际上食物没有那么好；正在看电视的小孩告诉爸爸自己做完了作业，而事实上他还没开始写。更甚，一个男孩坚持称他没从他母亲的钱包中偷钱；一个走私贩告诉海关官员没有东西需要申报；一个凶手否认他犯了罪。以上这些仅是众多谎言来源中的几个例子。

本章主要涉及日常生活中的说谎行为。在给欺骗下过定义之后，我将描述谎言的不同种类，人们说谎的原因，估算人们说谎的频率以及说谎中的个体差异。本章指出，我们欺骗他人平均超过每天一次。进一步研究表明，说谎行为在社会交流中有双重作用：有时对受骗的人来说是一种伤害。如果人们在第二次世界大战之前就充分了解希特勒的真实意图，那么世界可能和现在完全不同；如果人们知道飞往纽约“双子星”的驾驶员进行的飞行训练是为了达到某个目的；或者，如果人们知道在2005年7月7日有人携带炸弹进入伦敦，就不会导致如此多的民众遇难。然而，我们说的许多谎言是善意的谎言，对受骗的人无害（例如，“你很快会找到男朋友的”“我觉得你比她漂亮”“我觉得你的表现真的很不错”）。正如本章所讲，这类谎言对被骗者（“目标”）是有利的，并常常作为一种社会润滑剂。我将论证说谎在人际关系中是一种重要的现象，而我们常常也喜欢和经常说谎的人在一起。因此，本章挑战了“说谎总是不好的”这一思维定势。

◇◇ 欺骗的定义

我们可以从很多角度对欺骗进行定义。Mitchell（1986，p. 3）的定义特别引人注意。他将欺骗定义为“对传播者有利的错误表达”。这是一个广义的定义，它将很多行为都划归在欺骗的范畴。例如，根据这一定义一些植物也可以说谎。Bond 和 Robinson（1988）对淡紫色的角蜂眉兰是如何欺骗雄性黄蜂产生交配错觉进行了描述。兰花模仿昆虫性信息素产生一种气味，并以此吸引雄性黄蜂。由于颜色与雌性黄蜂类似，雄蜂被引诱到花的中央。在花中央，雄蜂进一步上当，兰花长长的茸毛类似于雌蜂腹下的毛。雄蜂相信它找到了伴侣，于是发生了假性交配。之后黄蜂飞到其他兰花上，于是异花传粉就在不断进行。

由于定义将无意识状态下或错误地误导他人也应该算作是一种欺骗行为，

Mitchell 的定义具有争议。假设一个男孩告诉他妈妈他把买东西后所有的零钱都交给了妈妈，但不小心在口袋里落下了 50 便士硬币，那么根据 Mitchell 的定义，小男孩就是在说谎。同样，老板没有通知售货员有一款商品降价，而有人因此多付费，那么根据 Mitchell 的定义售货员也是在说谎。而很多人都不认同这一观点。Peterson（1995）调查了人们是否倾向于将错误归于谎言。参与调查的志愿者（5 岁孩子和成人）都听了下面这则故事：一个男孩目击了一场事件中有一辆绿色小车，之后由他的父亲询问他是否还记得车的颜色。男孩自以为记得实际上却已经忘了，于是回答道："是的，爸爸，我记得。车是黄色的。"志愿者被问及是否认为故事中的男孩是在说谎。88% 的 5 岁孩子和 95% 的成年人认为男孩不是在说谎。对很多人来说，欺骗的核心问题是这一行为是否具有主观故意性。因此很多人认为上面的例子中提到的兰花没有说谎。

紧随 Krauss（1981）之后，很多研究者将欺骗定义为"欺骗者明知是假的却有意促成另一个人相信和理解的一种行为"（Zuckerman，DePaulo，& Rosenthal，1981，p. 3）。男孩儿记错了车的颜色因而说出了错误的颜色，这不能算说谎。相反，当男孩儿确实记得车的颜色但是故意说错，这就是说谎。妄想的男人认为自己是拿破仑不能称其为说谎。他说的当然不是事实，但他相信自己的假话，因而也没有欺骗他人的主观意图。类似的，一个女人错误地认为自己在儿时被性虐待而去警察局报案，尽管不是真的，但也不能算是说谎。区分谎言与错误信念很重要，因为在注意外在行为、说话内容或生理反应时很难发现错误信念（Ceci & Bruck，1998）。我将在后面的章节中更详细地讨论这一问题。

2.1　错误回忆情绪性事件

越来越多的证据表明，人们能够"记住"没有发生过的情绪性事件。不仅很小的小孩易受这种错误记忆的影响（Ceci，Huffman，Smith，& Loftus，1994；Ceci，Loftus，Leichtman，& Bruck，1994），成人也容易犯这种错误（Porter，Yuille，& Lehman，1999）。在 Porter 等人（1999）的研究中，有 77 名大学生参加了访谈。在访谈过程中，给他们呈现各种事件（例如，头着地摔下来，受到痛苦的伤害或送到医院急诊室）。大学生们被告知，根据他们父母的描述，这些事件在他们儿时曾经发生。询问者进一步将可能发生的细节展示给被询问者。而事实上这一切是研究者们编造出来的，并和他们的父母确认并未发生在被询问者身上。被询问者获得一系列引导性的形象化指导语来帮助他们产生错误事件的想象（例如，"想象事件发生时的样子，记忆就可能恢复"）。实验结果显示，26% 的学生"恢复"了错误事件的完整记忆。另外 30% 的被试则回忆起了错误经历的某些片段。[①]

---

① 研究表明，在治疗过程中恢复记忆与自发恢复记忆是有区别的，详见 Geraerts（2006）和 Geraerts *et al.*（2006，2007）的研究。

根据 Krauss 的定义，讽刺挖苦性的言论也不属于谎言。事实上，挖苦别人的人故意不说实话，但这种行为并不是为了促成另一个人的错误信念。相反，欺骗者想要谎言被揭露，并通过面部表情或变换声调的方式达到这一目的（Zuckerman，DeFrank，Hall，Larrance，& Rosenthal，1979）。

将说谎定义为一种故意的行为意味着如果两个人的言论相互矛盾，也不能自然而然地认为其中一个人是在说谎。在刑事案件中，同一起案件的目击者在回忆案件时可能有些许不同，有时甚至是相互矛盾的。而这很可能是由于目击者记错了事件而不是在故意说谎。

欺骗有时候不需要语言。运动员在取得糟糕的比赛成绩之后假装脚部受伤，一瘸一拐地走下跑道，这就属于没有言语的欺骗。另外，故意隐瞒信息也属于欺骗的一种。纳税人故意瞒报一些收入款项是一种欺骗，而忘记报告相关信息则不属于欺骗。当男人告诉妻子自己在晚宴派对而忘记提及和秘书在一起，就不是在说谎。而如果他是有意不提，就属于说谎了。

欺骗的另一个方面（除了是一种有意的行为）则是它仅从欺骗者的角度而不是陈述的真实性角度进行定义。当欺骗者相信自己说的是不真实的，那么这个陈述就属于谎言，而不管事实上这个陈述是真还是假。因此，不真实的陈述不一定是谎言（例如，上面提到的男孩儿记错了车的颜色就不是在说谎），而事实上的真相却有可能是谎言。试想一位嫌疑人认为他的朋友藏在他的公寓里，却告诉警方他的朋友出国了。即使嫌疑人不知道他的朋友真的早已逃到国外了，这个表述也属于说谎。具有讽刺意味的是，这些真实的陈述可能与说谎线索有关。我将在第 3 章进一步解释。

从欺骗者的角度定义说谎，意味着最初是谎言的陈述在过一段时间之后可能就不属于谎言了（Pickel，2004；Polace，2004；Zaragoza，Payment，Ackil，Drivdahl，& Beck，2001）。例如，在 Pickel（2004）的研究中，研究者让参与者对他们看过的一部影片的细节进行诚实或不实回答。一周后，要求参与者准确地回忆他们之前所看影片。之前被要求说谎的参与者比之前要求诚实回答的参与者回忆起更多错误的细节。而且，一些参与者报告了一周前他们编造的细节。这表明，他们现在已经相信他们自己的谎言。对于他们来说，自己的不实陈述就不再是谎言了。

Burgoon 和 Buller（1994，pp. 155 – 156）对欺骗的定义与 Krauss 略有不同。他们将欺骗定义为“消息发出者引起消息接收者接受错误信息并使其处于不利的一种故意行为”。这一定义与 Krauss 定义的主要区别是最后的几个字“使接收者处于不利”。这一对定义的延伸是不成功的。在很多情况下，人们是为了保护他人而不是为了让他人陷入不利位置。本章后面将继续讨论这一问题。

然而，Krauss 的定义也不完全令人满意，因为他忽略了欺骗的另一方面。Ekman（1985/2001）认为，人们仅在没有提前告知他们有说谎意图的情况下才会发生欺骗。因此，魔术师在表演时就没有欺骗，因为观众期待被骗。另外，有时尽管说谎者有明确的意向去欺骗，但却没能成功误导他们的目标。例如，被骗对象可能知道欺骗者想让他们相信的信息不是真实的。在这种情况下，试图欺骗他人的目标失败了，但这种失败的尝试仍属于欺骗。因此，我更倾向将欺骗定义为“传播者在事先没有告知的情况下，成功或不成功的尝试让目标对象产生传播者明知是不实的信念”。

有时候人们自己欺骗自己——即自欺（Self - Deception）。考试失利后，学生经常自欺欺人地认为是自己没有认真彻底的复习，而不承认是自己真的不明白题目。自欺兼有积极与消极属性（Lewis，1993）。一方面，人们可以忽略或否认身体病症的严重程度。例如，胸部的肿瘤或者在重体力活动中的胸部疼痛。这可能是威胁生命的。另一方面，自欺也可用于保护自尊。在约会被拒绝之后，人们可能会说服自己对约会的人根本不感兴趣，而不是承认自己的感情没有得到回应。根据我的定义，欺骗行为至少有两人参与。这就排除了自我欺骗，因而也不会在这本书中进一步讨论。

根据我的定义，非人类也可以说谎。DeWaal（1986，Bond & Robinson，1988）列举了几种复杂的发生在动物中的欺骗，其中包括黑猩猩的恐吓这一情况。雄性黑猩猩通过相互间的恐吓来比试谁是最强壮的。在此过程中，黑猩猩会不自觉的吐露牙齿，发出恐惧的信号。显然，这一行为如果被对方发现将会影响黑猩猩的恐吓。因此，黑猩猩会在他们吐露牙齿之前背过身去，等这一表情过去后继续它们的恐吓。有一次，DeWaal 甚至观察到黑猩猩会用手指快速地将嘴唇推进嘴里。然而，在 DeWaal 书中很少提及人类欺骗的问题。

◇◇谎言的种类

心理学家将谎言分为直接的谎言（Outright Lies）、夸张的谎言（Exaggerations）和不易察觉的谎言（Subtle Lies）（DePaulo，Kashy，Kirkendol，Wyer，& Epstein，1996）。[①] 直接的谎言［又称作歪曲事实的谎言（Falsifications），Ekman，1997］是指谎言所传递的信息与事实完全相反的一种谎言。否认自己参与任何案件的犯罪嫌疑人就是在说一种直接的谎言；同样，声称自己在复习考试内容，而事实上却在购物的学生也属于直接的谎言；应聘工作的人在面试时声称自己目前的工作很愉快，只是想在一个岗位工作多年之后换一个工作，而实际上自己却是被解雇的，那么这样的谎言就是直接的谎言；当美国前总统 Clinton 在 Paula Jones 案中作证说他不记

① 非心理学家使用相似的分类，但命名不同。例如，Metts（1989）将直接的谎言、夸张的谎言以及不易察觉的谎言分别称为“矛盾的谎言”（Contradiction）、“扭曲的谎言”（Distortions）、“易忽略的谎言”（O-missions）。

得是否曾在椭圆办公室单独和 Monica Lewinsky 在一起，这就是一个直接的谎言。①

夸张的谎言，是指事实被夸大或轻描淡写的一类谎言［轻描淡写的描述也称为极简化（Minimisations）；Tyler，Feldman，& Reichert，2006］。人们可能在与朋友约会迟到后夸张的抱歉；或在警察询问时润饰他们犯罪的懊悔之情；或者在求职面试时将自己表现得比实际更勤奋；抑或在与自己的另一半谈论的时候故意对购物的花费轻描淡写。

不易察觉的谎言，是指用来误导他人的文字上的事实。1999 年 Clinton 曾对美国人民说过这样的谎言，他声称自己“没有和 Lewinsky 小姐发生性关系”。这就是不易察觉的谎言，因为这个陈述暗示两人之间没有发生过性行为，然而他意指的是两人没有真正地进行性交往。另外一种不易察觉的谎言是通过回避问题或省略相关细节来隐藏信息。某人不喜欢他朋友的画可以通过说喜欢在画中使用明亮的颜色来隐藏自己的观点。当对海关官员申报行李中物品时，如果故意不提及违禁毒品就是在隐瞒信息。

夫妻之间说谎常常就是使用隐瞒信息的方法（Metts，1989）。欺骗者更愿隐瞒信息的原因有以下几点：首先，它不易察觉。只要有信息，识谎者就可以通过进一步找到支持或反对这一信息的证据来验证信息的准确性。然而，在信息隐瞒的情况下，却根本不提供任何信息。此外，隐瞒信息也相对比较容易。在说直接的谎言或夸张的谎言时，欺骗者需要编造一个听上去合理的故事，而隐瞒信息就不需要编造任何故事。另外，在说直接的或夸张的谎言时，需要记住谎言的细节以便在随后的谈话中不露出破绽。而如果他们不说任何信息（即隐瞒）也就不需要记住任何东西。而且，如果要求解释隐瞒的信息，说谎者可能会说是自己忘了提到，但如果直接或夸张的谎言被发现就更难编造借口了。人们通常也认为直接的谎言比隐瞒信息更恶劣（Bavelas，Black，Chovil，& Mullett，1990；Levine，2001；Levine，Asada，& Lindsey，2003；Spranca，Minsk，& Baron，1991）。因此，在隐瞒的信息被发现的时候，说谎者会较少受到被骗者的指责。最后，隐瞒信息更容易受到道德的保护。说谎者可以为自己所说的辩护“我说的每一句话都是实话……只不过我没有说出所有实情”。

各种谎言的类型可以从谎言的复杂程度以及谎言被识破后的后果这两个角度加以研究（Ekman，1985/2001；Ekman & Frank，1993；Vrij，1998）。一些谎言是有难度的。例如，在说谎者明知被骗目标有一些证据的时候。一名 12 岁的男孩不顾父母的反对而去吸烟，如果母亲发现在他裤子口袋里有空烟盒，那么他就很难否认自己吸烟的事实。但是如果父母拿不出任何证据，那么男孩说谎就相对比较轻松。如果在被骗目标持怀疑态度的时候说谎也比较困难。不贞的妻子在丈夫怀疑自己时，就可能比较难隐瞒自己背着丈夫做的事。最后，在没有机会准备谎言时，说谎

① Paula Jones 是前政府雇员，曾于 1991 年指控 Clinton 在阿肯色州小岩城要求与她口交。

也比较困难。某位男士约一位女士出去，如果是突然的要带她出去这位女士可能很难编谎话回绝。而如果这位女士提前已经预料到对方要带她出去，那么她可能会编造一个完美的借口来回绝这位男士。

谎言被识破后的结果也有所不同。在警察审讯时凶手否认自己犯下的罪行比女孩在与朋友聊天时夸大自己拥有的 CD 数量要严重得多。而海关在查获走私贩携带有海洛因要比发现他们携带酒精结果要可怕得多。基于复杂度与结果的谎言分类方法十分有用，因为说谎者在不同情况下的行为表现也有所不同，我将在第 3 章进行讨论。

◇◇人们说谎的原因

人们考虑说谎的时候，往往是想获得物质上的好处或避免物质的损失与处罚。这类谎言被视作是自私的行为，对社会生活有破坏性并且使被骗目标受到伤害。这一套关于谎言的消极观点在流行出版物上（DePaulo，Kashy *et al.*，1996）和普通人当中（Backbier，Hoogstraten，& Meerum Terwogt - Kouwenhoven，1997；Bok，1978；DePaulo，2004；Kowalski，Walker，Wilkinson，Queen，& Sharpe，2003；Robinson，1994；Schweitzer，Hershey，& Bradlow，2006）广为流传。

然而，人们也因为心理上的原因而说谎，这些谎言往往能得到人们更多的理解（Seiter，Bruschke，& Bai，2002）。Goffman（1959）指出，生活就像一部戏剧，人们就像是舞台上正在表演的演员。紧随 Goffman 之后，很多人辩称日常生活中展现在他人面前的"自我"并不是真实的自我，而是经过加工的版本（Allen & Gilbert，2000；DePaulo，2004；DePaulo，Kashy *et al.*，1996，DePaulo，Lindsay，Malone，Muhlenbruck，Charlton，& Cooper，2003；Feldman，Forrest，& Happ，2002；McCornack，1997；Turner，Edgley，& Olmstead，1975；van Dongen，2002）。加工过的自我考虑到自己想要表现在他人眼中的样子。因此，人们会为避免尴尬而说谎：谁想要在公众面前显示自己的缺点、错误和不道德的想法呢？人们也会为了保护他人而撒谎：谁希望将残忍的真相告诉自己的朋友而去故意伤害他们的感受呢？

人们并不具备自动识别说谎的双重性质。事实上，在 Backbier 等人的研究中（1997），询问参与者对说谎行为的态度，参与者最初的反应是"说谎是一种不好的行为"，之后让其进一步思考对于欺骗的态度，他们会报告一些自己说谎的例子，并表示对谎言的原谅和理解。在类似情况下，Boon 和 McCleod（2001）研究中的参与者非常赞同的是：完全的诚实对情爱关系至关重要，而在某些情况下，说谎却又是正当合理的。

Bella DePaulo 和她的同事们组织了一项关于自然条件下欺骗的研究，用以证明说谎的双重性（DePaulo & Bell，1996；DePaulo & Kashy，1998；DePaulo，Kashy *et al.*，1996；Kashy & DePaulo，1996）。他们邀请了 77 名美国大学生和 70 位社会人

士，让他们在7天内连续记日记，记录下他们的社交活动以及他们在这些活动中所说的谎言。社交活动定义为与他人交流至少10分钟以上。因而简短的碰面被忽略，如早上打招呼。日记研究显示，人们说谎有一系列原因。这些动机可以从三个维度加以区分（Vrij，2007）：（1）为了自己的利益（自我指向）或他人的利益（他人指向）；（2）获得利益或避免损失；（3）物质原因或心理原因。

自我指向来获得物质利益的谎言有以下例子：房屋的主人不把自己房子所有的缺点都告诉潜在的买主，目的是能卖个好价钱；求职者故意在面试时夸大自己目前的收入以保证自己在下一项工作中得到更高的薪金。

自我指向获得心理利益的谎言是用来给他人留下积极的印象。例如，学生们可能会告诉他们的父母他们已经把自己的房间打扫干净了，或者对他们的朋友说自己知道电视栏目中智力问答的所有答案。

避免损失或惩罚是自我指向谎言的另一种功能。这类谎言发生在警察询问犯罪嫌疑人时，嫌疑人否认参与犯罪，或者是小孩子没有提到他刚刚偷偷地拿了一块饼干。

利用自我指向谎言来避免心理代价可能是为了避免尴尬。孩子们可能不愿意承认在学校被欺负，因为他们觉得被孤立是非常令人羞愧或难看的事。Clinton首次在电视上对美国民众承认自己与Lewinsky存在不正当关系时，他说的误导公众的首要原因是“想要让自己免于尴尬”。我们的研究表明，大学生会为了避免心理代价而保守秘密（Vrij，Nunkoosing，Paterson，Oosterwegel，& Soukara，2002）。他们更愿意保守自己仍是处女或是同性恋的秘密。有时他们也对朋友否认自己喜欢一个人，而事实上自己确实很喜欢。

谎言的分类并不相互排斥，一个谎言可能同时适用于多种类别。性犯罪者通常会尽力减轻他们性侵犯的性质和程度。不仅是因为他们想避免判刑，而且还因为他们对自己的行为感到羞愧（Ahlmeyer，Heil，McKee，& Englis，2000）。同样，在上述例子中，Clinton可能为了避免政治丑闻而在他与Lewinsky的关系问题上说谎。

另外一种谎言——他人指向型谎言，是指为了他人利益（物质收获）或让他人显得更好（心理收获），而避免使他人遭受物质性损失或惩罚以及心理伤害的谎言。例如，卖家告诉买主，他朋友要出售的这辆车绝对可靠，而事实上却明知事实并非如此（物质收获）；女人给予她的朋友夸张或奉承的建议（“你这么漂亮又聪明，一定会很快找到新男朋友的！”）来提升朋友的自信（心理收获）；无辜的父亲将自己儿子所犯的罪行揽到自己身上而使儿子免受法律的制裁（让儿子免于惩罚）；或者女性假装经历了性高潮（避免让她的男朋友心烦意乱）。

此外，人们还经常说一种谎言，我称之为社会性谎言（Social Lies）。如果人们彼此交流说的总是事实，那么交谈就会陷入尴尬，而社交关系（包括友情和爱情）也将会变味儿。为了和同事保持良好的工作关系，在被邀请一起共进午餐时，最好是假装很忙而不是当面承认你很讨厌这家公司不愿意和你的同事接触。同样，当丈夫知道妻子是在打折时买的裙子，没法退回去，最好不要明确的批评妻子买的裙子；而你在收到朋友送来的贵重礼物时，即使你并不喜欢，最好也热情的接受。社交关系得益于人们彼此时不时地恭维，因为人们希望被别人喜欢，希望得到赞美之词（Aron，Dutton，Aron，& Iverson，1989；Curtis & Miller，1986）。从这一角度来讲，社会性谎言，如欺骗而奉承他人的谎言（“我喜欢你的新发型”）可能有利于彼此的关系。社会性谎言与心理原因有关，它是利己的也是利他的。之所以会利己是由于说谎者可能会因自己的谎言使别人愉悦或是避免让自己陷入窘境而感到满意。之所以利他是由于总听到真话（例如，“你煎的牛排太硬了”，“你比几年前老多了”，“你要是成功的话我会很吃惊”，等等。）会伤到一个人的自信和自尊。

◇◇说谎的频率

人们说谎的频率是一个很难调查的问题。最常见的方法是要求人们自我报告在某段时间内说了多少谎话（Cole，2001；Arnett Jensen，Arnett，Feldman，& Cauffman，2004；Vrij，Floyd，& Ennis，2003）。问题是，这些结果有多大的真实性？举例来说，人们真的知道自己说了多少谎话吗？人们愿意承认自己记住的具有严重后果的所有谎言吗？另外一种方法是让参与者写下他们说过的最后一个谎言（Backbier & Sieswerda，1997）。同样，这种方法也无法保证人们会记住他们说过的最后一个谎言，特别是在谎言不重要的情况下。而如果是后果严重的谎言，参与者也不愿与别人分享。还有一种方法，给参与者展示一系列虚拟情节，并询问他们是否会在这种情节下说谎（Argo，White，& Dahl，2006；Williams，2001）。运用这种方法也不能确定参与者在真实场景中的表现是否会和虚拟场景中一样。或者，要求参与者记下社交日记，并注明其中的说谎频率（DePaulo，Kashy *et al.*，1996，日记研究如上文介绍）。同样，人们可能不愿意报告一些性质恶劣的谎言。而且，让参与者报告社交活动可能会影响这些活动的进行，并且可能影响他们在交往过程中说谎的数量。最后一种方法，研究人员要求参与者与另一个人进行10分钟初次见面的交友对话。在参与者不知情的情况下记录他们说过的谎言（Tyler *et al.*，2006）。这种方法的局限性在于它只在人为实验室情境下检测了10分钟的简单印象。①

尽管各种方法都存在缺陷，但所有测量谎言频率的研究都得出了相同的结论：说谎是一个频繁发生的事件。② 例如，Tyler等人（2006）发现，在10分钟初识对话中，参与者平均说谎2.18次。而且，78%的参与者报告在10分钟交谈中说了

---

① 对谎言的测量主要是事后让参与者观看录像，并确定不实的陈述。

② Bleske & Shackelford，2001；DePaulo，Kashy *et al.*，1996；Engels，Finkenauer，& van Kooten，2006；Kalbfleisch，2001；Knox，Zusman，McGinty，& Gescheidler，2001；Lawson & Leck，2006；Lippard，1988；Mazur & Ebesu Hubbard，2004；Turner *et al.* 1975；Tyler *et al.*，2006；Weiss & Feldman，2006；Williams，2001；Whitty，2002.

谎。相对于其他问题，人们更容易在学业成就、私人财产以及个人技能方面撒谎。这些谎言印证了前面提到的 Goffman 自我修正的观点（Edited-self Perspective）（例如，“我们经常假装给别人看”）。英国周末报纸《观察者》的一项调查显示，88%的被调查者在收到劣质的圣诞礼物后都会装出一副高兴的样子。而 73% 的被调查者对伴侣的性能力说过“奉承的谎言”（The Observer，OM Magazine，11 January 2004，p. 12）。这些谎言同样适用于自我修正的观点。

日记研究（DePaulo，Kashy *et al.*，1996）的结果显示，说谎行为存在于每天的生活当中。几乎所有参与者都承认在记日记的每周当中都说过谎。大学生报告日平均说谎两个，而社团成员则每天说谎一个。平均来看，参与者在 1/4 的社交活动中说过谎，而在一周中对 34% 的社交对象说过谎（只记录超过 10 分钟的社交活动）。与为了他人的利益而说的谎言（大约 25%）相比，更多的谎言（大约 50%）是服务于自我的。大多数谎言是直接的谎言（67%），而且与物质性谎言相比（40%），更多的谎言是出于心理原因（大约 60%）。此外，参与者常对自己的感觉、喜好、态度和评价说谎，而对于自己的行动、计划和行踪较少说谎。这恰恰符合自我修正的观点。关于成就与失败的谎言也是经常发生的（DePaulo，Kashy *et al.*，1996）。参与者报告称绝大多数谎言并非是性质恶劣的。①

2.2 被骗者的看法

我提到说谎者不认为他们的谎言有多严重，这是从欺骗者的角度，而不是被骗者的角度。已有研究强调在发现自己的伴侣骗了自己以后被骗者的感受与反应。结果显示，在严重的谎言中，欺骗者与被骗者的反应完全不同。相比于被骗者，欺骗者会从更加积极的角度解释谎言（Feldman & Cauffman，1999；Kaplar & Gordon，2004；Kowalski *et al.*，2003）。例如，说谎者认为他们的谎言更无私而且合理，而被骗者则对为何自己受骗更加困惑和含糊，抑或是变得更愤怒或伤心。然而，在另一项设计精妙的实验中，同样是从不同的角度对相同场景进行评估（说谎者，被骗者以及观察者）。结果显示说谎者与被骗者均存在偏见，从而导致两者观点的差异（Gordon & Miller，2000）。相对于观察者，说谎者降低了事件的重要性，而被骗者则夸大了谎言造成的严重后果。

被骗者的看法同样存在性别差异。在发现亲密关系的人对自己说谎后，女性往往比男性更加苦恼（Levine，McCornack，& Avery，1992）。或是认为说谎行为是让人不可接受的且没有道理（Blair，Nelson，& Coleman，2001；DePaulo，Ansfield，Kirkendol，& Boden，2004；DePaulo，Epstein，& Wyer，1993；Levine

① 在另一项研究中，DePaulo 和她的同事考察了人们说过的性质恶劣的谎言，结果得出了不同的结论（DePaulo，Ansfield，Kirkendol & Boden，2004）。大多数谎言是服务于自我的（90%），而且非法的或不道德的行为。

et al.，1992）。然而，男性与女性的反应更多地取决于谎言的主题（Haselton，Buss，Oubaid，& Angleitner，2005）。从生物策略干预的观点来看，如果异性对他们的经济情况、社会地位以及对被骗者的感觉深度上撒谎，女性表现得更为不安。而男性则会在异性是否可以性交的问题上更为不安。

Lawson（2000）研究了欺骗者与被骗者在谎话以及真话上的看法。他发现，欺骗者与被骗者在评估小的谎话上（例如，"我喜欢你画的画"）并无差别，但欺骗者则认为真话（例如，"我觉得这个派对真无聊"）不太能让人接受而且更自私。

对说谎频率的讨论并不是清楚明了的，因为它依赖于一些因素，如欺骗目标、发生情形以及说谎者的个人特质。我将在接下来的三个部分中详细讨论这一问题。

◇◇人们骗谁？

DePaulo 和 Kashy（1998）对 DePaulo 的日记研究进一步分析发现说谎与关系的亲密度有关。研究分别比较对陌生人、熟人、好朋友和配偶说谎，结果发现与陌生人的谈话中出现谎言的频率最高，而配偶之间的谎言发生率则最低。其中的原因之一是人们更希望让自己亲近的人感觉诚实。当然，除此之外还有其他原因（Anderson，Ansfield，& DePaulo，1999）。朋友和伴侣更了解我们，因此限制了我们可以说谎的话题。在鸡尾酒会上，我们可以试图夸大自己的厨艺来给陌生人留下深刻印象，但这对熟知我们厨艺的朋友来说却是徒劳。我们可以对熟人说这次考试失利是因为没有充足的时间复习，但对看着我们日夜努力复习的同伴来说是没用的。而且，人们往往认为亲近的人可以发现他们的谎言。因而他们认为自己不可能说谎成功，这可能是不对亲人说谎太多的又一个原因。

尽管人们倾向于对亲近的人少说谎，但配偶间说谎的频率仍非常高，几乎每 10 项社交活动中就发生一次（DePaulo & Kashy，1998）。Cole（2001）的研究为情侣间说谎的频率提供了证据支持。他的报告称 92% 的参与者承认对自己的另一半说过谎。

配偶间的一些谎言是他人指向的，因为说谎者在乎另一半而不想伤害对方的感情（Bell & DePaulo，1996）。另一些配偶间的谎言则是自我指向的，但都不太重要（DePaulo & Kashy，1998）。数量有限的谎言在亲密关系中对个体而言也许是重要的隐私需要（DePaulo & Kashy，1998）。然而，配偶间的交流同样也是自我指向严重谎言主要产生的地方。人们在描述他们说过的最严重的谎言时，绝大多数人报告这些谎言的目标是亲密的人（Anderson *et al.*，1999；DePaulo，Ansfield *et al.*，2004）。这些谎言往往是为了遮掩严重的问题（如背信弃义）而去拯救破裂的关系。有时夫妻认为在没有威胁到人际关系的情况下，真相是不会说出来的。在这种情况下，他们可能会认为说谎更合适。尽管自己也许不情愿这么做。他们在对配偶说谎时常有不舒服的感觉（DePaulo & Kashy，1998），但却是在一定情况下作出的最好选择（Boon & McLeod，2001）。在这个假设中，欺骗者也许是对的。Timothy Levine 和他的同事们让学生描述最近发现另一半所说的谎言，以及他们发现谎言后的反应（Jang，Smith，& Levine，2002；McCornack & Levine，1990a，b）。研究发现，25% 的参与者在发现谎言后就结束了两人的关系。而结束关系原因的并不是发现了谎言背后的真相，而是说谎者想要对另一半隐瞒的信息。

研究也发现了与人们对感觉亲近的人少说谎相反的结论。例如，大学生们往往对他们的母亲说谎（Backbier & Sieswerda，1997；DePaulo & Kashy，1998；Lippard，1988）。DePaulo 和 Kashy（1998）发现学生在与母亲的对话中，近一半的情况下会对母亲说谎。这可能是由于他们仍然依赖自己的母亲（如在金钱问题上），而且有时需要通过说谎避免反对或保护经济支持（例如，Darling，Cumsille，Caldwell，& Dowdy，2006；Lippard，1988）。另一种解释是他们仍然在乎母亲是怎么想自己的。因而他们告诉自己的母亲自己不喝那么多啤酒、不缺席课程、努力学习、房间卫生保持干净。欺骗母亲的第三个原因是学生们想要获得更多的自主权而更加独立（Arnett Jensen *et al.*，2004；Mazur & Ebesu Hubbard，2004）。

◇◇情境性因素：职业与约会

人们说谎也取决于不同的情境。Robinson，Shepherd 和 Heywood（1998）对大学生们进行了访谈，其中 83% 的人声称自己会为了获得一份工作而说谎。这些学生表示，对最好的朋友说谎是不对的，为了获得工作而说谎则是无可厚非的。他们同样认为雇主会预料到应聘者在申请职位时夸大自己的资质。一份国际市场研究公司的调查阐述了职位申请中说谎的比例。25% 的英国劳动人口曾在应聘工作时对雇主进行了误导。这些谎言包括提供错误的个人技能信息、夸大自己的资历与薪水等（King，2006；另见 Birkeland，Manson，Kisamore，Brannick，& Smith，2006；Levashina & Campion，2006；Pontari & Schenkler，2006；Weiss & Feldman，2006）。

Rowatt，Cunningham 和 Druen（1998）发现 90% 的参与者承认愿意对潜在的约会对象说谎。近 40% 的人表示事实上他们在初次约会中已经对异性说过谎（Rowatt，Cunningham，& Druen，1999）。另外，DePaulo 的日记研究显示人们往往与伴侣在结识的早期阶段说谎（三次社交互动中有一次说谎）。其中一个解释是人们担心自己“真实的自我”是否足够讨对方的喜爱而留住对方。因此人们会展示给对方他们希望的样子而不是他们实际的样子（例如，自我修正观点，DePaulo & Kashy，1998）。

◇◇说谎者的个人特征

◈ 性别

目前没有研究显示人们说谎的频率存在性别差异（DePaulo，Kashy *et al.*，1996），但男女说谎的类型确实存在不同。男性更容易说自我指向型谎言，而女性更多的是说他人指向型谎言（DePaulo & Bell，1996；DePaulo，Kashy *et al.*，1996；Feldman *et al.*，2002）。在 DePaulo and Bell's（1996）的实验中，要求被试从 19 幅图画作品中选出两幅自己最喜欢的和两幅自己最不喜欢的作品。在作出决定之后实验者让他们在自己选出的四幅作品中再选出一幅自己最喜欢的和一幅自己最不喜欢的。之后告知被试一名美术专业学生将与他们讨论这四幅作品，其中可能会有这名学生自己的作品，如果有的话，她会告诉你。此外，告诉被试这名美术专业学生并不知道被试作出的选择。

事实上，这位所谓的美术专业学生是由实验助手扮演的，她根本不知道被试对每幅作品的喜好。美术专业学生会询问被试他们对每幅作品的总体印象、特别欣赏的地方以及不喜欢的地方。在被试谈到一幅其喜欢或不喜欢的作品时，这位美术专业学生指出这幅作品即为自己所作。对每个被试而言就会产生四种情况。第一种情况：被试对自己喜欢的图画作评论而这幅作品不是美术专业学生所画。第二种情况：被试对自己不喜欢的图画作评论而这幅作品不是美术专业学生所画。第三种情况：被试对自己喜欢的图画作评论而这幅作品是美术专业学生所画。第四种情况：被试对自己不喜欢的图画作评论而这幅作品是美术专业学生所画。显然，最后的那种情形最为尴尬。被试被迫对他们不喜欢的美术专业学生的作品进行讨论。结果显示，在这种情况下性别差异十分显著。女性会对作品表达更为积极的意见，特别是会对她们喜欢的方面做更为夸张的表达。在描述自己喜欢的学生作品时，性别差异同样显著。女性比男性更加夸大对这幅画的喜爱之情。

DePaulo，Kashy 等人（1996）在他们的日记研究中发现，女性特别是在面对其他女性的时候会说出更多他人指向型的谎言。在女性之间的对话中，他人指向与自我指向的谎言各占一半（大约 40%）。而在男性之间的对话中，自我指向的谎言（约 60%）是他人指向谎言（约 10%）的 6 倍左右。Saarni（1984）的研究已证实女性说更多他人指向型谎言的趋势已在青少年中成为事实。7 ~ 11 岁的孩子在帮助大人干活儿之后收到自己喜欢的礼物（如糖果）。不久之后，要求他们再来帮忙，但这次的礼物更加无聊，更适合年纪小一点的孩子。女孩会比男孩表现更小程度的失望，并且在收到无聊的礼物时表现得更为热情。

已有研究显示，不论男女均会享受和女性的谈话（DePaulo，Epstein，& Wyer，1993；Reis，Senchak，& Solomon，1985）。Reis 等人（1985）提供了对这一现象

的解释，但均与欺骗无关。然而，女性会比男性说出更多他人指向型谎言，因而会作出更多奉承的评论，并且会避免说到伤人的话，这一系列原因可能解释了为什么人们更愿意与女人谈话。

相对于女人而言，男人们更愿使用欺骗手段来获得与他人约会的机会（Eyre, Read, & Milstein, 1997；Rowatt *et al.*, 1998）。同样，在约会中，两性之间说谎的类型也会存在差异（Benz, Anderson, & Miller, 2005；Eyre *et al.*, 1997；Keenan, Gallup, Goulet, & Kulkarni, 1997；Tooke & Camire, 1991；Whitty, 2002）。男性往往会编造自己的收入潜力（例如，针对自己的职业期望误导异性）。而女性会更频繁地为了自己的外表而作出欺骗性行为（例如，在一群异性面前收住腹部）。这些欺骗性行为反映了不同性别在潜在伴侣面前更愿表现出的特质。50 名男性与 50 名女性参与者在问及他们想要找到的潜在伴侣时，男性更可能强调另一半的外表，而女性则更为注重另一半的收入能力（Buss & Barnes, 1986）。

◇ 年龄

在文献中关于儿童从几岁开始说谎这一问题目前仍存在争议。得到普遍认同的结论认为儿童在 4 岁时能有意的编出谎言（Bussey, 1992；Leekam, 1992；Newton, Reddy, & Bull, 2000；Wilson, Smith, & Ross, 2003）。然而，即使儿童在 4 岁前，仍试图去误导别人。Lewis, Stanger, 和 Sullivan（1989）的研究中发现，年龄段在 33 ~ 37 个月的儿童被要求在实验者离开房间后不许偷看玩具，结果发现大部分儿童并没有遵守这一约定。在事后被问及是否偷看时，绝大多数儿童否认自己偷看，或者不回答。Nigro 和 Snow（1992）重复了这项研究，研究对象为 32 个月大的儿童，得出的结果与前者相似。Ceci 和 DeSimone Leichtman（1992）发现，3 岁大的孩子在认为研究者并不知道是自己的母亲损坏了玩具的情况下，常常会掩护自己的母亲，对研究者称是另一个人干的或不知道是谁干的。Chandler, Fritz 和 Hala（1989）通过捉迷藏游戏发现，即使是 2 岁大的孩子也会通过擦去脚印，制造错误踪迹或者指向错误地点来防止他人发现宝物。自然观察法研究得出同样的结论。Newton 等人（2000）发现一名 2 岁半的男孩会试着提供错误信息，企图让他的母亲走上错误的道路。Reddy（2007）报告了一系列欺骗的事例，结果表明婴、幼儿能够交流错误信息与能够交流正确信息的事件一样早。①

一些研究者指出，最早开始说谎的儿童是因为他们想要逃避惩罚（Bussey, 1992；Lewis, 1993；Saarni, 1979；Stouthamer-Loeber, 1986；Wilson *et al.*, 2003）。而想获得奖励的谎言可能在后来才产生（DePaulo & Jordan, 1982），之后

① 文献中主要讨论的焦点是这些早期欺骗的事例是否真的是欺骗的形式。儿童让别人错误地相信自己是否属于一种有意的尝试？儿童仅仅通过欺骗想达到某一个目的而非想改变他人是否属于“真正欺骗”的形式？（Sinclair, 1996, Lee & Cameron, 2000）这些问题并非本书所探讨的内容。

便是保护自尊的谎言（Bussey，1992）。这些都是自我指向的谎言。然而，有证据表明，事实上幼儿也会讲他人指向的谎言。例如，Ceci 和 DeSimone Leichtman（1992）发现，3 岁大的孩子会通过说谎的方式来保护自己喜爱的人。Lewis（1993）列举了一个 3 岁女孩在收到祖母的礼物后根本不喜欢这份礼物，但却表现得十分高兴。

儿童也会在被要求的情况下说谎。在 Tate，Warren 和 Hess（1993）进行的实验中，一位友好的成年教练让孩子在随后的会谈中欺骗一个人，假装他们在玩某件玩具。参与实验的孩子年龄在 2. 5 ~8 岁。结果发现 60% 的儿童实施了欺骗（年龄偏大的孩子更多），35% 的孩子自始至终保持了欺骗行为。在 Bussey（1992）的研究中，与 Tate 等人（1992）的研究结果一样，偏大的孩子（5 岁）比年龄较小儿童（3 岁）更会说谎。而 24% 的 3 岁儿童在得到指示后更愿意说谎。如果施以非常严厉的要求，这一数字达到了 50%。

Lewis（1993）描述了儿童是如何学习说谎的。父母或幼儿护理员往往鼓励儿童在收到他们不喜欢的礼物后要表现得热情。儿童们也往往注意到他人（例如，父母）所说的各种谎言，而后模仿他们的行为。Lewis 还描述了儿童是如何学会说谎来避免惩罚的。例如，一名 2 岁大的女孩被她母亲告知不能吃饼干。之后，她母亲问她是否吃了饼干，而她承认确实吃了。于是她母亲生气了并惩罚了女孩。如此几次相互作用之后，女孩明白如果自己干任何坏事就会受到惩罚。因此，她为了避免惩罚开始说谎。有时候她的谎言可以成功，而其他时候她的谎言会被父母戳穿。在后一种情况下，父母会告诉她说谎是不对的，如果再说谎就会被惩罚。那么孩子就会面临一个十分困难的问题。如果自己承认了自己干的坏事儿会受到惩罚，如果谎言被识破也会被惩罚。然而，她意识到父母并不能识别出所有的谎言。那么她最好尽量隐瞒自己干的坏事儿，在被发现之后再坦白承认。

◈ 人格

- 依恋风格

Bowlby（1969，1973，1980）提出的依恋风格理论是基于在童年期个体根据父母和看护者的反应来发展自己的“内部工作模型”。之后，儿童会根据内部工作模型来修正自己对于他人的期望。这种修正反过来会影响他们的人际交流、互动以及人际交往风格。这些内部工作模型（依恋风格）具有稳定性，并会在人的成年期发挥重要的作用。

依恋风格可以从两个维度进行定义：回避与焦虑（Brennan，Clark，& Shaver，1998；Cole，2001；Hazan & Shaver，1987）。回避型依恋具有他人的消极模型（Bartholomew & Horowitz，1991），他们缺乏信任，害怕亲密，由于在其期望中他人并不具有支持性而逃避亲密关系（Brennan *et al.*，1998；Cole，2001；Mikulincer & Shaver，2005）。焦虑型依恋具有自我的消极模型（Bartholomew & Horowitz，

1991)，他们低自尊，对亲密关系存在偏见，嫉妒他人，渴望亲密，害怕被别人抛弃，在亲密关系中积极寻求他人的认可而忽略自我价值（Brennan *et al.*，1998；Cole，2001）。

依恋风格会影响恋人之间说谎的频率（Cole，2001；Ennis，Vrij，& Chance，出版中）。回避型依恋的人较其他人而言，会对自己的伴侣说更多的谎。由于他们对亲密关系存有戒备，因此会使用欺骗的手段来保持与他人的距离（Cole，2001）。通过说谎，他们保护了自己的隐私，在自己与伴侣之间划清了界限，并发展了关系的独立性。焦虑型依恋的人也会较其他人而言说更多的谎。他们由于害怕另一半所做的承诺，而使用欺骗手段来为自己制造一个虚假的正面形象，让另一半满意，从而达到调节对方对自己的兴趣与喜爱的目的（Cole，2001）。

2.3　依恋风格与被骗时的反应

Jang，Smith 和 Levine（2002）针对恋爱关系中不同依恋风格的人在发现被另一半欺骗之后的反应研究表明，他们的反应也确实与依恋风格有很大的关系。在逃避性和紧张性方面得分低（他们是不愿在两性关系中说谎的人）的人，在发现问题后更倾向于直接讨论自己被骗的问题。并且会延续他们的关系。而在逃避性和紧张性方面得分高（他们是倾向在两性关系中说谎的人）的人，在发现问题后更倾向于避免和另一半谈论这件事儿，并终止两人的关系。

- 变态人格

说到频繁说谎者，我猜很多人会马上想到精神病患者。精神变态是一种社会性人格障碍，这类人表现得麻木不仁、对他人冷酷无情（MacNeil & Holden，2006）。精神变态者的成功是以牺牲他人为代价的。“他们是通过诱惑、操纵他人达成自己目的的猎食者，他们在捕食的道路上不顾及他人无情地前进，在身后留下无数破碎的心灵、毁灭的希望和掏空的钱囊。”（Hare，2003，p. xi）精神变态者用欺骗来利用他人（Book，Holden，Starzyk，Wasylkiw，& Edwards，2006；Seto，Khattar，Lalumiere，& Quinsey，1987），并且会长期公然地对他人说谎，他们在说谎时神气十足的样子在其他人身上很少见到（Hare，Forth，& Hart，1989；Porter & Woodworth，2007）。

- 马基雅维利主义与社会敏觉力

对于骗子的一贯定式思维是认为他们自私、狡猾、具有较强控制欲。这在一定程度上是正确的（Hunter，Gerbing，& Boster，1982；Kashy & DePaulo，1996；Wilson，Near，& Miller，1998；另见上一部分关于精神变态者的叙述）。主张马基雅维利主义的人对他人冷嘲热讽，不关注传统道德，并公然承认他们会通过说谎、欺骗、操纵他人以满足自己的欲望。他们也常常会说自我指向的谎言（Kashy & DePaulo，1996）。马基雅维利主义这个词是源自意大利政治家和作家马基雅维利（1469－1527）。1513 年，他出版了著作《君王论》，在书中他恳求需要为统一的意大利找一位强大的统治者来保护国家利益。这可以通过一切必要手段来实现，其中一切包括不道德的手段。在其 1520 年的著作《战争的艺术》中，他简要概述了一些可能有效的手段。

人际交往方面，操纵者诡计多端。他们在其受害者可能会报复时不会利用他人，而且在可能被抓到时也不会实施欺骗。在交谈中，他们倾向于占据主导地位，但看上去他们十分放松、有才和自信。相比于不善于操纵的人而言，他们通常是更受欢迎的，并且常作为首选搭档（Kashy & DePaulo，1996）。

社交机敏同样与操纵性有关，但比马基雅维利主义更加巧妙，并且包含更少的负面含义（Kashy & DePaulo，1996）。具有高水平社交机敏的人常常说自我指向的谎言（Kashy & DePaulo，1996）并且倾向在受到质疑时坚持自己的谎言（Vrij & Holland，1998）。

- 外向者与内向者

惯常的说谎者可能很受欢迎（如马基雅维利主义者），以善于社交的人为研究对象就可以知晓说谎的频率。社交性，是指与他人发生联系的趋向性，表现为更倾向于与他人在一起还是单独相处。外向的人是善于社交的人。他们喜欢和他人在一起，并且深深地被社交生活所吸引。相反，内向者通常对社交活动十分冷淡。这可能是因为他们更喜欢独处，专注于自己的想法与感觉。外向者比内向者说谎更频繁，即使在社交活动相等的情况下（Kashy & DePaulo，1996；Weiss & Feldman，2006）。由于内向者的直白，我们应该将内向者与诚实画等号，然而事实上我们常把他们作为社交笨拙的代表。这也许是因为在其他人认为更适合说谎的情况下他们依然保持诚实。

- 公众自我意识/公我意识

人们对自己留给他人的印象的关心程度有所差异。那些特别关心这一点的人在公众自我意识与他人导向性上具有很高的得分。这类人想把自己塑造成给人留下深刻印象的人。其中一个方法就是将自己伪装成他们认为别人会喜欢的样子。Kashy 和 DePaulo（1996）发现这类人善于说谎，特别是自我指向的谎言。频繁发生的自我指向的谎言表明他们对于他人的指向是以自我为中心的，而不是利他的。

- 社交恐惧症

表达真实的情感与想法有时需要自信。也许有社交恐惧症的人——在他人面前感觉不自在——就缺少这种自信，因而也会经常说谎。DePaulo 的日记研究并没有发现具有社交恐惧症的人比其他人说更多的谎言。然而，这可能因情况而异。具有社交恐惧症的人在某些情况下可能会比较舒服，例如，和家人或朋友在一起时。这样看来，他们可能会在感觉不自在的时候更趋向于说谎，如和不熟悉的人或权威人物在一起时。

在一项实验中，我们安排被试处于不自在的环境中（Vrij & Winkel，1992b）。一位警官会就被试是否拥有一套耳机进行询问。在询问前，所有被试会得到一套耳机（警察并不知情），并要求他们都否认自己拥有这套耳机。在警官对所有被试进行询问。在这种情况下，社交恐惧症与说谎有关。社交恐惧症的人（54%）比正常人（81%）在整个询问过程中更不会坚持自己的谎言。

- 演员

对于一些人来说，他们是很好的演员，他们比其他人更擅长调节自己的言语和非言语行为。"情绪控制""社交控制""演技"和"社交表达"四要素与表演水平有关（Riggio，1986）情绪控制是指管理情感交流与非言语行为（即隐藏真实情感的能力，如善于在不安时表现得很冷静）。社交控制包括角色扮演能力、言语行为管理以及自我表现技巧。演技同样与一个人的角色扮演能力有关。而社交表达包括语言表达和流利程度。这些技巧对说谎者很有用。在我们进行的一项实验中（Vrij & Holland，1998），在校大学生会接受刑警的询问，询问内容是关于他们正在学习的课程。所有的被试均没有参加心理学课程，但主试要求他们佯装正在学习这门课程。刑警会问一系列问题，诸如："你能告诉我你最近学习了什么主题吗?""请告诉我你的课程名称""你们的考试都考哪些内容?""请说出三位著名的心理学家"。与一般人相比，演员在接受质询时更能坚持下去。

◇◇说谎——自私行为和社会润滑剂

本章所述观点挑战了谎言一定是坏的传统观点。如果人们总是说实话，那么对话就会变得尴尬而不必要的无礼，社会关系也会变得容易瓦解。内向型人格的人相对诚实，但在其他一些人眼中这类人在社交中表现得很笨拙，这可能是因为在别人认为应该说谎话的时候，内向型人格的人依然说实话。相比之下，外向型人格的人说谎更加频繁，通常被认为社交技能熟练。马基雅维利主义者同样也是频繁的说谎者，并且通常受人欢迎。事实上，如果要求人们留下让人喜爱的形象，人们往往会选择说谎。在 Feldman 等人（2002）的实验中，一部分被试被要求在会谈中按让对方喜欢的方式表现，而另一部分被试没有给出具体的目标。结果显示，表现得更让人喜欢的被试在互动中也说了更多的谎。

我们甚至对情感上更亲近的人说谎：我们在恋爱关系开始阶段会说很多谎，并且会对我们喜欢的人进行一系列不实或夸张的奉承。显然，如果我们在对另一半在严重问题上说谎后被对方抓住，就可能会陷入麻烦。另一半可能会终止关系。然而，根据本章内容我们可以知道，是想要隐瞒的信息让对方决定终止关系，而并不是说谎这一行为本身。

说谎具有双向性，我们对欺骗的感受取决于撒谎的原因（Seiter *et al.*，2002）。大多数谎言是因为心理上的原因，人们说这种谎言也感觉没有什么不舒服。我们不喜欢被迫地表达所有想法（例如，"我觉得那个女人比我妻子更漂亮"），而是选择说谎。我们也不总希望表现真实的自我，而是更喜欢依照他人喜欢的方式改变自己。心理上的谎言常常是为了保护自己，避免在社交过程中出现紧张和冲突，尽力减少痛苦感和敌意（DePaulo，Kashy *et al.*，1996）。因此，谎言常常作为社会润滑剂来维护社会关系。在这种情况下，在 DePaulo 的日记研究中，70% 的被试声称会再次说谎。这同样可以解释在 Seiter 等人（2002）和 Arnett Jensen 等人（2004）的研究中为什么人们更倾向于对自己熟悉的人撒谎。特别是在避免冲突对他人有利的情况下（Barnett，Bartel，Burns，Sanborn，Christensen，& White，2000；Pontari & Schenkler，2006）。我还对人们为什么有时对自己亲近的人说谎的另一个原因进行了讨论：他们这么做是为了保守秘密。

欺骗的这一积极影响同样解释了为什么我们有时并不介意被骗。如果其他人总是对我们完全的诚实，或者总是告诉我们真实的想法，我们并不会感激他们。如果我们总是知道人们对我们的看法，我们的自尊会受到怎样的打击？说谎也许可以作为社会润滑剂，对真相保持无知可以让我们感觉良好。我们对能够识别所有谎言没有兴趣，有时我们甚至不去尝试识谎（我在第一章中将此定义为"鸵鸟效应"）。

但有时情况会有所不同，人们会遇到他们想发现事情真相的时候。观察者想知道政客在否认卷入受贿丑闻中到底有没有说谎；将军想在签订停战协议之前确认是否应该相信敌人；老师想知道学生有没有捉弄他；母亲想知道女儿到底有没有写完作业；潜在的顾客想知道二手车是不是像卖家说的那么好；雇主想知道应聘者是不是像他自己说的那么有能力；海关官员想知道旅客是不是真的没有需要申报的东西；警察想知道嫌疑人的不在场证明是否可靠。总的说来，能够识别这类谎言将对个人或者社会有益。本书余下的章节将就说谎者如何反应以及怎么能够识别他们进行介绍。

第3章 非言语行为与欺骗

任何一个感官健全的人最终都会相信没有人能守得住秘密。即使他双唇紧闭，他的指尖会出卖他；甚至他身上的每个毛孔都会背叛他（Freud，1959，p. 94）。

弗洛伊德的话表明确实存在可以用来识别欺骗的非言语线索。从匹诺曹的故事中我们知道：匹诺曹每次说实话时鼻子保持不变，而当他说谎时，他的鼻子就会变长。本章中，我将总结三个理论观点。讨论为什么在诚实者与欺骗者之间会发生非语言行为的差异。这三个观点具有两点共同的特征：它们均表明人们说谎并不会无意识地改变行为；人们在说谎时出现的线索并不会在说实话时出现。换句话说，没有一项理论表明，像匹诺曹长鼻子那样，存在识别欺骗的明显的非语言行为线索。

之后，我根据这些理论评价了已发表的关于识谎的非言语线索的研究文章。这些研究结果显示，并没有发现任何一个像匹诺曹鼻子一样的行为线索。事实上本章所介绍的大部分非言语线索与识谎并无明显关系。然而，有一些线索与欺骗之间确实存在一点微弱的关系。我将就为什么非语言行为与欺骗之间无明显关系进行讨论。研究者们是否忽视了一些可以识谎的非言语线索？是否可能是非言语线索的组合，而非单个线索本身更能揭示欺骗的特征？我将进一步说明欺骗时表露非言语线索的可能性，而不同的个体会表现出不同的特征。这可能导致在团体分析时（欺骗研究通常使用的范式），个体的非语言欺骗线索不被察觉，而如果单独对个体进行检验时则会出现不同的结果。

另外，我就情境性因素对非言语线索识谎的影响进行了讨论。例如，对于大多数欺骗实验而言，说谎者往往是为了实验而进行欺骗的大学生。在这种情况下，说谎者可能不表现出欺骗的非言语线索，而如果换成其他具有风险的情境中，非言语线索可能会表露无遗。我通过两位政客（Clinton 与 Saddam）接受的电视采访，以及嫌疑人在接受警方询问中的行为表现来讨论行为表现的差异。最后，我将就访谈方式是否会对受访者非语言行为的表现造成影响进行详细描述。

◇◇ 非言语线索识谎的三个理论视角

◇ Zuckerman，DePaulo 和 Rosenthal 的多因素模型

根据 Zuckerman，DePaulo 和 Rosenthal（1981）的观点，有三个因素可能影响欺骗的线索：（1）情绪性反应；（2）认知努力；（3）试图进行的行为控制。① 这三个因素中的任何一个可能会影响说谎者的非语言行为，它们强调了欺骗的不同方面，谎言也以这三个因素为特征。

● 情绪性方法

说谎通常与三种不同的情绪相联系：内疚、恐惧与高兴（Ekman，1985/2001，1989）。假设一位政客为一家公司进行游说而秘密获得了一笔巨款。引起一位记者的怀疑，并询问政客与这家公司的关系。在否认自己所做的事情时，这位政客可能会由于意识到欺骗记者的行为是错误的而感到内疚。② 他也会感到恐惧，因为担心记者会揭露他的谎言，最终导致他结束自己的政治生涯。抑或他会感到兴奋，因愚弄记者或欺骗成功。

内疚、恐惧与兴奋可通过几种方式影响到说谎者的行为。例如，内疚可能引起注视点转移，因为说谎者在说公然的谎言时不敢直视对方的眼睛。恐惧可能会引起生理上的唤起，这可能会导致增加眨眼次数、自适应反应（触摸自己的衣服、头发、面部等）、话语停顿（嗯……呃……）、话语错误（结巴、词语重复、词语遗漏）以及高音的基本频率（也就是更高的声调）。

体验消极情绪（例如，内疚与恐惧）也可能导致出现逃离反应，如减少眼神接触，减少身体朝向（头与身体朝向另一个人的程度），减少说明（伴随说话产生的肢体动作）。兴奋可能导致愉悦的行为标志，如肢体动作与笑容的增加。

● 认知努力的方法

说谎有时需要额外的精神努力，说谎时以下几方面可以增加大脑的负荷。③

第一，编造谎言本身可能有认知需求。说谎者需要编造故事，并且监控他们的谎言，让它们看起来可信，并且和观察者们所知道的或可能知道的内容保持一致。此外，说谎者必须记住他们已经说过的话，能够让他们再讲到他们的故事时保持前后一致，并且知道他们和谁已经讲过。说谎者也应避免说走嘴，并应避免出现新的方向。

---

① Zuckerman 等人（1981a）提出了第四个因素“唤起”。然而，他们承认唤起与情绪因素相重叠（Zuckerman *et al.*，1981a，p. 9）。

② 当然，他也可能由于承认受贿是错误的而感到内疚。

③ 说谎并不总是困难的，有时候说谎比说实话简单（McCornack，1997）。设想你的朋友送给你一份你不喜欢的礼物。这种情况下，你可能更容易假装自己喜欢这份礼物而不是告诉他实话。

第二，说谎者认为自己的可靠性不高（DePaulo，Lindsay，Malone，Muhlenbruck，Charlton，& Cooper，2003；Kassin，2005；Kassin & Gudjonsson，2004；Kassin & Norwick，2004）。其中至少包含两点原因。说谎者有时比诚实者具有更高的风险（也就是谎言被识破后的负面后果与成功说谎后的积极结果）。走私者往往更精于给海关人员留下诚实的印象，因为他们具有开包检查的风险要远远大于一般人。此外，诚实者往往假设他们的诚实可以表现出来（Granhag，Strömwall，& Hartwig，2007；Kassin，2005；Kassin & Gudjonsson，2004；Kassin & Norwick，2004；Vrij，Mann，& Fisher，2006b），这可以解释为透明度错觉（Gilovich，Savitsky，& Medvec，1998），一种坚信"一个人的内在感觉会由内而外表现出来"，以及"公正世界信念"（Lerner，1980），"People will get what they deserve，and deserve what they get"的信念。这样来看，说谎者会更倾向于监控自己的行为，使他们看起来十分诚实（DePaulo & Kirkendol，1989；这一点将在下面尝试控制方法中进一步强调）。专注于自己的行为对说谎者来说可能导致认知需求增加。

第三，由于说谎者并不轻信他们的可靠度，他们也许倾向于更仔细地监控观察者的反应，用以评估他们是否成功的说谎（Buller & Burgoon，1996；Schweitzer，Brodt，& Croson，2002）。认真监控识谎者同样需要认知资源。

第四，说谎者可能已经由于任务需要自己表演与角色扮演而需要额外的认知努力（DePaulo，Lindsay *et al.*，2003）。

第五，说谎者必须在说谎时抑制真实内容，这同样需要认知消耗（Spence *et al.*，2001）。

第六，真相往往无意识地浮现在脑中，这就需要有意的进行说谎，因而也就需要更多的认知努力（Gilbert，1991；Walczyk，Roper，Seemann，& Humphrey，2003；Walczyk，Schwartz，Clifton，Adams，Wei，& Zha，2005）。

已有证据表明，人们在进行复杂任务时更少眨眼（Bagley & Manelis，1979）、说话出现更多结巴与错误、说得更慢、停顿更多、在给出答案之前等候更长时间（Goldman－Eisler，1968）。认知的复杂性同样导致手部与手臂的动作减少，出现更多的眼神转移（Ekman，1997；Ekman & Friesen，1972）。手臂动作减少是由于认知需求的增加导致肢体动作的忽略，减少了整体的活跃水平。例如，有研究调查了诚实者与欺骗者脑部活动的水平，结果显示欺骗与脑部高级区域的活动增加有关（Spence *et al.*，2004），这就抑制了人们从事分神的运动（Shallice & Burgess，1994）。注视点转移（往往移至静止物体）是因为在交谈过程中注视同伴可能会分心（Doherty－Sneddon，Bruce，Bonner，Longbotham，& Doyle，2002；Doherty－Sneddon & Phelps，2005）。

- 行为控制法

说谎者可能会意识到观察者通过注意他们的行为举止来判断其是否说谎。因此，说谎者会尝试控制自己的行为（Buller & Burgoon，1996；Burgoon & Buller，

1994；Burgoon，Buller，Floyd，& Grandpre，1996；Burgoon，Buller，White，Afifi，& Buslig，1999；Krauss，1981）。他们特别希望避免展现出他们认为会给人留下不诚实印象的行为，而去展示自己认为可靠的行为举止（Hocking & Leathers，1980；Leary & Kowalski，1990）。然而，做到这一点并不容易。一些行为几乎不受说谎者的控制，因为他们与强情绪和高压力有关（Ekman，1985/2001）。例如，愤怒会出现几种线索，如嘴唇变窄。而大多数人并不能自主控制自己的嘴唇变窄。因此，如果一个气愤的人否认自己愤怒，无意识的嘴唇变窄就可能识破他的谎言。同样的，人们往往很难控制自己说话的声调（Ekman，1981），因为自主神经系统在高压下控制相关声音特征（Hocking & Leathers，1980）。

行为控制的另一个困难是人们无法让非语言行为保持平静。假设一位有罪的嫌疑人意识到审问他的警官知道更多关于他犯罪的事情。这就会让嫌疑人降低防御，他也许需要事件来让自己重新平静下来。警察可以观察到这一点，并知道这一行为背后的含义。

行为控制的再一个难点是人们往往不知道自己在日常生活中的行为方式。其中有两点原因。首先，我们并不能看到自己，除非通过照镜子或观看录像的方式。其次，我们主要通过语言来交换信息。如果让我们描述一下一天的活动，大多数人选择用言语来描述自己做了什么。[①] 因此，我们更多地把注意力集中在说话方式上，却忽略了非语言行为。由于我们对自己的行为缺乏洞察力，这有可能导致我们察觉不到自身行为的细微变化。例如，在警方询问过程中，嫌疑人会知道自己辩解时的话语，而却没有意识到自己在辩解过程中的语速变慢；在职位选拔过程中，应聘者会意识到自己如何描述自己与现任雇用者之间的关系，但却没有意识到自己在提到那位雇用者的姓名时显得很暴躁。只要人们没有觉察到自身的行为，他们就不可能控制这些变化，而这些行为变化将为观察者提供有价值的信息。

即使人们特别留意自己的行为，试着去表现地尽量可信，但也无法保证他们就能有效管理自己的行为。尝试身体控制法表明，那些难以控制的行为将会泄露实情。（Ekman & Friesen，1974）。根据这一推论，注视就不可能成为欺骗的标志。人们不可能通过眼神来判断究竟对谈话感兴趣与否或是他们想说些什么（Ekman，1985/2001；Kleinke，1986）。同样，人们试图通过观察对方眼神来劝说对方（Kleinke，1986）。善于交际的眼神意味着人们时常进行练习使用这一技巧，并控制了注视的方向。由于大众普遍认为说谎者会转移目光，因此说谎者可能试图避免目光转移，他们这么做之后也可能会成功地躲过一劫。[②]

其实并不然，人们做出的所有这些动作在交谈过程中并不明显，因而也较少受

---

① 也有例外，如在描述物体形状或尺寸（灯的形状，CD 的尺寸），或物体的位置（球在那儿）时，我们往往使用手臂动作而不是使用言语。

② 第 5 章将介绍人们通常认为与欺骗联系在一起的行为。

到关注。我们也相应对控制动作缺乏熟练性。由于人们普遍认为说谎者的身体动作会增加，因而欺骗者会故意避免做出更多的动作，而事实上这是不必要的。这将导致异常的刻板与抑制，行为也会变得呆板，缺乏灵活性。因为人们平时的行为是很自如的（Burgoon & Buller，1994；DePaulo & Kirkendol，1989）。

和大多数行为一样，声音特征如说话结巴、停顿、口误，往往是无意识产生的，并且在信息交换过程中并不重要。因此，我们就可以假设人们不常练习控制这些行为，也就不善于控制它们。而人们往往认为说谎者会出现结巴、口误或停顿，说谎者可能会去有意识地避免不流畅的言辞，这可能导致说话方式异常流利，而正常人说话会出现结巴、口误或停顿现象。

最后，正如上面已经提到的，一些非语言行为线索，如面部表情、语音语调在强情绪或高压环境下很难控制。这些非言语线索可能会出卖说谎者。

缺乏行为控制可能导致的另一个线索就是当事人可能表现得比较单调，因为说谎者缺乏自身的体验（Burgoon & Buller，1994；Burgoon，Buller，Dillman，& Walther，1995；DePaulo，Lindsay *et al.*，2003）。由于缺钱而应聘售货员的艺术家可能在面试过程中表现得不那么热情；因为孩子做错事而惩罚孩子的母亲可能因孩子的逗乐行为而表现得不十分严肃。在英国电视智力问答节目《谁想成为百万富翁》栏目中作弊而获得大奖的 Charles Ingram 也可能同样表现出了外表的冷淡。节目组工作的员工在看到 Ingram 和他妻子获得 100 万元大奖后并没有表现出高兴快乐而开始表示怀疑（The Independent，8 April 2003，p. 9）。

- 影响因素

从某种程度上讲，说谎者是否经历情绪与认知负荷，或者试着控制自己的行为取决于说谎者的人格以及谎言发生的环境。

>> 内疚感

在说谎时，有些人很少感到内疚。对于在马基雅维利主义和社会机敏上得分高的人而言，说谎是实现他们目标的一种平常的方式（见第 2 章），因而他们往往在愚弄他人时没有感觉不舒服或者内疚（Kashy & DePaulo，1996；Gozna，Vrij，& Bull，2001）。另外有证据表明，男女之间也存在差别：女性在说谎时会比男性显得更不舒服（DePaulo，Epstein，& Wyer，1993；DePaulo，Kashy，Kirkendol，Wyer，& Epstein，1996）。DePaulo 和 Kirkendol（见 DePaulo，Epstein，and Wyer，1993）调查了男性和女性说过和听过的最严重的谎言。这些严重的谎言对女性而言会有更大的影响。在讨论他们说过的最严重的谎言时，女性表现得更内疚和更伤心。

内疚感也与说谎发生的环境有关。说高风险谎言的人（与成功说谎后获得的积极后果有关或与被识破后的巨大消极后果有关）可能比说低风险谎言的人体验到更多的内疚。例如，饭店的老顾客故意对服务员隐瞒自己没付饮料钱，如果喝的是香槟就要比喝白开水感到更内疚。

说谎者在谎言有正当理由时会减少内疚感。例如，间谍为了保护自己国家的利益而说谎，那么他就会感到这是完全可以接受的。在“二战”时，没有人会在自己的国家被占领时，因向德军说谎而受到良心的谴责（Ekman，1985/2001）。也没有人在自己认为应该说谎时说谎而感到内疚。推销员会认为在推销产品时夸大产品的优点是他工作的一部分，因而在这么做时也不会感到内疚。一位女人如果认为自己的丈夫也在搞婚外情，就不会对自己的通奸行为感到内疚。有趣的是，说谎者往往都认同这种观点（Sagarin，Rhoads，& Cialdini，1998）。

>> 恐惧

人们对恐惧的体验主要与自己在说谎时是怎么想的有关。有些人是很好的说谎者，他们知道：他们所学的一切已经足以轻松地欺骗他人并且不易被人发现。这会提升他们的自信，降低他们在说谎时的紧张感。

说高风险谎言后产生的结果会对说谎者而言真的很重要。相对于说低风险谎言，人们在说高风险谎言时可能更担心被识破。同样，出于为自己的利益而说谎比为了帮助他人而说谎所带来的消极后果会更严重，在谎言被识破后如果是出于自己的利益而非帮助他人就会带来更消极的后果。这就有可能导致说自我指向的谎言要比说他人指向的谎言更让人感到恐惧（Anderson，Ansfield，& DePaulo，1999）。说谎者的恐惧感还与说谎对象有关。如果说谎者认为对方很善于识谎，就要比他认为对方很容易受骗更感到恐惧。

>> 兴奋

伴随说谎带来的兴奋感被称为愚人作乐（Duping Delight，Ekman，1985/2001）。这种兴奋感将会在得知说谎对象很难被骗时大大提高。这种兴奋感在有旁观者时也会提升。想要愚弄老师的小女孩在教室里有其他学生时会比她和老师独处更兴奋。

>> 认知努力

人们在说谎时的认知需要与个体的人各有关。具有马基雅维利主义倾向的人往往认为说谎不需要认知努力（Kashy & DePaulo，1996；Gozna *et al*.，2001）。此外，善于表达的人也认为更容易说谎（Kashy & DePaulo，1996；Vrij，Akehurst，Soukara，& Bull，2002，2004a），这可能是因为他们认为编造故事不费吹灰之力。善于表演的人也认为说谎比较容易（Gozna *et al*.，2001；Vrij，Edward，& Bull，2001c），这可能是他们认为控制他们的行为相对简单。说谎时的认知负荷与个体的智力有关。较低智商的人觉得更难说谎（Ekman & Frank，1993；Vrij & Mann，2001a），这可能是由于他们很难让故事保持前后一致，特别是在被质疑时。这也可能是因为在同时执行编合理的故事、监控自己的行为、观察识谎者三项任务时要比较高智商的人更加困难。

由于高风险谎言所带来的后果对说谎者来讲真的很重要，因此他们可能在这种情况下特别努力避免被识破。这一努力将会转化为认知需求，因而在说高风险谎言时就会有更大的认知负荷。通常与自我指向的谎言相联系的更高负面后果可能导致更高的认知负荷。编造彻底的谎言要比隐瞒信息耗费更多的认知资源，因为人们在隐瞒信息时不必编造故事并记住自己说了什么。此外，编造一个复杂的谎言要比仅简单的答复“是”或“否”要耗费更多的认知资源，因为需要编造更多的信息并且记住（Vrij，Mann，& Fisher，2006b）。在没有提前准备好或提前排练过的情况下，说谎也可能需要更多认知资源。

>> 尝试行为控制

有些人更热衷给他人留下好印象。例如，人们对周围人对自己的细致观察的态度是不同的。在公共自我意识上得分高的人将他们自己视为公众的焦点（Fenigstein，Scheier，& Buss，1975）。由于成为注意焦点的意识增强，在公众自我意识上得分高的人特别积极给他人留下好印象，并尝试控制自己的行为（Vrij，Edward，& Bull，2001c）。

同样，人们越是认为给人留下的印象对于他们实现目标有重要作用，就会越热衷于印象管理（Leary & Kowalski，1990）。因此，在马基雅维利主义上得分高的人特别善于进行自我表现来影响他人，因为他们将自己留给他人的印象与完成目标有关（Leary & Kowalski，1990）。最后，一般认为说谎者会在某些情况下更关心自己留给他人的印象。例如，在成功说谎对说谎者真的很重要的情况下（如高风险谎言），他们会更努力控制自己。

◈ DePaulo 的自我表现观点

Zuckerman 等人（1981a）的观点表明，说谎者越多的体验三个因素（情绪、认知努力、尝试行为控制），欺骗的线索将越可能会暴露。Bella DePaulo 自我表现理论（DePaulo 1992；DePaulo，Lindsay *et al.*，2003）中的一个关键点就是诚实者与说谎者有很多共同之处。她指出说实话的人也具有情绪和认知负荷，抑或尝试控制自己，这同样会影响诚实者的行为。因此，有罪的（骗人的）嫌疑人在接受警察询问过程中可能会担心不被信任，而无辜者（诚实者）也会有这样的担心。因为他们在不被信任时也会面对同样的消极后果（Ofshe & Leo，1997）。鉴于有同样的担心，诚实者也会表现出跟被抓的有罪嫌疑人同样的紧张反应（Bond & Fahey，1987）。

根据 DePaulo，Lindsay 等人（2003）的观点，说实话者与说谎者只有在他们表现真诚时才会达成他们的社交目标。说实话与说谎的区别在于说谎所表现的诚实是不合理的，具体有两点表现。首先，欺骗性的自我表现更不可信。说谎者可能较少信任自己的陈述，因为他们有道德上的顾虑，在错误陈述上缺乏感情投入，或者缺乏足以支持欺骗性描述的知识或经验。其次，说谎者往往经历更强烈的思想过程，并对他们的行为深思熟虑。因为他们的可信度比说实话者要低。正如上面解释，他们这么做是因为说谎者有时经历的风险要比诚实者高，而且诚实者会确信自己始终是无辜的。尽管诚实者同样看上去很真诚，但他们往往不认为这需要特别的努力和注意。可信度较低意味着说谎者要给他人留下更为可信的印象，相应的也会更关心自己给别人留下的印象。

3.1　可疑却无辜

具有讽刺意味的是，诚实者在不关心留给他人的印象时，最终可能会表现出可疑的行为举止。下面这一则生活中的例子说明了这一点（Vrij & Mann，2001b）。一个男人在英国电视上举行了一个发布会，为了让公众提供他失踪女儿行踪的信息。在发布会中他说道："我们希望你能回家。你可能发现很难回家（长的停顿），无论什么原因，回家吧，快回来吧。"与此同时，这个男人出现了一个异常行为。他目光游移，面带微笑。在他说话停顿的过程中，他用手碰了一下自己的嘴部。当我在研讨会上播放这个片段时，大多数观察者认为这一行为十分可疑。实际上，正如我们将在第 5 章看到的，这是很多人认为可疑的一类行为，警察手册中往往认为说谎者会出现这一类的行为。然而，这个男人在本案中并不是嫌疑人。事实上，我认为如果这个男人说谎，他不太可能表现出这一行为。因为如果他说了谎，他可能会意识到这一行为会引起注意，因而会尽力抑制这一行为。而恰恰因为他是无辜的，所以才会不在意给别人的印象，导致他表现出这类行为。

◇ Buller 和 Burgoon 的人际欺骗理论（IDT）

关于欺骗的第三种理论是 Buller 和 Burgoon（1996）提出的人际欺骗理论（IDT）。该理论假设在面对面交流的过程中，说谎者须同时完成大量的交际任务。他们需要在编造可靠的语言信息的同时表现可靠的非语言信息。此外，他们在控制情绪、保持对话进行的顺利、恰当地回应对方、谨慎地说出谎言的同时，还必须注意交谈的同伴是否还相信他们的话（Buller & Burgoon，1996）。IDT 包含了 Zuckerman 等人（1981a）提到的因素（情绪、认知努力以及尝试的行为控制），并将其作为欺骗线索出现的潜在原因（Burgoon *et al.*，1999）。除此之外，他还强调，欺骗如果发生在交互环境，则不是单向的活动。说谎者与交谈对象会相互影响（Burgoon，Buller，Floyd *et al.*，1996）。

根据 IDT 理论，交谈对象的行为会直接、同步和间接地影响说谎者的行为表现（Burgoon *et al.*，1999）。所谓直接效应，是指人们在交流的过程中语言和行为会发生匹配与同步（Burgoon，Buller，Dillman，& Walther，1995；Burgoon，Buller，Ebesu，White，& Rockwell，1996；Burgoon *et al.*，1999；Chartrand & Bargh，1999）。人们可能会模仿对方的行为，抑或将语速和音量趋于一致。他们还可能会互相回应彼此的目光、点头、口音、动作、笑容以及面部表情（Akehurst & Vrij，1999；Baumeister，Hutton，& Tice，1989；Cappella & Schreiber，2006；DePaulo &

Friedman，1998；Dimberg，Thunberg，& Grunedal，2002；Tickle - Degnen，2006）。这一变色龙效应（Char - trand & Bargh，1999）即使在陌生人之间交流时也会出现，且通常发生在几分钟之内（Chartrand & Bargh，1999）。

间接效应与目标的反馈有关。有时说谎者的表达会受到质疑。例如，记者不相信警察局长对警局里的非法事件一无所知；法官不相信街头流氓声称只想用刀吓唬同伴而不是想刺向对方。如果说谎者收到从目标反馈来的语言或非语言的负面反馈，说谎者也许会意识到他们的表现缺乏可信度。因此，说谎者就会通过对行为作出调整用以消除对方疑虑并表现“诚实的行为”来回应对方。例如，直视对方，避免烦躁等（Buller，Comstock，Aune，& Strzyzewski，1989；Buller，Strzyzewski，& Comstock，1991；Stiff & Miller，1986）。

◇◇总　　结

本章介绍的三个理论显示，说谎与非言语行为之间的关系是十分复杂的。Zuckerman 等人认为说谎者会出现情绪与认知负荷标志（1981a）的假设是十分简单直接的。但这一假设可能会导致相反的行为。例如，情绪唤起通常导致眨眼的增加，而认知负荷往往导致眨眼频率降低；情绪的变化往往导致某个动作的增加（紧张行为的标志），而认知负荷将在欺骗过程中由于忽略身体语言的使用而导致动作减少。DePaulo 和 Lindsay 等人（2003）的自我表现角度强调体验情绪和认知负荷并不是说谎者所特有的。说实话的人也会体验到，因此也可能表现出与情绪或认知负荷有关的非语言行为线索。

Zuckerman 等人（1981a）的行为控制假设并不直接明了，由于在说谎者故意控制的作用下，他们的行为不仅取决于自己对可信的非言语行为的觉知，而且取决于表现行为的表演技巧。然而，基于行为控制理论，情绪与认知努力的方法能够产生矛盾，这样就可以做出一些一般的预测。情绪性和认知努力的假设认为由于紧张和认知负荷的影响，会导致说话停顿并出现言语错误的次数增加。而尝试控制理论认为，说谎者会试图去抑制大多数说话中的干扰，因而会听起来异常的流利。情绪性和认知努力的假设认为由于紧张和认知负荷的影响，会引起注视点转移。而尝试控制理论认为，说谎者会表现得像说实话者一样去控制自己的注视行为。

最后，Buller 和 Burgoon（1996）的 IDT 交互理论表明，欺骗行为可能直接或间接地受到欺骗目标行为的影响（变色龙效应）。非语言行为与欺骗之间的复杂关系非常复杂，因此不可能存在非常明显的、确定的非言语欺骗线索。接下来对此进行详细阐述。

◇◇研究说谎中非言语行为的方法

在以往的非言语欺骗线索研究中，受过训练的研究者观看说实话者与说谎者的视频（有时听录音）。他们根据特定的编码系统对说谎者与诚实者的非语言行为发生频率与持续时间进行分析，并将诚实反应与欺骗反应进行比较。在现场研究中，研究者对真实情境的视频进行分析，如警察对嫌疑人的询问（Mann，Vrij，& Bull，2002）。而在实验室研究中，被试会根据实验人员的指示为了实验目的而说谎，之后对其录像进行分析。现场研究由于其现实性，可能更具说服力。然而，开展现场研究会与三个问题有关：获得视频资料；确定事实信息；选择可比较的事实。有时是研究女人在欺骗她丈夫时是如何反应的，或者是研究孩子从母亲钱包里拿钱后说谎的反应，这些情况就不太可能被记录下来。人们往往不在家中安装摄像机，因而日常生活中的很多谎言不能得以分析。

即使在录像可用的情况下，只有确切知道对与错的反应才可以进行分析。为了确保真实情况的可靠性，需要事实给予支持，如法医鉴定、物证、DNA 证据或可靠的目击者。很可惜个案事实往往很难获得。例如，Clinton 在向大陪审团作证他和 Lewinsky 的事情时，他在证言上是否说谎了？如果说谎了，那确切是在什么时候？我们不能得知，因为可靠的独立案件事实并不可知。换句话说，在很多真实场景中，实际情况往往不能获得。

但是，诚实和欺骗的反应在准确性方面以外的任何一个方面都是可以通过比较来进行分析。只有在这样的情况下，诚实与欺骗的行为差异才可以判断人们是否在说谎。选择可比较的实话与谎言是困难的，因为人们在不同情况下的表现是不同的（Dente，Barath，Ng，Vrij，Mann，& Bull，2006；DePaulo & Friedman，1998；Vrij，2004b，2006a）。我将这些差异定义为内心的偏差（Intrapersonal Differences）。首先，环境很重要：（1）在正式环境中（如在选拔面试中）会比在非正式环境中（如在家里），人们的反应会更具差异；（2）人们会在被指控做了坏事后反应更具差异（Vrij，2006a）；（3）人们在与不同人会面时会显示不同的行为差异（Vrij & Winkel，1991）。此外，行为是与主题相关的。人们在讨论一个让他们困窘的话题时会比讨论一般话题表现出行为上的差异（Kleinke，1986）。并且，人们在讨论一个他们关心的问题或对他们很重要的问题时会比谈论与他们无关的主题出现行为上的差异（Davis & Hadiks，1995；Matarazzo，Wiens，Jackson，& Manaugh，1970）。最后，人们的行为有时在同一次交谈中会反复变化（Buller & Burgoon，1996；Burgoon *et al.*，1999；Stiff，Corman，Krizek，& Snider，1994；White & Burgoon，2001），假设他们在多个场合接受询问，在反复的询问中就会发生变化（Granhag & Strömwall，2002）。因此，如果研究者想将个体的欺骗非言语反应与诚实的非言语反应进行比较，那么就需要确定欺骗与诚实反应是发生在同样的会谈场景中；个体在诚实和欺骗时谈论的是类似的主题；并且间隔时间很短。

由于获取视频资料相当难，因此现场研究获取的关于欺骗的非言语线索是极少的。同样，以往的关于欺骗的现场研究一般质量都不高，因为研究者不能确定令人满意的真实情况，不能选择可比较的事实，或是同时出现了这两点问题。

除现场研究之外，另外一种研究是实验室研究。在这类研究中，研究者让被试（大多数是大学生）做说谎或诚实的测试，测量他们的非言语反应。① 在已有研究中，被测试的主题各种各样。例如，关于一部他们刚刚看过的影片，关于口袋里是不是有某样东西，或是他们丢失钱财等。还有一些研究，被试对扑克牌，屏幕上出现的点数、对某人的感受或一些有争议的问题进行诚实或欺骗反应。

实验室研究具有一些优势。被试的行为均被录像记录下来，研究者可以任意回放观看被试的行为。确定基本事实并不困难，研究者指示被试做说谎或诚实反应，因为研究者知道谁在说谎。设定可比较的事实也不是问题，因为诚实者与说谎者所面临的情况是一样的（也就是诚实者与说谎者谈论相同的话题，接受同一个研究者的询问等；唯一不同的是一个说实话，而另一个编造事实）。诚实者与说谎者的不同反应因而可以归因于其中一组被试在说谎。此外，实验室环境的可控性使得研究者可以考察影响欺骗的各种因素。例如，通过要求孩子和成年人对相同主题说谎或诚实来测量儿童是否在欺骗的非言语线索上具有差异（Vrij，Akehurst，*et al.*，2004a）；通过指示不同种族的被试在相同主题说谎或诚实来测量具有种族背景或文化差异的被试在欺骗的非言语线索上是否具有差异（Vrij & Winkel，1991）。在类似的情况下，研究者可以调查询问者使用的不同访谈方式是否对被询问者的欺骗的非言语线索造成影响（Vrij，2006a）；以及经过计划和排练的谎言是否与自发的谎言具有不同的非语言行为线索（Littlepage & Pineault，1985）。

然而，实验室研究也有局陷。在这类研究中，被试不能选择说谎与否，而是由研究者告知进行欺骗。这就意味着说谎是被允许的，内疚感也就不太可能出现。另一项限制是说谎的风险不会很高（Ekman，1985/2001；Malone & DePaulo，2001；Miller & Stiff，1993）。为了提高实验室实验中说谎的风险，研究者为成功说谎的被试提供金钱奖励（Vrij，Akehurst *et al.*，2002；Vrij，Edward，& Bull，2001c）。在其他一些研究中，被试被告知有一位（被试的）同伴会对他们的真实程度进行判断（DePaulo，Stone，& Lassiter，1985），或告诉他们成为一名好的说谎者是未来事业成功的一个重要标志（DePaulo，Lanier，& Davis，1983）。② 这类研究导致更低风险的谎言。这是由于他们提供了在日常生活中人们如何说谎的事例，因为人们

① Klaver，Lee，Hart（2007）和 Porter，Doucette，Woodworth，Earle 和 MacNeil（出版中）以罪犯为被试的两个欺骗的实验室研究。

② 后者是正确的。例如，好的护士是好的说谎者，因为他们具有对病人膏肓的患者（或严重毁容的患者，如烧伤）隐藏负面情绪的能力（Ekman，1985/2001）。

说的大部分谎言都是低风险的（DePaulo，Kashy *et al.*，1996，见下）。

然而，警察询问中的嫌疑人，机场的走私贩，与起疑心的记者交谈的腐败官员，以及欺骗自己妻子的丈夫，他们说的都是高风险谎言。为了试图去产生这类谎言，一些研究者进一步提升了实验室研究中的风险。例如，在 Frank 和 Ekman（1997）实验中的被试有机会偷取 50 美元。如果他们能说服询问者自己没有拿钱，他们就能得到这笔钱。如果他们拿了钱，而询问者判断出他们是在说谎，他们就得还回这 50 美元，并且失去每小时 10 美元的被试费。此外，一些被试在被发现说谎时还要面临额外的惩罚。他们被告知将身处狭小而黑暗的不吉利的 × 房间内，坐在冰冷的金属椅上，听上随机 10 ~ 40 组 110 分贝的噪音，整个过程长达一个小时。

这样的研究受到伦理道德上的关注。而除了伦理问题之外，另一个具有争议的问题是：这类研究中的风险和日常生活中的风险没有可比性。即会给被试提供更高的奖励，例如，被试在成功欺骗后能得到 500 美元而不是 50 美元；或者会在谎言被识破后得到更严厉的惩罚。当然，大学伦理委员会是不会允许研究者这么做的。同样，惩罚也不是真实的，被试可能会知道。道德指南要求研究者在实验开始前告知被试有权随时退出实验。因此，如果威胁被试要坐到暗室当中听 1 个小时的噪音，像 Frank 和 Ekman（1997）的研究那样，被试就会意识到他们实际上可以随时离开。换句话说，在实验室研究中可能不会具备真正的高风险环境，因而研究者唯一的选择就是在高风险的实际生活情境中考察（Barrett，2005；Riggio，1994）。

◇◇说谎者的行为

我收集了 132 篇已发表的关于成人非语言行为欺骗的英文研究文献，并将它们列在本章后的附录 3.1 当中。对于每一种行为，我都标注了其与欺骗的关系。“<”表明相比诚实者，被试的行为在说谎者当中更少见；“>”表明特定的行为在说谎者当中更多出现；“—”表明说谎者与欺骗者之间无显著区别。[①] 空格表明这一行为在该研究中并没有研究。在附录 3.1 中，我对与声音、言语有关的行为（声音线索，顶部）和其他行为（视觉线索，底部）做了区分。方框 3.2 对这些行为进行了描述。

3.2　非语言行为的描述

声音线索

1. 说话犹豫：使用语气助词，如“啊”“嗯”“呃”“恩啊”“嗯”等。

① 在本书所有的附录当中，当我讨论诚实者与说谎者的区别时，更倾向于具有统计显著性的差异。

2. 语言错误：语法错误、词或句子重复、起句失误、句子变化、句子不完全、口误等。
3. 声调：声调变化，如声调升高或降低。
4. 语速：某段时间内说出的词语数量。
5. 潜伏期：提问与回答间的沉默时长。
6. 停顿时间：说话时的沉默时长。
7. 停顿频率：说话时的沉默频率。
视觉线索
8. 凝视：观察交谈对方的面孔。
9. 笑容：微笑与大笑。
10. 自适应：挠头，搓手腕等
11. 描述：为了修正或补充言语的手部和胳膊运动。
12. 手与手指运动：不动胳膊的手或手指运动。
13. 腿脚运动：腿部和脚部的运动。
14. 躯体运动：躯体的运动。
15. 头部运动：点头或摇头。
16. 姿势改变：改变坐姿的运动。
17. 眨眼：眼部的眨眼动作。

在附录3.1底部，我也对DePaulo，Lindsay等人（2003）关于欺骗线索的定量元分析进行了总结。附录3.1下方的单元格显示了效应量d，是由Bella DePaulo和他的合作者计算而来的。Cohen（1977）认为效应量0.20，0.50，0.80分别可以解释为小、中、大效应。负的d表明该行为在诚实者中更常出现，正的d表明该行为在欺骗者中更常见。仅有印成粗体的d表明具有统计上的显著性，即诚实者与说谎者之间存在显著差异。

附录3.1中的结果显示了一种不稳定的模式，并且发现了很多矛盾的结论。拿说话犹豫作为例子来说。在一些研究中，说谎者会产生更多的犹豫，在另一些研究中诚实者则表现出更多的犹豫，而在另一项研究中，欺骗与说话犹豫之间并未发现太多联系。相同的不稳定模式存在于大多数行为当中。换句话说，类似于匹诺曹长鼻子的线索根本不存在。附录3.1进一步表明一些线索的稳定性稍好于其他线索。有研究表明说谎者具有更高声调的声音。这在DePaulo和Lindsay等人的元分析中同样可见，但在Cohen的术语中，d值等于0.21表明音调与欺骗的关系是微弱的。此外，说谎者与诚实者的声调差别往往很小，仅几赫兹，因而只能在用复杂设备的情况下才可探测。

另一个趋势是停顿。说谎者似乎在其说谎过程中会出现更长的停顿。而在考察停顿频率时，却并没有发现明确的模式。因此似乎是说谎者会停顿更长时间而在频率上却不高于诚实者。DePaulo 和 Lindsay 等人（2003）并未区分停顿频率与停顿时间，而在他们的元分析中并没有发现这两者结合与欺骗之间的关系（d = 0.01）。DePaulo 和 Lindsay 等人（2003）也没有发现反应时间与说谎之间的关系。然而，附录3.1显示，很多研究表明说谎者会在给出答复之前等候更长时间。特别是在进行反应时测试并告知他们尽快反应的时候更为常见。Sporer 和 Schwandt（2006a）进行了语言特征的元分析，尽管效应量很小（d = 0.18），但他们同样发现说谎者比诚实者显示更长的反应时间。

很多研究进一步发现，说谎者会出现更少的肢体表现、手部与手指运动、腿脚运动。DePaulo 和 Lindsay 等人的元分析显示肢体表现的效应量很小（d = −0.14），而手部运动的效应量更大（d = −0.36）。但大部分手部运动的效应在我本人的研究中已经发现，并没有很多研究者对这些动作进行测量。如果其他人能够重复我们的研究，我将对手部运动与欺骗之间的关系更加确定。腿脚部运动的效应在 DePaulo 和 Lindsay 等人的元分析中并不显著，这也许是因为在很多个案研究中也并未发现显著区别。而在发现区别的研究中，说谎者往往会比诚实者出现更少的腿脚运动，如附录3.1所示。[①] 最后，观察到改变姿势效应的大部分研究者报告称说谎者会比诚实者更多的改变坐姿。在大多数对姿势改变进行研究的报告中，并没有发现说谎者与诚实者之间存在显著性差别。因而可以总结，改变姿势与欺骗并无关系。DePaulo 和 Lindsay 等人（2003）并未区分姿势改变与躯体运动，但他们发现这两种线索均与欺骗无关（d = 0.05）。

在附录3.1所列的行为中，手/手指运动和欺骗并无很强的关系。我们的研究结果表明，这一线索并不能和匹诺曹长鼻子相提并论。在分析了181名被试的结果之后，我们发现64%的被试在欺骗中出现手部运动减少，而36%的被试出现手部运动增加（Vrij, Winkel, & Akehurst, 1997）。此外，d = −0.36 的效应量在 Cohen 的体系中仍属于中小值。

DePaulo，Lindsay 等人在他们的元分析中收录了很多除附录3.1之外的行为。他们考察了大约100种不同的非语言行为。其中有21种行为具有统计显著性，这包括了前面讨论过的三种行为：音调、肢体表现、手部运动。剩下的18种线索列在表3.1中。列在表3.1下半部分的8种线索仅在很少一部分研究中被研究，并且不会进一步讨论。根据效应量对这些线索进行排列。

表3.1　欺骗的非言语线索

	d
瞳孔扩大	0.39
不一致/矛盾	0.34

① Sporer 和 Schwandt（2006b）在其元分析中同样发现腿脚运动具有很微弱的显著性（d = −0.13）。

（续表）

词和短语重复	0.21
言语和声音的不确定	0.30
紧张	0.27
声音紧张	0.26
下巴抬升	0.25
言语和声音混乱	-0.21
嘴唇挤压	0.16
面部愉快	-0.12
基于小部分研究的线索	
脚部运动的变化	1.05
瞳孔变化	0.90
诚恳的笑容	-0.70
漠不关心	0.59
中断、重复词语	0.38
看似有计划的、缺乏自然性	0.35
面部表情紧张	-0.32
直接定位	-0.20

资料来源：DePaulo，Lindsay *et al.*（2003）。

最高的效应量出现在不常被研究的线索中（见表3.1），但如果我们集中注意在被经常研究的线索，那么最大的效应量应该出现在瞳孔尺寸（扩张），它的d值得分为0.39。

表3.1显示，与说实话者相比，说谎者的瞳孔看上去更大。另外，说谎者看起来更紧张，具有变紧的声音，下巴提升，挤压嘴唇更频繁，并且看上去不太高兴。同时，他们看上去更加矛盾，缺少自信，较少自我卷入，有更多的词句重复。

◇ 理论观点的支持

研究结果为上述的大多数理论提供了基本的支持。一些线索（音调、瞳孔扩大、紧张感、声音不安、嘴唇紧抿以及不高兴的表情）表明，说谎者可能比说实话者更紧张。研究发现说谎者停顿时间更长，在给出回答前等候更长时间，较少的肢体说明，更少的手或手指运动，更少的腿脚运动，更大的瞳孔，有更多语句重复。这些发现表明说谎比说实话更耗费认知资源。剩下的线索显示，说谎者表现得更矛盾，更少卷入，并且更不确定。这符合说谎者认为他们的陈述更缺乏说服力的假设（DePaulo，Lindsay *et al.*，2003），以及说谎者往往不能以有效的方式控制自己的行为（DePaulo，Lindsay *et al.*，2003；Zuckerman *et al.*，1981a）。说谎者往往表现出的肢体说明、手部动作、腿脚运动的减少同样说明他们不能有效地控制自己的行为。

通过实验室和日记研究中被试的自我报告，进一步支持了 Zuckerman 等人（1981a）的多因素模型以及 DePaulo 的自我表现理论。在一些实验室研究当中，研究者对说谎者与诚实者在实验室面谈过程中使用的策略进行考察。这些研究结果表明，说谎者会比诚实者表现出更低的可信度。因而他们会尝试留下可信的印象，如努力表现得不紧张（Colwell，Hiscock-Anisman，Memon，Woods，& Michlik，2006；Granhag & Strömwall，2002；Granhag *et al.*，2007；Hartwig，Granhag，& Strömwall，2007；Strömwall，Granhag，& Landström，2007；Strömwall，Hartwig，& Granhag，2006）。

在其他实验室研究中，在完成实验任务之后，要求说谎者与诚实者报告他们在完成任务过程中的体验。说谎者通常会称自己更紧张，并且经历了更高的认知负荷，并且努力尝试比诚实者留下更可靠的印象。①

在 DePaulo，Kashy 等人（1996）的日记研究中，被试称说谎时会感到有些紧张。在我们的日记研究中同样发现这样的结果（Vrij，Ennis，Farman，& Mann，2006）。日记研究以一个不同的方式体现了人们在说谎时所感到的些许不安：自我报告表明被试在面对面互动中倾向于少说谎，而在更长距离形式的互动中更多的说谎（例如，电话）（DePaulo，Kashy *et al.*，1996；Vrij，Ennis *et al.*，2006）。我们进一步发现，与说实话时相比，说谎会经历更高的认知负荷，并努力表现得很可信，对其所说的话更少相信（Vrij，Ennis *et al.*，2006）。

除了支持 Zuckerman 等人和 DePaulo 的理论之外，日记研究很重要的一点是表明大部分说谎并不是一件难事。在 DePaulo，Kashy 等人（1996）的日记研究中的被试声称他们的谎言总的来讲并不严重，也不用去计划，因而也不太担心自己的谎言被识破。紧接着，被试会对自己说过的谎言不感到后悔，如果给他们第二次机会，他们仍选择说谎。我们的日记研究进一步表明被试在说过谎之后并不感觉紧张或认知负荷，他们也不会努力表现得可靠（Vrij，Ennis *et al.*，2006）。总的来说，日常生活中所说的谎言大部分属于低风险谎言，说谎者也不太可能在说这类谎时出现明显的情绪、认知负荷或行为控制的信号。

即使是在高风险情境中，欺骗的行为标志也可能不会出现。例如，说谎者给出一个错误的账户，而自己却不知道；一个女人误认为自己童年时被虐待，并告知警察，这种情况下也不会出现欺骗的行为信号。她相信自己说的是实话，因而也没有理由内疚。她也可能在几乎不需要认知努力的情况下回忆错误记忆。

---

① Caso，Gnisci，Vrij，& Mann，2005；Gozna & Babooram，2004；Granhag & Strömwall，2002；Hartwig，Granhag，Strömwall，& Kronkvist，2006；Strömwall *et al.*，2006；Vrij，Edward，& Bull，2001c；Vrij & Mann，2006；Vrij，Mann，& Fisher，2006b；Vrij，Semin，& Bull，1996；White & Burgoon，2001. 被试在实验研究中体验到的紧张不太可能是由于感到内疚所引起的，因为被试是被要求在实验中撒谎的，因而谎言是实验者允许的。

相反，如果人们知道自己在说谎而意外说出了实情则有可能表现出欺骗的线索。在第2章，我举了一个例子，嫌疑人认为自己的朋友藏在自己公寓里，为了保护朋友，而告诉警察他朋友出国了。他所不知道的是，实际上他的朋友确实已经逃到国外了。尽管他的陈述是正确的，但他却认为自己在说谎。之后他可能会经历负面情绪（如内疚或恐惧）或认知负荷，并尽可能的会在谈论他朋友时表现也值得信赖。

在绝大多数欺骗研究中，并未出现说谎者与目标的互动，这就不适合验证Buller和Burgoon（1996）的人际欺骗理论（IDT）。使用交互访谈方式的研究为人际欺骗理论的假设提供了各种结果（DePaulo，Ansfield，& Bell，1996；Levine & McCornack，1996a，b）。在一项研究中，研究者的询问导致谈话被打断，并出现长时间停顿（Buller *et al.*，1989）。然而，这些行为导致了不诚实行为的出现，这将在第5章进一步说明。在另一项研究中，研究者的询问导致自适应行为增加，这同样不会留下诚实的印象（Buller，Strzyzewski，& Comstock，1991）。在元分析当中，DePaulo，Lindsay等人（2003）对比了在交互环境中与非交互环境中进行的欺骗研究，没有证据支持说谎者会避免表现可疑的行为。有可能说谎者企图抑制所有可疑的行为，但他们往往不能成功（Buller，Stiff，& Burgoon，1996）。事实上，正如我在上面所讨论的，人们往往很难去表现自己想表现的行为。

◎ 两项惊人的发现

在此，我想要强调两项发现，因为我相信它们会让外行人和专业识谎者感到惊讶。

第一项惊人的发现是注视行为与欺骗并无关系。这很惊人，因为全世界识谎外行和专业人员都认为说谎者会在说谎时转移目光。这一观点也频繁出现在警察手册中，我将在第5章详述人们为什么错误地认为说谎者会转移目光。我认为注视点转移不能作为欺骗的可靠指标主要有两个原因。首先，正如我上边提到的，注视有巨大的交际潜力（例如，用眼神接触来劝说对方），人们经常使用，因而可以控制注视过程。时常训练且容易控制的行为不太可能成为可靠的欺骗标志。其次，注视与很多说谎无关的因素有关。另外，人们在与喜欢的人交流时会有更多眼神接触；人们在与高地位的人交流时会有更多的眼神接触；人们坐得靠近时会有更少的眼神接触；并且会在感到尴尬时减少眼神接触（Kleinke，1986）。显然，注视在与如此多与欺骗无关的因素有关时不能作为可靠的欺骗线索。

3.3　眼动与神经语言项目

很多警察相信眼部动作会提供人们是否说谎的信息（Leo，1996a），这一观点在警察文献中有所提及。特别是说谎者眼神朝上方和左边看这一观点很流行。这一观点从神经语言项目模型中得来，尽管开发这一模型的人并未提及眼动与欺骗的关系。有关眼动表明欺骗的证据十分缺乏。即使是声称存在关系的研究也没有呈现任何有力的数据（Vrij和Lochun（1997）在警察文献中对此的评论综述）。

第二项惊人发现是经历情绪和认知努力而试图看上去值得信赖，并非说谎者独有。它们同样可能发生在诚实者身上。结果，说谎者和诚实者都会表现情绪、认知努力以及行为控制。假设在询问嫌疑人是否杀害了他的妻子时，他以听上去紧张的高调声音回答“没有，我没做”。这个男人是在说谎吗？答案是不确定。虽然他出现了紧张行为，但不能确定为什么他会紧张。他可能是由于隐瞒杀害他妻子这个事实让他紧张。然而，他也有可能是因为说实话而紧张。例如，他担心警方不相信他说没有杀害妻子这一事实。

假设嫌疑人当说自己不在场时就会停止烦躁。这就表明他可能在经历认知负荷，但不能确定他说没说谎。他可能由于正在说谎，在编造可信的不在场证明过程中存在困难，因而停止烦躁。然而，这也可能是由于无辜造成的。嫌疑人可能意识到不在场证明对他来讲是很重要的防卫，因而需要努力地回忆每一个细节力求准确，并确保未遗漏重要的信息。

我认为警察可能还没有充分地意识到说谎者和诚实者经历了相似的情绪和认知过程。在和警方的讨论中，他们往往称“由于在讨论犯罪时他看上去很紧张，我确定他在说谎”。基于嫌疑人行为得出的结论往往太不成熟了。在大多数案件中，为了判断对方是否说谎，警察须进一步行动，如询问更多问题或查看询问者提供的信息。仅仅基于某人的行为就得出关于欺骗的结论往往是不可靠的。我将在本书中进一步讨论这一问题。

◇◇几乎不存在非语言欺骗线索的原因

上面列出的理论观点已经表明，非言语线索和说谎间仅有很小、很微弱的关系。对此，研究者有很多的解释。本部分重点陈述其中几个原因。

◈ 不完善的评分体系

没有发现一致且可靠的非语言欺骗线索的其中一个原因是，用于进行测量的评分系统并不够详细。前面已有两个例子可以说明。“停顿的频率和持续时间的结合”与欺骗并无关系，但在单独考察“频率”和“持续时间”时，说谎者会比诚实者停顿稍长时间。同样，说话失误这个分类下包括语法错误、口吃、起句错误、口误等，也与欺骗无关，但在子分类下——词句重复——与欺骗有关，说谎者比诚实者重复更多。词句重复与欺骗的关系同样在 Davis，Markus，Walters，Vorus 和 Connors（2005）的研究中有所体现。他们对嫌疑人的供述进行了分析，并与被指控谋杀 2 名 10 岁女孩的 Ian Huntley 进行了面谈。我将随后对这些案件进行讨论。

尽管目前还没有研究，但如果我们对更详细的声音分类，说话犹豫（“啊”“嗯”“呃”“嗯啊”“哼”）进行考察，就可能发生相似的模式。Smith 和 Clark（1993）发现“嗯”会比“啊”具有更高的认知负荷。因此，单独考察“嗯”和

“啊”可能提示说谎。由于认知负荷的提高，也许说谎者在其陈述中会有更多的“嗯”，但与使用“啊”可能没有区别。

也许，不仅仅是声音特征没有完善的评分系统。Ekman（1985/2001）对不同的微笑进行了识别，包括真笑和假笑的区别。这种差别对识别谎言非常有用。真笑包括人们在经历积极情绪出现的笑容，并伴随两块肌肉的运动：颧大肌将嘴角拉向颧骨，眼轮匝肌使得面颊抬升并将眼窝处的皮肤向内汇聚。后者的变化使得眼下皮肤鼓起，并且在眼角处出现鱼尾纹。假笑是自己认为的说服他人正在感觉积极的情绪。假笑中往往不会出现眼轮匝肌所导致的眼周围的效果（Frank，Ekman，& Friesen，1993）。Ekman 和同事发现，诚实者往往出现更多的真笑，而说谎者往往出现假笑。在不区别真笑假笑的情况下，诚实者和说谎者具有相同的微笑频率（Ekman，Friesen，& O'Sullivan，1988）。真笑与假笑的其他区别包括：假笑更不对称，出现时间过早或过晚，持续更长时间，缺乏一致性（Ekman，1988；Ekman，Davidson，& Friesen，1990；Ekman & Friesen，1982；Ekman & O'Sullivan，2006；Frank，Ekman，& Friesen，1993）。①

研究者们也许还不能确定哪些是说谎者做的具体的动作。非言语交流研究者识别了很多类型的手部运动（Efron，1941；Ekman & Friesen，1969，1972；Rime & Schiaratura，1991）。基于 Efron（1941）的工作，Ekman 和 Friesen（1969）对五类手部运动进行了区别：象征性手势、说明性手势、情感表现、调整性手势以及自适应手势。在之后的文献中（Ekman & Friesen，1972；Friesen，Ekman，& Wallbott，1979），他们将自己限制在三类手部运动的研究，象征性手势（有具体含义的手势，如“竖大拇指”），说明性手势以及自适应手势。这三类手部运动涵盖了除为了变换姿势或休息以外的所有手部运动（Friesen *et al.*，1979，p. 99），并用于欺骗研究。它们出现在了 DePaulo，Lindsay 等人（2003）的元分析当中（在 DePaulo 的元分析中，象征性手势并不是欺骗的线索，也很少有研究者研究过）。

Ekman 和 Friesen（1972）对八类说明性手部运动进行了进一步区分，但研究者并没有使用细分后的动作。在一项实验中，我们并没有区别不同类型的说明性手势（Caso，Maricchiolo，Bonaiuto，Vrij，& Mann，2006）。诚实者对他们拥有的物品进行描述，而说谎者需要想象他们拥有这些物品。说谎者具有更少的指示性动作（姿势），也许是因为他们缺乏可以指向的真实物体。但是说谎者会做出更多隐喻性的姿势，这种姿势往往用于人们在描述抽象概念的时候（McNeill，1992）。我们在考察所有说明性动作的结合时，没有发现其与欺骗的关系。换句话说，正像词语重复和微笑一样，只有在子分类下才可能出现欺骗的线索。

---

① 眼轮匝肌运动的笑容不一定是真笑，它同样在假笑中出现。这块肌肉在其他情绪中也会运动，如悲伤或痛苦。当某人试图用假笑来隐瞒这些情绪时，眼轮匝肌也会运动。此外，好的演员也能成功的制造真笑。

最后，研究者可能没有对诚实和欺骗的视频片段进行详细编码，因此无法发现欺骗的线索。例如，认知负荷造成眨眼减少，但由于认知需要的缺乏导致更多眨眼的出现（Holland & Tarlow，1972；Leal，2005；Stern，Walrath，& Goldstein，1984）。这就意味着应该考虑截取的欺骗片段和高认知负荷的联系。你可能认为眨眼次数减少与说谎有关，而慌乱眨眼恰恰发生在说谎之后。将说谎之后的片段也纳入研究范围的研究者可能就会忽略实际说谎过程中出现的眨眼次数减少这一事实（Fukuda，2001）。

总的来说，已有的研究都表明，要想获得欺骗的线索就必须详细地检查非语言反应。研究者应避免将很多不同类型的行为混合在一起（如不同类型的说话失误、犹豫、微笑和说明性动作），并需要仔细的定义究竟是什么构成了欺骗。此外，还需测量每种行为类型发生的频率及持续时间（如停顿）。

3.4　微表情

Ekman认为，观察面部出现的微表情可以揭示关于欺骗的有价值的线索（Ekman，1985/2001）。感觉强烈的情绪会自动的激活面部肌肉动作。例如，愤怒导致嘴唇变窄，眉毛降低；提升并聚在一起的眉毛以及上眼睑上抬下眼睑绷紧往往标志着恐惧；快乐会激活肌肉使得嘴角抬升，眼下皮肤鼓胀，并在眼角处产生鱼尾纹。如果一个人要否认他现在体验到的情绪，他就必须抑制自己的面部表情。因此，如果一个内心害怕的人声称不害怕，他就必须抑制表明恐惧的面部微表情。这很困难，特别是因为这些情绪往往在不经意间唤起。例如，人们往往刻意掩饰恐惧，这往往是由于某个事件发生或是某个特定想法的结果。假设一个嫌疑人声称自己很放松，但在警方讯问过程中，他发现警方知道的要远远超过自己想象的那一刻却表现出恐惧。那出现恐惧的一刻就会表现出恐惧的面部表情。为了不表现出恐惧，他有机会就抑制自己的表情。人们通常能够在出现表情的1/25秒内很快的抑制这些表情（Ekman，1985/2001）。虽然如此，表情也能呈现很短的一段时间，并能被训练有素的观察者发现（Ekman，1985/2001）。①

除了尝试掩饰真实情绪之外，人们可以做与之相反的事情：假装经历没有体验到的某个特定情绪。母亲可以假装对她的孩子生气，而事实上她并不生气。为了看起来更可信，母亲应该表现出愤怒的表情，并应试图使自己的嘴唇变窄。大多数人很难自动地做出这个肌肉动作（Ekman，1985/2001）。

最后，人们可以假装经历了某种情绪，但却不同于真实体验到的情绪。一个与别人通奸的丈夫可能会因与妻子的交谈过程中发现妻子知道他的事而感到恐惧，但他可以伪装情绪状态，假装因为他妻子不信任他表现得很愤怒。为了

---

① 在这一方面，最近基于计算机的面部表情自动分析技术可能会发挥作用（Masip，2006）。

看上去可信，他会抑制自己恐惧的面部表情，而表现出愤怒的表情。这很困难，因为他必须得降低自己的眉毛（愤怒的标志）而他的眉毛却倾向于提升（恐惧的标志）（Ekman，1985/2001）。

与微笑的研究结果相似，自发的表情除了在不同肌肉的激活之外与故意表现出的表情有所不同。例如，研究发现自发与故意的表情在潜伏时间、起始时间（并且出现到最大强度的时间）、结束时间（从强度开始减弱到完全消失）、峰值强度持续时间、总的持续时间均有所不同（Ekman，Friesen，& Simons，1985；Hess & Kleck，1990；Hill & Craig，2002；Ekman & O'Sullivan，2006）。

◈ 线索的结合

研究人员如果单独对非语言行为线索进行考察，那么就不会发现欺骗的线索，而如果将多个线索结合起来就会出现特征性的模式。有证据支持这一点。例如，在我们自己的研究中基于四种非语言行为的结合（说明性动作、犹豫、潜伏时间、手部运动），我们可以正确地将70.6%的诚实者与84.6%的说谎者进行区分，而如果单独考察某一行为则会导致令人失望的结果（Vrij，Edward，Roberts，& Bull，2000）。

Ekman和同事们发现了相似的模式。如果一个受过训练的观察者注意微表情，那么就能发现高达80%的谎言（Frank & Ekman，1997），而如果将音调也作为观察目标的话，则会得到更好的识谎效果。86%的诚实者和说谎者能够区分出来（Ekman，O' Sullivan，Friesen，& Scherer，1991）。在其他研究中，当研究者对一组行为进行研究时，会得到71%～78%的正确率（Davis *et al.*，2005；Heilveil & Muehleman，1981；Vrij，Akehurst *et al.*，2004a）。换句话说，行为群可以指示欺骗的特征模式。然而，这就产生了一个问题，究竟应该将哪些行为结合在一起？目前，不同的研究者考察不同的行为群，很难说一个行为群在一种情况下对被试识谎有效，而在另一种情况下无效。但是，其中的基本原则是：测量非言语线索行为群要比测量单独非言语线索行为更准确。

或许，研究线索群而不是研究单个线索的思路也可以解释为什么这些状态，如矛盾情绪、不确定性、投入水平、紧张感及愉悦感等会作为欺骗线索出现（见表3.1）。对这些状态进行评估需要基于行为群而不是单个线索。

◈ 欺骗线索的群体间差别

不同的人可能会表现出不同的非语言欺骗线索。在这一部分中，我们将对个体种族与文化、性别、年龄以及个人特质等所谓人际间差别进行讨论。

- *种族起源与文化*

不同种族与文化的人可能会表现出不同的非语言欺骗线索。例如，白种人被试可能会与其他另一个种族起源或文化的被试在泄密线索上有所不同。遗憾的是，目前没有开展很多关于欺骗的跨文化研究。大多数欺骗研究是在西方国家开展的，大部分被试也是白种人。也就是说，目前为止的研究成果都是在告诉我们白种人说谎时是怎么表现的。尽管缺乏跨文化研究是一个软肋，但是如果在非白种人被试中发现不同结果也不要太兴奋。重要的是要考虑为什么出现这种非言语线索。是因为说谎者体验情绪或认知负荷，或是试图表现出令人信服的行为方式。至于为什么这些体验会有跨文化的不同，或者为什么情绪、认知努力以及行为控制的表现会有跨文化差异目前并没有理论上的解释。不出所料，在比较不同种族被试的欺骗线索研究中，并未发现跨种族的差别（Sitton & Griffin，1981；Vrij & Winkel，1991）。①

- 性别

性别差异在诚实者与说谎者之间同样不显著，其原因与种族差异不显著类似。在很多情况下，男女在说谎的情绪体验、认知负荷、给他人留下可信的印象上并无差异；也没有理论解释为什么男女间会出现情绪、认知努力与行为控制的差异。可能是基于这一原因，尽管在绝大多数的研究中都有男女被试参与，研究者也很少在自己的欺骗研究中报告性别差异。②

- 年龄

如果考虑到被试的年龄，那么可能出现完全不同的结果。有研究对儿童为什么在欺骗时表现出与成人不同的欺骗线索进行了讨论，虽然这些结论并不直接明了。行为控制法指出，说谎者首先意识到观察者为了识谎会注意到他们的反应，之后选择留给他人可靠印象的反应，最后，表现出需要的反应。前两个方面意味着有效的说谎者应该能够“转化为其他人的角色”。这一技能在六岁以下儿童身上极为缺乏（Broomfield，Robinson，& Robinson，2002；Flavell，2000；Flavell，Botkin，Fry，Wright，& Jarvis，1968），这可能导致成人认为儿童缺乏社会感知并且在沟通的熟练程度上不如成人（Leippe，Brigham，Cousins，& Romanczyk，1987；Melinder，Goodman，Eilertsen，& Magnussen，2004）。此外还有人将其归为心理理论（Gallup，1982；Keenan，Gallup，& Falk，2003；Sabbagh，Moses，& Shiverick，2006），即理解他人想法有别于自己想法，儿童和成人对理解别人的想法的能力不同（Johnson，Barnacz *et al.*，2005）。年纪较小的儿童因为缺乏理解他人思想状态的能力而不会努力抑制可能泄露谎言的非语言行为。这就使得在年龄较低的儿童身上更

---

① 显示同样的欺骗线索和显示不同的行为模式并不相同。不同种族背景的人往往显示出不同的行为模式（Matsumoto，2006）。例如，相比于黑种人，白种人趋于更多的用眼睛看交谈伙伴（Fugita，Wexley，& Hillery，1974；Ickes，1984；Johnson，2006；LaFrance & Mayo，1976；Smith，1983）。而在白种人被试中并未发现诚实者与说谎者在眼神接触上的差别，而在其他非白种人被试群体中也未发现差异（Sitton & Griffin，1981；Vrij & Winkel，1991）。也就是说，注视行为受文化的影响而非受诚实性的影响。不同种族或文化的人所表现出的不同行为方式很容易导致谎言识别的错误。我将在第 6 章进一步讨论。

② 见 Hall（1984，2006）对行为中性别差异的评论。

容易出现紧张与认知负荷的线索。

3.5 心理理论和说谎技巧

研究表明，随着孩子年龄的增长，他们更善于影响他人心理状态。在一个儿童必须欺骗另一个对手的游戏中，Sodian（1991）发现3岁大的孩子会使用“破坏行为”（身体阻止竞争对手获得奖励），而大多数4岁的孩子会通过指向错误方向的方法来阻止他人窃取物品。在另一个游戏中，儿童为了欺骗他人而需要指向一个空盒子。Russell，Mauthner，Sharpe和Tidswell（1991）发现，4岁孩子表现得要明显比3岁孩子好。在Peskin（1992）的研究中，3~5岁的孩子面对一个总选择他们喜欢物品的对手，让孩子“想想说什么或做什么来防止对手拿走你想要的物品”。在游戏中，竞争对手问每个孩子：“你想要什么?”相比3岁孩子（29%），更多的5岁孩子（87%）试图通过指向他们并不喜欢的物品或隐瞒信息（“我不告诉你”）来影响对手的心理状态。

儿童的肌肉控制同样随着年龄的增长而增强（Ekman，Roper，& Hager，1980；Feldman & Phillipot，1993；Hala & Russell，2001；Kieras，Tobin，Braziano，& Rothbart，2005，Saarni，1984；Sabbagh，Moses，& Shiverick，2006；Talwar，Murphy，& Lee，2007）。例如，在自然环境研究中，Saarni（1984）观察6~10岁儿童在得到令人失望的礼物时的反应。年龄更小的儿童会更多地表现出真实的反应（消极的面孔）。Ekman等人（1980）研究了5岁、9岁、13岁儿童，并发现年龄大的儿童具有人为控制面部表情的能力。这些结论表明，随着儿童年龄的增加其自我控制能力也变得更好，因此，随着年龄的增长欺骗的线索可能减少。

目前的观点表明，儿童是更差的说谎者。然而，有三个观点给出了相反的观点。DePaulo和Jordan（1982）指出年龄小的孩子会体验到更少的情绪。例如，由于年龄小，他们可能更倾向忽视被识破谎言后的消极后果，因而体验到更少被识破后的恐惧。同样，随着年龄的增长，人们会表现出更多无意识的表情，有些时候为了隐瞒欺骗需要进行抑制（Morency & Krauss，1982）。因此，能帮助成人更成功撒谎的角色扮演能力和肌肉控制能力，可能会由于说谎时情绪的体验以及自发的表情而部分抵消。正如上面已经讨论过的那样，诚实者也会经历情绪与认知负荷，这就导致就情绪和认知需求而言，儿童诚实者与说谎者之间仅存在很细微的差别。幼儿往往在让他们回忆某件事情时会表达更短的陈述（Lamb，Orbach，Sternberg，Esplin，& Hershkowitz，2002）。这一点可能对儿童说谎有利，因为说谎者在很短的时间内说谎，这就有更少机会来表现欺骗的非言语线索（DePaulo，Lindsay *et al.*，2003）。

很少有研究考察儿童在说谎时是如何表现的。这主要是由于道德伦理的限制。在实验室研究中，被试往往被指示说谎。这可能对儿童来讲有点困难，因为他们在学校或在家往往受到的教育是不要说谎。研究者们通过观察儿童的自发性谎言或指示儿童说善意的谎言来规避这一问题。在目前已发表的研究中有关欺骗的行为线索的风险都很低，也都很容易，不需要额外的努力来驱使儿童说谎（Feldman, D evin－Sheehan, & Allen, 1978；Lewis, 1993；Lewis, Stanger, & Sullivan, 1989；Talwar & Lee, 2002；Vrij & Winkel, 1995）。例如，在 Lewis 的研究中，告知儿童（2～3 岁）不要偷看他们身后的物体。而一些儿童确实偷看了并且在被问及时否认了自己的行为，他们的行为与没有偷看而诚实回答的孩子进行比较。在 Feldman 和其同事进行的研究中，让 8 岁的孩子表扬他的同伴。在诚实的条件下，同伴表现出色，因而表扬是诚实的；而在欺骗条件中，同伴表现很糟糕，因而表扬是欺骗性的。所有的这些研究表明诚实者与说谎者之间仅有很小的差别，不同研究间的比较也没有显示欺骗线索的一致模式（Vrij, 2002a）。有趣的是，这些研究中，像注视点或烦躁这样通常与欺骗有关的线索（第 5 章），实际上与欺骗无关。

目前本部分提到的研究仅考察了儿童的反应。而根据这类研究，我们不能真正得知儿童与成人在欺骗的非言语线索上是否具有显著区别。为了研究这一内容，需要在同一实验中比较儿童和成人的反应。据我了解，我们是目前唯一直接比较成人（大学生）与儿童（5～6 岁）在说谎时的非语言行为的研究者（Vrij, Akehurst *et al.*, 2004a）。在诚实条件下，被试与同伴玩“连接 4”的游戏。[①] 在游戏中有人会进屋发表评论，擦拭白板然后走出去。说谎者并没有参与到这其中，但被告知发生了什么。之后让他们在随后的采访中假装经历过此次事件。说谎者与诚实者均接受面谈。如果两名参与者能给人可信的印象则会得到小的奖励。面谈者并不知道谁说实话谁说谎。结果发现成人与儿童会出现行为差异。例如，儿童有多出成人两倍的动作。而欺骗线索也很相似。对成人与儿童的研究都发现，欺骗与手部运动减少有关。我们考察的其他线索，包括目光转移、潜伏期、停顿、说话速率、犹豫、错误、自适应、说明性动作、腿脚运动，在儿童与成人间没有发现诚实者与说谎者存在显著差别。

总的来说，目前为止没有任何一项研究显示儿童在说谎时与说实话时存在明显的非言语线索差异。就这一点来讲，其结果类似于成人。在一项成人与儿童行为比较的研究中，在所有年龄组中均出现了相同的欺骗线索（手部动作减少）。关于欺骗的常规线索，如目光转移、烦躁不安等，并没有在儿童中发现特征线索。

- 人格特质

人们表现的非语言行为的欺骗线索可能受人格的影响。然而，结果往往不如你期待的那么清晰。正如已经讨论的，马基雅维利主义者认为说谎是实现其目标的合理方式（第 2 章），因而他们在说谎时很少感到内疚（本章）。他们也更倾向于利用有策略的自我表现来影响他人（本章）。因而你可以认为，在马基雅维利主义上

---

① “连接 4”（Connect 4）是两人游戏，玩家需要把游戏币投入网格中成功连接 4 个游戏币在一行即为获胜，同时要防止对手获胜。

得分高的人会比在马基雅维利主义上得分低的人出现更少的欺骗线索，但事实上几乎没有证据支持这一假设。Exline，Thibaut，Hickey，Gumpert（1970）的确发现在马基雅维利主义上得分高的人在说谎时会有更多的眼神接触（可能是与缺乏内疚感、策略性的自我表现有关），但没有其他研究者对马基雅维利主义得分低者在说谎时的行为差异进行研究（Knapp，Hart，& Dennis，1974；O'Hair，Cody，& McLaughlin，1981）。

在另一项研究中，对在精神变态性格特征得分高与低的人的非言语行为进行比较，结果没有发现两组之间出现显著差异（Klaver，Lee，& Hart，2007；Book，Holden，Starzyk，Wasylkiw，& Edwards，2006；MacNeil & Holden，2006）。

正如上面所讨论的，自我公众意识得分高的人将他们自己视为人们注意的焦点，并且特别努力控制自己的行为留给他人好的印象。关于自我公众意识得分高的人是否比对自我公众意识得分低的人会控制非语言行为的表现，不同的研究有不同的结果。Baumeister（1984）和 Gallaher（1992）报告称他们的研究支持了这一观点，但我们不能在欺骗实验中复制这项结果（Vrij，Edward，& Bull，2001c）。在我们的研究中，我们测量了说谎者出现可疑行为的程度，如长的潜伏期、目光转移以及更多的自适应。我们没有发现自我公众意识和表现出那些线索的关系。在 Riggio，Tucker 和 Widaman（1987）的欺骗研究中，研究者发现自我公众意识得分高的人是很差的说谎者。例如，通过减少眼神接触以及与自我公众意识较低的人相比会有更多情绪性的反应。也就是说，人们避免表现出可疑行为的意图并不意味着他们能成功的这么做。我在评论支持 Buller 和 Burgoon 的人际欺骗理论时就提到了这一观点。

已有实证研究支持外向者和内向者在说谎时会表现不同的行为：外向者会出现更少且不同的欺骗线索（Miller，deTurck，& Kalbfleisch，1983；Riggio & Friedman，1983；Siegman & Reynolds，1983）。外向者在说谎时会表现出更少的动作，而内向者在说谎时会出现更多的动作。此外，内向者在欺骗过程中会出现更多的说话障碍。内向者往往在社交过程中感到更不舒服，这也许让他们表现得更紧张，导致动作增加以及说话不流利。Siegman 和 Reynolds（1983）发现，内向者在诚实和说谎停顿、语速、潜伏时间上会出现更多差别，这可能是因为内向者在社会交际中感到更多的不舒服。

表演能力也会影响一个人说谎的表现。与演技差的人相比，演技好的人通常会在说谎中减少动作，可能由于他们更善于抑制紧张的表现（Vrij，Akehurst，& Morris，1997），也会出现更少的停顿（Miller，deTurck，& Kalbfleisch，1983；Siegman & Reynolds，1983）。最后，在一项研究中，被试身处不适合表现愉快的环境中，高自我监控力的被试比低自我监控力的被试更善于隐藏自己高兴的情绪（Friedman & Miller - Herringer，1991）。

◈ 特殊的类型

上一部分关于欺骗线索的组间差别揭示了一些类型，特别是关于内/外向者和好/差的表演者。而其他的分类并没有出现明确的欺骗的非言语线索类型。也许这种分类太宽泛了，不足以显示这些线索。只有在我们单独对某一水平进行考察时才会出现欺骗线索。也就是说，这些线索是特殊的，可能每一个单独的个体都有一套独特的能泄露自己谎言的行为线索。实际上，我们对谋杀犯进行行为分析后（后面会详细讨论）发现，这类人会表现欺骗线索（Vrij & Mann，2001a），而其他人则在这种情况下不太可能出现同样的行为。如果这个问题更复杂一点，那么线索也会因情况而异。也就是说，不能保证在不同的时间、不同的主题或不在警察询问环境中杀人犯会表现出同样的行为线索。换句话说，情境性因素也可能影响一个人的行为，我们接下来会讨论这一问题。

◈ 情境性因素

除了个体间差异（我将其称为人际间差异）之外，说谎时所处的不同的背景也会影响欺骗的线索（我将其称为个人内心的差异）。我将介绍四类背景性影响因素：谎言的复杂度、成功说谎的动机、风险以及对说谎者的询问方式。

● 谎言的内容复杂度

有时候很难说谎。假设求职者在自己前一份工作中做了很愚蠢的事，而让他惊讶的是，在面试时有专家提到此事。想要得到这份工作的求职者不想承认这个错误，这就需要他马上编造看上去可信的解释。这并不容易。他可能会努力地想，而这会增加潜伏期、说话犹豫及失误、语速变慢、动作减少等说谎线索。

然而，说谎者并不总是感到惊讶。他们往往知道自己将要面对什么问题，因而进行了充足的准备。例如，很多犯罪嫌疑人意识到有一天自己将面对警方关于案发时间正在做什么的询问。因此，他们会提前准备好答案。在这种情况下，说谎就并不困难。当警察问他案发时间他在干什么的时候，准备充分的犯罪嫌疑人会简单地给出他早已准备好的答案。

说谎者有机会准备说谎时他们又会怎么表现呢？有证据表明，自发的谎言有更长的潜伏期，而计划后的谎言有更短的潜伏期。此外，即兴的信息与更多的停顿有关（DePaulo，Lindsay *et al.*，2003）。总的来说，即兴的谎言比计划好的谎言更难编造，结果是即兴的谎言中出现更多的努力思考的声音信号。①

有时说谎者根本不必编造答案，只需简单的隐瞒信息。当一位海关官员询问某人箱子里有什么，走私者只需隐瞒一些信息即可，也就是说不提走私品即可。我本

---

① 计划过的谎言中出现的线索（更短潜伏期）同样可能是尝试行为控制的结果。也许说谎者认为等太长时间才给出答案会让人起疑，因而可能出现快速的反应。

人的一些研究考察了说谎者在这种情况下有什么表现（Akehurst & Vrij，1999；Vrij，1995；Vrij，Akehurst，& Morris，997；Vrij，Semin，& Bull，1996；Vrij & Winkel，1991）。在这些研究中，一些被试要求必须说谎否认自己拥有一套耳机。他们的回答与没有耳机而诚实回答的被试进行对比。实验中，说谎者说话很少犹豫且说得更快。接下来的解释听起来很可信。针对一套耳机而进行说谎，被试可能很容易说谎，也不会出现认知负荷的线索。为了留下诚实的印象，说谎者可能会尝试避免出现犹豫或者说话太慢，这就导致了流利的说话模式以及不正常的快语速。

在另一项研究中，我们进一步考察了谎言复杂度对说话犹豫的影响（Vrij & Heaven，1999）。根据行为控制理论，我们假设说谎者会尝试避免说话犹豫。我们认为它仅会在说谎十分容易时出现，而当说谎很困难时就会出现认知负荷的线索。给被试呈现一对夫妇争论的视频。视频中男人坚持要买一台卫星电视，这样他就能在家而不用再跑去酒馆看足球。接着，女人解释男人想买卫星电视只是因为他可以从酒馆把朋友带回家来一起看成人频道。在看过这段视频后，要求被试只对视频中的某些方面说谎。其中一项谎言是让被试错误地描述视频中出现的某个人物，这相对容易编造。而另一项谎言是让被试对视频中的人为什么要买电视的理由进行编造，这就更难一些。和预期一样，在说谎出现认知困难时，说谎者会出现更多犹豫（与诚实者相比）。而在说谎比较容易时，犹豫也就会更少一些。

- 有动机的说谎者

说谎者往往具有不同的动机。接受警察讯问的杀人嫌疑犯比夸赞朋友裙子的女人可能更有隐瞒事实的动机。具有高动机说谎的人可能和不关心结果的人表现出不同的行为。在 DePaulo，Lindsay 等人（2003）的原分析中发现，提供一些激励性因素（如钱）的研究会出现更多欺骗的非言语线索。此外，在被试撒谎掩盖不好的行为研究（如欺骗并盗窃）（违法）比欺骗如年龄或观点（合法）的研究中非言语线索更显著。总之，说谎者逃避被识破谎言的动机越大，他们的行为就越可能泄露他们的谎言。DePaulo 和 Kirkendol（1989）将这一现象称为动机性损害效应（Motivational Impairment Effect）。

这一效应听上去很惊人，但很容易解释。高动机的说谎者可能经历更强的情绪体验，更担心被识破。此外，高动机的说谎者可能经历更高的认知负荷。他们可能更努力地编自己的故事，并认真观察对方的行为，看对方是否能够识破自己的谎言。正如我上面讨论的，说谎者经历越多的这些过程，欺骗的线索就越可能出现。有动机的说谎者可能更努力给他人留下可信的印象。而这对他们的表现并无益处，因为人们通常很难面面俱到的控制自己的行为。其结果往往是越努力控制所有的行为，表现也就越差（Baumeister，1984；Baumeister & Showers，1986）。

- 高风险谎言

有时，说谎的风险很高。在凶杀调查中，否认与杀人有关的嫌疑人得到信任是至关重要的事。在高风险情境中会出现什么欺骗线索呢？正如我已经讨论的，实验室研究无法提供答案，因为这类研究中风险并不如走私者、嫌疑人、不贞的配偶、欺诈的商人或腐败的官员在接受询问中的风险大。为了分析诚实者与说谎者在高风险情境中是如何表现的，最好的选择是对真实环境下高风险情境进行分析。

有关真实情境观察的研究非常欠缺。我将根据我所知道的分析进行描述，这包括 Bill Clinton，Saddam Hussein 和 Ian Huntley（一位杀害了两位 10 岁女孩的英国看护者）。遗憾的是，一些分析并不能识别出欺骗，因为在确立基本事实时（Bill Clinton）[①] 或选择可比较的事实时（特别是 Saddam Hussein 和 Ian Huntley 的例子）会遇到困难。然而，其他的分析则更有价值。我相信通过这些显示观察可以发现某种趋势。人们在高风险情境下撒谎时，特别是认知负荷的线索，如长时间的停顿、词语重复或手/手指运动等会有所减少。这与专业识谎者认为在高风险情境中的说谎者会表现紧张、特别是目光转移或自适应的线索形成直接对比（第 5 章）。下面的分析没有显示出这类线索的证据。

- Bill Clinton

1998 年 8 月 17 日，当美国前总统 Bill Clinton 在大陪审团前为他和 Monica Lewinsky 的事作证时，他必须在几个场合回答 Betty Currie（他的个人秘书）的问题。Betty Currie 去 Monica Lewinsky 的家中收回她从 Clinton 那里得到的礼物。问题是这一切是不是 Clinton 总统指示她这么做的。这是一个很重要的问题，因为如果 Clinton 确实指示她这么做就明显妨碍了司法公正。检察官 Kenneth Starr 的团队两次询问 Clinton 他是否给过 Betty Currie 这样的指示。Clinton 两次都进行了否认，但每次都表现出了明显的行为（Vrij，2002b）。两次他都坐下不动，直视照相机。特别是第一次，他的行为特别明显。甚至在询问者问完问题之前，他就快速的否认，直视照相机，持续他死板的动作。对我来说，Clinton 真的很想给 Kenneth Starr 的团队或大陪审团在询问中留下好的印象。遗憾的是，我不知道他在指示 Betty Currie 的问题上是否说谎，因为我不知道基本事实。

---

① 1953 年，Reid 和 Arther 发布了一项研究，对 486 名有罪者和 323 名无辜者进行了研究。对他们的分析显示了欺骗的各种指标。然而，这些案件中并没有关于基本事实的详细信息。Horvath（1973）在他的研究中对 100 名嫌疑人进行了研究，其中 50 人说实话，50 人说谎话。嫌疑人在多导仪测试的测前谈话阶段的说话内容和非语言交流被记录观察。非语言行为的分析显示了几个特征的线索。此外，没有提供任何关于基本事实的信息。由于没有确定基本事实，我们不能确定观察到的差异是否是由于说谎造成的。因此，我不对这些研究做进一步讨论。

3.6 Clinton 的大陪审团证词

Hirsch 和 Wolf (2001) 并不担心 Clinton 在大陪审团证词中的基本事实。他们观察到了 23 个非言语与言语线索。他们研究了一段长达 23 分钟的视频片段，并将其与 Clinton 回答基本问题（自己的姓名、律师的姓名等）时的 11 分钟证言的视频片段做对比。结果发现了 19 种线索。他们也将 23 分钟的视频与 5 分钟的筹集资金的演讲进行了比较。这次发现了 20 种显著的区别。遗憾的是，这项研究没有发现欺骗的线索。首先，这段 23 分钟的视频没有确立基本事实。即使我们假设 Clinton 的这段 23 分钟视频在说谎，也不太可能认为他 23 分钟一直在说谎，因为长时间的欺骗信息往往含有真实的成分（Turner, Edgley, & Olmstead, 1975; Maclin & Maclin, 2004; Wang, Chen, & Atabakhsh, 2004）。其次，真实与欺骗性的陈述对比不平等。将 23 分钟片段和其他片段（回答询问的基本问题或筹集资金演讲）进行比较是苹果与橘子式的比较。人们在询问一开始在短的对话中会出现不同的行为。显然人们在筹集资金的演讲时与被警方询问时的表现不同。在这方面，仅发现 19 种或 20 种线索而没有发现全部 23 种线索可能更让人吃惊。

- Saddam Hussein

伊拉克前总统 Saddam Hussein 在海湾战争时（1991），曾接受美国有线电视新闻网（CNN）记者 Peter Arnett 的采访。访谈持续了 94 分钟，并通过 CNN 广播。Davis 和 Hadiks（1995）在访谈中对 Hussein 进行观察并评分。他们运用了详细的评分系统测量了他的手部、胳膊和躯干的运动。评分方法比以往任何一项欺骗研究所使用的都详细。访谈中讨论了几个问题，如伊斯兰国家的忠诚、以色列、George Bush 总统、作为人肉盾牌的西方人质以及降落在伊朗的伊拉克飞机。

Davis 和 Hadiks 的观察表明，Hussein 运用了大量的手部和手臂运动，用以在讨论具体问题时作出具体的说明。在讨论以色列问题时，Hussein 做出了一系列短而有力的前臂猛击动作，有时还配以拳头。这一行为模式仅在谈论以色列和犹太复国主义时出现。在谈论 George Bush 时，Hussein 则表现出最放松的行为。口头上他给人留下的印象是他不关心 Bush，他说道："我和人们对话……和人们诚恳的对话，而不是 Bush 先生。"然而，在谈到 Bush 总统时，则出现了明显的躯体运动，以及姿势强度的爆发。Davis 和 Hadiks 将这一举动解释为 Hussein 对 George Bush 的强烈个人仇恨的非语言行为证据。

Arnett 同样谈论了降落在伊朗的伊拉克飞机。Hussein 告诉 Arnett "在这场战争中，没有任何一个伊斯兰国家不是站在我们这一边的"。接着，他解释了伊拉克飞机为何有时需要降落在邻国。Arnett 也询问了飞机是否会返回继续使用。虽然有理由相信飞机不会被送回，但 Hussein 没有提及。贯穿这部分访谈，Hussein 的行为受到限制并且进行了控制。他慢慢地坐起来，明显地限制自己，甚至停止自己的手势。Davis 和 Hadiks 认为，在这一时刻，Hussein 正在编造谎言。遗憾的是，真实情况不得而知。Hussein 在谈论以色列和 Bush 时出现的特别行为模式表明，主题的不同会影响说话者的行为。这一点应当在选择可比较的事实时加以考虑。

- Ian Huntley

在 2002 年 8 月 4 日星期日，2 名 10 岁的女学生在晚上离开了他们在英格兰南部的家，并消失地无影无踪。紧接着开始了英国警方历史上最大的搜查行动，2 名女孩的搜查在接下来的几周成为这个国家的关注点。200 名记者前往女孩消失的村庄，寻找女孩的消息播报出现在国家电视台的“每日新闻”当中。

Ian Huntley，一位 28 岁的学校管理者很快成为调查对象。在女孩消失的晚上，他询问警方自己是否能够帮助他们，打开校门以便警方搜查。他还告诉警方，在女孩消失的那天晚上，他跟这两个女孩在他家门前说过话。2 名女孩还问及他女朋友，曾经在学校帮助过她们的 Maxine Carr。这些信息表明 Huntley 是最后一位和女孩说过话的人。但是 Huntley 为警方提供了不在场证明。他说 8 月 4 日星期日，自己和女朋友在一起，他女朋友也作了证。

在接下来的几天中，Huntley 四处闲逛并问记者一些奇怪的问题。例如，他问记者是否已经发现女孩儿的衣服。记者觉得这是一个奇怪的问题，因为他给人的印象是他知道女孩和她们的衣服不在一起。记者将这一情况报告给了警方。此时的警方正在为寻找目击者以及检查该地区数以百计的性犯罪者的下落而分心。

记者邀请 Huntley 接受电视采访，起初他拒绝了，但过了 6 天之后他改变了自己的想法。然而，他只希望出现在当地电视上，因为他认为女孩失踪的事“不涉及国家利益”。当他在电视上被问及是否在屋外看见女孩玩耍，他回答道：“当然，一想到我是女孩最后见过的友善的人，我就很难过。”

在接受这次电视采访的几天后，Huntley 再次改变了他的想法，决定在 8 月 14 日接受国家电视台的采访。而这最终导致了他罪行的暴露。人们纷纷打来电话，其中一名妇女称她女儿在 10 岁时曾受到 Huntley 的性侵害。但是未进行起诉。之后警方得知，Huntley 曾经接受过性侵幼童的调查。除这一线索之外，女孩的手机信号也是在 Huntley 家外消失的，闭路电视录像显示 8 月 4 日他女朋友 Maxine Carr 在距他 100 英里的地方。这一系列证据使得 Huntley 成为头号嫌疑人。不久，警方在 Huntley曾经进入过的学校储藏楼内发现了女孩儿的衣服，并且在装衣服的袋子上发现了他的指纹。更多的证据浮出水面，Ian Huntley 因谋杀两名女孩被定罪。

在他被定罪的那天晚上，BBC 电视台播放了本案中警方讯问 Huntley 和他女友 Ian Huntley 的视频录像。据我了解，之前英国电视台从未播放过如此大量的嫌疑人讯问视频。这个节目让公众对曾经欺骗警方的杀人犯的行为有了直观的了解。在视频中我注意到欺骗的三点线索：手部/手指动作减少；长时间的停顿；以及词语重复。通过警方讯问，我们知道 Huntley 是个用右手做解释和挠头的人。当他不做解释或挠头时他的右手指出现动作。而他在说谎时（他告诉警察女孩朝图书馆方向走了，而事实上进入了他的房中）会停止手指运动。在他告诉询问者女孩朝图书馆方向走时，出现了长的停顿。停顿还出现在问他女朋友在8月4日干什么时。他最后答道："她在做作业，是的，她在做作业。"我认为这个重复是欺骗的第三个线索。因为在第二次他提到作业时，他做了积极点头的回应，但并没有表现出能够让询问者信服的行为，如直视询问者的眼神或表现积极的身体朝向。因此给人的印象是他想要说服自己这个答案的准确性。当他在被问及是否与女孩有身体接触时，同样出现了重复。他否认这一行为，但重复了部分问题："身体接触？没有。"

本案中的基本事实很好确定。我们知道 Huntley 在称女孩朝图书馆方向走时说谎了。我们还知道他的女朋友在那个星期天并没有来他家，他确实和2名女孩有身体接触。然而，在可比较的事实上存在一些问题。Huntley 知道自己是嫌疑人，他可能知道他回答女孩儿去向，以及他是否与女孩有身体接触是很重要、高风险的问题。

● 杀人嫌疑犯

某人在走失几天后被发现死亡，很明显受害者被杀害了。几个目击者告诉警察在尸体被发现前几天他们看到受害者和一个男人说话。根据他们的描述，警方可以画出那个男人的画像。几个月后，那个男人被逮捕并带回警察局讯问。除了他和画像十分相似之外，还有其他的原因让警方相信他与这起案件有关。

警方对这名男子开展大量的讯问。在第一次询问中，问他受害人失踪那天他在干什么。他描述自己早上去工作，下午去拜访朋友还逛了超市，晚上拜访了邻居。① 警方仔细核对了男子提供的每一个细节。几个目击证人，包括他的雇主，可以证明他那天早上的活动，但没有证据可以证实他那天其余时间的活动。这就使得男子尤其可疑，一系列紧密的调查启动。同时，男子坚称自己没有杀害受害者，并宣称自己根本没见过受害者。几周后，有实质的证据表明他就是杀人嫌疑犯。从男子车中发现的一根头发经确认属于受害者。此外，包裹尸体的布料纤维在汽车中被发现。基于这些证据，男子承认是自己杀了受害者。并详细描述了具体发生了什么。接着，这名男子在刑事法庭中被判有罪，并被判在监狱中度过自己的余生。

这名杀人犯在其供认过程中也并没有完全交待。他交待了自己怎么从自己的家中开车到遇见受害者的位置，而目击者仅可以确认部分事实。很明显，他对自己如何遇见受害者说了谎。几名目击者称在某个特定地点见到他。此外，在那个地方确实发现了属于该男子的一个物品（他承认是自己所有）。尽管这一证据确凿，但该男子还是否认自己去过那个地方。他承认去过附近，但否认到过那个地方。

我们对这个询问的各个部分进行了分析，得出他哪里诚实，哪里撒谎（Vrij &

---

① 尽管询问是在被害人失踪几个月后开展的，但这名男子仍然可以详细描述他那天的活动。他告诉警方他想到警方可能会询问他，因此他查了日记想起自己那天做了什么（即使是无辜的嫌疑人也可能知道人们失踪那天发生了什么，因为媒体从失踪那天直到尸体被发现后进行大量报道）。

Mann，2001a）。在供认前，两个片段（一处诚实，一处说谎）从询问中分离出来。诚实的片段是他描述受害者走时那个早上自己的活动。如前所述，目击者可以确认这部分信息。这一描述持续 61 秒。谎言片段是他描述自己下午和晚上的活动，该片段持续 67 秒。他告诉警方自己做的几件事。事实上，他开车去了另一个城市，在那个城市遇见的受害者。之后便在那天杀死了受害者。

从他的供认中截取 4 个片段（两个诚实，两个谎言）。在第一个 26 秒的诚实片段中，男子详细描述了自己是如何从高速路出口到遇见受害人的位置的。目击者可以证实这部分内容。第二个 27 秒诚实片段，是对相同内容的重复。他第一次说谎是在谈及离开朋友家杀死受害者的时间。事实上，他离开朋友家的时间要比他自己宣称的时间早几个小时。目击者们见到受害者的时间是他宣称在朋友家的时间。这是个很关键的谎言，因为他必须解释这几个小时他干了什么（这个时间段他否认见过受害者）。这个谎言持续了 16 秒。第二个谎言持续 32 秒，是关于与受害者碰面的地点问题。如上所述，有力的证据表明他和受害人见面的地点就是他否认出现过的地点。

尽管我们有超过 20 个小时的视频录像，但仅有几分钟的视频可用于本研究。询问中的其他部分不能建立基本事实。例如，杀人犯详细描述了他与受害人的对话，以及他怎么杀害受害者的。然而，这部分内容很难确认事实。

表 3.2 统计了杀人嫌疑犯的行为，采用的方法描述了每 100 个词的发生频率（犹豫或错误），发生的秒数（停顿时间及目光转移），或每分钟的发生频率（其他行为减去语速）。语速通过 3 点量表进行测量（1 = 慢，3 = 快）。

在供认之前，诚实与说谎出现了不少行为差异。在说谎时，杀人犯出现更多口误，停顿更长时间，说得更慢，出现更多目光转移。这一行为模式往往出现在需要努力思考的人身上。很显然人们在说谎时更困难。他知道自己是嫌疑人，他有足够的时间准备谎言。有证据表明他确实准备过，他为了欺骗警方在自己的日记中做错误的标记。除了这个准备之外，男子行为仍显示努力思考的一个原因是他的表现不很敏捷（这是询问过他的警探的观点）。有证据表明，准备可能不会对不太聪明的说谎者有利（Ekman & Frank，1993）。

表 3.2　警方讯问中杀人犯出现的行为

行为	供认前		供认中	
	诚实	说谎	诚实	说谎
犹豫	11.54	08.04	03.47	03.49
错误	07.69	14.29	08.33	11.63
停顿时间	10.33	22.84	04.53	15.63
停顿频率	05.90	06.27	04.53	08.13
语速	02.00	01.00	03.00	01.00
目光转移	26.56	44.33	47.55	12.50

（续表）

行为	供认前		供认中	
	诚实	说谎	诚实	说谎
笑容	00.00	00.00	00.00	00.00
说明解释	01.97	01.79	06.79	00.00
自适应	00.00	00.00	00.00	00.00
手/手指运动	00.98	01.79	06.79	00.00
头部运动	19.18	17.01	16.98	16.88
躯体运动	00.00	00.00	00.00	00.00

注：报告的方法描述了每100个词的发生频率（犹豫或错误），发生的时长（停顿时间及目光转移），或每分钟的发生频率（其他行为－语速）。语速通过3点量表进行测量（1＝慢，3＝快）。

诚实与说谎的几点区别同样在供认讯问中也出现了。在说谎时，杀人犯出现更多的口误、说话出现更多更长的停顿、语速更慢、出现更多的目光转移、更少解释与手部运动。此外，口误增多、更多更长停顿、语速变慢可以解释为努力思考的标志。动作的减少可能是认知努力的结果，也可能是尝试表现可信的标志。说谎时保持眼神接触也已解释为努力留下可信印象。男人可能意识到目光转移看起来很可疑，为了避免留下不诚实的印象，他会直视警察眼睛。同样，在供认中，他会尝试说服警方自己没有到过警方指出的地点（他遇见受害人的地点）。人们往往在想劝说他人时只是注意对方的眼睛。

这一说服解释也可以解释供认前（说谎时眼神转移）与供认中（说谎时直视警察）目光转移的差异。在供认前的询问中，男子未被警察质疑，只是有机会谈论案发那天的行踪。然而，在供认中，警察告诉他警方不相信他和受害者见面的经过。因此，他可能尝试劝说警察改变想法。

总的来说，杀人犯表现的行为模式为他说谎时经历认知负荷提供了有力的证明。他可能尝试控制自己的行为，但没有表现出紧张。为了考察这一解释，我们为65名对本案不知情的警察呈现我们分析过的6段片段，让他们判断这名男子的紧张程度、控制行为的程度以及努力思考的程度。我们没有告诉警察这个男人何时说实话，何时说谎。结果表明，这个男子给人留下的印象是在说谎时努力思考（Vrij & Mann，2001a）。

• 杀人犯，纵火犯和强奸犯

作为博士学位项目的一部分，Samantha Mann对13名男嫌疑人与3名女嫌疑人在警察询问中的行为反应进行了分析（Mann *et al.*，2002；Vrij & Mann，2003a，b，2005）。警方询问被录下来，可以为嫌疑人的行为反应进行详细的编码。嫌疑人会接受与严重犯罪有关的询问，如谋杀、强奸或纵火，如果有罪将面临长时间的刑期。在这项研究中，全部16个案件的基本事实都已确立，嫌疑人诚实与欺骗的行为进行了平等的比较。至于基本事实，选取的视频片段可由其他证据（可靠的目击者证词和法庭证据）证实说谎或诚实。此外，诚实与说谎则选取可比较的内容。例如，嫌疑人详细描述了他自己是怎么协助杀人的（诚实），之后否认自己卷入任何犯罪（说谎）。法庭证据毋庸置疑的支持他最初的那个版本。

结果表明，与说实话相比，嫌疑人表现出更长的停顿和更少的眨眼（Mann *et al.*，2002）。当分析 13 名男性嫌疑人时，仅出现欺骗的第三条线索：说谎者出现更少的手部运动（Vrij & Mann，2003a，b，2005）。表明紧张的线索并未出现（如烦躁，目光转移）。这些结果表明，嫌疑人的欺骗线索更像是认知需求增加或尝试控制紧张的结果。最有力的证明是欺骗中眨眼次数减少。研究表明负性情绪会使眨眼增加（Chiba，1985；Harrigan & O'Connell，1996；Tecce，1992），而增加的认知负荷会导致眨眼减少（Bagley & Manelis，1979；Bauer，Goldstein，& Stern，1987；Bauer，Strock，Goldstein，Stern，& Walrath，1985；Holland & Tarlow，1972，1975；Wallbott & Scherer，1991）。

为了验证嫌疑人欺骗线索是认知需求增加或尝试行为控制的假设，我们进行了后续研究（Mann & Vrij，2006）。我们为警察提供了 Mann 等人（2002）研究中的诚实与欺骗的片段。在每个片段播放后让警察评估嫌疑人的情绪反应、认知努力和尝试行为控制。结果显示，嫌疑人在说谎时表现得更努力思考，更多地表现出自我控制。而在说真话时却表现出紧张。Martha Davis 和她的同事分析了 28 个犯罪嫌疑人的视频片段（Davis *et al.*，2005）。在接受询问后，嫌疑人对助理检察官进行陈述。根据实验室证据、犯罪现场分析、或目击证词来确定本研究中的基本事实。有趣的是，研究者还对每一句表达的"归罪可能性"（IP）进行了评分。例如，如果是关于绰号的表达，那么 IP 就可以忽略，而如果直接与犯罪相关则 IP 会很高。研究者共定义了四类 IP。IP 与可比较的事实有关，低 IP 应与低 IP 的事实比较，高 IP 应与高 IP 的事实比较。遗憾的是，没有低 IP 的谎言。Davis 等人发现并不是随机说谎，而是随着 IP 的增加，说谎的比例也随之增加。出现了欺骗的三个线索：词句重复，口吃，缓慢地摇头。尽管他们考查了手臂运动，但与欺骗无关。然而，如他们在对"姿势"这一大类进行评分时，并没有研究具体的手臂运动。

● 总结

尽管在实际情况或可比较事实中出现了问题，但是从这些实际观察中可以发现一种趋势。人们以往认为说谎者不会表现紧张行为（特别是目光转移和烦躁）的观点没有得到支持。相反，说谎者会出现努力思考或尝试控制自己的行为。这导致词句重复、长时间停顿或手部运动减少。

针对说谎者没有表现出明确紧张的行为模式有几个解释。例如，被研究的人大都是罪犯和政客，而这类个体可能与一般人有差别。可能一般人在说高风险谎言时会表现出紧张的信号。虽然我不能排除这个原因，但我不认为它全部正确。我认为更多的人在说高风险的谎言时不会表现出紧张。这可能是因为他们在说这种恶劣的谎言时会经历高的认知负荷。正如上面提到的，认知负荷与大脑的高级区域相联系，结果会抑制坐立不安感（例如，紧张的标志）的行为。此外，有证据表明，说谎者在努力思考时，他们的认知努力会暂时抑制他们的生理上的声调（Leal，Vrij，Fisher，& van Hooff，2006）。当某人的生理唤醒降低，紧张感不太可能发生。

• 询问方式

最后，欺骗线索的出现可能取决于询问方式。但是目前为止，几乎没有研究关注询问方式对非言语欺骗线索的影响。除了作为人际欺骗理论方法实施的交互研究。这些在前面都讨论过。然而，这些研究中的询问方式从未被系统限制，结果这些研究都没有给出不同询问方式是否会影响非语言欺骗线索的答案。我认为这是不足之处，因为我相信询问方式会影响欺骗线索，正如我在自己研究中证明的那样（Vrij，2006a）。

在他们分析英格兰嫌疑人的询问录音后，Wales，Moston 和 Engelberg（1993）发现警察通常使用两类询问方式：信息收集与控告。在信息收集方式中，询问者要求嫌疑人通过回答开放问题（例如，“你在下午 3~4 点做了什么?”，“你刚刚提到了你昨晚去了健身房，那里还有谁?”）详细陈述他们的活动。而在控告方式中，询问者对嫌疑人进行指控（例如，“你的反应让我觉得你有意隐瞒了什么”）（另见 Vrij，2003，and Hartwig，Granhag，& Vrij，2005.）。

在 Moston 和 Engelberg's（1993）的分析之后，在我实验中的诚实者与说谎者会接受三个不同阶段的询问（Vrij，2006a）。询问以信息收集方式开始（阶段 1，“请告诉我刚刚你在的那个屋里发生了什么”），之后进入控告方式（阶段 2，“你的反应让我觉得你有意隐瞒了什么”），最后转换回信息收集方式（阶段 3，“请再告诉我一遍刚刚你在的那个屋里发生了什么”）。在对说谎者与诚实者进行对比时，在指控阶段仅出现了一条线索：说谎者笑容更少。而在两个信息收集阶段则出现两条欺骗线索：说谎者均出现笑容减少以及手部运动减少。信息收集与控告访谈方式的差异可能是由于陈述长度引起的。回答信息收集问题（例如，“你在下午 3 ~4 点做了什么?”）与回答指控问题（例如，“我认为你确实拿了钱”）相比，往往需要更长的陈述。更长的陈述会有更多机会出现欺骗的非言语线索（DePaulo，Lindsay *et al.*，2003）。

此外，背景隐蔽效应（Context Overshadowing Effect）也能够解释为什么指控阶段会导致更少的非言语线索（Vrij，2006a）。背景隐蔽效应是基于指控做坏事（即，指控询问方式）更可能影响说谎者和诚实者的行为这一假设。说谎者与诚实者在意识到不被信任时都有可能体验负面的情绪（Bond & Fahey，1987；Ekman，1985/2001）；并可能通过自己的抑制行为使自己看上去真诚，来尝试说服询问者自己是无辜的（Buller & Burgoon，1996；Edinger & Patterson，1983；Hocking & Leathers，1980）。结果，控告比说谎更能影响一个人的非语言行为，最终导致在被控告的情境下，诚实者与说谎者之间的非语言行为差异会相应减少。

◇◇结　　论

人们说谎时是如何表现的？遗憾的是，很难给这个问题找到一个简单的答案。没有特定的非语言行为与欺骗有联系，也没有一个理论解释支持类似于匹诺曹的长鼻子的线索。如本章所述，说谎者的行为受多种因素的影响。尽管缺乏一个简单的答案，但目前我们已知道使用何种策略来识别欺骗的非言语线索。

本章已证明，考察非言语线索群要比考察单个非言语线索能获得更多有价值的信息。在所有线索群的研究中，至少 70% 的实话与谎话可以基于这类线索群而正确分类。因此，第一条指导原则是永远考察非言语线索群而不是单个线索。这就引出了哪个线索群应该作为研究对象的问题。这并没有直接的答案，因为这可能更多地取决于说谎者（如人际间差异）以及说谎的环境（如个体内心的差距）。因此，第二条指导原则是，观察者需要在考察欺骗线索时控制个体与环境的差异，这点可以通过考察相似环境下个体的行为差异实现。我列举了一位谋杀嫌疑犯的事例，在他描述某天的活动时，将他描述的早上活动时的行为与描述下午和晚上的行为进行对比（Vrij & Mann，2001a）。

观察者在解释这些变化时应特别注意。研究表明，行为的差异可能不都与说谎有关，因为行为的变化可能由其他因素导致。基于这一观点，识谎的非言语线索是一个两步法。第一步是注意到行为的变化，第二步是解释变化意味着什么。就第二步而言，观察者往往需要进一步考察，如加大收集证据的力度。就谋杀犯而言，这一策略是有效的。加强调查力度最终在杀人犯车内找到的受害者头发或者裹着受害者尸体的布料，这将打消其继续否认犯罪的念头。

或许，观察者可以决定进一步对所谓的说谎者开展询问。就这一点而言，本章显示信息收集的询问方式要比指控型方式更有效，因为说谎者可以表现出更多的非语言欺骗线索。使用信息收集询问法作为起始点，我相信通过发展询问模式来放大诚实者与说谎者的区别，询问者可以变得更积极。在第 15 章我将进一步详细讨论。

附录 3.1　欺骗的非言语线索

	声音线索						
	犹豫	口误	高音调	说话速率	潜伏期	停顿时间	停顿频率
Abe *et al.*（2006）					—		
Allen *et al.*（1992）					>		
Anolli & Ciceri (1997)		>	>	—		—	>
Anolli *et al.*（2003）	—	>					
Bello（2006）	—	>					

（续表）

	声音线索						
	犹豫	口误	高音调	说话速率	潜伏期	停顿时间	停顿频率
Bond *et al.* （1985）	—	—					
Bond *et al.* （1990）	>	—	—				
Buller & Aune （1987）			—	—			
Buller *et al.* （1989）		<					<
Buller *et al.* （1994a）	>				>		—
Cody & O'Hair （1983）					<		
Cody *et al.* （1984，立即反应）		>		—	—		—
Cody *et al.* （1984，延迟反应）		>		—	—	>	—
Cody *et al.* （1989）	—	>		—	—		—
Davatzikos *et al.* （2005）					<		
Davis *et al.* （2005）	<	>		—			—
DePaulo *et al.* （1982b）	—	>					
DePaulo，P. J. & DePaulo（1989）	—	—					
DeTurck *et al.* （1985）		>			>	>	
Dulaney（1982）		—			<		
Ebesu & Miller （1994）	—						—
Ekman（1988）			>		<		
Ekman *et al.* （1976）			>				
Ekman *et al.* （1985）							
Ekman *et al.* （1991）			>				
Engelhard *et al.* （2003）					—		
Farrow *et al.* （2003）					>		
Feeley & deTurck （1998）	>	>		—	—		—
Fiedler & Walka （1993）	>		—	<			
Fukuda（2001）					>		
Ganis *et al.* （2003）					—		

（续表）

	声音线索						
	犹豫	口误	高音调	说话速率	潜伏期	停顿时间	停顿频率
Gozna & Babooram（2004，坐着的访谈）	—		—	—	<		
Gozna & Babooram（2004，站着的访谈）	<		—	>	<		
Granhag & Strömwall（2002）	—			—	—		<
Greene *et al.*（1985）					>		
Gregg（2007，exp. 1）					>		
Gregg（2007，exp. 2）					>		
Harrison *et al.*（1978）					>		
Heilveil & Muehleman（1981）		>			>		—
Hocking & Leathers（1980）	—	>		—	—		—
Höfer *et al.*（1993）	—	<		—	<		
Johnson，R. *et al.*（2003）					>		
Kalma *et al.*（1996）					<		<
Klaver *et al.*（2007）	—	—		—			
Knapp *et al.*（1974）	—	—					
Köhnken（1985）	—	>		<			
Kraut（1978，exp. 1）	—	—			>		
Kraut（1978，exp. 2）					<		
Kraut & Poe（1980）		—			—		
Langleben *et al.*（2005）					>		
Levine *et al.*（2005）		<		—	<		
Mak & Lee（2006）					>		
Mann *et al.*（2002）	—	—				>	
Matarazzo *et al.*（1970）					—		
Mehrabian（1971，exp. 1）		—					
Mehrabian（1971，exp. 2）				—			
Mehrabian（1971，exp. 3）				>			

（续表）

	声音线索						
	犹豫	口误	高音调	说话速率	潜伏期	停顿时间	停顿频率
Meharabian (1972)		>		—			
Miller *et al.* (1983)	—	—			—		—
Motley (1974)			—				
Nunez *et al.* (2005)					>		
O'Hair *et al.* (1981)					<		
Parliament & Yarmey (2002)					<		
Porter & Yuille (1996)	—						
Porter, Doucette *et al.* (出版中)	—			—			—
Riggio & Friedman (1983)	—						
Rockwell *et al.* (1997)			—	<	>		
Rosenfeld, Biroschak *et al.* (2006)					—		
Seymour *et al.* (2000)					>		
Spence *et al.* (2001)					>		
Spence *et al.* (2003)					>		
Stiff & Miller (1986)	—				—		
Stiff *et al.* (1994)					—		
Streeter *et al.* (1977)			>				
Strömwall *et al.* (2006)	—			—		—	—
Vendemia *et al.* (2005a, exp. 1)					>		
Vendemia *et al.* (2005a, exp. 2)					>		
Vendemia *et al.* (2005a, exp. 3)					>		
Vendemia *et al.* (2005b)					>		
Verschuere *et al.* (2004a)					—		

（续表）

	声音线索						
	犹豫	口误	高音调	说话速率	潜伏期	停顿时间	停顿频率
Verschuere *et al.*（2004b，exp. 1）					>		
Verschuere *et al.*（2004b，exp. 2）					>		
Verschuere *et al.*（2004b，exp. 3）					>		
Vrij（1995）	<	—	>	—			
Vrij（2006a，信息收集访谈）	—	—					
Vrij（2006a，指控性询问）	—	—					
Vrij & Winkel（1991）	<	—	—	>			
Vrij & Heaven（1999，困难反应）	>	>					
Vrij & Heaven（1999，简单反应）	<	—					
Vrij，Edward *et al.*（2000）	>	—		—	>		
Vrij & Mann（2001a）	—	>		<		>	—
Vrij *et al.*（2001a）	—	—		—	>		
Vrij *et al.*（2001c）	>	—		>	>		
Vrij *et al.*（2004a，成人）	—	—		—	—	—	
Vrij *et al.*（2006a）					—		
Vrij，Mann *et al.*（出版中，正常顺序）	—	—		—	—	—	
Vrij，Mann *et al.*（出版中，相反顺序）	—	>		<	—	—	
Walczyk *et al.*（2003）					>		
Walczyk *et al.*（2005，exp. 1）					>		
Walczyk *et al.*（2005，exp. 2）					>		
Winkel & Vrij（1985）	—	>					
Zhou & Zang（2006）					>		<

（续表）

	声音线索						
	犹豫	口误	高音调	说话速率	潜伏期	停顿时间	停顿频率
总结	—	—	>	—	>	>	—
DePaulo，Lindsay *et al.*（2003）	0.04	0.00	0.21	0.07	0.02		

注："<"：说谎者比诚实者更少出现的线索；">"：说谎者比诚实者更多出现的线索；"—"：2006—说谎者与诚实者没有显著差异；"空格"：未研究这个线索。

附录 3.1　（续）

	视觉线索									
	凝视	微笑	自适应	说明	手/手指	腿/脚	身躯	头	姿势改变	眨眼
Akehurst & Vrij（1999）			—	—	<	—	—			
Bond *et al.*（1985）	>	—	—	>				—	—	
Bond *et al.*（1990）	—	—	—	—				—		—
Buller & Aune（1987）	<	—	<	—		—	—	—	—	
Buller *et al.*（1989）	<	—	—	—				—		
Buller *et al.*（1994a）		—						—		
Buller *et al.*（1994b）								<		
Burns & Kintz（1976）	—									
Caso *et al.*（2006a）			<	—						
Caso *et al.*（2006b）				<	<	—				
Chiba（1985）										>
Cody & O'Hair（1983）	—	—	—	<		<			>	
Cody *et al.*（1989）	—	—	—	—	—			—		—
Craig *et al.*（1991）										<
Davis & Hadiks（1985）				<						
Davis *et al.*（2005）				—				>		
Dente *et al.*（2006）					—					
DePaulo，P. J. & DePaulo（1989）	—		—					—		
deTurck & Miller（1985）	—		>	>		—				—
Donaghy & Dooley（1994）								—		
Ebesu & Miller（1994）			—	—					>	—
Ekman（1988）		—	<	<		<				
Ekman & Friesen（1972）			>	<						
Ekman *et al.*（1976）				<						
Ekman *et al.*（1988）		—								
Ekman *et al.*（1990）		—								
Ekman *et al.*（1991）		—		<						

（续表）

	视觉线索									
	凝视	微笑	自适应	说明	手/手指	腿/脚	身躯	头	姿势改变	眨眼
Feeley & deTurck（1998）	—	—	—	—		—			—	
Fiedler & Walka（1993）		>	—					<		
Fukuda（2001）										<
Galin *et al.*（1993）										>
Gozna & Babooram（2004，坐着访谈）	—	—	—	—	<	<	—	>	—	
Gozna & Babooram 2004，站着访谈）	—	>	—	—	—	—	—	>	—	
Granhag & Strömwall（2002）	>	<	<	—			—	—		
Greene *et al.*（1985）	—	—	—	<	<	<		<	—	
Griffin & Oppenheimer（2006）	>									
Gross & Levenson（1993）	—	—	<				<			>
Hadjistavropoulos & Craig（1994）										—
Hadjistavropoulos *et al.*（1996）										—
Heilveil & Muehleman（1981）	—	—	—					—		
Hess & Kleck（1994）	—									>
Hill & Craig（2002）										—
Hocking & Leathers（1980）	<	—	—	—		<		—	—	—
Höfer *et al.*（1993）	—	—	—	<		<	—	—		
Kalma *et al.*（1996）	<	—		<		>				
Kennedy & Coe（1994）	—	—								
Klaver *et al.*（2007）		—	—	—	—	—		>	—	—
Knapp *et al.*（1974）	<	—	>	—		—		—		
Kraut（1978，exp. 1）		—	—				—		—	
Kraut & Poe（1980）	—	—	—	—			—		—	
Leal *et al.*（2006）										<
Levine *et al.*（2005）	—		—	—	—					<
Mann *et al.*（2002）	—									
Matarazzo *et al.*（1970）	—									
McClintock & Hunt（1975）	—	—	>	—			>		>	

（续表）

	视觉线索									
	凝视	微笑	自适应	说明	手/手指	腿/脚	身躯	头	姿势改变	眨眼
Mehrabian（1971，exp. 1）						<				
Mehrabian（1971，exp. 2）				—				—		
Mehrabian（1971，exp. 3）			—				—	—		
Mehrabian（1972）				—		<		—		
Miller *et al.*（1983）	<		—	—	—	—				
O'Hair *et al.*（1981）	—	<	>	—		—		>	—	
Porter，Doucette *et al.*（出版中）		—	>	>				—		
Riggio & Friedman（1983）	>	—	—	—		—		—	—	
Schneider & Kintz（1977）						—				
Sitton & Griffin（1981）	>									
Stiff & Miller（1986）		—	—	—		—			—	—
Strömwall *et al.*（2006）	—	—	—	—			—	—		
Vrij（1995）	—	—	—	—	<	<	—	—	—	
Vrij（2006，信息收集访谈）	—	<	—	—	<	—				
Vrij（2006，指控性询问）	—	<	—	—	—					
Vrij & Winkel（1991）	—	—	—	—	<	<	—	—	—	
Vrij，Semin *et al.*（1996）			—	—	<	<		—	—	
Vrij，Akehurst *et al.*（1997）				—	<					
Vrij，Edward *et al.*（2000）	—	—	—	<	<	—				
Vrij & Mann（2001a）	—	—	—	<	<	—				
Vrij *et al.*（2001a）	—	—	—	<	<		—	—		
Vrij *et al.*（2001c）	—	<	—	<	<	<				
Vrij *et al.*（2004a，成人）	—		—	<	—	—				
Vrij *et al.*（2006a）	—		—	—		<			<	
Vrij，Mann *et al.*（出版中，正常顺序）	—		—	—	<	—				
Vrij，Mann *et al.*（出版中，相反顺序）	—		—	—	—	>				>
Zuckerman *et al.*（1979）		<								
总结	—	—	—	<	<	<	—	—	—	—
DePaulo，Lindsay *et al.*（2003）	0.03	0.00	-0.01	-0.14	-0.36	-0.09		-0.02		0.07

注：“<”：说谎者比诚实者更少出现的线索；“>”：说谎者比诚实者更多出现的线索；“—”：说谎者与诚实者没有显著差异；空格：未研究这个线索 DePaulo，Lindsay 等人（2003）并未单独测量躯体与姿势的改变。

第 4 章 欺骗的言语线索

本书共有 5 个章节探讨欺骗的言语线索，本章是其中之一。在第 7 ~ 10 章中讨论的言语线索涵盖了目前专业人员使用的言语识谎工具。我在本章中总结的言语线索并不属于这一类，这些线索我称之为“个体线索”（Individual cues）。方框 4.1 对这些线索进行了描述。

4.1 言语行为的描述

1. 消极陈述：表达对某人、某物或某个观点厌恶的陈述，如否定、厌恶的陈述以及表明消极情绪的陈述。
2. 泛化性措辞：使用诸如“总是”“从不”“没人”“每个人”之类的词汇。
3. 自我指涉：使用的词语提及说话者自身，如“我”“我的”。
4. 即时性：说话者的反应是直接的、相关的、明确的，而不是间接的、偏题的或逃避的。
5. 回应长度：答案长度与字数。
6. 可信的答案：有道理的，听起来可靠合理的陈述。
7. 词汇多样性：陈述中的不同词语的使用数量。
8. 一致性：一位或两位说话者在两项以上的陈述中重复的细节数量。
9. 矛盾：陈述中或陈述间矛盾。

说话内容可以揭示欺骗，特别是在观察者明知说谎者所说并不是实话的时候。直接比较事实与陈述内容可以明确地觉察出欺骗。在现实生活中，前英国保守派政客、作家 Jeffrey Archer 在政党会议中于宾馆接见了三位记者。当 Archer 接电话时，他要求记者回避，声称是首相打来的电话。另一位政客见到三位记者在走廊徘徊就上前询问。他马上意识到 Archer 在说谎，因为他知道首相正坐在会议室，不可能给 Archer 打电话（独立报，2001 年 7 月 20 日，p. 3）。Archer 的谎言被识破，因为他编造的内容与事实相反。

另一位被事实证据证实说谎的是曾经服务于英国首相 John Major 的国防采购部部长并随后担任财政部第一秘书的保守党政客 Jonathan Aitken。在其任职国防采购部部长时期，Aitken 在巴黎的利兹宾馆待过一段时间。英国报纸《卫报》和电视节目《世界动态》播报称宾馆的账单是由一个商人支付的。对此，Aitken 强烈否认，他称是自己的妻子替他付的钱，并以诽谤状告报纸和电视台。然而，诽谤罪并不成立，因为被告方拿出了证据表明账单是由一位沙特军方客户支付的。面对陪审团，Aitken 承认伪造证据，妨碍司法公正，最终锒铛入狱。①

在很多情况下，观察者并不知道事实真相，而在这时就不能通过对比说话内容与事实证据而识破谎言。也可能是因为观察者知道一些事实，但他不能断定某人是不是在撒谎。嫌疑人可能承认进入过一位女人的公寓，但否认违背了这名妇女的意愿。在这种情况下，表明男子曾出现在女人公寓的物证并不能揭示其陈述的准确性。

这就提出了一个问题：说话内容的某些方面是否能揭示欺骗？例如，说谎者是否会说出某些特定的内容？或者他们是否会避免说什么？这些问题将会在欺骗言语线索的五个章节中进行讨论。我将会论证并没有一个像匹诺曹长鼻子那样的言语线索。然而，有一些特征可以作为欺骗的弱信号，其中包括在本章中讨论的一些线索。

◇◇理论观点

在欺骗中影响非言语行为的一些方面可能同样会影响到说话的内容（例如，情绪、认知努力、尝试控制、缺乏自身体验，见于第 3 章）。

◈ 情绪

我已经在第 3 章解释过，说谎者有时会感觉内疚或是担心被识破。内疚与恐惧均属于消极情绪可能在说谎者进行负面评论时通过言语泄露。例如，美国前总统 Nixon 在水门事件中称“我不是骗子”，而不是说“我是个诚实的人”（DePaulo，1998，引自星期日泰晤士报，1998 年 4 月 24 日，p. 14）。负面评论的其他例子是使用反应消极情感的词语，如“不舒服的”“厌恶”“不喜欢”等。偷拿糖果的男孩可能会因宣称自己不喜欢这些糖果而泄露他的谎言。

体验负性情绪的另一个结果是说谎者不想将他们自身与自己说的谎言联系在一起，因而可能倾向于说出带有统称的答案，不明确的指向自己。例如，“你抽烟吗?”的答案可能是“这个房子里没人抽烟”。将他们自己和陈述分离的趋势可能导致间接、偏题或逃避的陈述。当 Clinton 总统在 Paula Jones 案中被问及 Monica Lewinsky 是否就 1995 年 11 月开始与他有性来往说谎时，Clinton 回答：“这当然不是实话、这不可能是实情。”（独立报，1998 年 7 月 30 日，p. 14）与陈述分离可能最终导致答案简短。

① 这是一个值得关注的故事。我怀疑 Aitken 知道他妻子行踪的谎言可能被发现。而控诉电视台和报纸可能提高了他被识破的可能性，被告方调查事实真相最终表明他在说谎。

◈ 认知努力

编造谎言可能很困难，特别是在说谎者没机会准备时。如果说谎者感觉编造谎言很困难，他们说话的内容就可能泄露谎言。例如，编造谎言缺乏创造性可能导致缺乏具体细节，使用更多宽泛的词汇，更少的自我指涉或更短的陈述。说谎者也不会成功编造出一个令人信服的谎言，因而谎言听上去不太可靠。此外，说谎者也许不会考虑能让他们成功说谎的技巧，因此可能避免涉及细节问题，而去说一些推脱的、含糊的或不相关的内容。说谎需要的另一项认知需求就是说谎者需要记住他们之前说过什么，这样他们就能在被要求重复一遍时顺利回答。记忆失败可能导致说谎者自相矛盾或前后矛盾（即重复的细节不一致）。

◈ 试探性控制

说谎者也可能积极地尝试避免产生自证其罪的陈述。这样他们就会进退两难。最保险的策略是保持沉默，因为如果说谎者不说话，就很难泄露谎言。然而，说谎者可能避免保持安静，因为他们可能意识到这会显得很可疑。因此，最好的方法就是作出一个让观察者几乎没机会识破的陈述。说谎者可能会通过使用概括、不具体的语言来达到这一点。他们可以通过不指涉自己、不含细节或给出不相关的间接信息作为替换来进一步达到目的。至于后者，想要隐瞒和朋友去电影院的男孩可能会对以为他去动物园的父母描述他去动物园时和朋友聊天的内容。

试图避免作出自证其罪的表述可能会让说话更加小心翼翼。这可能导致说谎者使用大量不常见的词汇，从而出现大量的词汇变化（Carpenter，1981）。但在理论上也可能会出现相反的效果，即词汇变化减少。如果人们努力弄清某些信息，他们往往会重复自己已提到的信息（Aune，Levine，Park，Asada，& Banas，2005）。重复导致词汇变化降低。而且，想要提高可信度的动机通常会导致更多固定的语言，其特征也使语言多样性降低（Hollien，1990；Osgood，1960）。

最后，试图控制说话内容会导致说谎的高度一致性。说谎者可能提前准备好谎言，并且在每次要求重复时都会坚持已经排练好的谎言。与此相反，诚实者往往需要从记忆里回忆事情。这可能导致每次复述的事件都有变化，因为他们可能会忘记第一次提到的信息，抑或会在第二次复述时想起新的信息。

◈ 缺乏自我体验

说谎者因为在陈述时缺乏信心，很多言语线索也可能发生。由于在说谎时感到内疚或恐惧而导致不舒服，说谎者可能会缺乏信心。我已在前面讨论了内疚和恐惧是如何影响欺骗的言语线索的。

说谎者也可能由于没有亲身经历自己叙述的内容而导致缺乏自信。这也可能会导致其使用更多宽泛的词语，缺乏自我指涉或作出更短的回答。

◇◇说谎者的言语内容

研究个体欺骗的言语线索和非言语线索使用的方法是相同的。说谎者和诚实者一同参与到实验室研究中，为了实验目的而进行表述。之后，研究人员将这些陈述转录，对个体的言语线索进行编码。我在第 3 章已经对这类研究进行了详细的讨论。

附录 4. 1 总结了 69 项已发表的英文研究文献，他们比较了说谎者与诚实者之间的言语行为差异。在这些研究中，说谎者和诚实者都是成年人。我对每一个言语线索与欺骗的关系进行了说明。“ <” 符号表明言语线索在说谎者当中更常出现；“ >” 符号表明言语线索在诚实者当中更常出现；“—” 符号表明诚实者与说谎者之间的差异不显著。空格表明在某项研究中没有研究该项言语线索。在附录 4. 1 底部我对 DePaulo，Lindsay，Malone，Muhlenbruck，Charlton 和 Cooper's（2003）定量元分析的欺骗线索进行了总结。附录 4. 1 下的数字代表效应值 d，效应值 0. 20，0. 50，0. 80 应分别解释为效应量小、中、大（Cohen，1977）。d 值为负表明言语线索在说谎者当中更为罕见，d 值为正表明言语线索在说谎者当中更常出现。d 值字体加粗表明具有显著性，也就是说在诚实者与说谎者之间存在差异。

首先，附录 4.1 表明没有一个言语欺骗线索在不同研究中得出相同的结果。这就意味着没有类似于匹诺曹长鼻子的个体言语特征线索存在。然而，其中却存在像负面陈述、泛化词汇、自我指涉、似真之类的趋势。在诚实者与说谎者之间发现差别的这些线索，与上面理论预测一致。也就是说，说谎者的陈述中包含更多负面评论、使用更多泛化性词语、更少自我指涉、听起来更不可信。DePaulo，Lindsay 等人（2003）的元分析结果表明，负面评论和可靠度的影响虽然很弱，但确实存在。包含负面评论可能是说谎者在说话过程中体验负性情绪的结果，作出更少可信的回答可能是由于说谎者发现很难想出可靠的回答。泛化陈述和自我指涉的趋势在 DePaulo，Lindsay 等人的元分析中并未出现，可能因为在大多数研究中，并未发现这两种线索与欺骗之间的关系。

附录 4.1 中同样显示，一些研究发现说谎者比诚实者更加缺乏即时性。由于他们不能快速地想出合适的答案，或者因为他们不想表现出任何相关的信息，说谎者可能给出带有延迟的回答，因为他们否认自己的谎言，并想让自己从谎言中分离开来。这一观点在 DePaulo，Lindsay 等人（2003）的元分析中得到强烈支持，d = -0. 55。然而，大多数关于即时性效果的研究是通过一组研究者获得的。我相信如果不同的研究者能够复制实验，那么线索将得到更强的支持。其他研究者未能复制这一结果。事实上，我们发现了完全相反的结论，因为我们的研究是在 DePaulo，Lindsay 等人发表他们的元分析之后，所以我们的结果并未包含在元分析之内。总体上，我认为支持即时性作为欺骗的特征线索并未像 d 值那样显著。

关于反应长度的研究结果缺乏一致性。正如理论预测一样，大多数研究者发现说谎者会提供更短的答案。根据 Sporer 和 Schwandt（2006a）的元分析，说谎与反应长度之间存在关系，虽然很小，$d = -0.11$。说谎者可能产生更短的答案，因为他们要和自己的陈述保持距离，或是因为他们故意给出更短的回答，这样不会给观察者更多识谎的机会。

关于词汇的多样性并没有出现明确的模式，因此，我们慎重地说，词汇多样性和欺骗并无明确关系。这不令人惊讶，因为正如上面所讨论的，试图控制的方法可能导致说谎出现词汇多样性升高或降低的现象。

在比较同一个体的连续描述时，对同一主题的两次不同陈述中的细节数量并未发现与欺骗有关。但在考虑两个人对同一事件的陈述时出现一种趋势：说谎的两个人更具有高度一致性。这很容易解释。两位说谎者可以讨论他们打算说什么，并在随后回忆他们一致认可的谎言剧本。这样，他们的谎言可能具有相似性。相反，如果两位诚实者各自从自己的记忆中回忆事件，那么他们的记忆可能有些许不同，或者诚实者在认为事件的哪些细节值得回忆上有所不同。结果就是他们之间缺乏一致性（例如，“重复与重建假设”，Granhag，Strömwall，& Jonsson，2003）。[①] 最后，附录 4.1 表明，没有证据显示矛盾与欺骗有关。

DePaulo，Lindsay 等人（2003）的研究比我在附录 4.1 中列出的线索多出了近 30 个欺骗个体线索，但是他们的测量大多数是偶然的。仅有 7 条线索经多次测量，且没有 1 条线索与欺骗有关。这些线索包括使用团体参照（例如，使用“我们”“我们的”），其他参照（例如，使用“他”“她”“他们的”），试探性假设（例如，使用诸如“也许”“可能”“我认为”或“我猜”之类的词语）以及程式化言语（例如，使用“你知道”“那么”“实际上”或“我的意思是”之类的词语）。

◈ 基于个体言语线索区分说谎者与诚实者的正确分类

一些研究者已经对通过言语线索能在多大程度正确识别说谎者与诚实者进行了研究。在这些研究中，研究者们考察了言语线索群而不是单一线索。考察单一线索就像是寻找匹诺曹长鼻子线索一样，并不具有意义。相反，考察言语线索群已经成功地区分 67% ~80% 的说谎者（Bond & Lee，2005；Colwell，Hiscock，& Memon，2002；Newman，Pennebaker，Berry，& Richards，2003；Zhou，Burgoon，Twitchell，Qin，& Nunamaker，2004b）。[②] 然而，不同的研究者考察了不同的言语群。因此不太清楚某一线索群是否在某一情况下对任何被试都有效。

---

① 陈述内一致性判断可能更难。观察者之间往往就某一陈述是否与前一陈述具有一致性不能达成共识（Granhag & Strömwall，2001a，b）。

② 一些研究中的言语线索发生频率通过计算机程序自动识别，节省了人工编码的训练时间。然而，自动编码必然受到局限。例如，通过计算机化的编码不太可能判断陈述的可信度。

◇◇情境和个体差异

本章讨论的某一线索是否在特定环境下或某个人身上更显著？遗憾的是，我不能给这个问题一个明确的答案，因为相应的研究还不足以证实这一点。在元分析中，DePaulo，Lindsay 等人（2003）考察了人们在高动机、低动机以及是否有机会准备答案时欺骗线索是否具有差异。在该研究的众多分析中仅反应长度得到充分的测试。DePaulo，Lindsay 等人发现动机与计划不影响反应长度。然而，Sporer 和 Schwandt（2006b）在其元分析中发现，高动机的说谎者往往给出比较短的答案，而在同等动机下诚实者与说谎者的反应长度没有明显差异。同样，有时间准备的说谎者会说得更好，而在短时间准备后，说谎者和诚实者没有出现明显差异。

至于个体差异，我并不了解关于欺骗的言语线索在性别或种族（文化）差异方面的研究。① 日常生活的环境中观察得到的数据表明，4 岁孩子的谎言往往会用一个单词回应，而不是像成年人那样使用复杂的详细描述（Bussey，1992）。显然，本章讨论的很多线索并不是单个词的回答，因此不能检验低年龄段孩子的欺骗线索。几年以后，孩子将成为更好的言语说谎者（Talwar，Murphy，& Lee，2007），特别是在 4 岁时，他们开始揣度听众的心理状态（Bussey，1992；Leekam，1992）。从那时起，为了说谎成功，他们意识到自己必须说服他人相信自己的虚假描述（Oldershaw & Bagby，1997）。弄坏玩具的小女孩可能会将此事归罪于自己的哥哥。她也可能试图误导自己的母亲，如辩称自己还不够强壮弄不坏玩具，让母亲相信是她的哥哥弄坏的。儿童在年龄较大时会使用后一种策略。

本章中关于欺骗的言语线索的研究几乎不包括儿童被试。在一项研究中，说谎的儿童在连续询问中的表现缺乏一致性，而在说谎儿童与诚实儿童之间并未发现在陈述的矛盾性上出现差异（Bruck，Ceci，& Hembrooke，2002）。但在另一项研究中，说谎的儿童在连续询问中的表现比诚实儿童更具一致性（Quas，Davis，Goodman，& Myers，2007；Strömwall & Granhag，2005，2007；另见 Fivush，Peterson，& Schwarzmueller，2002）。在另外两项研究中，儿童说谎听起来要比他们说实话更不可信（Ball & O'Callaghan，2001；Landström，Granhag，& Hartwig，2007）。

至于人格，在第 2 章中已经表明高马基雅维利主义倾向的人为了实现目的说谎更频繁。因而有人可能期待这类人在说谎言语技巧上有更好的表现。然而，并没有证据支持这一观点。例如，具有高马基雅维利主义倾向的诚实者和说谎者在负面陈述、自我指涉、他人指涉、反应长度、词汇多样性上的差异，与低马基雅维利主义倾向的诚实者和说谎者之间的差异具有相似性（Knapp，Hart，& Dennis，1974；O'Hair，Cody，& McLaughlin，1983）。就其他人格特征而言也没有发现显著差异。

① 见 Kendall，Tannen（2001）和 O'Connell，Kowall，Dill（2004）关于说谎的性别差异。

Riggio 和 Friedman（1983）发现内向型人格的人与外向型人格的人、好演员与坏演员之间在提供可信回答作为欺骗的特征线索上并无显著差异。DePaulo，Epstein 和 LeMay（1990）对社交焦虑得分高和低的说谎者与诚实者在反应长度上的差别进行研究。结果显示，无论社交焦虑得分高低，说谎者与诚实者在反应长度上均出现相似的差异。

我认为，现在就断定个体欺骗的言语线索与人格无关还为时尚早。例如，智力在其中可能发挥作用。因为大多数研究的被试是在校大学生，我们假设他们的智力水平要高于平均水平。如果对低智力人的言语线索与欺骗的相关性进行研究，其结果将会令人关注。理论上来讲，这是可行的。低智商的人在编造可靠回答上更困难，因此，与认知负荷相联系的言语线索（泛化词语、自我指涉、即时性、反应长度、可靠性、矛盾、一致性）在低智商的说谎者中可能会更明显。

◇◇结　　论

本章开始时，我提到言语内容能揭示欺骗，特别是说谎者在叙述观察者明知道不实的谎言时。在这种情况下，直接比较事实真相与说谎者所谓的陈述无疑可以揭露谎言。

本章进一步表明，即使是在缺少事实证据的情况下，言语内容也可以表露欺骗的信息。这很吸引人，因为一般在警察手册中并未谈及欺骗与说话内容之间的关系，手册中仅提到非言语线索与欺骗的关系。一部分原因可能是在 20 世纪 70～80 年代早期，研究者们不太关注欺骗的言语线索。然而，这一现象直到 20 世纪 80 年代基于标准的内容分析以及 90 年代现实性监控出现以后才有所改观。我将在第 8 章和第 9 章介绍这两项语言工具。

我认为警察手册和大多数人都有忽视欺骗言语线索的研究的倾向，因为人们假设说谎者可以很好地控制自己的言语，因此不太可能泄露谎言。我认为这种假设并不成立。首先，尽管人们知道自己在说什么，但他们并没有意识到使用的具体词汇。这就导致他们可能在一开始说谎时就忽略了自己言语内容的微小变化。如果人们没注意自己说话的变化就很难控制自己的言语。其次，编造谎言的任务可能太难了，因而欺骗的言语线索就可能出现。即使口才好的人也可能由于认知负荷而表现出欺骗的言语线索。例如，在 Paula Jones 案中，Clinton 被问及除了律师之外其他人是否告诉他 Monica Lewinsky 已收到本案传票。他坚定地回答道：“我不这么认为。”这一回答与 Vernon Jordan（Clinton 的朋友）的证言相矛盾。如 Jordan 所说，他已经和总统讨论了 Lewinsky 的传票一事。在面对矛盾时，从我的角度来看，Clinton 给出了一个不可信的回答，他声称在努力回忆是谁第一个告诉他 Lewinsky 传票的事。这一回答并不可信，因为在那种情况下，人们期待他给出一个人的姓名，而不是说“我不这么认为”。

附录 4.1　个体欺骗的言语线索

	负面陈述	泛化词语	自我指涉	即时性	反应长度	似真回答	词汇多样性	一致性	矛盾
Anolli & Ciceri (1997)					>				
Anolli *et al.* (2003)					>				
Bond *et al.* (1985)	—								
Bond *et al.* (2005)	—		—						
Burgoon *et al.* (1996a)				<					
Burgoon *et al.* (1996b，研究 1)			<	<					
Burgoon *et al.* (1996b，研究 2)			<	<					
Burgoon & Qin (2006，访谈的第一部分)			—		>		<		
Burgoon & Qin (2006，访谈的第二部分)			—		<		<		
Caso *et al.* (2006b)					>				
Cody & O'Hair (1983)					<				
Cody *et al.* (1984，立即反应)		>			<		—		
Cody *et al.* (1984，延迟反应)		—			<		—		
Cody *et al.* (1989)		>							
Colwell *et al.* (2002)					<		>		
Davis *et al.* (2005)					—				
DePaulo P. J. & DePaulo (1989)	—	—							
DePaulo，Epstein *et al.* (1990)					<				
DePaulo，LeMay *et al.* (1991)						—			
DePaulo，Rosenthal *et al.* (1982b)	>	—	<						
deTurck & Miller (1985)					<				
Driscoll (1994)			—						
Dulaney (1982)					<		>		
Ebesu & Miller (1994)		—	<	<	<				
Feeley & deTurck (1998)			—		<				
Granhag & Strömwall (2002，单人比较)					<				—
Granhag *et al.* (2003，两名嫌疑人之间比较)								>	—
Granhag *et al.* (2003，单人比较)								—	—
Greene *et al.* (1985)					<				
Harrison *et al.* (1978)					>				
Heilveil & Muehleman (1981)					<				
Hershkowitz (1991)					—				

（续表）

	负面陈述	泛化词语	自我指涉	即时性	反应长度	似真回答	词汇多样性	一致性	矛盾
Klaver *et al.* （2007）					—				
Knapp *et al.* （1974）	>	>	—		<		<		
Kraut（1978）					<	<			
Kraut & Poe（1980）				—					
Landström *et al.* （2005）						—			
Matarazzo *et al.* （1970）					—				
Mehrabian（1971，exp. 1）					—				
Mehrabian（1971，exp. 2）					<				
Mehrabian（1971，exp. 3）					<				
Miller *et al.* （1983）					—				
Motley（1974）					<				
Newman *et al.* （2003）	>		<						
O'Hair *et al.* （1981）					<				
Porter & Yuille（1996）			—		—		—		
Porter，Doucette *et al.* （出版中）			—						
Rassin & van der Sleen（2005，单人比较）								<	
Riggio & Friedman（1983）						<			
Roberts *et al.* （1998）			<						
Rockwell *et al.* （1997）					<				
Ruby & Brigham（1998）					—				
Santtila *et al.* （2000）					<				
Schooler *et al.* （1986）			<		<				
Sporer（1997）					—				
Sporer & Sharman（2006）					>				
Stiff & Miller（1986）			—		—	<			
Strömwall，Bengtsson *et al.* （2004）					<				
Vrij（2006）					—				
Vrij，Edward *et al.* （2000）					<				
Vrij *et al.* （2004a）					—				
Vrij *et al.* （2006a）			—	>					
Vrij，Mann *et al.* （2007）					—				
Wagenaar & Dalderop（1994，两名嫌疑人之间比较）								>	
Winkel & Vrij（1995）					<				
Zhou *et al.* （2004a）	—	—	—		>		<		
Zhou *et al.* （2004b）	>				<				

（续表）

	负面陈述	泛化词语	自我指涉	即时性	反应长度	似真回答	词汇多样性	一致性	矛盾
Zhou & Zang（2006）					<				
Zuckerman *et al.*（1979）			<						
总结	>	—	—	<	<	<	—	—	—
DePaulo，Lindsay *et al.*（2003）	**0.21**	0.10	-0.03	**-0.55**	-0.03	**-0.23**	-0.10		

注：“<”表明言语线索在说谎者当中更常出现；“>”表明言语线索在诚实者当中更常出现；“—”表明诚实者与说谎者之间的差异不显著；空白表明在某项研究中没有研究这项言语线索。

DePaulo，Lindsay 等人（2003）并未研究一致性与矛盾性。

第 5 章　欺骗中言语和非言语线索的一般观念

说谎者会在地上蹭他的脚指头，全身颤抖；他的脸色会显得苍白；他会用手指搓揉发根；想方设法要离开屋子（印度教《吠陀经》神圣的知识，公元前900 年，Seager & Wiseman，1999，p. 33）。

在第 3 章和第 4 章探讨了说谎者的行为和言语。这些章节表明，典型的欺骗性非言语与言语行为是不存在的，尽管某些特定的非言语与言语线索和欺骗有很小的相关性。这一章阐述人们对于说谎者行为以及言语的观点。人们认为骗子是神色紧张还是十分冷静呢？人们认为骗子的表述前后一致还是前后矛盾呢？这一章将对上述内容进行讨论。了解人们对于欺骗性线索所持有的观点很重要，因为人们持有的观念通常会引导人们的行为意图（Eichenbaum & Bodkin，2000；Ström wall，Granhag，& Hartwig，2004）。测量关于欺骗性线索的观念也许可以推断出人们在欺骗时使用什么样的线索，因此，可以检测出人们如何准确有效地觉察谎言。事实上，Forrest，Feldman，Tyler（2004）发现拥有更多正确欺骗线索观念的人能够更好地觉察谎言。

在本章的开始，我将对考查人们关于欺骗的非言语和言语线索观念的研究文献进行总结。在这部分内容中，我也将分析这样的观念是如何广泛传播的？不同专业背景的人所具有的观念有多大的相似性？本章表明，全球的观念十分相似。而且，专业识谎者如警察、海关官员、移民局官员和监狱长持有相似观点，他们的观点和非专业人士（如大学生）所持观点并没有不同。本章最终证实只有少数人和其他人观点有些许不同，他们就是犯人。

观念是一种认为某事真实正确的强烈感觉（Stromwall，Granhag，& Hartwig，2004）。这个定义清晰地表明观念并不一定是对的。在本章的第二部分我以欺骗者的真实行为和他们实际上想要表述的内容为基础，比较了人们关于非言语和言语欺骗性线索的观念。我将介绍外行和专业测谎者所持有的关于说谎者的非言语和言语线索的观念与现实情况十分不同。而这就引发关于这些不正确观念是如何出现的问题，以及他们为什么持续至今。对此，我将在本章的最后回答这些问题。并将探讨由“说谎是不好的”这个想法引发的许多观念并将就“为什么不正确的观念一旦产生就可能坚持下去”给出合理的解释。

◇◇人们关于欺骗性行为和言语的观念

◇三种测量观念的方式

关于欺骗性线索的观念可以使用不同方式加以测量。例如，人们可以会被问及开放性问题“你怎么分辨某人在说谎?”这个开放式问题测量法直接却不常用，截至目前，这一问法被用于一项关于全世界观念的研究中，并在另外两个研究中（其中一个测量英国警察的观念，另一个测量德国侦探的观念[①]）得以使用。

开放式问题的限制是当人们被问及这个问题时，人们可能会有未发生在自己身上的关于欺骗性线索的观念。因此，许多研究者让被试完成封闭式问题的问卷。在这个典型的封闭式问卷测量中，线索被一一罗列出来，研究者要求被试用等级评定表明线索（例如，目光接触）和欺骗性之间关系的观念，答案用如“说谎时更多”，“说谎时多一些”，“说谎时更少”，“没有差异”，“说真话时更少”，“说真话时多一些”，“说真话时更多”等选项表示出来。

另一种测量欺骗线索的观念的方法是相关法，研究者汇编制作诚实者和说谎者的视频，详细编码这些诚实者和说谎者的言语与非言语行为。这些视频会给被试（识谎者）观看，之后要求被试评判每个片断中的人物是在说真话还是在说谎。识谎者的判断会与呈现在每个视频片段中的实际发生的非言语和言语线索进行相关对照。这个结果会告诉我们人们实际上通过哪些线索来判断某人是否说谎。例如，如果识谎者倾向于判断哪些有更多动作的人说谎时，我们就可以得出结论：他们将动作多少作为判断欺骗的线索。

有人可能会质疑这一方法是否真的可以得出关于欺骗的观念。因为实际上并不清楚识谎者是否知道他们实际使用的是什么线索。也就是说，在上面的例子中，他们是否真的意识到他们将动作与欺骗联系起来。也不知道当他们判断视频时是否是由信念引导他们进行的判断。因此，在上面的例子中，有人也许认为说谎者往往会减少动作，但是，也可能由于别的原因，判断视频中那些有大量移动的人是在说谎。然而，由于人们的行为通常是由观念引导的，这个方法应该可以用来洞察人们的观念。因此，可以预计前两个方法（开放式提问和封闭式提问法）和这个相关

① 关于开放式问题测量法有一个略有不同的说法，是用于测谎实验的一部分。在这个实验里，被试将看到关于那些说真话或说谎的人的视频片段，之后需要判断每一个视频片段中的人是否说谎。被试将被问到使用哪些线索来进行判断。在这个开放式问题测量法中，给出的问题与上下文无关，但是依据视频片段中观察者的判断。例如，如果真实的讲述者和撒谎者提供简短的回答，观察者也不可能报告任何言语线索。对比开放式问题的说法的主要内容，这个说法因此更受限。而且，当我们在我们的研究中对比这两个说法，我们发现结果中有重叠（Mann，Vrij，& Bull，2004）。因此在这一章中我没有讨论这个受限制的开放式问题测量法。

法会有重叠的结果。

◇ 开放式提问法

Charles Bond 进行了一个关于“欺骗性线索的观念”的宏大的项目，他以“全球性欺骗团队”的名义进行了发表。其中，他招募了来自 58 个国家的研究者，共同组成国际团队。每个研究者从自己的国家中收集男女各 20 名被试的数据。每名被试均在 16 岁以上，其中大部分是大学生。

研究者要求被试写下他们对于问题的反馈：“你如何分辨某人是否说谎?”他们提到了 103 个不同的观念，而其中 9 个观念是由超过 15% 的被试提出的。表 5.1 中第一列显示有一个特别普遍出现的线索：目光回避。人们坚信说谎者避免转移目光，64% 的被试持有这一观念。这个观念在全球范围具有很大的共识。在 58 个国家中，有 51 个人频繁提到目光回避这个观念。即使在阿联酋最闭塞的地方也有 20% 的被试提到它，位列该国家中所有观念中的第 8 名。

超过 25% 被试提到的另一项观念是说谎者紧张不安，表现为语无伦次，伴有许多肢体动作。不仅如此，谎言一般被认为是通过面部表情，言语不一致，说话犹豫不决，脸色变化，说话停顿而泄露出来。所有 58 个国家的被试对于这些线索具有很高的一致性，因此可以认定全球持有这些类似观念。这些观念明显的信号是紧张（目光回避、紧张不安、语无伦次、肢体动作、面部表情、说话犹豫不决、脸色变化），因此表明人们认为这些撒谎者比说真话的人表现得更紧张。①

在另一项研究中，我们对 99 名英国警察进行了访谈，他们平均年龄 34 岁，平均工作了 11 年（Mann , Vrij , & Bull, 2004）。要求他们写下开放式问题的答案：“当你判断这个人是在说谎还是在说真话时使用的言语和非言语线索是什么?”总共出现 30 种不同的观念，其中有超过 15% 的警察提到其中的 8 个观念。在表 5.2 的第二列，列出的目光回避是最普遍的观念。73% 的警察提到说谎者回避他们的注视。第二个最多提到的信念是身体移动，有 25% 的警察提到。有 15% ~25% 的警察还认为说谎者会出现自我适应，提供模糊、前后矛盾的言论，犹豫或停顿，声音变化，出汗，脸红或眨眼。

这个调查和全球性欺骗团队的调查结果中重复的部分值得进一步考虑。例如，目光回避和身体动作是两个调查中最突出的线索，然后是矛盾、犹豫和停顿也是在两个调查中提到最多的线索。这表明专业测谎者（在 Mann 等人研究中的被试）和行外人士（在全球研究中的被试）持有欺骗性线索的信念。专家和外行普遍认为

① 有一些线索（目光回避，语无伦次的回答，言语不一致，说话犹豫不决、停顿）也可以被视为是认知负荷的迹象。然而，研究结果却并未显示出与认知负荷一致的模式。例如，过度思考与动作的减少相关，但是人们普遍认为撒谎者会增加动作。因此，我在解释这些数据时偏向于人们主要认为撒谎者会表现出紧张的行为。

说谎者比说真话的人表现得更紧张。

Greuel（1992）提出一个更明确的“关于欺骗性线索的信念”的研究。她访问了51名德国专门从事性侵犯调查的警探：“关于强奸投诉，你的判断是基于什么线索?”普遍的答案是“其他证据的有效性”（48%的调查对象提到）或“直觉”(31%的调查对象提到)。关于非言语和言语欺骗线索只有两个反馈者提到。绝大多数调查对象（87%）报告说话前后矛盾或缺乏真实性的言语会引起他们的怀疑(表5.1，第三列)。许多警探进一步提到受害者的“非典型行为”引起了他们的怀疑①。

表5.1　欺骗性线索的观念：开放式问题

全球欺骗团队（2006）	Mann等（2004）	Greuel（1992）
有超过25%的被试提到		
目光回避（64%）	目光回避（73%）	前后矛盾/缺乏真实性（87%）
紧张不安（28%）	身体动作（25%）	不典型的受害人行为（48%）
前后矛盾（25%）		
身体动作（25%）		
有15%~25%被试提到		
面部表情	自我适应	
前后矛盾	含糊	
犹豫	矛盾	
脸色变化	犹豫/停顿	
停顿	声音（音高/音量）	
	面部（出汗/脸红/眨眼）	

◈ 封闭式提问法

据我所知，迄今为止关于欺骗性线索观念已经有16项封闭式问题研究用英文发表（15个研究报告在附录5.1，Taylor & Hill - Davies，2004）。② 这些研究已经在荷兰、瑞士、英国和美国，世界范围内（全球欺骗团队研究）进行。各种团队参与到这些研究中。大部分研究包括大学生在内的行外人士。许多研究也包括不同

① 有更多关于专业测谎者寻找受害人的非典型行为来确定受害人的证据。这个策略是陈述有效性评估的一部分，关于言语评估工具我将在第8章提到。正如我在第8章所述，这一策略令人担忧，因为寻找受害者的非典型行为意味着存在典型的真实受害者行为。而事实并非如此。

② Taylor和Hill - Davies（2004）的研究结果并没有按照我在附录5.1中使用的方式进行报告。

团队的专业人士，如（按字母顺序）海关官员、法官、经理、移民局工作人员、警察、监狱长、检察官、社会工作者、教师。此外，在一些研究中囚犯也参与其中。

有时，专业人士和行业外人士组成的不同群体的观念也在同一个研究中进行调查。没有任何一个研究发现不同职业群体中存在一致的差异性；专业人士的观念和行业外人士也没有不同。然而，不同的情况在囚犯中也出现，他们的观念和专业测谎者和行业外人士有所不同。因此，当报告观念时，我只将囚犯与其他群体合并进行区分。

在他们的研究中，Taylor 和 Hick（2007）区分“重要”（trival）和“不重要”（serious）的谎言。在重要和不重要谎言的欺骗性线索中，被试的观念出现一些差异。所有的研究测试成人（进行了开放式问题研究）的欺骗性线索的观念。然而，在一项研究中，幼儿（5~6岁）和青少年（14~15岁）的欺骗性线索观念也被研究者进行了测试（Vrij，Akehurst，& Knight，2006）。人们的观念并没有出现年龄差异（另见 Taylor & Hill - Davies，2004），因此不同年龄组的结果可以进行合并。

封闭式问题研究结果呈现在附录5.1。符号“<”的含义是观察者减少某一线索与欺骗的联系；符号“>”表示观察者增加某一线索与欺骗的联系；符号“—”意味着被试不相信某一线索与欺骗有关。空白表明线索并没有在研究中进行调查。

附录5.1展示了不同国家被试持有相同的欺骗性线索的观念。他们认为，相比说真话的人，说谎者有更多的语言干扰（说话犹豫或口误），音调升高，语速快，长潜伏期，更多停顿。他们进一步认为说谎者保持眼神接触更少，做出更多的动作（自我适应，详细阐述，移动手、手指、脚、腿、躯干、头，调整姿式，眨眼）。人们也认为说谎者语言缺乏及时性、可信性、一致性，包含更多矛盾。大部分提到的线索与紧张有关（更多的说话犹豫和口误，提高声调，语速快，较少的目光接触，更多的移动，更少的及时反馈），因此一致认为说谎者比说真话的人表现得更紧张。①

相比囚犯，其他人更赞同这些观点（Granhag，Andersson，Stromwall，Hartwig，2004，Virj & Semin，1996，见附录5.1）。非囚犯与囚犯的差异大于附录5.1的结果。例如，即使非囚犯和囚犯认为说谎者避免目光接触，非囚犯比囚犯更赞同这个观点（Virj & Semin，1996）。最后，Taylor 和 Hick（2007）的研究结果表明人们认为说谎者在说不严重谎话时出现更多的紧张信号。

---

① 再次，一些线索（更多的说话犹豫和口误，较长的延迟时间，更多的停顿，目光回避，不可信，很少的及时反馈，更多不一致，和更多的矛盾）也被认为是认知负荷的信号。但是，结果并没有出现一致的认知负荷模式（当认知负荷过载时，应该出现缓慢的语速，动作减少而不是语速快，增加动作），因此我个人偏向理解为人们主要认为说谎者表现出更多紧张的行为。

◇ 相关法

和调查研究一样，相关法研究也在不同国家中进行，其中包括德国、荷兰、瑞士、英国和美国。大部分研究的被试是大学生，但是在一些研究中被试是海关官员(Kraut & Poe，1980)，假释人员（Ruback，1981；Ruback & Hopper，1986）或警察（Vrij，1993；Vrij，Akehurst，Van Dalen，Van Wijingaarden，& Foppes，1996；Vrij，Edward，& Bull，2001b；Vrij，Foppes，Volger，& Winkel，1992a，b，1994；Vrij，Winkel，& Koppelaar，1991)。如附录 5.2 所示，在不同国家和不同被试中不存在显著差异。

附录 5.2 表明观察者更多观察到说话犹豫和口误、声音尖锐、语速缓慢、长停顿、目光回避增多、自我适应、手和手指动作、腿和脚的动作、躯干动作、调整姿式，而较少观察到与欺骗有关的头部动作。观察者较少地将自我参考、间接、较短，可信度低的回答、前后矛盾与欺骗联系到一起。

在相关研究中出现的许多线索（附录 5.2）与人们认为是欺骗的线索出现了重叠（封闭式问题法，附录 5.1)。[①] 附录 5.1 和附录 5.2 中重叠的结果支持了观察者的欺骗性线索（附录 5.1）的观念当尝试发现欺骗时（附录 5.2），引导人们关注线索。

其他线索（语速、潜伏期、停顿时间、阐述、头部运动、反应时间长）在封闭式问题和相关法中存在差异。这些观念也许因此会不如封闭式提问法清晰。[②]

相关研究的许多结果（说谎者表现出更多的说话迟疑、口误、尖锐的声音、避免更多的目光接触、更多的动作、较多自我参照、很少的及时简短的回答）再次支持了人们一致认为说谎者比说真话的人更紧张的观点。然而，一些相关研究表明人们认为“奇怪行为”也与欺骗有关，即那些被认为是不恰当、不正常的行为。例如，三个研究表明不仅是较多的回避目光，而注视也会留下怀疑的印象（Bond，Omar，Pitre，Lashley，Skaggs，& Kirk，1992；Desforges & Lee，1995；Levine *et al.*，2000)。所有的目光回避和凝视违反规定和超出这个范围的行为都被视为正常。与此类似，Baskett 和 Freedle（1974）和 Boltz（2005）发现反馈过快或过慢都被认为是欺骗，然而反应中的延迟反馈被视为是真实的。最后，Kraut（1978）发现大量的犹豫和没有犹豫都容易引起怀疑。

总之，在警察访谈中的嫌疑人，如被妻子质疑有婚外情的丈夫，对父母否认自己做错事的孩子，如果表现出紧张就会引起怀疑。然而，如果他们表现出奇怪的行

① 说话犹豫、口误、尖锐的声音、凝视、自我适应、手和指尖的动作、腿和脚的动作、躯干动作、调整姿势、及时反馈、表现得值得信赖、前后一致。

② 其他线索（频繁停顿、眨眼、消极陈述、泛化、自我参照、多样性、矛盾）没有足够测量以致不能对比两种方法。

为如较多的目光接触，快速的回答问题或说话过于流畅也会引起怀疑（另见 Henningsen，Cruz，& Morr，2000）。①

◇◇观念的准确性

人们所持有的关于欺骗性线索的观念在多大程度上是准确的呢？在这个部分我将对比说谎者的实际行为（第 3 章）和言语（第 4 章）上的欺骗性线索观念。我在表 5.2 第二列总结第 3 章和第 4 章的结果，并命名为“客观欺骗性指标”。在表 5.2 第三列中我总结了关于欺骗性线索观念的结果，在这章进行讨论，我命名为“主观欺骗性指标”。

表 5.2　客观和主观欺骗性指标

	客观（真实）指标[a]	主观指标（观念）[b]
声音线索		
犹豫	—	>
口误	—	>
声音尖锐	>	>
语速	—	—
潜伏期	>	—
停顿时间	>	—
停顿频率	—	>
视觉线索		
注视	—	<
微笑	—	—
自我适应	—	>

① 这个状况比我呈现在文中的更为复杂，因为行为发生的语境会影响行为是如何被解释的。也就是说，一些行为在特定环境下更容易引起怀疑（Aune，Levine，Ching，& Yoshimoto，1993；Feldman & Chesley，1984；Kraut，1980；Kurasawa，1988；Stromwall & Granhag，2003a）。在另一个实验中，观察者看到其中一个女性模拟视频服务面试。在视频中出现的女主角被控制因此想要做合作伙伴的愿望或者被强调或者被最小化。也就是说，她的外表或者是典型的年轻时尚女性，晚餐时的时尚女性或与约会地点不合时宜。在两个视频中，女性刻意留下有欺骗性的线索，如目光离开面试官，变换姿势（两个面试中出现的行为一致）。在两个面试中，女性提到她是一个敢于冒险的人，十分享受正在进行的约会。当女性出现与晚餐地点不合时宜的行为时，观察者认为该女性在欺骗（Aune *et al.*，1993）。

（续表）

	客观（真实）指标[a]	主观指标（观念）[b]
阐述	<	—
手/指尖	<	>
腿/脚	<	>
躯干	—	>
头	—	>
位置改变	—	>
眨眼	—	>
言语线索		
消极陈述	>	—
自我参照	—	<
及时性	<	<
反应时间长	<	—
可信反馈	—	<
一致性	—	<
矛盾性	—	>

注：[a]“<”表明说谎者更少出现；“>”表明说谎者更常出现；“—”表明与欺骗无关

[b]“<”表明观察者认为说谎者展示的线索少于说真话的；“>”表明观察和认为说谎者展示的线索多于说真话的；“—”表明观察者没有联想欺骗线索。

在第二列，符号“<”表明特定线索在说谎者中更少出现；符号“>”表明特定线索在说谎者中更常出现；符号“—”表明说谎者和诚实者没有差异。在第三列符号“<”表明观察者认为说谎者表现出的线索少于诚实者；符号“>”表明观察者认为说谎者表现出的线索多于诚实者；符号“—”表明观察者认为线索与欺骗无关。①

表 5.2 表明人们的观点通常是不正确的。在表 5.2 中报告的线索之后，人们只有 6 个线索观念是正确的（尖锐的声音、语速、微笑、② 头部动作、及时、可信

① 在表 5.2 中没有涵盖“普遍化陈述”和“多样性”线索，因为对于人们这些线索的信念并没有广泛调查。

② “微笑”的策略结果包含在表 5.2 中，这个策略与欺骗无关。然而，当区别真正的笑和假笑时，与欺骗的联系确实发生（第 3 章）。但是不确定观察者是否意识到这些关系。

度)。因此在表5.2中只有25%的线索是正确的观点。[①] 表5.2进一步表明人们高估与欺骗有关的线索的数量。然而只有10个线索表明一些真实的（微弱）与欺骗相关，而人们认为24个线索中有16个线索与欺骗有关。

对于10个欺骗性特征线索人们通常都有错误的认识。这10个线索之外，人们只是意识到三个与欺骗有关的线索（说谎者倾向于用尖锐的声音，非及时性回答和不可信的答案）。因此在表5.2中人们只有33%正确特征线索观念。两个与欺骗有关的线索，手和指尖动作，腿和脚动作，与人们的观念相反，说谎者倾向于流露出更少的动作然而人们认为他们会增加这样的动作。剩下的与欺骗有关的5个线索（潜伏期、停顿时间、阐述、负性想法和反应长度）认为与欺骗无关。之后的结果很有趣。人们认为表5.2中24个线索只有8个与欺骗无关，然而这8个线索中有5个是真正与欺骗有关的线索。

总之，人们普遍持有错误的欺骗性线索观念，人们认为许多线索与说谎有关，而实际上与欺骗无关。这些线索某些程度上是相关的，人们经常没有意识到他们和欺骗的真实关系，并且认为与说谎无关。结果是，一方面人们认为与欺骗有关的一些线索事实上与欺骗无关；但是，另一方面，并没有意识到一些线索在一定程度上与欺骗有关。

欺骗的主客观指标不匹配的一个主要原因是人们对于欺骗性线索的观点过于简单。人们一致认为说谎者相比说真话的人会更紧张，因此会有更多紧张表现。在之前的章节中我已经探讨过说谎者并不一定真的比说真话的人更紧张，此外，如果一个说谎者紧张，他也不一定会有很多紧张的表现。例如，说谎者能够成功控制自己的行为和言语，因此，不会有这类行为。此外，没有紧张的行为是因为说谎的认知负荷会自动抑制这些行为的发生。

5.1　更多主观的欺骗性线索

相比那些在本章正文中呈现的客观线索，研究者已经发现更多的主观欺骗性线索。特别是Akehurst，Kohnken，Vrij，& Bull（1996）的封闭式问卷研究的延伸，Lakhani和Taylor（2003），Taylor和Hick（2007）和Vrij，Akehurst，和Knight（2006）清楚地阐释出这些线索。在这些研究中发现的附加线索的模式和我们之前讨论过的完全相同，人们认为和许多欺骗性的紧张不安有关，然而他们中的大部分人并没有真的认为与欺骗有关。对这些线索感兴趣的人可以阅读一下这些研究。

---

① 声音、视觉和言语线索的区别表明人们类似的知识关于声音线索（29%正确），视觉线索（20%正确），语言欺骗性线索（29%正确）。我已经提到犯人的信念不同于专业测谎者和大学生的信念。我们的研究表明犯人的信念更准确（Vrij & Semin，1996）。我们准确计算海关官员，警察，监狱长，犯人和大学生所持有的欺骗性线索信念的分数。犯人比别的群体信念准确性更高，然而其他群体的信念准确性并没有差异。

其他研究表明衣着服饰能影响怀疑。在德国的91个警探中92%的人报告过有丰富的询问疑犯的经历，给他们放一系列说真话和说谎者的访谈片段（Vrij，1993）。在每个片段后我问警探这个人是在说真话还是说谎。结果表明警探的判断是被视频片段中模仿犯人的衣着影响的。那些衣着不整洁的犯人比那些穿着得体的人更容易引人怀疑。我们发现在另一个研究中，人们衣着黑色衣服会比穿浅色衣服的人更容易引起怀疑（Vrij & Akehurst，1997）。这个结果证明那些穿黑色衣服的人比穿浅色衣服的人更容易留下负面印象（Frank & Gilovich，1998；Vrij，1997；Vrij，Pannell，& Ost，2005）。不用说，人们穿衣的方式作为欺骗指标是不可靠。

然而另一个指标的研究揭示出面部形象会影响某人留下的印象。那些有吸引力的脸会被认为（Aune，Levine，Ching，& Yoshimoto，1993；Bull & Rumsey，1988）与有婴儿肥脸的人（高额头，大眼睛，Masip，Garrido，& Herrero，2003a，b，2004；Zebrowitz，Vinescu，& Collins，1996）一样诚实。这些特点对于欺骗线索而言也是无效。

◇◇关于欺骗的非言语和言语线索错误观念的起源

本章主要的结果是人们持有错误的非言语和言语欺骗线索的观念。这不免会引起人们对这些线索是从何得来的产生疑问。我认为有三个来源：我称为道德、曝光、起诉解释。

◇道德说

正如我在第2章探讨的，传统观点认为说谎是不好的。Charles Bond认为说谎者避免目光接触的观念与说谎是不好的十分匹配（全球性欺骗团队，2006）。如果说谎是不好的，那么当他们说谎时，人们应该感到羞耻。当他们感到羞耻时，他们总是会避免目光接触（Depaulp，Lindsay，Malone，Muhlenbruck，Charlton，& Cooper，2003）。此外，如果说谎是不好的，那么当他们说谎时他们会担心被识破而紧张不安，导致出现各种紧张行为，如避免目光接触，和额外的紧张线索如结巴，说话声音尖锐，过多的动作。

这些道德原因也许能够解释为什么5～6岁的孩子会出现目光回避和欺骗性的肢体动作（Rotenberg & Sullivan，2003）。从小时候，我们就教导孩子们说谎是不好的，之后，孩子们会联想羞耻的线索，说谎时会焦虑。道德原因能够解释为什么犯人比别人更不相信说谎者会紧张不安。罪犯可能需要在他们的犯罪生涯中成功地频繁说谎，因此，可能与非罪犯相比对说谎的感觉没有那么糟糕。如果他们说谎时没有不好的感觉，就没有理由解释说谎者会出现紧张不安。

◇ 曝光说

说谎者转移目光或做一些紧张不安的行为的观点在大众媒体中很突出。事实上在大众媒体中我读过所有关于欺骗的文章都以各种形式表达这一观点。因此，假设人们没有得出结论说谎者比说真话的人表现得更加紧张不安，这些文章也会提出这个观点。

并不只是流行媒体提出这个观点，警察也会这么做。Pär Anders Granhag 和我综述了大量警员的审讯手册（Vrij & Granhag，2007）。虽然这些手册对一些不可信的欺骗线索进行了提示，但是读者很容易在阅读关于诚实者和说谎者的言语和行为差异的翔实描述之后忘记（另见 Moston，1992）。表5.3对这些手册中的非言语线索进行了概述。

表5.3 发表在警察审讯手册非言语欺骗线索的实例

手册	欺骗性非言语线索
Gordon & Fleisher（2002）	眼神接触问题
	摸鼻子
	脚部乱动和腿部动作
Inbau，Reid，Buckley，& Jayne（2001）	避免目光接触
	频繁的手势变化
	修饰手势
	把手放在嘴巴/眼睛上
Macdonald & Michaud（1992）	揉眼睛
	避免目光接触
	覆盖/擦耳朵
Rabon（1992）	焦躁不安的行为
	颤脚
	坐立不安
	过度吞咽
	避免直接的注视
Yeschke（1997）	拖着脚走
	避免眼神接触
	剪衣服的线头
	高频眨眼

（续表）

手册	欺骗性非言语线索
Zulawski & Wicklander（1993）	移动椅子 突兀的、生涩的行为 精细动作协调问题 发凉、潮湿的手 用手捂嘴 不能保持眼神接触

资料来源：来自 Vrij 和 Granhag（2007）。

在这些警察手册中都提到了关于目光回避的线索。每一个手册都提到说谎者会回避他们的目光。正如我在第 3 章探讨的一样，这一观点并无证据支持，包括在警察对嫌疑犯审讯的情境。其余的线索也不只在一个手册中提到（例如，用手摸嘴）。没有证据表明说谎者会这么做。在这些手册中都提到这一线索是因为他们都支持说谎者行为紧张不安这个观点（另见 Blair & Kooi，2004）。但是，不同的手册强调不同的紧张线索。我们有必要了解为什么会产生这种差异，很明显他们来自不同研究欺骗的文献，因为在这类文章中，表 5.3 出现的线索不止一个作为判断线索。有时，在这些手册中细节描述的数量令人震惊。例如，Gordon 和 Fleisher（2002）一方面区别女性和男同性恋；另一方面则是异性恋的男性，最后认为女性与男同性恋和异性恋男性有不同的自我适应的方式。然而，他们并没有任何数据支持（Strömwall，Granhag，& Hartwig，2004）。

◈ 起诉说

最后我认为传统认为说谎者比说真话的人更紧张不安观点的起因于存在因说谎而被控诉的案例。假设警察认为嫌疑人说谎，但是嫌疑人在警察讯问时一直否认犯罪。为了打破嫌疑人的阻力，警察决定控诉嫌疑人说谎。正如第 3 章，简单控诉很容易导致嫌疑人表现出紧张不安的行为，如避免目光接触和动作增加，无罪的人和犯罪嫌疑人都很容易出现（Bond & Fahey，1987；Ekman，1985/2001）。然而，警察也不会意识到其控诉会引起嫌疑人行为紧张，因此出现判定嫌疑人的行为是说谎的结果。

◇◇ 非言语和言语欺骗性线索的错误观念得以持续的原因

一旦错误的观念产生，就很难改变。结果，他们将会持续很久。出现这样的情况有各种原因，我将讨论其中的 5 个。

◇ 虚假的相关性

一旦错误的想法出现，人们会发现支持的证据事实上并不存在。例如，一个观察者形成印象认为有人说谎，那么他高估了被认为的说谎者实际目光回避的数量（Levine，Asasa，& Park，2006）。因此，他们认为被认为的说谎者正在进行目光回避（例如，感知支持性证据）即使事实上不是这样。

我们的实验提供了另一个感觉支持的例子。在这些实验中，被试在相机前说真话或说谎，我们问被试当他们说真话或说谎时自己是如何相信自己行为的，然后我们检查他们实际行为（Vrih，Semin，& Bull，1996；Vrij ，Edward，& Bull，2001a）。即使对比他们说真话时，说谎时被试很少有动作，他们认为他们说谎时有更多的动作。此外，被试在说真话和说谎时很少目光回避，他们认为自己说谎时更多目光回避。换句话说，人们相信他们自己在说谎时表现出更多紧张不安的线索（例如，感觉支持证据）但他们事实上并没有出现上述行为。

且不说感觉支持证据并不存在，虚构的相关性也能从另一种方式解释错误观念说谎者缺乏目光接触依然存在。注视方式也值得注意。对话规则表明当我们说话时要看着对方的眼睛，这使得我们更注意注视方式，并试图找出注视方式和欺骗之间的关系。这个方式事实上是不稳定的。一些嫌疑人当他们说谎时表现出很少的目光接触，然而其他人在说谎时会表现出更多的目光接触。在说真话和说谎时目光回避的不同模式存在个体差异，已经定罪的杀人犯就是一个很好的例子（第 3 章）。供认罪行前，他说谎都会看别处，承认罪行的时候说谎就会保持目光接触。

尽管注视行为和说谎没有关系，但是人们也不会轻易承认这个事实，因为他们倾向为模棱两可的事件寻找理由寻找解释（Gilovich，1991）。这也许最终引导感觉关系并不是真实存在的。人们倾向于高估对自己有意义的事件出现的频率（Chapman，1967）。因此说谎者看别处这个观点对人们是有意义的，他们因此高估他们注意到说谎者看别处的时间。因此他们看到目光注视和欺骗之间的关系，事实上并不存在。

◇ 证实偏见

人们倾向于寻找信息证实自己的观念而非否认（即证实性偏见，Darley & Gross，1983）。任何有利于支持他们的观念都会提升认为自己观点是正确的信心，这使得不太可能去改变他们。海关官员认为走私者倾向于四处看，经常移动，他们会搜查有这种行为的旅客的行李，而不是搜查那些看着他们的眼睛保持冷静的旅客的行李。因为一个走私者缺乏目光接触、多动，海关更可能在一些他们搜查的客人的行李中找到非法物品。这增强了选择哪些客人行李进行搜查的信心，并且会继续使用这个策略。一个国家，和一个高官警察谈论他的部门在机场检查护照的职责。当我访问他告诉我他的部门善于识别假护照，为了证实他的观点他给我看了一个旅客让警察检查护照的视频。一个十分紧张的女士引起了警察的怀疑。他仔细的检查她的护照发现是一个假护照。高级警官认为这个例子说明识别紧张不安的策略十分有效。

事实上，这并不能说明什么。我问他是不是有不止一个人拿着假护照并没有出现紧张不安的行为。高管回答我他不知道，因为这些客人的护照通常没有被检查。这是一个耻辱，因为只通过检查大量紧张不安的旅客的护照，检查没有紧张行为的客人的护照才能够评估寻找紧张不安策略是否有效。这个策略被证实一定要通过那些保持冷静的人没有持有假护照证实。然而，检查保持冷静的人护照会提供否认大多数人观念的信息，因此不可能出现。

◈ 观念固着

当人们遇到一个否定他们观念的例证，他们更可能忽视它，而不是将其作为最初观念错误的一个证据。这个现象称之为观念固着（Anderson，Lepper，& Ross，1989），这也是仍然坚持不正确观念的另一个原因。人们也许遇到说谎者保持目光接触并没有表现出紧张不安，但是他们不会认为这个发现值得重视。他们也许会认为这是一个例外或者有其他原因来解释这个证据。①

◈ 大脑原动力

一旦人们形成一个对自己有意义的想法，他们会产生进一步支持自己观点的理由。如果人们被问到为什么他们认为说谎的人四处张望时，他们会考虑证实这个观点的原因，并搜寻记忆中他们遇到的说谎者目光回避的例子（Strömwall，Granhag，& Hartwig，2004）。思索支持他们观念的例证将会进一步巩固说谎者目光游离的想法。换句话说，这个想法是在思考这个问题时被强化的（Tesser，1978）。

◈ 极少的反馈

我现在讨论不正确想法产生的最后一个原因。人们通常很少收到足够他们需要从自己经历中学到的反馈，来发现自己的观点是不正确的。为了反馈的有效性，需要经常给予可靠及时的反馈。从非言语和言语欺骗性线索的反馈，观察者应该在和每个不管说谎与否的人交往后及时了解，因此他们能够知道说谎者的真实行为和他们的语言。然而，这并不是事实，因为人们并没有发现他们是否在交往中遇到说谎现象。如果他们真的发现了说谎现象，通常都是在长时间交往后才能发生（Park，

① 证实性偏见和信念固着与认知闭合的需要有关（Ask，2006；Ask & Granhag，2005，2007；Kruglanski & Webster，1991）。认知闭合的需要（NFC），是指渴望一个明确意见的主题。情境因素和个人因素影响NFC。当任务无聊或观察者在时间压力下疲劳时，NFC 强调情境因素（Ask & Granhag，2007）。关于个人因素，高 NFC 的人倾向于快速作出决定因为他们不喜欢不确定性因此优先决定。他们也常常坚持决定来阻止不确定性再次出现（Ask & Granhag，2007）。

Levine，McCornack，Morrisson，& Ferrara，2002)，那个时候他们可能就忘记了人们的行为和他们真正说了什么。有趣的是，那些搜查行李、检查护照的人频繁接受足够反馈，因为他们能够及时发现是否有人在说谎。为了建立足够的反馈他们需要去随意检查行李，包括那些他们认为没有走私和拿假护照的人。正如我上面解释的一样，他们不可能这么做。

◇◇结　　论

不同国家和不同的职业背景的人对于说谎者的行为和言语有相同的观念。首先，他们认为说谎者不可能保持目光接触。一般来说，他们一致认为说谎者比说真话的人更加紧张。将这些观念与说谎者的实际行为和语言对比时发现，人们的观念通常是错的。人们联想更多欺骗性线索而不是去证实。此外，那些线索在一定程度上表征着说谎，人们通常没有意识到这些线索实际上是如何与欺骗有关的，或者认为他们根本与欺骗无关。结果是，人们联想的一些说谎的线索事实上是与说谎无关的，但是并没有意识到其他线索在一定程度上是欺骗的诊断线索。

我进一步推论这些错误观念的起源和原因，是由传统说谎是不好的观点引起的。如果说谎不好，那么当人们说谎时他们会感到不安，因担心被抓到而紧张不安。然后我探讨了一旦人们说谎时欺骗性错误观念会持续的原因：虚幻的相关（感知事实上并不存在的关系）；证实性偏见（倾向寻找证实存在的观念的信息）；观念固着（倾向舍弃反对存在观念的证据）；大脑原动力（思考证据和支持某人观念的原因）；极少的反馈（不充分的反馈阻止人们从自己的经验中学习）所有这些使错误观念持续。

我认为结合错误观念的起源以及他们持续的原因能够解释为什么欺骗性错误观念会出现在许多警察手册中。毫无疑问，这些手册的作者认为他们提供的信息（例如，说谎者紧张不安，出现局促的行为）是正确的。然而，他们的观点是基于他们自己或其他警察在审讯中嫌疑人行为和语言的印象而不是系统研究。这些印象很容易扭曲本章内容。因此，我对警察手册作者的建议是他们的手册应基于系统研究而不是印象。

测量欺骗性线索的观念很重要，因为，正如本章所证实，它所提供的当识谎者尝试侦测欺骗时使用的洞察策略。在这方面，这些发现并不令人满意，识谎人通常使用无效的非言语和言语线索。这会导致识谎的不佳表现。第 6 章表明这种悲观看法往往是现实情况。

附录5.1 主观非语言欺骗性线索：封闭式问题

	声音线索						
	犹豫	口误	尖锐的声音	语速	潜伏期	停顿时间	停顿频率
封闭式问题							
Akehurst *et al.*（1996，其他评级）	>	>	>	<	>		>
Colwell *et al.*（2006）	>	>	>	>	>		>
Gordon *et al.*（1987）	>	>		>			
Granhag *et al.*（2004，犯人）			—			—	
Granhag *et al.*（2004，非罪犯）			>			<	
Granhag *et al.*（2005）						<	
Lakhani & Taylor（2003，高风险）	>	>	>				>
Strömwall & Granhag（2003b）			—				
Taylor & Hick（2007，不重要）	—	<	—				<
Taylor & Hick（2007，重要）	>	—	>				>
Taylor & Vrij（2001）	>	>	>	>	>		
全球欺骗团队（2006）		>			>		
Vrij，Akehurst，& Knight（2006）	>	>	>	>	>		>
Vrij & Semin（1996，犯人）	>	>	—	>	—		
Vrij & Semin（1996，非罪犯）	>	>	>	>	—		
Zuckerman *et al.*（1981b，其他评级）	>	>	>	>	>		
总结	>	>	>	>	>	—	>

附录5.1 续

	视觉线索									
	注视	微笑	自我适应	阐述	手/手指	腿/脚	躯干	头	移动位置	眨眼
封闭式问题										
Askhurst *et al.*（1999，其他评级）	<	>	>	>		>	>	>	>	>
Colwell *et al.*（2006）	<	—	>	>	>	>	>		>	>
Gordon *et al.*（1987）	<	>	>	>		—	>			>
Granhag *et al.*（2004，犯人）	<									
Granhag *et al.*（2004，非罪犯）	<									

（续表）

	视觉线索									
	注视	微笑	自我适应	阐述	手/手指	腿/脚	躯干	头	移动位置	眨眼
Granhag *et al.*（2005）	—									
Hart *et al.*（2006）	<	—		>	>	>		>	>	>
Lakhani & Taylor（2003，高风险）	<	<	>		>	>		>	>	>
Sromwall & Granhag（2003b）	<									
Taylor & Hick（2007，不重要）	—	—	<		—	—		—	—	—
Taylor & Hick（2007，重要）	>	—	—		>	—		—	—	—
Taylor & Virj（2001）	<	—	>	>	>	>	>	>	>	>
全球欺骗团队（2006）	<		>	>					>	
Vrij，Akehurst，& Knight（2006）	<	<	>	—	>	>	>	>	>	>
Vrij & Semin（1996，犯人）	<	—	>	—	—	>	—	>	—	
Vrij & Semin（1996，非罪犯）	<	>	>	>	>	>	>	>	>	
Vrij & Taylor（2003）	—	—								
Zuckerman *et al.*（1981b，其他评级）	<	>	>	>		>		>	>	>
总结	<	—	>	>	>	>	>	>	>	>

附录 5.1　续

	个人言语线索								
	负性想法	普遍化	自我参照	及时	反应时间长度	可信反馈	多样性	一致	矛盾
封闭式问题									
Akehurst *et al.*（1996）				<	<	—			>
Colwell *et al.*（2006）				<	>				
Granhag *et al.*（2004，犯人）								—	
Granhag *et al.*（2004，非罪犯）								<	
Granha0g *et al.*（2005）								<	
Lakhani & Taylor（2003，高风险）					>			—	>
Stromwall & Granhag（2003b）								<	
The Glo1（2006）					>			<	

（续表）

	个人言语线索								
	负性想法	普遍化	自我参照	及时	反应时间长度	可信反馈	多样性	一致	矛盾
Vrij, Akehurst, & Knight（2006）	>			<	—	<			>
Vrij & Taylor（2003）						<			
Zuckerman *et al.*（1981b，其他评级）	—		>	<					
总结				<	—	<		<	>

注：“<”表明观察者观察减少的欺骗性线索；“>”表明观察者观察增加的欺骗性线索；“—”表明观察者认为与欺骗无关；空白表明没有调查该线索。

附录5.2　主观非语言欺骗性线索：相关研究

	声音线索						
	犹豫	口误	尖锐的声音	语速	潜伏期	停顿时间	停顿频率
相关研究							
Apple *et al.*（1979）			>	<			
Basket & Freedle（1974）		>			>，<		
Boltz（2005）					>，<		
Bond *et al.*（1985）	—	—					
Bond *et al.*（1990）	—						>
Bond *et al.*（2004）	>			<			
DePaulo, Rosenthal *et al.*（1982）	>	>		<			
DePaulo, Rosenthal *et al.*（1989）	>	—		<			
Ekman（1988）			—				
Fiedler & Walka（1993）	—		>	<			
Frank & Ekman（2004）				<			
Harrison *et al.*（1978）					<		
Kraut（1978，exp. 1）	—	—			>		
Kraut（1978，exp 2）	>，<				>		
Kraut & Poe（1980）		—			>		
McCroskey & Mehrley（1969）		—					
Nigro *et al.*（1989）	>	>					

（续表）

	声音线索						
	犹豫	口误	尖锐的声音	语速	潜伏期	停顿时间	停顿频率
Riggio & Friedman（1983）	—	—		<			
Riggio *et al.*（1987）				<			
Ruback & Hopper（1986）						>	
Ruva & Bryant（1998）	>						
Stiff & Miller（1986）	>				—	>	
Streeter *et al.*（1977）			>				
Vrij（1993）	—	—	—				
Vrij，Foppes *et al.*（1992）	>	>					
Vrij & Winkel（1994）	>	>					
Vrij *et al.*（2001b）	>	—		—	>		
Woodall & Burgoon（1983）				<			
总结	>	>	>	<	—	>	

附录 5.2　续

	视觉线索									
	注视	微笑	自我适应	阐述	手/手指	腿/脚	躯干	头	移动位置	眨眼
相关研究										
Akehurst & Virj（199）					>					
Bond *et al.*（1985）	<	>	—	—				—	—	
Bond *et al.*（1990）	<	—	>	<				<		—
Bond *et al.*（1992）	>，<									
Brooks *et al.*（1986）	—									
DePaulo，P. J.，& DePaulo（1989）	—		—					—	>	
Desforges & Lee（1995）	>，<									
Ekman & Friesen（1972）			>							
Ekman（1988）		—	—	—		—				
Fiedler & Walka（1993）		—	—					—		
Frank & Ekwan（2004）			>	<						

（续表）

	视觉线索									
	注视	微笑	自我适应	阐述	手/手指	腿/脚	躯干	头	移动位置	眨眼
Hemsley & Doob（1978）	<									
Hess & Kleck（1994）	<									>
Kraut（1978，exp 1）		>	<				>		>	
Kraut & Poe（1980）	<	—	—	—			>		>	
O'Sullivan *et al.*（1988）				>		>				
Riggio & Frideman（1983）	—	<	>	—		—		<	—	
Riggio *et al.*（1987）	<	—						<		
Rozelle & Baxter（1978）	<			>			>			
Ruback（1981）		<		<						
Ruback & Hopper（1986）			<	—						
Stiff & Miller（1986）		>	—	—		—			>	—
Vrij（1993）	—	<			>	—	—	—		
Vrij，Akehurst *et al.*（1996）			>		>	>				
Vrij，Foppes *et al.*（1992）	<	>	—		—			—	—	
Vrij，Winkel *et al.*（1991）	<									
Vrij & Winkel（1992）		>	>	>						
Vrij *et al.*（2001b）	—	—	—	—	—	>				
总结	<	—	>	—	>	>	>	<	>	

附录 5.2　续

	个人言语线索								
	负性想法	普遍化	自我参照	及时	反应时间长度	可信反馈	多样性	一致	矛盾
相关研究									
Bond *et al.*（1985）	—		<						
Bond *et al.*（1990）	<				—				
Bond *et al.*（2004）				<					
DePaulo，Rosenthal *et al.*（1982）	>	>	<						

（续表）

	个人言语线索								
	负性想法	普遍化	自我参照	及时	反应时间长度	可信反馈	多样性	一致	矛盾
DePaulo，P. J，& DePaulo（1989）	—	—		—					
Granhag & Stromwall（2000a）								<	
Harrison *et al.*（1978）					>				
Kraut（1978，exp 1）						<			
Kraut & Poe（1980）				<					
Leippe *et al.*（1992）								<	
Lind *et al.*（1978）					<				
Riggio *et al.*（1987）		<							
Stiff & Miller（1986）			—		<	<			
Stiff *et al.*（1989）						<			
Vrij（1993）					—				
总结	—		<	<	<	<		<	

注：“<”表明观察者观察减少的欺骗性线索；“>”表明观察者观察增加的欺骗性线索；“—”表明观察者认为与欺骗无关；空白表明没有调查该线索。

第6章　无专业测谎工具的谎言检测

这是探讨关于人识别谎言能力的8章中的第1章。第7~13章主要讨论了专业测谎人员使用的测谎工具的准确性。本章则考查了测谎人员在不借助专业仪器时的识谎能力，以及他们关注别人非言语和言语行为的情况。

在讨论人的识谎能力时，我认为这种能力指的是区别真话和谎言的能力。一个好的测谎员不仅仅会判断一个人什么时候说谎，还能知道他什么时候说真话。假设一个人要评估他人说的10句话的真实性，而10句话中真话与谎言是对半的。如果他把这10句话都判断为谎言，那么当然这5句谎言都识别出来了，但他是个好的测谎员吗？在我的定义中这种测谎员不能算好，因为他对另外5句实话都做了错误的判断，但如果他能够将5句实话和谎言都正确识别出来，那他的确让我刮目相看。

本章主要讨论了外行人在识别陌生人、朋友或同事、孩子的真话或是谎言时多么在行：外行人的表现仅比猜测的正确率高一点，也就是比抛硬币判断对错好一些。虽然外行人在一定意义上成功地识别出真话，但是他们不善于识别谎言，而在识别陌生人、朋友、同事和孩子时情况也是这样。再谈专业测谎员，本章揭示了这样的现象，他们在测试陌生人时即使再努力也只比随机猜测好一点。他们在识别谎言时比外行人好一些，但却以误判实话为代价。也许专业测谎员和外行人的最大区别在于：专业测谎员比外行人更多疑（更倾向于说谎判断）；对自己区分实话和谎言的能力更自信。

尽管对于人们判断谎言能力的观点是悲观的，但研究表明这种能力是有个体差异的。诸如性别、人格和动机在内的很多因素都可以解释这些差异。

在本章，关于影响测谎员作出诚实性判断的因素也有更深入的讨论（例如，人们是否相信别人是在说实话还是说谎）。非白种人常常给白种人观察者留下可疑的印象，这也是因为他们自然的表现。并且，有特定人格特质的人比没有这种特质的人更容易让人相信。这里再次说明，个体的本性行为是这种效应的原因。在这里，以下论点得到了证实：询问者比被动观察者更容易有证实倾向；深入的提问（探测问题）会增加询问者轻信的可能。询问者要比被动观察者更容易相信人。

本章的开始部分主要讨论言语和非言语交流对诚实性判断的相关影响。那么，如果人们试着去识别谎言，影响他们决定的主要因素是被测人的行为还是说话的内容？然而这个问题无法笼统地回答。

◇◇言语和非言语行为在诚实性判断中的相对重要性

多方资料（警察手册、研究结果、实际观察）表明非言语行为在进行诚实性判断时扮演了重要角色。警察手册中有大量篇幅描述了说谎的非言语行为线索。然而，言语判断工具如语义基础内容分析（第 8 章）和真实性检测（第 9 章）都没有出现在警察手册中。非言语线索的重要性在警察手册中表述为：非言语行为信息占人与人交流信息总数的“70%”。（Inbau，Reid，Buckley，& Jayne，2001，p. 143）

针对这些研究结果，在我们的实验中，给 99 名英国警官播放了 54 个有关警察询问嫌疑人的视频片段。在每个视频片段结束之后，我们要求他们报告出他们作出判断所依据的线索（Mann，Vrij，& Bull，2004）。这些依据的线索中大部分是非言语的（78%）。当观察者注意到一个人的非言语行为和言语内容不一致时，通常会依据非言语途径来判断真假。因此，在人事选拔面试中，如果申请者的行为有所保留，人们通常会认为申请者并非像他们所宣称的那样想要这份工作（DePaulo，Rosenthal，Eisenstat，Rogers，& Finkelstein，1978；Hale & Stiff，1990；Heinrich & Borkenau，1998；Hoffner，Cantor，& Thorson，1989；Zuckerman，Driver，& Koestner，1982；Zuckerman，Speigel，DePaulo，Rosenthal，1982）。

许多的现实观察进一步论证了非言语行为在判断一个人是否在说谎时的重要性。Kaufmann，Drevland，Wessel，Overskeid 和 Magnussen（2003，p. 22）在他们国家（挪威）的研究中提到，即使存在其他可靠证据时，作出判断的依据依然会是非言语行为。他们举了这样一个案例，在一次庭审中，证明被告的证据充分，但最后这名被告（一名金融顾问）却被宣布无罪，很大一部分原因是“他的非言语行为非常自信，没有任何目光逃避”。在佛罗里达州，Tom Sawyer 被指控性侵犯和谋杀。调查人员审问他 16 小时后，威胁了他，最后得到供词，但供词极可能是虚假的。他成为了头号嫌疑人，因为在最初的讯问中，当他否认参与犯罪时，他显得尴尬，脸通红（Meissner & Kassin，2002）（有关 Tom Sawyer 的案件请参阅 Ofshe，1989 和方框 11. 2）。在另一个美国的案例中，14 岁的 Michael Crowe 屈从于冗长的讯问，供认他将妹妹刺死。对男孩的指控后来被撤诉。他成为头号嫌疑人因为他对于妹妹的死亡显示出极不合理的冷漠（Kassin，2005）。

为什么测谎员对非言语行为如此关注？第一个原因也许是他们对解释非言语行为的能力非常自信。通过行为观察，人们可以对一个人的各个方面进行精确合理的推断，包括一个人的性格特征（例如，外向性和社会性），男性化、女性化或性取向。通过一个人的行为也可以推断一个人的地位、优势和情感状态（Ambady，Bernieri，& Richeson，2000；Ambady & Rosenthal，1992；DePaulo，1992；DePaulo & Friedman，1998）。换句话说，人们习惯了通过非言语行为做判断。

测谎员对非言语行为如此关注的第二个原因是，他们认为人们一般较少关注非言语行为。因此，他们漏掉通过非语言行为试图隐藏的信息（DePaulo *et al.*，1978；Hale & Stiff，1990；Kalbfleisch，1992；Maxwell，Cook，& Burr，1985；Stiff，Hale，Garlick，& Rogan，1990；Vrij，Dragt，& Koppelaar，1992）。事实上，在特定情况下，一个人对自身非言语行为的控制要弱于言语行为（DePaulo，1992；DePaulo & Kirkendol，1989；Ekman，1993；Ekman & Friesen，1969，1974）。例如，在机场，一名海关工作人员在问一名毒贩他箱子里是否有违禁品，毒贩很容易就会说没有，但要表现得很正常并不被怀疑则很困难。同样，一名学生在考试时对监考人解释说掉在地上的笔记本不是她的，做这个解释很难，但是表现镇静则更难。在第3章中已经阐述过说谎者在这种情境下为什么难以控制他们的行为。在这种情境下，他们需要在让人相信的同时不能显露出任何紧张的迹象。

对非言语行为过多关注并不是测谎员应该做的。研究发现人们对言语和非言语行为的关注程度是相等的，而这两种方式哪种更重要取决于诸多因素。例如，观察者对谈话主题的知悉程度（Stiff，Miller，Sleight，Mongeau，Garlick，& Rogan，1989）。在一些案件中，观察者若对案情十分了解，那么他会更多关注言语，并会比较目标对象所说的与他掌握的是否一致。在第4章中 Jeffrey Archer 宣称跟首相通话的谎言，测谎员就是通过这种方式找出疑点的。

此外，两种方式的关注度与观察者知晓谈话内容的量也有关。有时一个人只说三言两语，就如上文所提的毒贩和学生的案例。在这种案件中，观察者除了对其非言语行为判断外没有其他选择。在其他情况下，观察者可以获取更多言语信息。例如，观察者可以从话语中得到信息。观察者可以从一个人口中得到许多话，或者可以从不同的人口中得到相同的话。在这种案例中，测谎员倾向于关注言语内容，比较不同语句之间的一致性（Granhag & Stromwall，1999，2000a，b，2001a，b；Stromwall & Granhag，2005，2007；Stromwall，Granhag，& Jonsson，2003）。

影响诚实性判断言语和非言语线索相对重要性的另外一个因素是这些线索的特殊性。例如，在得知一个难以置信的消息，或者一个人说出对自己不利的话时，人们会依赖于言语线索途径。而当一个人表现举止怪异，如瞪眼等，诚实性判断则会受到这些怪异行为的影响（Bond，Omar，Pitre，Lashley，Skaggs，& Kirk，1992）。

不仅如此，对诚实反应的期待也是影响关注的一点。警方经常会假设嫌疑人是有罪的（Evans，1994；Kassin，2005；Moston，Stephenson，& Williamson，1992；Stephenson & Moston，1994）。对英格兰警方的访谈显示，有73%的案件中警方在讯问前就认为嫌疑人是有罪的（Moston *et al.*，1992）；Saul Kassin（2005，p. 216）对美国警方多年的调查发现，他们在讯问时都有诱供倾向，在报告中他们会说自己从来不会讯问无辜者。当他们认为对方是在说谎时，警方会注意他们的非言语动作，而不会听他们的辩解（Millar & Millar，1998）。

最后，[①]不同的人对言语和非言语方法的判断存在个体差异（Friedman，1978）。Noller（1985）的报告称，女性对非言语线索的敏感性要高于男性。女性对非言语行为要比男性敏感并且判断性更强（Hall，1984）。这一能力偏向也许会使她们注重非言语线索。同样，测谎员对言语和非言语线索的敏感性也会影响他们的注意倾向。对言语敏感的测谎员会对谈话内容更加注意，而对非言语行为敏感的测谎员则会对被测人的行为更注意。

正如上面所说，警察手册中强调非言语行为线索比言语线索更重要。这也就意味着警察在进行询问时会对非言语行为更关注，即使在言语内容清晰的情况下也是这样。在进行调查时，警方掌握的犯罪信息较少（Horvath & Meesig，1996），因此对嫌疑人的认定也不清晰。他们会考虑对一些在犯罪发生地点附近居住的人或者与犯罪有关的人进行询问。这些人的非言语行为表现决定了他们是否会成为可能的嫌疑人，并进入下一轮的询问（Greuel，1992；Kraut & Poe，1980；Rozelle & Baxter，1975；Vrij，Foppes，Volger，& Winkel，1992；Walkley，1985；Waltman，1983）。这在之前提到的 Tom Sawyer 和 Michael Crowe 案件中就出现过。这种方式是有其局限性的。正如第4章中所说，如负面情绪可以通过言语透露出来，而且现场编造可信的答案也是很困难的。控制言语行为也是很难的，而在这种情况下警方仍然以非言语行为做主要参考，会对判断造成很大限制。本章也提到，人们在分辨谎言与诚实时，听比看更准确。

总的来说，不论观察者对言语还是非言语这两种方式的关注程度，取决于观察者对谈话主题的知悉程度、观察者知晓谈话内容的量、言语和非言语线索的特殊性、观察者对观察对象说谎的主观预期、以及观察者对说谎言语和非言语线索的了解程度等。

◇◇外行人识别陌生人谎言的能力

外行人探测陌生人谎言的能力在近几十年有了广泛的研究。在一个典型的谎言探测研究中，呈现给观察员（普通的本科生）一段陌生人讲话的视频，内容既有真话也有谎话。在视频结束后要求观察员判断视频里的人（又称信息输出者）说的是真话还是谎话。这里信息输出者说的话有一半是真话，一半是谎话。[②]在这项研究中，随机猜测这些信息输出者的话会有50%的概率识别谎言，50%的概率识别出谎言，结果就是总正确率为50%。在本章的介绍部分中提到的，一位严格的

① 当然，还有更多的因素可以放在讨论之列。例如，测谎员是一个主动的询问者还是一个被动的观察者都会是影响对言语或是非言语行为关注的因素。研究的结果让人觉得不可思议。Buller，Strzyzewski 和 Hunsaker（1991）以及 Feeley 和 deTurck（1997）的研究发现，主动的询问者更关注非言语交流，而观察者则更注重言语内容。但 Granhag 和 Strömwall（2001b）却发现了相反的结果。

② 观察者都没有被告知过诚实反应和说谎者的比例，因为这样会使他们作出追求两者比例相同的反应。

测谎员对一半为真一半为谎言的10句话判断，全部判断为谎言，那么谎言识别率就是100%，真话识别率是0%，总的正确率就是50%。因此这名测谎员的正确率和随机猜测无异。

在谎言测试研究中，观察员在没有给出信息输出者背景信息和报告的情况下，判断是否说谎的途径只有言语和非言语信息。与实际相比，这种谎言探测有一定的不同。在Park，Levine，McCornack，Morrisson和Ferrara（2002）的研究中，他们要求学生被试回忆他们在生活中成功找出谎言的例子，并报告他们是如何发现的。结果发现，只有少于2%的谎言是当时仅通过言语和非言语信息发现的。更多的谎言是通过第三方的信息（38%）、实物证据（23%）和事后坦白（14%）发现的。多于80%的谎言是在几个小时后发现的，有40%是在多于一周后才发现的。

在许多测谎研究中，观察者所获得的判断标准都取自于第3章、第4章讨论过的研究。在许多研究中，信息输出者根据实验的要求讲真话或说谎。说谎会有一定的认知负荷，讲真话的人和说谎者所承担的风险是由小到大变化的。

Kraut（1980）报告了一篇测谎研究的综述。大多数研究中的正确率是45%～60%，平均正确率是57%。在1980年Kraut的综述发表前有过大量研究。附录6.1呈现的是1980年以来的79个测谎研究案例，主要是关于外行人分辨能力的。这些研究中最低的正确率是31%（Brandt，Miller，& Hocking，1982），并且这有可能是个异常值。第二低的正确率是38%，来自Brandt，Miller和Hocking（1982）的研究。最高的正确率报告为68%（Wan Cheng & Broadhurst，2005）。目前总的正确率分布在42%～65%。附录6.1更说明了绝大部分的研究总正确率都在50%～60%。79个研究的平均正确率为54.27%，而这个正确率还低于Kraut（1980）报告的57%的正确率。54.27%的正确率仅比随机概率50%高一点。

附录6.1更进一步说明了在34个研究中作出诚实判断率（正确分辨诚实）和说谎判断率（正确分辨谎言）的分离问题。诚实反应率要比说谎反应率高一些：在这34个研究中，有25项研究是诚实判断率高于谎言判断率。诚实判断率的范围在49%～81%。在34项研究中有16项研究高于65%的诚实判断率。平均的诚实判断率是63.41%，比随机判断的概率要高。与之相对的是，说谎判断率的范围却是在70%～27%。在34个研究中有18个研究低于50%的说谎判断率。说谎平均判断率是48.15%，要比随机猜测概率低。

◇ **证实偏向**

高诚实判断率的部分原因是人有证实倾向。证实倾向是指对接收的信息信任大于怀疑的倾向（Köhnken，1989；Levine，Park，& McCornack，1999；Zuckerman，DePaulo，& Rosenthal，1981）。在Bond and DePaulo（2006）的元分析中发现，被试判断56%的信息为真实，而判断为虚假的信息有44%，尽管已经示意过被试两者的比例是相同的。换句话说，观察者是很容易轻信。目前对证实偏向有八种解释

(DePaulo, Wetzel, Weylin Sternglanz, & Walker Wilson, 2003; Gilbert, 1991; Vrij, 2004b; Vrij & Mann, 2003a)。

第一，在日常生活中人们更多面对的是真实而非虚假的信息（第 2 章），因此人们对一个人有较大的证实倾向（所谓的有效性启发式，O'Sullivan, Ekman, & Friesen, 1988）。[①]

第二，在第 2 章的概述中，Goffman（1959）认为人的生活就像在舞台剧，人们经常像演员一样表演。“自我”并非真正的自我，而是经过掩饰的。在这样的舞台上，我们认为别人会接纳我们呈现的自我，同样我们也会接纳别人呈现的自我。后者就解释了证实倾向。

第三，社会交际法则让人们不会表现出怀疑倾向（Toris & DePaulo, 1984）。在谈话总是被质疑的情况下，人们会很快会被激怒。假设在这样一个对话中，一个人总是打断你说“我不相信你”，“那不可能是真的”或者“你怎么证明它”之类的话。那么这段对话就不会持续太久。换句话说，社会交际法则导致了证实性。

第四，人们对是否是谎言很难确定。在这种不确定性下，最安全和最保守的办法就是去相信（DePaulo, Jordan, Irvine, & Laser, 1982）。

第五，与此相关的研究是 Fiedler 和 Walka's（1993）的证伪启发式研究，这是对证实性的第五个解释。Fielder 和 Walka 认为，容易通过现实检验的话要比不容易检验的话更不易相信。而人们又经常对一些不容易检验的信息说谎，比如个人感受，偏向，态度和观点（见第 2 章）。在这些案例中，观察者倾向于认为这些信息是真实的。

第六，基于 Spinozan 的知识表征模型，Gilbert（1991）认为很多事情刚开始认定是正确的，而怀疑则需要额外的工作。换句话说，证实偏向是社会交往中的默认设定。

第七，与此相关的研究是 Elaad（2003）对证实偏向存在原因的研究，也是解释证实倾向的第七个原因，基于 Tversky 和 Kahneman's（1974）锚定启发理论，这种理论是指，人们对初始值（锚点）进行不确定的调整时，结果偏向于初始值。因此，如果观察者事先认为对方是在讲实话，当出现矛盾的证据时，他们将不能作出充分的调整。

第八，Grice（1989）认为，社会交往中，人们使用语言总会依照一定原则（McCornack, 1992）的。例如，数量原则指向信息启发性，关系原则强调信息相关性。但是，人们经常违反这些原则，并以模棱两可的方式去表达。谈话中人们会习惯这种原则，并遵照这种原则，在谎言出现时也不会怀疑。结果就是，即使说谎时违反了很多语言原则，而观察者却毫无察觉。

即使证实倾向很容易出现，但并非是绝对存在的，在引起怀疑时也会消除这种

① 启发式是指在有限的认知努力下允许对复杂刺激进行评估的一系列简单决策规则。

倾向（DePaulo，Lindsay，Malone，Muhlenbruck，Charlton，& Cooper，2003）。例如，在一项关于观察者判断推销员推销产品言辞的研究中，他们就表现出了证伪倾向（DePaulo & DePaulo，1989）。在其他研究中发现，当观察者被告知信息输出者“不一定都是实话”时，说谎判断率就会很高（McCornack & Levine，1990a，b；Millar & Millar，1997b）。最后，警察在讯问嫌疑人时，会假设他们是有罪的，因而不会有证实倾向。

◈ 谎言中介

测谎员可以从很多方面来判断信息输出者的话是否属实。例如，在面对面的谈话中，测谎员可以看到和听到信息输出者，而在电话中则只能去听。研究者们考察了观察者在测谎中可以依据的各通道的效应 。Bond 和 DePaulo（2006）对谎言通道进行了研究，并发现确实存在这些通道效应。单纯靠听的测谎员可以表现的跟能够视听兼顾的测谎员一样好，但只能靠看的测谎员却不如只能听（$d=0.37$）或视听兼具的测谎员（$d=0.44$）判断准确 。换句话说，不能听的测谎员判断一般不准确。对这个问题有两种解释。首先，在第 3 章和第 4 章都阐述过，声音和言语线索要多于视觉线索，不能听的观察者没有这些声音和言语判断线索。其次，人们非常相信人在说谎时会出现目光躲避和多余动作（第 5 章），但这些都不是判断的线索（第 3 章）。当观察者在只靠看的情况下，会倾向于依赖那些不正确的观念（Bond & DePaulo，2006），并且出现错误判断。这些刻板印象是关于说谎者的行为而非诚实者的行为。因此，只有视觉通路的观察员要比拥有听觉通路的观察员更容易作出说谎判断倾向（Bond & DePaulo，2006；Mann，Vrij，Fisher，& Robinson，2007；Vrij，出版中）。

◈ 动机与风险

在第 3 章中已经强调过人说谎的动机强度是不同的。在高风险情况下，想要对方相信的动机要强。在第 3 章中讲到过，较强的动机反而对说谎表现不利：说谎者越想躲避，就越可能表现出说谎的迹象，这种现象叫做动机损害效应（motivational impairment effect）。对这种效应的解释是欺骗反应的 3 个过程（情绪，认知加工和自主行为控制）在动机强的人身上更容易表现出来（见第 3 章）。

如果在高风险环境中说谎比低风险环境中说谎者表现出的线索更多，那么在高风险环境中测谎更容易。事实上，在一系列复杂情境（很多情境风险并不高）的实验中，观察者在高风险水平时的分辨能力要高于低水平时。[1] Bond 和 DePaulo's

---

① DePaulo，Kirkendol，Tang，& O'Brien，1988；DePaulo，Lanier，& Davis，1983；DePaulo，LeMay，& Epstein，1991；DePaulo *et al.*，1985；Lane & DePaulo，1999；Vrij，2000；Vrij，Harden，Terry，Edward，& Bull，2001.

(2006）的研究中也发现区分高动机水平要比无动机水平容易（$d=0.17$）。

◈ 准备

有时人们会在说谎之前有机会准备，然而很多情况下他们没有机会准备，需要自发的说谎。在第 3 章中已经讲到过，有准备的说谎要比自发说谎容易一些，因为认知负荷相对轻一些。因此，在 Bond 和 DePaulo（2006）的元分析研究中，观察者辨别自发说谎要比有准备说谎容易一些（$d=0.14$）。

◈ 对信息输出者的熟悉性

在第 3 章中，言谈行为方式的个体差异已经有所交代。这使得对陌生人的测谎变得困难，因为观察者并不知道这些人的言谈行为基准表现。也许在观察者对测试对象的诚实反应了解以后，测谎就变得容易了。因为在了解其诚实表现后，对这些信息就变得敏感，一旦表现偏离诚实表现，则可以进行判断。许多学者都已对此进行了研究。在这些研究中，观察者仍然很难判断出信息输出者的话是真是假，但在给他们呈现“诚实基线反应”（观察者看到的基线信息都是诚实表现）后则不同了。这些研究都表明了得知基线反应的观察者其表现要比未知基线反应的观察者好（Brandt, Miller, & Hocking, 1980a, b, 1982; Feeley, deTurck, & Young, 1995）。换句话说，对信息输出者的诚实行为了解后分辨谎言就更容易了。

其他研究却显示，给观察者的基线反应无论是诚实还是谎言的，都对他们的判断是没有帮助的。他们发现只有得知了诚实的基线反应才对判断有利（Garrido & Masip, 2001; O'Sullivan, Ekman, & Friesen, 1988; O'Sullivan, Ekman & Friesen, 1988;）的研究认为，观察者对初次看到的行为认为是诚实的（启发式），那么就会倾向假定第一次看到的行为（基线行为）是诚实行为。如果第一次看到的行为是诚实的，那么在之后的辨认中就容易一些。但是如果第一次行为被错误地标记为诚实，那么之后的评估会出现错误。

◈ 总结

外行人在区分陌生人的谎言时仅比随机猜测好一点。他们也有相信这些陌生人的倾向（证实倾向），但当观察者开始怀疑时，证实倾向也就消失了。测谎正确率受到很多因素的影响。观察者在以下这些情境下区分能力都比较好：①对信息输出者所说比其所做更重视；②信息输出者的信息主要是自发出现而非计划好的；③观察者对信息输出者的基线行为比较熟悉。

表 6.1 外行人在判断朋友或伴侣的准确率[1]

	正确率（%）		
	诚实	说谎	总率
Anderson，DePaulo，& Ansfield（2002，朋友）[2]			54
Bauchner［朋友，转引自 Miller，Mongeau & Sleight（1986）］			74
Fleming & Darley（1991，朋友与伴侣）			49
Levine，Park，& McCornack（1999，未婚伴侣）	82	34	58
McCornack & Levine（1990，未婚伴侣）[3]			53
McCornack & Parks（1986，未婚伴侣）			59
Millar & Millar（1995，研究 1：朋友与亲属）[4]			51
Millar & Millar（1995，研究 2：朋友与亲属）			53

注：[1] 表中只收录了控制条件下的数据；[2] 时间 1 和时间 2 数据合并；[3] 低怀疑情境；[4] 语音和视频信息环境。

◇◇外行人识别朋友和伴侣谎言的能力

如果对信息输出者自然的诚实和说谎反应非常了解，那么一个人对其熟悉的朋友和伴侣的识别能力要好于陌生人。针对这个问题，Boon 和 McLeod（2001）报告称人们识别其伴侣的谎言能力是非常高的。① 在许多实验中，观察者看到的视频是他们熟悉的人，并且如同陌生人的研究，这类研究中对观察者有用的信息只有非言语行为和谈话内容。表 6.1 报告的研究结果已经在英国出版。这些研究并不支持对朋友、家人、伴侣等的谎言辨别能力比陌生人好。Miller，Mongeau 和 Sleight（1986）报告了 Bauchner 的一项研究：朋友之间辨别谎言正确率达到74%。迄今为止，如此高的准确率还没有在其他研究中报告过。然而这项研究却无法重复获得。在其他研究中，正确率都在 49%～59%。这样的正确率与猜测陌生人的正确率相差无几。事实上，这些研究中没有任何一项是直接比较区分陌生人和熟悉人谎言正确率的（Anderson，DePaulo，& Ansfield，2002；Buller，Strzyzewski，& Comstock，1991；Fleming，Darley，Hilton，& Kojetin，1990；Millar & Millar，1995）。

Comadena（1982）的报告中，考察了区分朋友和至交说谎的能力，发现两者没有差异。在其他研究中，亲密程度和正确率也在考察之列。而这些研究都没有发现两者有联系（Levine & McCornack，1992；McCornack & Parks，1986；Stiff，Kim，& Ramesh，1992）。

① 有趣的是，相比被伴侣欺骗，他们觉得自己更能欺骗伴侣（Boon & McLeod，2001）。

Anderson，Ansfield 和 DePaulo（1999）给出了亲密程度与判断正确率无关的几点原因。他们认为亲密关系的伙伴在试图识测谎言时，会给他们带来大量的信息。这些信息可能非常多而观察者又在这一过程中进行了启发式信息加工（例如，使用简单的判断过程），没有仔细的寻找说谎的线索。另外一个解释是亲密关系交流中观察者必须同时启动社会认知（例如，对谎言的编码）和社会行为（例如，对这些交流的支持）（Patterson，1995，2006）。这些对观察者来说需要关注的太多了，结果就是，有价值的线索可能没有引起注意。更进一步的解释是，随着关系的发展，人们在交流过程中越发有着欺骗对方的独特手段。这也就是在与同伴交流时，说谎的一方可以轻松骗过另一方。

除此之外，伴侣之间的说谎一般都是保护对方或者照顾对方感受的（见第2章）。在听到谎言时人们通常并不会感觉不好，因而也不会寻找说谎线索。并且，其他目的的谎言包含了伴侣想得到的信息，他们也许想要探测到谎言。人们倾向于对关系有感情投资，这种信息会影响到彼此的关系。这些例子中，人们没有看透谎言，也许是因为不想（见第1章不想揭穿谎言的鸵鸟效应）。

后两种解释表明在多数伴侣中存在证实倾向。事实上，有人认为随着关系的亲密，伴侣之间会形成认为对方诚实的倾向，这就是所谓的关系证实倾向启发式（Stiff *et al.*，1992）。McCornack 和 Parks（1986）与 Levine 和 McCornack（1992）发现并检验解释了这种现象的模型。这种观点的核心是亲密程度和证实倾向不是直接联系，但都与信心有关。随着两人之间的关系紧密，他们会对探测对方谎言的能力越来越自信（例如，“我知道某人什么时候说谎，因此可以知道对方是否在说谎”）。高度自信的结果是别人可能不敢对他们说谎（例如，“某人最好注意了，我知道他什么时候说谎”）。这就会造成其对说谎者的关注越来越少（例如，“我不用太担心，某人无论如何都不会对我说谎的”）（Stiff *et al.*，1992）。

Cole，Leets 和 Bradac（2002）的研究发现是否出现证实倾向取决于观察者的依恋类型。依恋类型告诉我们人们是如何影响亲密关系的（见第2章）。个体保护观点①认为这对个人和他人都有积极作用。这使亲密关系感觉更舒适，并有重要价值。占有型个体对自己持有消极的观念，却对伴侣有理想化倾向。他们很容易坠入爱河但通常会怀疑对方的长期承诺和兴趣水平。他们渴望与伴侣有亲密的关系，但却对对方迎合自己相关需要的意愿感到不安。恐惧型个体对自己和他人持有消极的观念。他们很难信任对方，避免产生亲密关系，在与亲人接触中会感到不安。最后一类是回避型个体，他们对自己持积极观念但对他人持消极观念。他们倾向于否定亲密关系并极力获取独立。总的来说，安全型和占有型个体期望得到亲密关系并对

① 第2章所说的逃避和焦虑依恋类型是四类依恋类型中的两种。安全型个体的逃避和焦虑水平低；占有型个体是低逃避和高焦虑水平；恐惧型个体是高逃避和高焦虑水平；回避型个体是高回避但低焦虑水平。（Griffin & Bartholomew，1994a，b）。

他人持有积极观念。相对的恐惧型和回避型个体则避免产生亲密关系并对他人持有消极观念。Cole 等人发现出现证实倾向的主要是对他人持积极观念的人（安全型和积极型观察者）。

人们对朋友和伴侣说谎的低判断率是人们担心反恐斗争的前景。在英国，经过 2005 年 7 月 7 日伦敦爆炸案后，人们被告知对身边的人尽可能保持警惕，包括自己的家人和朋友。这些结果表明人们是否适合判断身边潜在的恐怖分子。

◈ 总结

外行人对陌生人和熟人的判断能力是一致的。对此有这样几种解释，人们在交往过程中有更多独特的技巧来蒙混对方。并且，随着双方关系的亲密，两者对对方是否说谎的判断越来越有信心，因此也就越来越相信对方不会对自己说谎（关系证实倾向启发式）。这种倾向在安全型和占有型依恋类型的人更多。

◇◇ 外行人对儿童说谎的辨别能力

当儿童和成人对同一件事说谎时，哪个谎言更容易被识别出来？大多数人都会认为儿童说谎更容易被识别。事实上，儿童并非没有：（1）说谎的认知能力；（2）认识到作出可信的印象是非常重要的；（3）控制作出诚实行为的肌肉反应（见第 3 章）。但是第 3 章也提到让儿童说谎并不如说起来那么直接。例如，儿童还没有认识到不被信任的负面影响，因此在说谎时也就不那么害怕。并且，随着年龄的增长，人们会更多的表现出无意识的面部表情，而这恰恰是说谎时需要压制的。除此之外，在进行实验时儿童说的大多是短句。这些也许是儿童说谎不被发现的特点，因为说的越少，说谎时所出现的非言语线索也就越少，因而也越不容易被发现（DePaulo，Lindsay *et al.*，2003）。短句包含的语句也少，因此说谎的言语线索也少（Vrij，Mann，Kristen，& Fisher，2007）。

表 6.2　外行人判断儿童说谎的正确率[1]

	信息输出者的年龄（岁）	正确率（%）		
		诚实	说谎	总率
Ball & O'Callaghan（2001，exp 1）	6～12	75	53	60
Ball & O'Callaghan（2001，exp 2 and 3 combined）	6～12			65
Chahal & Cassidy（1995）	8	70	63	66
Edelstein，Luten，Ekman，& Goodman（2005）	5～7			50
Jackson & Granhag（1997）	11～12	72	25	49

（续表）

	信息输出者的年龄（岁）	正确率（%）诚实	说谎	总率
Landstr¨om，Granhag，& Hartwig（2007）[2]	10～11	53	66	60
Larochette，Chambers，& Craig（2006）	8～12			54
Leach，Talwar，Lee，Bala，& Lindsay（2004，exp 1）	3～11			51
Str¨omwall & Granhag（2005）	11	77	41	59
Str¨omwall & Granhag（2007）[3]	12～13	57	68	63
Str¨omwall，Granhag，& Landstr¨om（2007）[4]	11～13	55	48	52
Talwar，Lee，Bala，& Lindsay（2006）	4～7	74	26	50
Vrij，Akehurst，Brown，& Mann（2006）	5～6	61	63	62
Vrij & van Wijngaarden（1994）	5	9	57	54

注：[1] 表内只包含控制条件下的数据；[2] 真实与视频条件合并；[3] 所有条件下的平均水平；[4] 准备和未准备条件合并情况。

许多研究分析了成人分辨儿童谎言的能力。这些实验都使用了与探测陌生人谎言相同的范式。换句话说，成人观察者在判断儿童说谎时，所依赖的途径是儿童的行为和语言。表 6.2 展现的是目前对儿童谎言探测的研究，无论他们是否完全确定，这些研究都要求观察者必选辨别儿童是说实话还是说谎。

总正确率在 49%～66%。大多数研究中的诚实探测都比谎言容易识别。在 Jackson 和 Granhag's（1997）的研究中，判断说谎的准确率非常低（25%），这也许是由于实验设计造成的。在实验中，诚实被试被要求观看一段影片，内容是关于一群荒野中的黑猩猩，在实验结束后要回忆看过的内容。说谎的一组被要求假装看过这段影片，并且要编造出一段故事。结果是说谎组表现的非常好，很多说谎组都被判断为诚实。一个很可能的原因是在看影片之前，很多儿童都看过了类似的影片或者在动物园里看过黑猩猩，因此他们编出的故事细节丰富并且可信。

在许多研究中，观察者尝试去探测不同年龄儿童的谎言，这为儿童年龄为变量的研究提供了可能（DePaulo，1991）。研究的结果为性别假设实验提供了依据（Feldman，1979；Feldman，Jenkins，& Popoola，1979；Feldman，Tomasian，& Coats，1999；Feldman & White，1980；Morency & Krauss，1982；Westcott，Davies，& Clifford，1991）。在其他的 5～12 岁儿童研究中，Feldman 和 White（1980）的研究发现女童随着年龄增长在面孔描述中没有变化，这使大龄的女童有可能成为最好的说谎者，女童在表现力上比男童要有更大的优势，因为她们在表现非言语行为时有更多的机会。Shennum 和 Bugental（1982）考察了 6～12 岁的儿童，发现随着年龄的增长，男童更善于调整自己的负面影响（对自己不喜欢的事情也装作中立）。男童在所受教育上都倾向于不表露自己的负面情绪，因而都特别善于隐藏负面情绪。

以上的这些研究都表明对儿童进行测谎要比对成人测试更容易，但是在实际中却并非如此。在两个研究中，要求成人对儿童（5～7岁）和成人进行谎言探测，两者之间的正确率未发现差异（Edelstein，Luten，Ekman，& Goodman，2006；Vrij，Akehurst，Brown，& Mann，2006）。除此之外，表6.2（探测儿童谎言能力）呈现的数据与附录6.1（探测成人谎言能力）的数据基本相当。这些研究结果都表明了探测儿童谎言与探测成人谎言一样困难。

许多研究都证实了有孩子的观察者判断儿童谎言的能力要强于没有孩子的观察者。Chahal 和 Cassidy（1995）发现在儿童测谎中，父母在场比父母不在场效果要好，但许多其他的研究中并没有发现差异。（Ball & O'Callaghan，2001；Talwar & Lee，2002；Vrij，Akehurst，Brown，& Mann，2006）。但是，在这些研究中父母被要求探测了不是自己孩子的儿童的谎言。Morency 和 Krauss（1982）发现父母要比其他人更能判断自己孩子的谎言。

许多研究都考察过通过面孔和肢体动作来判断儿童谎言是否比通过言语内容更难（Ball & O'Callaghan，2001；Chahal & Cassidy，1995；Feldman & White，1980；Shennum & Bugental，1982；Talwar & Lee，2002）。Chahal 和 Cassidy 发现在测谎过程中观察者看到儿童的面孔或者躯体对结果没有影响。在其他研究中，以成人为对象的实验也发现了类似的结果。观察者在探测儿童谎言时，依据其言语内容的判断要比依据行为更准确。

有的研究考察了儿童是否随着年龄的增长会更能判断谎言。De－Paulo，Jordan *et al.*（1982）发现，随着年龄的增长，儿童学到了更多文化、社会和人际关系知识，这些都会帮助他们认识到他人描述的但事实上可能不存在的影响、事件或者经历。这些人生经历都会解释受过性虐待的儿童比没有受过的儿童测谎更准确（Bugental，Shennum，Frank，& Ekman，2001）。角色扮演技巧与测谎能力之间是有联系的（Feldman，White，& Lobato，1982；Saarni & von Salisch，1993）。在一定的情境下，信息输出者的言语描述有助于观察者判断其他经历相同情境的人是否说谎。

这些研究虽然对回答前面的问题都太有局限性，但这些研究都证实了，随着年龄的增长，儿童判断谎言的能力会增强（DePaulo，Jordan *et al.*，1982；Feldman *et al.*，1982；Morency & Krauss，1982；Rotenberg，Simourd，& Moore，1989）。DePaulo，Jordan 等（1982）彻底的考察过这类研究，发现年龄增长与判断谎言能力增强有着近乎完美的线性关系。Feldman 等（1982）考察了让儿童“站在他人的角度”来判断谎言的能力，发现这种能力与判断谎言能力有正相关的关系。

◈ **总结**

外行人并不善于判断儿童的谎言。即使是父母也不能轻易判断出儿童说谎，但父母在判断自己孩子谎言的能力要高于他人（而这项结果也仅仅是一个研究发现的）。观察者在仔细听儿童的言语内容时判断谎言要比观察他们的行为容易，并且儿童判断谎言的能力也随着年龄的增长而增强。

◇◇ 专业测谎员探测成人谎言的能力

人们通常认为大学生（通常是测谎研究中的观察者）不太习惯测谎。或许专业测谎员如警察或海关官员比外行人测谎效果好。这也许与他们在询问嫌疑人的经验有关。这两类测谎员和外行人认为专业测谎员要比外行人判断谎言正确率高（Garrido，Masip，& Herrero，2004）。

专业测谎员通常参加过多次的研究。和外行人研究案例一样，他们获得的也是陌生信息输出者的非言语和言语行为信息。表 6.3 显示的是出版的英文研究数据。除去正确率外，这些数据也反映了专业测谎员的背景信息。从数据中可以看出，大部分被试是警察。表格中的数据上半部分是判断成年信息输出者的，下半部分是判断儿童信息输出者的。有三项成人研究，专业测谎员是囚犯。

表 6.3　专业测谎员判断成人谎言的正确率[1]

	正确率（%）		
	诚实	说谎	总率
G. D. Bond，Malloy，Thompson，Arias，& Nunn（2004，囚犯）[2]	35	69	52
G. D. Bond，Malloy，Arias，Nunn，& Thompson（2005，囚犯）	51	67	59
Hartwig，Granhag，Str¨omwall，& Andersson（2004，囚犯）	42	89	65
DePaulo and Pfeifer（1986，联邦执法者）[3]	64	42	53
Ekman & O'Sullivan（1991，特工）			64
Ekman & O'Sullivan（1991，联邦心理测试员）			56
Ekman & O'Sullivan（1991，警官）			56
Ekman，O'Sullivan，& Frank（1999，中央情报调查局人员）	66	80	73
Ekman，O'Sullivan，& Frank（1999，警长）	56	78	67
Ekman，O'Sullivan，Frank（1999，执法者）	54	48	51
Garrido，Masip，& Herrero（2004，警官）	26	69	48
Gozna & Forward（2004，警官）			48

（续表）

	正确率（%）		
	诚实	说谎	总率
Hartwig，Granhag，Strömwall，& Kronkvist（2006，警探）			56
Hartwig，Granhag，Str¨omwall，& Vrij（2004，警探）			57
Kassin，Meissner，& Norwick，（2005，警官）	64	32	48
K¨ohnken（1987）（警官）	58	31	45
* Mann & Vrij（2006）[4]	67	70	69
* Mann，Vrij，& Bull（2004，警官）	63	66	65
* Mann，Vrij，& Bull（2006，警官）	73	69	71
* Mann，Vrij，Fisher，& Robinson（2007，警官）	60	70	65
Masip，Garrido，& Herrero（2003b，警官）[5]	42	62	52
Meissner & Kassin（2002，执法者）			50
Porter，Woodworth，& Birt（2000，假释官）	20	60	40
Vrij（1993）（警探）	51	46	49
Vrij，Akehurst，Brown，& Mann（2006，老师，社会工作者，警官）	58	63	61
Vrij & Graham（1997，警官）			54
* Vrij & Mann（2001a，警官）	70	57	64
* Vrij & Mann（2001b，警官）			51
Vrij，Mann，Kristen，& Fisher（2007，警官）[6]	63	38	50
* Vrij，Mann，Robbins，& Robinson（2006，警官）[7]	70	73	72
Vrij，Mann，Fisher，Leal，Milne，& Bull（出版中，警官）	50	42	46
总正确率[8]	**56.35**	**56.11**	**55.91**

注：*在现实的高风险情境下判断；[1] 只包含控制条件下的数据；[2] 只有识别前分析；[3] 综合包含了有经验的和无经验的警察；[4] 包含条件1和条件3；[5] 包含判断与呈现结果；[6] 包含三类访谈情况；[7] 包含四类测验；[8] 在计算总正确率时，囚犯组未列入。

◇ 囚犯

Bond 等人的两项囚犯组研究都是在美国监狱进行的，Hartwig 等人的研究都是在瑞典监狱进行的。这些研究的结论具有相似性。囚犯组识别谎言的能力要好于识别真话。判断谎言正确率为 67% ~89%，判断诚实的正确率为 35% ~51%。在这三类研究中同样有外行观察者参与（见附录6.1），这就可以比较囚犯组和外行组了。囚犯组的判断能力均比外行组好。囚犯组在区分诚实和说谎方面的能力比外行人好，也许是因为他们更懂得说谎时的行为表现（见第5章）。对比有证实倾向的外行人，囚犯组在三项研究中都表现出了说谎倾向，并判断大多数选择都是不诚实的。囚犯有判断说谎倾向并不使人惊讶，在囚犯的实际生活中，可能充斥着很多的谎言，因此如果轻易相信谎言就极有可能被背叛。如果这些对比是有关联的，那么比较结果是可以利用的，用怀疑的眼光考察这种情境是最好的选择。

◈ 专业测谎员：总正确率

在表6.3中的24项研究中，专业测谎员大多是警察。他们的总正确率在40%～73%，平均正确率为55.91%。[①] 他们的总正确率和外行人的基本相当（见附录6.1）。在八项研究中，警察和外行人测谎能力有直接的比较（DePaulo & Pfeifer，1986；Ekman & O'Sullivan，1991；Garrido & Masip，2001；Garrido *et al.*，2004；Kassin，Meissner，& Norwick，2005；Masip，Garrido，& Herrero，2003b；Meissner & Kassin，2002；Vrij & Graham，1997）。在这八项研究中有七项研究显示警察和外行人之间的总正确率是无差异的，并且有一项研究中外行人要比警察表现的好（Kassin *et al.*，2005）。换句话说，没有任何一项研究证明警察比外行人更具备识别谎言的能力。

Ekman和他同事的两项研究对多组专业测谎员进行了考察。他们推断出一些被试组要比其他被试组的谎言探测更准确。在他们1991年的研究中，发现特勤局的工作人员要比外行人好一些，但64%的正确率也并不算高。在1999年，他们发现CIA被试组成员谎言识别能力特别好，正确率达到了73%。[②] Ekman和O'Sullivan（1991）的研究认为特工的识谎能力好有以下两点原因。首先，许多特勤人员都参与过保卫工作，保护政府官员的人身安全。这项工作需要对人群进行辨识，这就要用到辨识非言语行为线索。也许这方面的经验可以帮助他们在测谎时辨别非言语线索。其次，特勤人员相信他们接触的人大部分说的都是真话，相比而言，警察经常认为嫌疑人是在说谎。特勤人员由于接触说谎的概率较低因此他们会非常重视说谎的非言语和言语信号。而警察因为总是假设别人在对他们说谎，因此没有必要进行谎言探测，他们所做的是寻找嫌疑人未说谎的证据。[③]

---

① 得到的这个分析结果与Ekman和O'Sullivan（1991）取自不同的样本，与Ekman，O'Sullivan和Frank（1999）获取的结果不同。

② 实际情况可能并不如数据上那么好，Bond认为Ekman，O'Sullivan和Frank（1999）的研究没有显示获得73%正确率的警察在后两次测试中的表现。

③ O'Sullivan & Ekman（2004）和O'Sullivan（2005，2007）在测试1.2万名专业测谎员后找出了29个测谎能力异常好的人。他们称这些人为"奇才"。见Bond和Uysal（2007）对他们发现的统计学批判。

◇ 判断诚实与说谎正确率和判谎倾向

只有分别考察真话探测和谎言探测能力时，专业测谎员和外行人的能力差异才得以体现。外行人在判断真话时要好于判断说谎，但这种趋势并没有在专业测谎员中发生。他们的诚实判断率在20%~73%，谎言判断率为31%~80%。在9个样本中，诚实判断要好于说谎判断，而在其他10个样本中，说谎判断要好于诚实判断。专业测谎员的诚实判断率为56.35%，说谎判断率为56.11%[①]与外行人相比，专业测谎员好像在探测谎言上更好，而在判断真话时要差一些。造成这种结果的原因部分是由于专业测谎员不会出现证实倾向。事实上，许多研究都表明警察有判谎倾向，给他们呈现的大多数测试他们都认为是说谎的。[②] 不仅如此，在所有包含专业和外行测试的研究中，专业测谎员都比外行人更倾向于判断对方说谎（Garrido *et al.*, 2004；Kassin *et al.*, 2005；Masip，Alonso *et al.*, 2005；Masip *et al.*, 2003b；Meissner & Kassin，2002）。最后，在警察局工作时间越长的警察，越会有判谎倾向。（Masip，Alonso *et al.*, 2005；Meissner & Kassin，2002）。[③] 也许警察的社会角色使他怀疑倾向更显著，导致在做判断时倾向做说谎判断（Masip，Alonso *et al.*, 2005）。[④]

◇ 信心

除了正确率外，许多测谎研究也考察了观察者在做判断时的信心水平。在这些研究中，尚未发现信心水平与正确率的联系（DePaulo，Charlton，Cooper，Lindsay & Muhlenbruck，1997，元分析）。信心水平不能影响正确率。研究中发现专业测谎员和外行人的正确率是接近的，虽然专业人员比外行人更具备信心，但是正确率并不比外行人高（DePaulo & Pfeifer，1986；Garrido *et al.*, 2004；Masip，Garrido，& Herrero，2004；Meissner & Kassin，2002）。Allwood 和 Granhag（1999）指出，这种现象不仅出现在测谎中的警察群体中，其他任务中的专业测谎人员都会出现这种

① Ekman，O'Sullivan，和 Frank（1999）对不同群体的平均评分。

② Garrido *et al.*, 2004；Masip，Alonso *et al.*, 2005；Masip *et al.*（2003b）；Hartwig，Granhag，Strömwall，& Vrij，2004；Kassin *et al.*, 2005；Meissner & Kassin，2002，2004.

③ 大多数的研究并没有给出警察的经验和测谎准确率的关系（DePaulo & Pfeifer，1986；Ekman & O'Sullivan，1991；Meissner & Kassin，2002；Porter，Woodworth，& Birt，2000）。

④ 专业人员在判断说谎时存在一定的文化影响因素。英国的研究没有发现判谎倾向（Mann & Vrij，2006；Mann，Vrij，& Bull，2004，2006；Mann，Vrij，Fisher，& Robinson，2007；Vrij，Akehurst，Brown，& Mann，2006；Vrij & Mann，2001b；Vrij，Mann，Fisher，Leal，Milne，& Bull，in press；Vrij，Mann，Kristen，& Fisher，2007；Vrij，Mann，Robbins，& Robinson，2006）。这与警察文化也有关。英国文化强调警察访谈中的文明举止，警察在访谈时需要保持开放性。相反，美国警察手册主要强调迫使嫌疑人坦白的访谈技巧（见 Inbau，Reid，Buckley，& Jayne，2001）。这些技巧的假设多以嫌疑人有罪为基础，因此他们可能会出现判谎倾向。

情况。

但是高自信水平对测谎并没有好处，特别是出现不公正情况下（Kalbfleisch，1992）。高信心水平大多会导致在有限信息情况下快速作出决定（Levine & McCornack，1992；Lord，Ross，& Lepper，1979）。想象一下这样的情况：有个人准备开车度假，但当时的天气并不适合。这种情况下，新手司机会在路上比老手司机更关注周围环境，因此在出发前会作出一个谨慎的决定。例如，新手司机会依据天气预报来判断天气情况的变化，而老手司机也许就依赖于不充分的启发式，如“坏天气不会持续太久”或者“天气虽然现在很糟糕，但也许在我接近度假地点的时候就会好起来”。同样，高信心水平在测谎中也可能使启发式用在诚实说谎判断上。在测谎中使用启发式是一种错误的倾向。就如第 3 章提到的，谎言和非言语行为的关系太过复杂，不能以简单的方式判断。

高自信水平对其他因素也有坏处，它会使调查员过于追求通过行为来测谎，通常是通过行为证据（Colwell，Miller，Lyons，& Miller，2006）。高自信水平还会降低学习测谎知识的动机，调查员若过于自信，就认为自己在这一行已非常精通了。而不愿意继续学习测谎知识的专业测谎员可能会在实际工作中表现不佳。并且正如在本章讨论部分中，如果一个警察非常确信嫌疑人说谎，那么警察会有意无意的用谈话技术引出嫌疑人的把柄。研究表明陪审团非常容易受到证人信心水平的影响（Cutler，Penrod，& Dexter，1990；Cutler，Penrod，& Stuve，1988；Lindsay，1994），这也说明陪审团更会相信一个非常自信的警察。① 在警察并不能完全确认时，高自信水平会导致很多问题。

◈ 风险

正如前面提到的，在测谎研究中观察者所遇到的信息输出者都是给予实验报酬的。有人会认为这样的实验并不能真正的考察出警察在实践中测试的能力，例如，实验中的报酬比起嫌疑人逃脱询问利益小太多了。由于实验室研究中报酬的诸多问题（见第 3 章），有人认为考察警察实际的测谎能力只有放在实验调查中。而我们也做过了一系列实案研究。所有表 6.3 中标有“＊”的记录表示的是在实案测试的高风险环境下警察的辨别能力。在许多研究中，观看的是警察询问诸如谋杀、纵火和强奸案嫌疑人的视频片段（Mann & Vrij，2006；Mann，Vrij，& Bull，2004，2006；Mann *et al.*，2007；Vrij，Mann，Robbins，& Robinson，2006）。这些视频片段是第 3 章里 Mann，Vrij 和 Bull's（2002）关于警察询问嫌疑人的真实视频中截取的。这些研究发现的高正确率（65% ~72%）说明警察的准确性在于他们是探测的高风险环境下的谎言。然而，在下这个结论时需要谨慎。在其他研究中（Vrij & Mann，2001b），警方被要求观看寻找亲属线索或追查嫌疑人信息的新闻片段，而

---

① 这种认为专业测谎员依据嫌疑人行为来判断说谎观点无法确定经常出现，但在英国曾有一例。

这些发布信息的人都在发布信息时说了谎，随后他们都被发现是杀害他们亲人真正的凶手。警察在这项研究中的正确率只相当于猜测（51%的正确率）。在给警察播放第3章中被判定有罪的嫌疑人视频（Vrij & Mann，2001a）中，警察分辨出诚实的概率很高（70%），但辨别谎言的概率很一般（57%）。① 这些结果大都说明了即使是在高风险情境下警察也会频出错。

表6.4　专业测谎员判断儿童说谎的正确率[1]

	信息输出者的年龄（岁）	正确率（%）		
		诚实	说谎	总率
Chahal & Cassidy（1995，社会工作者）	8	63	70	67
Crossman & Lewis（2006）	3～7	42	55	49
Hershkowitz，Fisher，Lamb，& Horowitz（2007）[2]		95	24	60
Jackson & Granhag（1997，大律师）	11～12	54	32	43
Leach，Talwar，Lee，Bala，& Lindsay（2004，exp 1，警官）	3～11			44
Leach，Talwar，Lee，Bala，& Lindsay（2004，exp 1，海关关员）	3～11			49
Vrij，Akehurst，Brown，& Mann（2006，teachers，社会工作者，警官）	5～6	61	63	62
Westcott，Davies，& Clifford（1991，理疗医师，教育和职业心理学家，辅导员，职业顾问）	7～11	67	53	59

注：[1] 表内只包含控制条件下的数据，Hershkowitz等人的研究是现场研究，其他均为实验室研究；[2] 实验情况；儿童年龄未报告。

◇ 专业测谎员应对儿童谎言的准确率

表6.4包含的是专业测谎员测试儿童谎言的研究数据。虽然只有八项关于儿童的研究（有9个样本），但都与成人研究方法类似。这些研究发现正确率是43%～67%，与成人数据类似。并且，这些研究中也包含了专业测谎员和外行人的比较（除Hershkowitz，Fisher，Lamb，& Horowitz，2007；Westcott，Davies，& Clifford，1991外都进行了比较），发现两者几乎无差别。尽管专业测谎员并不比外行人正确

① 通过和一些有丰富访谈经验的警察的谈话，许多警察都认为他是无辜的。但这个人曾有犯罪记录并且因强奸罪入狱。虽然他是否还应被关在监狱里无法下定论，但他被认为已经无法危害社会而被释放了。在他被释放后再次作案，但这次他杀死了受害者以毁灭证据。

率高，但他们的信心水平要更高（Leach，Talwar，Lee，Bala，& Lindsay，2004）。

◈ 总结

有些专业测谎员的准确率会略高于抛硬币猜测的概率。除特勤人员外，其他专业人员的正确率并不比外行人高。与外行人相比专业测谎员仅在自信水平上更高。

◇◇测谎过程中的个体能力差异

虽然大多数测谎的正确率都在 50% ~60%，研究发现观察者之间存在个体差异。例如，在测谎实验中（Mann *et al.*，2004），在观看询问谋杀、强奸和纵火案嫌疑人视频后，警察的判断正确率在 30% ~90% 之间（数据来自三位警察，Mann，2001）。这种个体差异出现在测谎研究中应如何解释？出现这种高低不同的正确率，部分原因是由于运气。在实验中，有的警察在第一项判断研究中正确率为 30%，而在后面的实验中就会高一些，而这种现象也可能出现在了一个达到 90% 正确率的警察身上。事实上，在一项包含四个测谎实验的研究中，没有任何一个警察可以做到一直是高正确率或者低正确率（Vrij，Mann，Robbins，& Robinson，2006）。尽管如此，在四个测试之后，有些警察的判断准确率还是比其他人高（正确率从 62% ~82%），这说明了个体差异是存在的。[①] 并且，在其他的研究中也发现（Edelstein *et al.*，2006）个体差异是真实存在的。

关于个体差异的研究试图去解释一些人识破谎言的能力比其他人更好的原因。两个因素适用于这个原因的讨论。测谎能力与专业与否无关（或许与特勤人员的期望有关），并且与个体的自信水平无关。其他与测谎能力无关的是测谎员的工作年限（Aamodt & Custer，2006 综述报告）；测谎员年龄（Aamodt & Custer，2006；Vrij & Mann，2005）。这些问题反映了一些其他信息。我们现在考虑测谎能力与性别的关系，根据测谎的技巧和测谎员的人格特征，以及测谎员与信息输出者的交流方式和测谎动机来考察个体差异。

◈ 测谎技巧中的性别差异

女性相比男性在非言语行为上更为敏感。这就意味着女性相对男性来说理解非言语行为的含义更准确（Hall，1979，1984；Rosenthal & DePaulo，1979）。女性花费了更多的时间去考虑非言语行为线索的含义（Hurd & Noller，1988）。她们在理解面部表情上比男性有更大的优越性，并且在理解面部表情上准确性更高（DePaulo，Epstein，& Wyer，1993）。Hall（1979）列举了解释这一现象的原因，她比较了 11 个国家中女性比男性理解非言语行为的数据，最后发现，在女性受压迫的

---

① 即使再多的测验结果也是如此，差异会逐渐缩小以至消失 Bond 和 DePaulo（2007）。

国家中这项能力更强。女性的社会角色决定了她们相对男性来说，必须读懂他人的非言语行为，因为这一能力在她们的生活中会非常有价值。

虽然女性在读取非言语行为上比男性更有优势，但对陌生人的测谎能力上并不比男性更强（DePaulo，Wetzel *et al.*，2003；DePaulo，Epstein，& Wyer，1993；Hurd & Noller，1988；Manstead，Wagner，& MacDonald，1986；Porter，Woodworth，McCabe，& Peace，2007）。但是女性相比男性来讲没有那么大的怀疑性（DePaulo，Epstein，& Wyer，1993）。换句话说，她们在测谎过程中会出现证实倾向。以下的这些解释也许会有些道理。女性比男性解码隐蔽信息的能力更强。在测谎过程中，嫌疑人总是试图去掩盖自己的真实情绪和思维。而在测谎中，观察者需要的就是了解这些隐蔽信息。而这些信息在陌生人测试中，会由于证实倾向而出现错误。

但是女性在读取非言语行为信息方面的能力却不输于男性，如在了解熟人的情况下（伴侣或者朋友之间）。McCornack 和 Parks（1990）发现女性在探测伴侣的情况下比男性要强。在其他的研究中，女性可以读出她们伴侣得到负面消息的表情，而在陌生人得到此类消息时却不能（DePaulo，Wetzel *et al.*，2003）。最后，女性朋友探测彼此间关系的能力也更准确，而男性朋友却没有如此敏锐（Anderson 等，1999）。

总的来讲，这些发现都表明了女性在识谎能力上优于男性。也许女性在这些方面的能力可以迁移到调查行为测试中。同样，男性和女性在了解自己伴侣和朋友的关系能力上是一致的，但女性更了解一些男性容易忽视的细节问题。

◇ 观察者人格特征与测谎技巧

许多研究者都考察过观察者的人格特征是否对测谎能力有影响。DePaulo 和 Tang（1994）也许是第一次对此进行研究的学者，他们考察了人格特征中的社会焦虑性。高社会焦虑的个体会产生低自尊水平，因而在社会交往中会出现紧张，并且在交往起来时并不那么顺利。DePaulo 和 Tang 认为，高社会焦虑的个体有很多比低社会焦虑的个体更不擅长测谎的因素。紧张可以使注意集中并针对几个线索。这就意味着有社会焦虑的观察者会过于集中在几个有限的线索上而不会注意一些重要线索。除此之外，社会焦虑个体很可能被与工作相关的惧怕失败的情绪困扰。这些困扰很可能导致最后没有抓住重要线索。

并且，测谎任务的功利心和工作无关的担忧会占据观察者的大量工作记忆空间。当观察者过于想完成工作时，会削弱自己的测谎的信息认知加工能力。最后，即使社会焦虑的观察者可以充分地加工信息并且可以获取足够的重要信息，他们也可能会曲解含义。社会焦虑个体经常对社会交流有防御行为。他们对于自身可能给对方的坏印象的担心可能导致制约自己的行为。一个获取线索的安全方法是让信息输出者选择自己适合的方式来读取。DePaulo 和 Tang 的研究说明了高社会焦虑的观察者在分辨谎言过程比低社会焦虑观察者表现差，但在其他研究中并非没有发现高社会焦虑和低社会焦虑个体之间存在差异（Vrij & Baxter，1999；Vrij，Harden，Terry，Edward，& Bull，2001）。

其他研究者考虑了自我意识和测谎能力之间的关系。自我意识可以定义为自我指导注意的状态。高自我意识个体，或叫作高自觉意识个体，都倾向于认同“我对自己的反省更多一些”，“我更关注自身的感受”或者“我不断的检视自己的动机”。自我意识给自己的精神提供了深刻的洞察，这也给洞察其他人的思想提供了可能。这种洞察力对测谎有所帮助。事实上，自我意识自觉意识与测谎能力之间的密切联系已经被证实过了（Johnson，Barnacz，Constantino，Triano，Shackelford，& Keenan，2004；Malcolm & Keenan，2003）。

个体的自我意识与内向性相关。内向性，是指对内心世界的观点和观念的指向。与自我意识不同，内心世界的内向性不只包含了自我。内向性反省对测谎的帮助类似于高自我意识对测谎的帮助。但内向性和测谎能力之间的关系尚未明确发现（Vrij & Baxter，1999；Vrij，Harden *et al.*，2001），但 O'Sullivan（2005）的报告称，她所发现的具备优秀测谎技巧的人都是内向型的。①

高自我意识和内向型的人在读取他人心理的时候都有优势，一个好的演员也许善于对他人行为进行解读。在前一章已经讨论过人在说谎时，因为需要掩饰，会掩盖自己的紧张和认知负荷。也许优秀演员在观察别人时会优先注意他人的“中性”行为（例如，说真话），或者“掩盖”行为（例如，说谎）。在一项研究中发现优秀演员分辨谎言的能力要强于一般演员，但是这种结果却不能重复获得（Vrij，Harden *et al.*，2001）。总的来说，虽然这些研究结果并没有很好的说服力，但有充分的证据说明高自我意识或内向型人格的个体以及优秀演员，相对高社会焦虑的个体，在测谎上有很大优势。

另外一个问题是关于人格特征是否与测谎技巧的信心水平相关。高社会焦虑、内向型和容易害羞的个体在社会交往中不那么自信。这似乎说明缺乏社会交流信心的人在测谎中也会缺乏信心，这也就意味着高社会焦虑、内向型和容易害羞的个体对自身的测谎能力不那么自信。有研究支持了这一假设（Vrij & Baxter，1999；Vrij，Harden *et al.*，2001）。之前对不过度自信在测谎任务中有益已经进行了解释。

◈ 观察者采用的线索与测谎技巧的关系

能够准确了解谎言线索的人能够更好的判断谎言似乎很有道理。James Forrest 及其同事的发现证实了这一点（Forrest，Feldman，& Tyler，2004）。他们先是要求被试填一份关于“测谎线索知识 18 条”的问卷，然后让他们参加测谎实验。在问

---

① O'Sullivan & Ekman（2004）和 O'Sullivan（2005，2007）在测试 12000 名专业测谎员后找出了 29 个测谎能力异常好的人。他们称这些人为“奇才”。见 Bond 和 Uysal（2007）对他们发现的统计学批判。

卷中对测谎线索回答越准确，在测谎任务中表现越好。

在大多数研究中，观察者所用的测谎线索与能力的关系是按不同方式考察的。在多数研究中，观察者或者在实验前就被要求说出其所注意的线索，或者在作出判断后说出所依据的线索。在我们的研究中，给警察观看询问谋杀、强奸和纵火嫌疑人视频的实验里，警察所报告的线索和他们的准确率有很大的联系（Mann *et al.*，2004）。首先，优秀的测谎员比一般测谎员提到了更多的言语线索（含糊其词的回答、前后矛盾等）。其次，提到的视觉线索（长时间注视、坐姿、移动，等。）越多，准确率越低。如果一些警察特别强调嫌疑人目光闪避，坐立不安等，他的准确率就越低。换句话说，对视觉线索关注得越多，判断谎言的能力越差。

其他研究也显示出注重听被试的测谎员要比注重看的测谎员正确率高。Anderson 等（1999）和 Feeley 与 Young（2000）发现越注重声音线索（言语差错，言语补充，停顿，声调），正确率越高。在第 3 章提到的测查一个已判有罪的谋杀嫌疑人的研究中，注重观察注视和坐姿线索的被试正确率都不高（Vrij & Mann，2001a）。Porter，Woodworth，McCabe 和 Peace（2007）也发现，对视觉线索关注的越多，判断谎言的能力越差。①

Ekman 及其同事却认为在测谎中关注视觉线索是很有用的。Frank 和 Ekman（1997）的研究发现优秀的测谎员会特别关注面部表情。Ekman 和 O'Sullivan（1991）发现同时关注听觉和视觉线索的被试要比只关注单一线索的被试表现好。

总的来说，几乎所有的研究都表明关注听觉线索对测谎会有很大帮助，而只关注视觉线索则无法准确判断谎言。这些研究结果证实了只关注视觉线索的观察者不如只关注听觉线索的，而只关注听觉线索的又不如同时关注两者的观察者。而警察手册却只提到了注重谎言的视觉线索（第 5 章）。例如，Inbau 及其同事（2001）认为人在说谎时会展露出一系列视觉线索，包括注视、不自然的变换姿势、自我适应动作或者把手放在嘴上或眼睛上等动作。这些有效的线索称为"Inbau 线索"（Mann，Vrij，& Bull，2004）。通过考察警察提到的 Inbau 线索和在测谎工作中用到的线索，发现警察用 Inbau 线索越多，她们的准确率越低。并且在 Kassin 和 Fong（1999）的实验中，他们发现学习过 Inbau 线索的被试比未学过的被试准确率要低。换句话说，遵守 Inbau 等（2001）的手册反而达不到预期效果，还会迷惑测谎员。在其他警察手册中也提到了类似 Inbau 等（见第 5 章）谈到的线索，同样也没有达到预期效果。

◎ 对说谎者交流方式的熟悉性

在对说谎者的交流方式熟悉后，测谎的准确率会上升。例如，人们对有吸引力的人交流时会使用开放式的风格，而对没有吸引力的人却不会。这就意味着有吸引

① Porter，Woodworth 和 Birt（2000）研究却发现通过肢体线索可以提高正确率。

力和无吸引力的人会有不同的交流方式（DePaulo，1994）。DePaulo，Tang 和 Stone（1987）考察了交流方式与测谎能力之间的关系。在实验中，要求被试对有魅力和无魅力的交谈对象说实话或说谎，这一过程以视频的形式保存下来，然后给观察者播放。在视频中，只能看到被试，但看不到与他谈话的人。结果显示有魅力的观察者更善于分辨有魅力谈话中的信息输出者的谎言，无魅力的观察者正好相反。因此，有魅力的人在他们熟悉的交流网格中能更好地识别谎言。

一个相似的实验是让测谎员去判断本国人的谎言和外国人的谎言，测谎员相比之下更能判断出本国人的谎言。例如，在一项研究中让观察者去观看一段无声的视频，美国观察者可以判断出本国被试的谎言，却不能判断出约旦被试的谎言。同样约旦观察者和美国被试是一样的（Bond，Omar，Mahmoud，& Bonser，1990）。

在后续的实验中，Bond and Atoum（2000）考察了观察者对有声视频分辨谎言的录像。这次的样本中包含了印度观察者（Bond & Rao，2004）。这一次，三国的观察者可以大体判断出别国信息输出者的谎言，但只有在同时看到和听到的情况下，只看到或只听到效果都不好。因此，视觉和听觉线索对辨别外国被试者的谎言是必须的。由于听不懂外国被试的语言，观察者只能依据语音线索来进行判断，因而语音线索也是测谎的必须要素。

◇ 受动机驱使的识谎者

人们在测谎中所收到的动机驱使水平是不同的。一位母亲也许不会太在意孩子说他喜欢自己做的饭，但她也许会对他否认没有拿过她钱包里的钱更关注。对测谎结果的动机会对测谎过程产生各种不同的效果。直觉会告诉我们，动机强烈的测谎员要比动机不足的测谎员分辨谎言的效果要好。动机也许会使测谎员更加集中注意力并因此会漏掉一些重要线索。但是强烈的动机也会妨碍测谎的结果。心理学家的研究表明，在任务简单时强烈动机会产生促进作用，而在任务困难时则会妨碍任务（Kim & Baron，1988；Pelham & Neter，1995；Zajonc，1980）。

Zajonc（1980）的研究试图解释这种现象，他发现动机会激发唤醒水平，而唤醒水平又会提到个体的“优势反应”水平。但任务简单时，优势反应通常是正确的，而任务复杂时，优势反应就会经常出错。测谎是一项需要复杂认知过程参与的困难任务，如果 Zajonc 的假设是正确的，强烈的动机很可能会妨碍测谎员的判断。有研究已经支持了 Zajonc 的假设并证明了强烈动机会妨碍测谎能力（Forrest & Feldman，2000；Porter *et al.*，2007）。也许强烈动机可以让观察者更加关注他们相信的谎言线索（优势反应），而他们所依赖的线索往往不是具有鉴别价值的（第 5 章），进而出现不准确的结果。如果假设是正确的，那么说明高动机水平对测谎是有益，因为动机有利于集中于谎言线索。但至今尚未得到验证。

O'Sullivan 认为动机水平和优秀测谎员之间是有正相关关系的（O'Sullivan，2005；O'Sullivan & Ekman，2004）。但她所指的动机并非严格意义上的动机。在以上提到的研究中，观察者都只是在一项实验中收到动机激发，但在实际环境中，脱离了实验研究范围，这些观察者或许就不会有如此高的动机水平了。O'Sullivan 指出现实中优秀的测谎员会积极学习理解他人的能力，并且想得到自己测谎的反馈。至于后者，她谈到有测谎员在作出错误判断后会感到痛苦。他们谈到很多次关于错误的判断，以至于几天之后都会试着去找出自己犯错误的原因（O'Sullivan, 2005）。所以，O'Sullivan 更多指的是那些想了解测谎知识的测谎员。所以，受动机激发的测谎员应该是那些想要获取更多测谎知识，来增强自己测谎技巧的测谎员。

◈ 总结

影响测谎能力的因素有很多。女性在测试朋友和伴侣时的表现要比男性好，但是在测试陌生人时两性表现没有差别。并且有高自我意识，内向性的个体以及优秀演员在测谎方面都表现的很好，但高社会焦虑性个体却表现不好。优秀测谎员对测谎线索的知识要更丰富一些。并且优秀测谎员对信息输出者的言语和行为线索关注较多，而一般测谎员则只关注其行为线索。在熟悉对方交流方式时，测谎会比较容易。受动机驱使强烈的测谎员在测试时表现可能会受到限制，但是高动机趋势会增加测谎技巧，并增进对测谎知识的学习。

◈◈ 影响诚实判断的因素

前一部分主要探讨了影响测谎员判断准确性的因素。在这一部分，主要探讨影响观察者作出诚实判断的因素。之前已经讨论过影响诚实判断的因素：怀疑性强会容易作出说谎判断。在这一部分，对四个因素进行了讨论：被试的性别；被试的种族背景；观察者处在主动还是被动地位；深度询问。

◈ 被试的人格特征

在第 5 章已经谈到过人们对说谎者的固着观念。这些观念对人造成的结果就是，让有怀疑倾向的观察者作出说谎判断，而让证实倾向的观察者作出诚实判断。有些人的自然表现（不诚实偏向）符合观察者的说谎信念就容易引起说谎判断，同理符合诚实表现的也会容易判断为诚实。①

这些诚实和不诚实的倾向都与人格特征相联系。有强烈公共自觉意识的人很容易给他人造成不诚实的印象，无论他们是否诚实。这些个体会非常关注他人，从而引起焦虑。这种焦虑在他们表现不诚实时更加明显。内向型和社会焦虑型个体也会

① Feldman, Tomasian, & Coats, 1999; Riggio, 2006; Riggio & Friedman, 1983; Riggio, Tucker, & Throckmorton, 1988; Riggio, Tucker, & Widaman, 1987; Vrij, 1993; Vrij & VanWijngaarden, 1994; Vrij & Winkel, 1992b; Zuckerman, DeFrank, Hall, Larrance, & Rosenthal, 1979.

给他人造成不诚实印象。内向型个体（Schlenker & Leary，1982）的社交方式和容易紧张害怕都会给观察者作出说谎的判断。

相对而言，外向型人格的个体就容易给他人形成诚实的印象，无论他们是否真的诚实。外向型或主动型（DePaulo & Friedman，1998）个体可以被定义为是“在他们不是有意向他人表现自己情感时，他们的非言语行为都很容易被读懂”的个体（DePaulo & Friedman，1998，p. 13）。外向型个体与领袖气质有关（Friedman，Riggio，& Casella，1988）。他们会主动缓解怀疑，使他人不再认为自己说谎（Riggio，1986）。圆滑和干练的人容易给人以诚实的印象。这些个体在社会交往中会让他人觉得愉快与放松。但是这些行为并不能反映说谎时的心情（见第 2 章）。例如，内向型个体并不经常撒谎（Kashy & DePaulo，1996），并且犯罪可能要比外向型人少（Eysenck，1984）。① 除此之外，社会焦虑型个体在收到询问时并不会继续撒谎（Vrij & Holland，1998）。②

6.1　行为偏向测试

测试自己是否给别人留下可信的印象很简单。通过面部表情表现自己基本情绪的个体比不那么擅长的人更容易给他人以信任的印象（Riggio & Friedman，1983）。因此，试着去通过面部表情表现自己的情绪并且去向别人求证，别人对你表情回答的正确率就代表你对他人诚实印象的高低。

◈ 被试的种族

非言语行为受到文化背景的影响较大（见第 3 章）。以躲避注视为例，美国黑人的躲避注视要比美国白人要多（LaFrance & Mayo，1976），来自土耳其和摩洛哥一带的荷兰人要比荷兰本地人有更多的闪避注视（van Rossum，1998；Vrij，Dragt，& Koppelaar，1992）的行为。这也就是说白人的目光注视要比非白人更多。不同的文化形成了这种差异。在西方文化里谈话中的目光接触是礼貌的标志，而在其他文化中则是不礼貌的（Vrij & Winkel，1991；Vrij，Winkel，& Koppelaar，1991；Winkel & Vrij，1990）。

文化背景决定的非言语行为不断被证实。在荷兰，对荷兰本地白人和苏里南黑人（苏里南人，过去受荷兰的殖民，现居住在荷兰）进行考察，在他们说谎和讲真话时做了对比（Vrij & Winkel，1991）。在询问过程中进行分析，无论荷兰人还是苏里南人对结果都无影响。除此之外，我们在两个种族之间没有发现差异。③ 但

---

① 高马基雅维利主义的人经常说谎（第 2 章），并且说谎时并不觉得愧疚（第 3 章）。有人会认为这种人非常适合说谎，但事实并不是这样的。对是否是马基雅维利主义的人进行测谎并没有难易之分（Frank & Ekman，2004；Manstead，Wagner，& MacDonald，1986）。

② 见第 5 章关于其他行为的行为偏向影响因素，如表现出有吸引力的、天真表现的或者穿衣风格。

③ Sitton 和 Griffin（1981）的研究在比较黑人和白人信息输出者非言语线索时也未发现差异（见第 3 章）。

是我们发现了荷兰白人和苏里南人被试之间的行为差异，无论两者之间是否在说谎。苏里南人会表现出更多的言语干扰，出现大量的注视闪避，经常会微笑，而且会有许多的自我调节和解释，无论他们是否在说谎。

这些都表明观察者在跨文化交流中要注意信息输出者的文化背景，并对其文化进行了解（Ruby & Brigham，1997；Vrij，1991）。通过对荷兰本地白人和苏里南信息输出者（专业演员）的警察访谈视频对被试进行实验，这些视频有不同的版本。信息输出者的行为包括典型荷兰白人行为的访谈（例如，有限的目光闪避）和典型的苏里南人非言语行为（例如，较多的目光闪避）。在其他的视频中参杂了一定数量的自我调试和言语错乱行为。在观看一个版本的访谈视频后，荷兰白人警察被要求指出一些可疑的线索，警察发现苏里南人和荷兰本地人都有相同的嫌疑程度。但是信息输出者的非言语行为的确给警察造成了一定的影响。信息输出者在表现出典型苏里南行为时更会引起警察的嫌疑倾向（Vrij & Winkel，1992b，1994）。例如，包含自我调试行为的实验中，72%的警察认为有典型苏里南非言语行为的被试有嫌疑倾向，而只有41%的警察认为典型荷兰行为的信息输出者有嫌疑倾向。

这些研究结果可以解释人们是如何考虑嫌疑人说谎时的表现的。如第5章谈到的，目光闪避、自我调节和言语失误等苏里南人的典型行为都是说谎的指标。这些结果也表明非白人信息输出者和白人观察者之间出现的文化差异导致的误解，一种民族的典型行为可能就是白人观察者所认为的自然说谎标志。

◈ 主动型观察者和被动型观察者

以上所列举的研究中，观察者都是通过视频了解信息输出者的，而没有真正接触过本人。那么如果在接触真人时，正确率是否会提高呢？警察、检察官和法官都认为是肯定的（Strömwall & Granhag，2003b）。他们认为在询问时观察者会有提问的机会，因而可以测出说谎者。然而如果给出实际研究结果后，会让很多专业测谎员大吃一惊。许多实验结果都表明实际访谈中正确率并不高（包括外行人和专业测谎员），有时反而会更低（Buller，Strzyzewski，& Hunsaker，1991；Burgoon，Buller，& Floyd，2001；Durban，Ramirez，& Burgoon，2003；Feeley & DeTurck，1997；Granhag & Strömwall，2001b，c；Hartwig，Granhag，Strömwall，& Vrij，2004；Kalbfleisch，1994；Stiff，Kim，& Ramesh，1992）。①

在访谈者和观察者之间的诚实判断存在差别。访谈者（包括外行人和专业测谎员）相对观察者更容易相信被试的话（Bond & DePaulo，2006；Hartwig，Granhag，Strömwall，& Vrij，2004）。也许信息输出者在询问过程中会根据询问者的反应、修饰言语和非言语信息使他们看起来更可信。而在录像过程中，观察者与信息输出者并没有接触，因而他们的行为不会影响到观察者的判断。即使这种情况会降

① 在第15章对提升测谎能力的访谈技巧给出了阐释。

低正确率并造成证实倾向，这种解释并不能让人完全满意，因为说谎者并不总是能够达到他们的目的（见第 3 章）。或许信息输出者不能把自己塑造成一个可信的印象，但可以让访谈者对他们有好感。人们都希望给别人好印象并从中获取利益（Baumeister，1982；Monahan，1995）。也许访谈者会比观察者更多的给信息输出者有正面的评价，因而他们会倾向于认为信息输出者是诚实的。

◇ 探查问题

信息输出者的一句话可能会使访谈者进一步询问。问题（探查问题）也许是中立的问法（“我没明白，你可以给我解释一下吗?”）；可以是积极的（“我相信你说的话，但我还是不太明白，怎么可能会这样……”）；也可以是消极的（“我不相信你，你是在耍我吗?”）凭直觉判断，人们会认为通过深入的提问可以使测谎更容易一些，因为这样可以让说谎者说得更多，并且给出更多信息。很明显，说谎者说得越多，给出的信息越多，这样也就会越容易露出马脚，无论是通过言语（通过已知的情况来反驳他们）还是非言语线索都可以找出他们说谎的迹象。但是许多研究表明探查问题并没有提高判断准确率，反而会使判断出现证实倾向（Bond，Malloy，Thompson，Arias，& Nunn，2004；Buller，Comstock，Aune，& Strzyzewski，1989；Buller，Strzyzewski，& Comstock，1991；Levine & McCornack，2001；Stiff & Miller，1986）。这种现象叫作探查问题启发式（Levine，Park，& McCornack，1999），出现这种现象与所问问题类型无关，所有类型的问题都会导致相同的结果，并且最后都对说谎者有利。

Levine 和 McCornack（2001）研究发现，探查问题效应有一定的缺陷。探查问题确实会给观察者在做判断时带来证实偏向，但在测谎之前，如果告知观察者关于谎言判断特征线索时，就不会出现这种情况了。Levine 和 McCornack 认为没有明确指示会出现启发式加工过程，而提供了指示后则会出现积极的认知加工。很明显，探查问题效应在观察者进行积极认知加工情况下就不会发生了。这也就解释了 Granhag 和 Strömwall（2001b，c）在给观察者看了三段相同嫌疑人访谈视频后，没有发现探查问题效应的原因。在这些研究中，观察者尝试去寻找嫌疑人话语中的矛盾点，因此积极的认知加工过程就形成了。

◇ 总结

影响观察者作出诚实判断的因素有很多。一些个体（有高公共自觉意识、内向型和社会焦虑个体）无论他们是不是在说谎，总是会给观察者带来不诚实的印象，这是由他们的行为风格决定的。非白人信息输出者会给白人观察者带来这样的印象也是这个原因。而外向型和机智圆滑的人会给人以诚实的印象。主动的访谈者比观察者更容易相信信息输出者，向信息输出者提探查问题也会出现证实倾向。

◇◇讨 论

◈ 外行人的测谎能力

本章论述了外行人在未得知信息输出者背景信息的情况下，单纯通过言语和非言语行为，来辨别陌生人、朋友、伴侣和儿童谎言的情况。在这种情况下，外行人的正确率仅刚刚高出随机概率，并且在辨别自己朋友、伴侣和儿童的谎言时，并不比陌生人要好。人们也许并不相信这样的数据，并且认为自己在很多场合都分辨出了他们的谎言。但是，他们或许没有对比过真实的证据。或许，在识别过无数谎言后就不这么说了，人们并不知道自己的伴侣和孩子到底说过多少次谎。人们在实际生活中真正觉察到的谎言其实只占很少一部分。

对于外行人存在证实偏向和倾向作出诚实判断的原因也做出了进一步解释。对朋友或亲人的证实倾向要强于陌生人；证实偏向在与信息输出者交流时要比观察他们时强；并且在向信息输出者提出探查问题时证实偏向比不提问更强。这就造成了证实偏向在实际生活中要比在实验研究中出现的要多，因为人们经常会跟朋友和亲人交流。

由于证实倾向的原因，人们在社会交往中会倾向判断大部分社会反应是正确的，尽管他们不善于辨别谎言（Levine, Kim, & Park, & Hughes, 2006; Park & Levine, 2001）。解释这一现象的原因是在日常生活中大部分遇到的都是真实的话（第2章）。假设一个女人和她丈夫每天有10次对话，而他有两次说谎，进一步假设她会相信他的所有的话。在这种情况下，这个女人正确地判断了她丈夫80%的话。但是在谎言分辨中她表现不佳，她正确地分辨了所有的真话，但却没有辨认出一句谎话。因而她的总正确率是50%（诚实与说谎准确率结合后），这种概率和随机无异。对社会交往行为进行高正确率的判断是否与说谎的机制有关还没有探明。在第2章已经解释过，大部分的谎言对观察者无害或者会调节社会关系。从这个角度来看，容易相信他人的策略在他人看来是容易接受的。但是还是有些谎言是对观察者及其周围的人有害的。在这种情况下最好还是保持谨慎。本书剩余的部分主要是应对测谎策略的知识。

◈ 专业测谎员的测谎能力

在测谎实验研究中各类专业测谎员都参与过，当然大多数是警察。这些研究表明大多数专业测谎员只依据言语和非言语线索测谎的正确率只比随机猜测的概率高一点。他们分辨诚实反应的能力与外行人基本无异。解释这种现象的原因有以下三点。

第一，也许很多测谎员只通过言语和非言语行为线索判断谎言还不够熟练，或许如同外行人一样，专业测谎员也只是根据一些明显可用的信息来判断谎言。这也许就解释了为什么一些有经验的特勤人员，在测谎正确率上比外行人和其他专业人员要好。

第二，也许一些专业测谎员在判断时缺乏反馈（DePaulo & Pfeifer，1986）。正如第 5 章所谈到的，反馈必须是充分、足够、可信并且及时的。换句话说，观察者在与潜在的说谎者交流时应该及时得到反馈。大多数专业人员都很难获得充分的反馈。以警察访谈嫌疑人和证人为例，有些嫌疑人和证人是否是在说谎是无从考证的，或者在很久之后才会知道。在这方面，其他专业测谎员如海关官员，可以获取他们需要的反馈，比如在搜查之前可以通过随机拦截的方式，检查一些人是否在走私。随后的搜查结果会证实他们的直觉是否正确。

第三，也许一些专业测谎员缺乏训练或者没有接受正确的训练。全球的测谎员是否接受了正规的训练或者是否接受过训练我们不清楚，但是通过阅读警察手册可以得知很多训练的质量令人担忧。

再谈另外两个关于测谎难处的发现。首先，专业测谎员对自己测谎的信心很足，强于外行人。但只有信心没有专业技巧是非常令人担忧的，过于自信会让人在只依据有限信息的情况下快速作出决定。测谎是一项复杂的任务，因而快速肤浅的决定或许并不利于结果。其次，有些国家的专业测谎员是典型的说谎倾向，并且不信任信息输出者。

还有一些因素（探查问题、主动询问和怀疑倾向）也会影响说谎倾向。探查问题和主动询问会削弱说谎倾向，而怀疑倾向则会加重说谎倾向，在实际工作中很难说专业测谎员是否存在说谎倾向。但是他们是很有可能存在说谎倾向的。只有观察者全面的进行信息加工时，对被试进行的探查提问才能确信对他们的信任并减少说谎倾向。主动信息加工的观察者不容易受到探查问题的影响。因此可以假定测谎员都是主动加工型，并且探查问题很少影响到他们。许多专业测谎员在实际工作中会主动询问，比实验室研究预计的说谎倾向要少。但是在实际工作中专业测谎员大多都会在询问中保持怀疑态度，并且会在测谎实验中有更高的怀疑倾向。这就使他们在实际工作中比在实验室中有更高的说谎倾向。也许主动询问和怀疑倾向两者效应可以相互抵消。

- 无辜嫌疑人的处理结果

本章给专业测谎员塑造了这样的形象：试图通过言语和非言语行为线索来做可能不正确的决定，带着说谎倾向并且还对自己的判断十分自信。这也就是说警察有时会审问那些误认为有罪的嫌疑人。一旦认定某个嫌疑人有罪，那么这种有罪信念就会加强他们的有罪推断。[1] 无辜的嫌疑人在否认涉嫌犯罪时会激怒警察，而警察则会向嫌疑人发火。研究发现嫌疑人在面对警察的动作状态时，会以更多的动作方

---

① 见第 3 章变色龙效应。

式来应对。而警察又会在随后的判断中认为过多的动作是嫌疑人说谎的标志。

警察在认定否认涉嫌犯罪的嫌疑人有罪后，会对嫌疑人实施类似“Reid 九步讯问技术”（Inbau *et al.*，2001）的讯问技巧。这些有说服力的讯问技巧具有潜在的能力，使嫌疑人坦白，甚至是无辜者（Gudjonsson，2003；Kassin，1997，2004；2005；Kassin & Gudjonsson，2004；Leo & Ofshe，1989）。Kassin 及其同事发现通过这种讯问方式，无辜者很可能被误断成有罪的，并且他们所承受的风险要比有罪嫌疑人更大。这就是说不信任无辜嫌疑人的警察会竭力引诱和迫使他们招供（Kassin，Goldstein，& Savitsky，2003）。

Inbau 等（2001）的研究证实了讯问技术对嫌疑人形成的强烈的作用，这些讯问技术会使嫌疑人认为“调查员所认定的罪犯是一定准确的或有一定道理的”（italics by Inbau *et al.*，2001，p. 209）。有罪的定义来自与事实证据，如指纹、DNA 样本和可靠证人的证词。但是当这些证据都不具备时，就需要在预审阶段通过嫌疑人的言谈举止来判断（Hartwig，2005）。虽然 Although Inbau 等（2001，p. 78）的报告称“一个优秀的讯问员必须对自己测谎的信心十足”，本章已经提到过对一些讯问员测谎能力的质疑。根据行为来断定嫌疑人是否有罪会使无罪嫌疑人经受一系列严苛的讯问过程。内向型和社会焦虑型的无罪嫌疑人可能在讯问中存在很高的误判风险，因为他们的行为让他们看起来很可疑（Tom Sawyer，whose case was described above，was a socially anxious man，Leo & Ofshe，1998.）。非白种人的嫌疑人在面临白种人讯问员时，误判的风险极大，因为他们的行为很容易引起怀疑。

许多专业的测谎工具都为专业测谎员提供了技术帮助。这些工具在后面的第 7 章中会有介绍，并以 Inbau 等（2001）的《行为分析访谈》手册为开始进行阐述。

附录 6.1　外行人判断陌生人时的正确率[1]

	正确率（%）		
	诚实	说谎	总率
Anderson，DePaulo，& Ansfield（2002）			51
C. F. Bond & Fahey（1987）	49	50	49
C. F. Bond，Kahler，& Paolicelli（1995）			63
C. F Bond，Omar，Mahmoud，& Bonser（1990）[2]			56
C. F. Bond *et al.*（1992，experiment 1）			50
C. F. Bond *et al.*（1992，experiment 2）			55
C. F. Bond *et al.*（1992，experiment 3）			52
C. F. Bond *et al.*（2004）	56	47	52

（续表）

	正确率（%）		
	诚实	说谎	总率
G. D. Bond *et al.*（2004）	77	44	59
G. D. Bond，Malloy *et al.*（2005）	80	27	54
Brandt，Miller，& Hocking（1980a）			38
Brandt，Miller，& Hocking（1980a）			42
Brandt，Miller，& Hocking（1982）			31
Davis，Markus，& Walters（2006）[3]	62	55	58
DePaulo & Pfeifer（1986）			54
deTurck（1991）			54
deTurck，Feeley，& Roman（1997）			57
deTurck，Harszlak，Bodhorn，& Texter（1990）			64
deTurck & Miller（1990）			53
Edelstein，Luten，Ekman，& Goodman（2006）	59	41	50
Ekman & O'Sullivan（1991）			53
Ekman，O'Sullivan，& Frank（1999）			58
Etcoff，Ekman，Magee，& Frank（2000）			47
Feeley & deTurck（1995）	72	54	63
Feeley & deTurck（1997）			49
Feeley，deTurck，& Young（1995）			56
Feeley & Young（2000）[4]	54	46	50
Fiedler & Walka（1993）	55	61	53
Fleming & Darley（1991）			42
Frank & Ekman（1997，experiment 1）[5]			58
Frank & Ekman（1997，experiment 2）			60
Frank，Feeley，Paolantonio，& Servoss（2004）	59	53	56
Garrido，Masip，& Herrero（2004）	51	66	59
Granhag & Strömwall（2000a）	69	44	57
Granhag & Strömwall（2001c）[6]	56	59	57
Hartwig *et al.*（2004b）	50	65	58

（续表）

	正确率（%）		
	诚实	说谎	总率
A. K. Johnson *et al.* (2004)[7]	60	50	55
A. K. Johnson *et al.* (2005)			55
Kassin & Fong (1999)			56
Kassin, Meissner, & Norwick (2005)	63	54	59
Landström, Granhag, & Hartwig (2005)			50
Lane & DePaulo (1999)			59
Levine & McCornack (2001, study 1)			54
Levine & McCornack (2001, study 2)			59
Levine & McCornack (2001, study 3)			56
Levine, Park, & McCornack (1999, study 2)	70	38	54
Levine, Park, & McCornack (1999, study 3)	69	27	48
Levine *et al.* (2005, study 1)			52
Levine *et al.* (2005, study 2)			53
Levine *et al.* (2005, study 4)	69	32	50
Levine, Kim, Park, & Hughes (2006)	67	34	50
Littlepage & Pineault (1985)[8]	81	30	56
Malcolm & Keenan (2005)	73	44	59
Masip, Garrido, & Herrero (2006)	59	49	54
Mei－tai Fan, Wagner, & Manstead (1985)			58
Millar & Millar (1995, study 1)[9]			50
Millar & Millar (1995, study 2)[9]			50
Millar & Millar (1997a)			49
Miller *et al.* (1981, study 1)[10]			55
Miller *et al.* (1981, study 2)[11]			56
Miller, deTurck, & Kalbfleisch (1983)[12]			51
Newman, Pennebaker, Berry, & Richards (2003)	74	30	52
O'Sullivan (2003)[13]	62	49	55
O'Sullivan, Ekman, & Friesen (1988)	69	48	54

（续表）

	正确率（%）		
	诚实	说谎	总率
Porter，Campbell，Stapleton，& Birt（2002）			58
Porter，Woodworth，McCabe，& Peace（2007）			53
Santarcangelo，Cribbie，& Ebesu（2004）	70	59	65
Schul，Mayo，Burnstein，& Yahalom（2007）			59
Smith，Archer，& Constanzo（1991）			60
Stiff & Miller（1986）	67	41	54
Strömwall，Granhag，& Jonsson（2003）[14]	70	45	58
Vrij & Baxter（1999）[15]	52	54	53
Vrij & Graham（1997）			42
Vrij，Akehurst，Brown，& Mann（2006）	58	63	61
Vrij，Harden，Terry，Edward，& Bull（2001，study 1）[16]	57	53	55
Vrij，Harden，Terry，Edward，& Bull（2001，study 2）[17]	53	55	54
Wan Cheng & Broadhurst（2005）[18]	67	70	68
Zuckerman，Koestner & Alton（1984）			62
Zuckerman，Koestner，& Colella（1985）[19]			58
总正确率	**63.41**	**48.15**	**54.27**

注：[1] 只包含控制条件下的数据；[2] 约旦和美国观察者一起判断；[3] 观察者通过观看罪犯坦白视频，这是附录 6.1 中唯一的实案材料；[4] 包含高和低的认知能力条件；[5] 包含犯罪视频和意见视频得分；[6] 单一条件；[7] 假的好与坏情况的结合；[8] 包含主动和计划性对话；[9] 包含声音和视频混合情境；[10] 包含听觉和视觉条件，包含事实与情绪描述；[11] 现实情境；[12] 包含所有情境；[13] 包含评论和犯罪录像；[14] 单一条件，第一和第二判断结合；[15] 包含否定和伪装情境；[16] 包含高低说谎风险混合情境；[17] 包含难易说谎混合情境；[18] 包含广东话与英语混合情境；[19] 包含单一面部表情，单一言语和二者混合情境。

第7章　行为分析访谈

本书共用7个章节的篇幅探讨专业识谎者和科学家使用的精确性评估工具，本章是7个章节中的第7章。在第8～10章中我将介绍用于分析言语内容的工具。基于这一目的，信息发出者（信息输出者）的口头陈述需要被录下并进行转录，或者让他们把自己的陈述记录下来。接下来的分析主要是依据书面材料进行的。之后，我将在第11～13章探讨考察信息发出者生理反应的工具，如皮肤反应、呼吸率和血压。为了测量这些反应，被试通过导线与一台叫作“测谎仪”的机器连接。关于识谎的最新进展是测量人们说真话或撒谎时的脑活动。因而，研究者们开展了一系列脑电图（EEGs）或者脑扫描技术（功能性磁共振成像，fMRI）的研究。

这些工具大多具有一个特点，那就是费力。陈述需要被录下或转录，或者被试需要与一台测谎仪相连接并戴一顶包含电极的帽子（在记录脑电图时经常需要），或者会被放置在一台 fMRI 扫描仪内。这使得现场判断比较困难。然而，行为分析访谈（BAI）是个例外，它不必转录或者连通设备。BAI 之所以会从其他工具中脱颖而出还有另外的原因：即它是唯一专业检验欺骗行为线索的工具。在本章中探讨了 BAI 的研发背景和基本原理，并对 BAI 的操作标准进行描述。之后通过对现有的 BAI 研究进行综述来探讨其是否起作用。本章表明，BAI 背后的基本原理受到质疑，越来越多的研究结果更加质疑 BAI 是否是一个有效的识谎工具。①

◇◇BAI 的背景和目的

BAI 是由 John E. Reid 及其同事开发的用来识别欺骗的工具。其基础性工作是

① 依据 Inbau，Reid，Buckley 和 Jayne 手册中第11章的内容，对 BAI 进行了讨论。在我们公开发表了一项有关 BAI 的实验之后（Vrij，Mann，& Fisher，2006a），作为 John E. Reid 的同事和 Inbau 等人编著手册的合著者，Joseph Buckley 进行了回应。首先，他和他的合作者一起写了一篇文章（Horvath，Blair，& Buckley，出版中）。有趣的是，在这篇文章中关于 BAI 的描述与 Inbau 等人在其手册中的描述有所不同。文章中呈现的 BAI 原理也与手册中第11章的内容有所不同。此外，那篇文章中指明了 BAI 使用的局限性，并且只有在满足某些假设时才能应用，然而手册中第11章对于其局限性却只字未提。其次，Buckley 私下给我写信，指出了我们那篇文章存在的几项错误。此外，信中对于 BAI 的叙述在几个方面不同于 Inbau 等人的指南手册第11章的叙述。我想希望手册的作者们在其最新版中更新有关 BAI 的章节，并且提供有关 BAI 更精确的叙述。

由 Frank Horvath 所实施的。他实施了一个现场研究，考察了被试在进行多导仪测试之前回答的一系列问题的言语和非言语行为反应（Horvath，1973）。整个 BAI 是在 Horvath 测试完成的一系列问题上修改完成的。作为为期 3 天的训练项目中的一部分，BAI 是由 John E. Reid 及其同事讲授的，这个项目还包括其他的训练，如在第 6 章提到的“Reid 九步审讯”的训练。BAI 的方法以及“Reid 九步审讯”和其他的训练，全都在由 Inbau，Reid，Buckley 和 Jayne 编写的《刑事审讯和供述》手册中进行了详细的描述。该书第 1 版于 1962 年问世，而最新的第 4 版，于 2001 年出版。在他们的网站中[①]，Reid 的团队报告了参加培训的人员情况，“他们有的来自私营部门（零售业、金融业、保健业、制造业等）；有的来自政府部门，包括各个层次的执法部门和政府；有的来自美国和加拿大各个州和省；也有来自欧洲国家、亚洲国家的和中东国家的人参与培训”。他们还进一步称，自从 1974 年第一次举办该活动以来，有超过 30 万名来自执法部门的专业人员和安全部门的人员已经参加过他们为期 3 天的培训。在美国，BAI 技术被认为是两个最为广泛传授的询问方法之一（Frank Horvath，2006，人际传播），并且一项在德克萨斯州执法部门官员中的调查支持了这一观点（Colwell，Miller，Lyons，& Miller，2006）。

BAI 可能在警务访谈中是重要的第一步。BAI 准则被使用于在审讯前探究犯罪嫌疑人是否可能有罪。换句话说，审讯者可以使用 BAI 来实现筛查的目的，从而判断嫌疑人是否具有进一步审讯的价值。BAI 也可以作为多导仪测试中测前访谈的一部分，而后与多导仪测试一起，共同决定被试是否有罪（Horvath，1973）。

◇◇BAI 的准则及其基本假设

Inbau 等人（2001，p. 173）将 BAI 的核心要点描述为“提问可以用来唤起行为性反应的问题”。这一核心内容，和行为分析访谈这一术语一样，不能充分反映出 BAI 的准则，因为它着眼于被询问者的非言语的和言语反应。BAI 的准则包括提问一个开放式的问题来邀请犯罪嫌疑人描述他们在某一特定时间段的活动（例如，“在下午 3 ~4 点你做了什么事情?”），在这之后紧跟着一系列标准化的问题。一般认为诚实者和说谎者对于那些标准化问题将会有不同的反应。BAI 的准则，正如 Inbau 等人编写的手册中第 11 章的描述一样，由 15 个问题组成。在 Blair 的硕士论文中，他（1998）在清单中加入了一项额外的问题（“诱饵问题”）。虽然诱饵问题不是 BAI 的一部分，但其也出现在 Inbau 等人的指导手册里。此外，它在“规范化询问技术的使用”一章中进行了介绍（第 12 章）。之后，将把诱饵问题作为 BAI 准则的一部分进行探讨。在表 7. 1 中已经列出 16 个 BAI 题目的概览。我已将表中的问题进行了修改，让其更加符合从钱包里盗窃现金的情况。对于其他类型的犯

---

① http://www. reid. com/training_ programs/r_ interview. html

罪，需要将问题进行修改。加粗的标签是 Inbau 等人（2001）为这些问题进行的标记。整章中将使用他们定义的标签。

至于非言语反应，Inbau 等人（2001）报告指出在侦查讯问的情境中，说谎者会比那些诚实者感到更不轻松。结果，在回答历史/你的问题时（问题2），有罪的嫌疑人更可能交叉着腿坐，移动他们的椅子，并且采取修饰性的行为；而无辜的嫌疑人更可能会身体前倾，眼神接触，并且使用动作符号来增强他们陈述的自信。同时，有罪的嫌疑人对于知晓性问题的反应（问题3）可能会更迅速。他们的回答听起来也缺乏真诚。最后，在回答动机问题期间（问题10），有罪的嫌疑人更可能表现出减轻焦虑的行为，如在椅子上改变姿势。

表 7.1　在被指控盗窃钱财案情中的行为分析访谈问题

问题 1. **目的**：你如何理解这次讯问的目的？
问题 2. **历史/你**：是你偷了钱吗？
问题 3. **知情**：你知道是谁偷了钱吗？
问题 4. **怀疑**：你怀疑可能是谁偷了钱？
问题 5. **断定**：除了你以外，你觉得还有其他什么人一定不会去偷钱吗？
问题 6. **可靠性**：你确实认为是有人故意偷钱吗？
问题 7. **机会**：谁有最佳的机会去偷钱？
问题 8. **看法**：你怎么看待讯问你关于丢了钱的事？
问题 9. **想法**：你想没想过做这类的事情，如从你身边的一个钱包中偷钱吗？
问题 10. **动机**：为什么你认为一定是有人拿了钱？
问题 11. **惩罚**：你认为对于偷钱的人应该怎么处理？
问题 12. **第二次机会**：你认为是否存在让偷钱的人可以得到缓刑的情况？
问题 13. **反对**：告诉我什么可以阻止你去偷钱？
问题 14. **结果**：一旦我们完成了调查，你认为会有什么结果？
问题 15. **告诉亲人**：关于今天我对你的讯问你和谁说起过？
问题 16. **诱饵**：旁边的屋子里有一套闭路电视系统在运行并且我们可以拿到录像带。如果我们查看录像带，我们是否可以看到你偷钱？我并不是想说我们将看到你偷钱，我只是想知道你你觉得这种可能性有多大？

资料来源：Inbau，Reid，Buckley 和 Jayne（2001）。

注：这个诱饵问题是由 Blair（1998）提出的，而不是在 Inbau 等人（2001）关于 BAI 的章节中或者是在 Horvath，Jayne 和 Buckley（1994）提到。

诚实者和说谎者在 16 项问题上会出现不同的言语反应，因为 Inbau 等人（2001）称这两类人对于询问有不同的态度。说谎者在询问中往往缺乏配合并且不会展现出作为一名嫌疑人而言应有的关注度，然而诚实者更可能提供有建设性的信息，而且表现出想要洗脱罪名的期待（Horvath，Jayne，& Buckley，1994）。这样，相比于无辜的（如说真话）嫌疑人而言，有罪的（如说谎）嫌疑人被认为更可能去逃避询问的目的（例如，我不知道这次询问的目的是什么？问题1）；间接否认所犯的罪行（例如，“那是我工作的地方，为什么我要那样做呢?”问题2）；更可能去否定一些关于谁可能是罪犯的猜想（问题3）；缺乏指认其他罪犯的可能性（问题4，因为指认一些犯罪嫌疑人认识的无辜者是一个不必要的谎言）；或者去指认一些他们相信是无辜的人（问题5，因为有罪的嫌疑人希望将自己与其他可能的嫌疑人混在一起）。

有罪的嫌疑人也可能会声称根本没有犯罪发生（例如，“可能是钱弄丢了”，问题6），并且不太可能承认他们有机会去犯罪（问题7）。此外，有罪的嫌疑人对于他们被询问一事更可能会表现出消极的感觉（问题8，因为无辜的嫌疑人有信心自证无罪），并且更可能承认他们考虑过以正在询问的案件一样的方式去犯罪（问题9，因为有罪的嫌疑人会有讨论自己罪行的内在需求，用以缓解焦虑，同时逃避各种后果）。

有罪的嫌疑人也会被认为不太可能具有合理的犯罪动机（问题10，因为有罪的嫌疑人不想揭露自己的动机）；不太可能建议对罪犯采取严厉的惩罚措施（问题11）；并且更可能给犯罪人第二次机会（问题12）。当被问到为什么他们不会犯罪时（问题13），有罪的嫌疑人被认为更可能会以第三人称回答（例如，“那是违法的”或者“那是错误的”），然而无辜的嫌疑人更可能用第一人称回答（例如，“因为我不是小偷”）。有罪的嫌疑人在证明自己无罪时往往缺乏的自信（问题14和问题16）并且不太可能提前告知自己的亲人关于自己被询问的事（问题15）。①

我认为BAI背后的基本原则是可疑的。询问中说谎者比说实话的人感到更不轻松是诚实者和说谎者中出现非言语反应差异的基本前提，而这一假设并未被科学界广泛接受。例如，正如我在第3章解释的那样，在不被信任的结果很严重的情形下，说谎者和诚实者都会因关注自己不被信任所带来的后果而感觉不适（DePaulo, Lindsay, Malone, Muhlenbruck, Charlton, & Cooper, 2003）。

研究欺骗的非言语线索的研究结果符合上面的观点，但却与Inbau等人的假设相悖。在第3章详细介绍的研究中，发现说谎者并不会比说实话的人更常出现眼神游离，在椅子上移动，交叉双腿，或者作出修饰性动作等行为。事实上，眼神接触与欺骗并无关系，并且与Inbau等人（2001）的假设相反，说谎者倾向于减少而不是增加他们的活动，这也在警察审讯的非言语反应的研究中发现（Mann, Vrij, & Bull, 2002）。活动的减少可能是说谎者比诚实者更需要努力思考的结果。如果人们执行消耗认知需求的任务，其身体整体的活动可能会减少（第3章）。说谎者可能通常会表现出谨言慎行的状态，因为相比于说实话的人他们对自己说话的真实性充满犹豫。尽管诚实者有强烈证实自己可靠的欲望，但是他们通常认为不需要特别

① 使用BAI研究准则的侦查员承认，不是对于每一个BAI问题的反应都与之前有罪和无辜的嫌疑人描述相一致。因此，侦查员不应该分别对16个问题进行评估，而应该将BAI访谈反应作为一个整体进行评估。

的努力或注意。这样一来，说谎者比诚实者更倾向于限制自己过多的活动，因为过多的活动可以解释为紧张或可疑（第3章）。

印象管理的解释（说谎者比诚实者更努力给他人留下可信的印象）也使得说谎者比诚实者缺乏配合性的观点受到质疑。这是说谎者和诚实者对于 BAI 问题出现言语反应预期差异的基本假设之一。诚实者和说谎者都可能认为表现得尽量配合可以留下积极的印象，但是说谎者由于对自己真实性的并不确定，因此相比于诚实者他们可能更热衷留下这种积极的印象。

◇◇行为分析访谈的相关研究

在本章开篇的第一段中，Inbau 等人（2001，p. 173）将其表述为“研究已经证明了无辜者与欺骗者对这些专业化问题的反应有所不同”。他们对于这一陈述没有详细阐述，但是在先前的章节中他们提及了一项由 Horvath 等人实施的实案研究（1994），研究中对 BAI 的准则进行了经验性验证。Horvath 等人（1994）的实案研究包括了 60 段 BAI 询问视频，其中关于 5 名询问者实施的涉嫌盗窃的情况。这些视频由 4 名经过行为分析访谈训练的评估者进行评价。4 名评估者正确判断了 78% 的诚实者和 66% 实施欺骗的犯罪嫌疑人，另外也由评估得出了几个“不确定”的结果（即未作出诚实或欺骗的结论）。如果忽略那些尚无定论的结论，并且只考虑评估者通过 BAI 作出的诚实或欺骗结论，那么 4 位评估者对诚实判断的准确率为 91%，对欺骗的准确率为 80%，总的准确率为 86%。

虽然这些准确率看起来很高，但是该研究存在两个重大的局限。首先，仅有 5 名询问者使用 BAI，而且这些询问仅由 4 名评估者进行评价。这些样本太小以至于不能代表 BAI 询问者的平均水平。况且 4 名评估者均训练有素、经验丰富。Horvath 等人（1994，p. 804）承认，不能确定拥有较少经验或不同条件的其他人在这项研究中是否也可以获得相同高准确度结果。5 名询问者也经有实施 BAI 的经验（他们在指导实施 BAI 方面有 8～14 年的经验），如果他们让缺乏经验的 BAI 询问者来实施 BAI，4 名评估者是否还会获得一样的精准率也不得而知（Horvath *et al.*，1994）。其次，研究中的基本事实并不明确：即不能准确地证明无辜的嫌疑人是真的无辜也不能准确证明有罪的嫌疑人是真的有罪。这一问题并不仅出现在此项研究之中。在第 3 章已经提到，许多实案研究对基本事实都不甚清晰。Horvath 等人（1994）利用如下标准来建立基本事实：（1）供述，如果供述不可以获得则开展；（2）“系统的事实分析”，在这其中评估者关注诸如“自传式信息”，“机会/机遇”以及“动机”的因素。这两项标准对于建立基本事实都是存在问题的。至于将供述作为基本事实存在问题的理由，我将在第 8 章和第 11 章详细阐述。使用系统的事实分析可能存在更大问题，因为像自传式信息、机遇或动机这类因素并没有为犯罪嫌疑人无辜与否提供任何实质性的证据。

Horvath 等人（1994）承认了使用供述或系统事实分析作为标准来建立基本事实是存在问题的。他们称“在实案情境中，想要开发一项获得恰当基本事实的措施是极其困难的”（p. 805）。他们进一步报告称其分析的 60 个案例中只有 2 个案件的基本事实是基于“无可争议的证据”，他们总结道“如果在大量的案例中有可能开发出像上面两个案件那样的基本事实标准，那么对于结果的解释将不会出现如此多的问题”（p. 805）。

我对 Frank Horvath 及其团队所面临的问题深表理解。确定基本事实是很困难的，而且要耗费很多时间。在我们团队自己的实案研究中，我们考察了警察审讯中犯罪嫌疑人表现出的欺骗性行为线索。负责该项目的研究员 Samantha Mann 耗费了超过一年的时间去确定基本事实，而我们的研究只包括 16 个案例（Mann *et al.*，2002）。在这项研究中，要确定基本事实首先要和参与调查的探员进行交流，然后广泛地查阅与犯罪有关的卷宗。我们的样本之所以非常小是因为有很多的案例不能确定基本事实。

无论如何，确定基本事实在欺骗的实案研究中非常关键。只有在基本事实确定的时候研究者才可以得出肯定的结论，即确定研究中所有被认定说实话的人的确是说了实话，而被指控说了谎的人是真的说了谎。在研究中所有被试真实状态的确定性对于得出任何结论或得出可靠的结果是必不可少的。打个比方来说，如果一项研究的作者承认他们不确定所研究被试的性别，那么读者有多大的可能去相信这个关于性别差异的研究？我不会相信那些结果，也不会相信研究的结论。

幸运的是，其他几项检验 BAI 原则的研究成果已经公开发表，其中的基本事实已经确定。这些研究包括检验是否关注 Inbau 等人提出的不适的迹象（Signs of discomfort）（腿部交叉、眼神凝视等）有助于提高测谎准确率，测量了诚实者和说谎者的一致性。其中的一些研究是在实验室环境中完成的。实验中的大学生为了实验需要而说真话或者说谎。

在一项实验室研究中，一组观察者接受训练，寻找由 Inbau 等人（2001）声称可作为说谎特征的线索，而另一组观察者没有经过训练，两组进行对比（Kassin & Fong，1999）。观察者（本科生）会看到在模拟犯罪中或是无辜或是有罪的犯罪嫌疑人（本科生）的询问，并被要求说明每一个犯罪嫌疑人的诚实状态（有罪或是无辜）。接受训练的观察者（46% 总的准确率）比那些没有接受训练的观察者（56% 的准确率）在识谎测试中的准确率更低。

关注 Inbau 等人的不适线索反而不利于识谎的这一发现，在我们的实案研究中得到证实。研究中的警官对谋杀、强奸和纵火的犯罪嫌疑人在审讯（录像带）的言语真实性进行判断（Mann，Vrij，& Bull，2004）。正如在第 6 章所探讨的一样，我们发现了警察自我报告的对 Inbau 等人线索（避免对视、改变姿势、自适应反应等）的关注程度与识谎的准确性呈现负相关关系。即警官越认同 Inbau 等人提出的说谎线索的观点，他们在判断诚实和说谎中的表现就越糟糕。

在另外一项实验室研究中，说实话的人真实地参与了一项活动而说谎者没有参与，但是要求说谎者说出活动的细节并且要求他们假装自己确实参与了这项活动（Vrij, 2005a）。说实话的人和说假话的人随后对于这项活动接受警官的审讯，并被要求回忆活动的细节。在他们描述了事件之后，询问者质疑诚实者和说谎者的数量，并且要求被询问者再次报告发生了什么。相比于说谎者，更多的诚实者拒绝二次报告。这说明诚实者表现出更少的配合性，从而直接否定了Inbau等人的假设。

在最近的一项实验室研究中，我们在实验室测试了BAI准则中行为唤起性问题部分（Vrij, Mann, & Fisher, 2006a）。诚实者（本科生）参与到一项计划好的活动中，游戏中他们和另外一个扮成玩家的实验助手组成合作者，两人一起玩“4子相连”的游戏。（4子相连是一项流行的二人游戏，玩家要将棋子放进一个槽状网格中，同时要防止他们的对手获胜，棋子中四个连为一排就算赢。）游戏中他们被打断2次，首先是被进来擦黑板的第二名实验助手打断，之后是被进来寻找钱包的第三名实验助手打断。在找到钱包后，最后进来的第三名助手称一张10英镑的纸币在钱包里不翼而飞了。参与者之后被告知将就钱丢失一事接受访谈。

说谎者不参与计划活动。相反，他们被要求从钱包里拿出10英镑，但是在接下来的审讯中否认自己拿了钱。他们被要求告诉询问者自己也像说实话的人那样玩了4子相连的游戏。之后说谎者会看到一张纸，上面有诚实者参与计划活动的信息。

为了激励诚实者和说谎者在研究中努力表现，他们在询问开始之前被告知，如果能够成功说服询问者，使其相信自己没有拿钱，那么他们将因此获得15英镑的酬劳。而如果他们未能成功说服询问者的话，那么他们就必须写一个说明，叙述一下到底发生了什么。

这个方案是为实现BAI询问的目的而设计的。例如，第一名助手在被试进入之前就已经在房间了，这就意味着第一名助手有可能已经偷了钱（见BAI问题4和问题7）；第一名助手离开了房间一会儿，将被试独自留在房间，这就意味着被试也有机会去拿钱（见问题4和问题7）；第二名助手从没有单独留在房间内，因此第二名助手根本没有机会去拿钱（见问题5）。

穿着同样制服的男性英国警官访谈者询问所有被试。访谈者对于被试的情况（说实话或撒谎）并不知情。首先要求被试尽可能详细地报告他们在玩4子相连游戏中发生了什么。回忆结束之后，他们被问及15个在方框7.1中所列出的行为分析访谈的问题（所有的问题中除了在实验室测试不合适“告诉亲人”的这一问题）。所有的访谈将被录音、录像和转录。BAI编码中的言语的部分是根据转录而来的，而非言语部分则是以视频的反应为基础的。

当我们分析了每一项问题的数据之后，我们发现几乎没有对Inbau等人假设给予支持的证据。唯一获得支持的问题是诱饵问题（问题16）。说实话的人在自证无罪方面比说谎者表现出更多的自信。其他显示说诚实者和说谎者差异的研究结果均否定了 Inbau 等人的假设。诚实者在回答关于目的的问题（问题 1）时更具逃避性，而且不太可能提名认为谁肯定没有偷钱（确定问题，问题 5）。诚实者相比于说谎者也更喜欢交叉着双腿，频繁的改变姿势。当我们遵循 Inbau 等人的建议（Inbau *et al.*，2001），计算一个 BAI 总分（对于所有问题反应的组合）时，我们发现诚实者和说谎者相互间的反应是不同的。然而，我们的结果与 Inbau 等人的预测是完全相反的。说实话的人比说谎者表现出更少的配合性并出现更多的不适症状。在后续的研究中，我们为 68 名英国警官有选择性地呈现了这些 BAI 询问，并且在每个询问之后让他们指出犯罪嫌疑人是说了实话还是说了谎（Vrij，Mann，Kristen，& Fisher，2007）。总的准确率只有 51%。这个百分比可以说是等同于用掷硬币的方式来预测的得分（50%）。[①]

◇◇BAI 技术的评价

诚实者和说谎者对于一系列行为唤起性问题会出现不同的反应，因为说谎者比说实话的人会被认为感觉到更少舒适性和配合度，并且没有表现出作为嫌疑人应有的适当关注水平，这是 BAI 的基本原理。在目前确定了基本事实的实验室研究和实案研究中，不仅没有证据支持这一基本原理，而且出现了相反的观点：诚实者相比于说谎者会显现出更多不适的信号并出现更少的配合性。

BAI 的支持者们可能会指出，本章中呈现的许多结果都是通过实验室实验而获得的因而对现实情境的解释缺乏说服力。对此我想强调的是，这些实验室实验的结果与本章中报告的实案研究的结果是相似的（Mann *et al.*，2002，2004）。而且，如果他们不愿意接受本章中呈现的结果，我会鼓励他们自己实施一项合理而科学的 BAI 测试。在 BAI 准则的好处还没有得以证实之前，我不赞成让成百上千的人接受 BAI 训练，这一技术还并不成熟（Blair & Kooi，2004）。

对于无辜者来说，让其参加 BAI 询问的情况是令人担忧的。调查人员可能以 BAI 访谈结果为基础形成嫌疑人有罪的印象。尽管他们所形成的印象不能保证是正确的，但是 BAI 的使用者会自信地认为其正确性毋庸置疑。确定嫌疑人有罪的侦查员可能对嫌疑人开展劝说审讯从而打破他们的抵抗。正如在第 6 章进行的更为详细的讨论一样，一旦无辜的嫌疑人被误判为有罪，他们将会有接受更为严厉的拷问型讯问的风险。而这可能会导致虚假供述。

我赞赏 BAI 作为一种询问手段用以唤醒诚实者和说谎者的不同非语言行为和言语行为。但目前为止，这一询问手段可以在识别非言语和言语的谎言上能有多大

---

① 那些英国警官没有经过 BAI 训练，但是我不认为这对他们的准确率会产生负面影响。在 BAI 询问中，诚实者和说谎者以不同于 BAI 预测的方式，通过言语和非言语行为进行反应，而经过 BAI 训练的观察者如果运用了自己的 BAI 知识，那么他们也不会发现从说谎者中区别出说实话者的线索。

益处至今仍被忽略。我相信这样一种技术具有潜力，但其应该建立在完善的理论基础之上。我将在第15章回到这一重要问题上来。之后我将列出一些我认为有益于识谎的询问方法。

7.1　BAI的法律问题

Moston（1992）认为，在一些国家，部分BAI问题可能在法律意义上不被认可。例如，诱饵问题（问题16）暗示了犯罪证据可能存在，而这可能产生误导，并且如果嫌疑人没有被告知要接受询问的原因，目的问题（问题1）是唯一有关的问题。但是，如在英格兰和威尔士的法律中就规定监管人员在询问之前要告知犯罪嫌疑人接受审问的原因。

第 8 章　陈述有效性评估

本章主要介绍的是陈述效度评估（Statement Validity Assessment，SVA），它可能是目前为止使用最频繁的语言准确性评估工具。北美的一些法院将 SVA 评估作为证据使用（Ruby & Brigham，1997），此外，作为证据使用的还有几个西欧国家的刑事法庭，其中包括奥地利、德国、瑞典、瑞士和荷兰（Köhnken，2002，2004）。SVA 起源于瑞典（Trankell，1963）和德国（Undeutsch，1967；Arntzen，1970），它被设计用来在性侵犯案件审理中确定儿童证人证言的可信度。专门开发出一种技术来验证一个小孩是否被性虐待并不过分。在性虐待案件中，由于经常缺乏医学证据或物证，要想确定事实通常很困难。提起诉讼的受害人和被告通常会给出矛盾的证词而且可能没有证人能够对事件做一个客观的说明。这就使得对被害人和被告的可信度变得十分重要。如果受害人是一个孩子的话，那么他将处在不利的位置上，因为成人倾向于不信任儿童所做的陈述（Ceci & Bruck，1995）①。

在对 SVA 的历史背景概要进行介绍之后，本书将描述其历史发展的四个时期（阶段），然后对目前的 SVA 研究进行综述性回顾。SVA 的核心部分是基于标准的内容分析（Berliner & Conte，1993），19 项标准更多地出现在诚实的描述中。大部分的研究集中在 SVA 的这个部分上。本书将讨论专家在应用基于标准的内容分析（Criteria－Based Content Analysis，CBCA）检测真话和谎言时的精确性，以及在分析相同陈述时两个专家在多大程度上能获得相同的 CBCA 分数（所谓的评分者间一致性）。研究表明，使用 CBCA 方法，真话和谎言有 50% 的概率被检测出来，但是有时也会出现错误。

接下来本书将讨论关于有效性清单（SVA 的另一个阶段）的研究，除欺骗外的另外 11 个问题被认为会影响 CBCA 分数。有效性清单的研究包括对访谈风格、被访谈者年龄以及被访谈者接受 CBCA 训练的验证性研究。这三个问题都会影响 CBCA 的分数。在本章中回顾了在应用有效性清单中出现的几个问题，其中包括在识别和测定一些可能影响 CBCA 分数的问题中可能出现的困难，以及在确定这些问

---

① 目前尚不清楚有多少儿童目击者关于性虐待的陈述是（部分）不准确的。美国人估计的范围是 6%～60%（Craig，1995）。报告的无效性虐待案件包括因来自成人或同伴施加的压力而作出的虚假陈述、误认犯罪人以及彻底的捏造。

题对 CBCA 分数的影响上出现的困难。我也会质疑有效性清单中的一些问题，并且说明一些并未包括在有效性清单中可能会影响 CBCA 分数的问题。最后，本书将探讨在刑事调查中使用 SVA 研究结果的意义。我认为，在刑事调查中 SVA 评估是有用的，但在刑事法庭上还不足以准确到让专家认定其为科学证据。

◈ SVA 的历史

相比于现在，过去的 SVA 程序更缺乏系统性的陈述分析，自 20 世纪 50 年代已经由德国专家在刑事案件中进行应用（Steller & Boychuk，1992）。1954 年，联邦德国的最高法院召集一些专家参加审讯。最高法院想要评估心理学家在多大程度上可以帮助判断儿童证人证词的可靠性，特别是针对性侵犯的案件。司法心理学家 Udo Undeutsch 报告了一个他参与调查的 14 岁受害者被强奸的案件。参议院的 5 位大法官表示"对于论证印象深刻并且说服他们自己相信，在评估一个儿童证言的真实性或青少年目击证人时，一名心理学专家指导的一个法庭外测试的真实性相比于那些在正式法庭审理气氛中作为事实发现者的人，拥有更好的资源"（Undeutsch，1989，p. 104）。

随后一项规定于 1955 年由德国最高法院制定，它要求在几乎所有有争议的儿童性虐待案件中都使用心理访谈和可信度评估。这使得在众多案件中，心理学家们作为专家出庭作证。据 Arntzen（1982）估计，截至 1982 年已有超过 40000 例案件使用了专家作证。在联邦德国和瑞典，这进一步促进了用来评估性虐受害人所做陈述真实性的各种内容标准的发展。Undeutsch（1967，1982）是第一个编制全面标准列表的人，但其他人也发表了类似的列表（Arntzen，1970，1983；Littmann & Szewczyk，1983；Trankell，1972）。

在他人的帮助下，Günter Köhnken 和 Max Steller 将陈述分析又向前推进了一步。他们改良了有效的标准并且将其整合为一个正规的评估过程，他们称之为陈述有效性评估（Köhnken & Steller，1988；Raskin & Esplin，1991b；Raskin & Steller，1989；Raskin & Yuille，1989；Steller，1989；Steller & Boychuk，1992；Steller & Köhnken，1989；Yuille，1988b）。这项由 Köhnken 和 Steller 开发的程序一直使用至今。

在德国最高法院 1955 年确定超过 30 年之后，正式的程序才在 20 世纪 80 年代末才制定出来。关于陈述有效性的德国研究，也是在德国法院经过 30 多年的司法实践之后才得以发表（Steller，1989）。显然，需要有研究考察刑事法庭中作为证据使用程序的效度（Doris，1994）。[①] 而这一研究自从 20 世纪 80 年代末 SAV 准则

① 在心理学中，"效度"就是指测试的有效性，在本案例中就是指 SVA 是否确实可以区别诚实者和说谎者。

公布以来已经发表。本章将对迄今为止用英语发表的所有研究进行回顾。[①]

SVA 在德国刑事法庭得到很好的推行。尽管允许检察官和辩护律师质疑测试的信度和效度，但他们却几乎不这么做（Köhnken，1997，人际传播）。[②] 控辩双方也允许质疑或不相信 SVA 证据，例如通过寻找专家证人推理的弱点，在法庭上对专家进行盘问，抑或雇用另一个专家对法庭专家意见的质量提出意见（Köhnken，1997，人际传播）。不知道在其他使用 SVA 的国家中，SVA 的确立能达到什么程度，但可能都不如德国那么好。Ruby 和 Brigham（1997，1998）指出，SVA 的结果在一些北美法院作为专家证词呈现，但是相比于德国并不是十分普遍。SVA 在北美的主要价值似乎是在指导警察调查以及行使原告的自由裁量权上（Raskin & Esplin，1991b）。Honts（1994）认为，SVA 应当被使用得更为广泛，它的效度已经得到充分的证实，而且一些研究者推动 SVA 评估应作为证据在北美刑事法庭使用（Raskin & Esplin，1991a，b；Zaparniuk，Yuille，& Taylor，1995）。相反，其他一些人，更多地持怀疑态度（Brigham，1999；Davies，2001；Lamb，Sternberg，Esplin，Hershkowitz，Orbach，& Hovav，1997b；Pezdek & Taylor，2000；Rassin，1999；Ruby & Brigham，1997；Wells & Loftus，1991）。简而言之，研究者对于 SVA 的意见是有分歧的，并且 SVA 技术在一些国家更为成熟。

◈ 陈述效度评估的四个阶段

SVA 包含 4 个阶段：（1）一项案件卷宗分析来详细了解案件；（2）一项半结构化的访谈从被访谈者口中获取陈述；（3）一项基于标准的内容分析（CBCA）来系统地评估陈述的质量；（4）通过一套问题而得到一项 CBCA 的评估结果（有效性清单）。

● 阶段一：案件卷宗分析

SVA 程序以案卷分析开始（Köhnken，2004）。案卷的分析应包括儿童目击者的有关信息（例如，他的年龄，认知能力，与被告人的关系）；所讨论事件的性质（例如，单一的事件还是重复发生的事件）；儿童和涉案当事人先前的陈述；以及其他特征，如事件发生和报告的时间间隔，及其他涉案当事人之间的关系（例如，孩子的家长是否对孩子的监护问题发生争执）。

案卷分析让 SVA 专家有机会假设发生了什么，并且这将影响后续阶段的活动。假设被告人已经承认在某个地点见到了儿童，那么在访谈的阶段二就不必过多的关

---

① 对于其他有关 SVA 程序的评论和讨论，请参阅 Horowitz（1991）；Köhnken（1996，2002，2004）；Lamb *et al.*（1997a，b）；Lucas & McKenzie（1998）；Memon，Vrij，& Bull（2003）；Pezdek & Taylor（2000）；Porter & Yuille（1995）；Ruby & Brigham（1997）；Tully（1999）；Vrij（2005b）；Zhou，Burgoon，Nunamaker，& Twitchell（2004a）。

② 信度，是指 SVA 专家在应用 SVA 程序时的一致性。也就是说，如果两位 SAV 专家独立地评估一个案例，他们是否会得出一样的结果。

注地点问题，并且儿童在访谈中提供的有关地点的信息不应当包含在阶段三的CB-CA分析中，因为这一信息在本案中不是说真话还是说谎的判断结论。而且假设孩子的家长陷入对孩子监护问题的争执中。其中一方家长为了在争论中获胜可能会鼓励孩子错误地指控另一家长性虐待儿童，而这会影响专家在阶段四进行的考虑。换句话说，案卷分析可以洞察有争议的问题，并且该分析应该关注有争议的要素。它也可以洞察SVA专家应当关注的案件周围的可疑环境。

- 阶段二：半结构化访谈

SVA的第二个阶段是一项半结构化访谈，其中儿童说出他自己关于指控的解释。开展一个恰当的访谈不是一件容易的任务，而访谈年幼的儿童更为困难，因为他们对于过去事件的描述往往是支离破碎的（Cordon, Pipe, Sayfan, Melinder, & Goodman, 2004; Goodman & Melinder, 2007; Lamb, Sternberg, & Esplin, 2000; Memon, Vrij, & Bull, 2003; Milne & Bull, 1999; Saywitz, 2002）。这有几个原因，其中一个原因就是年少的儿童往往缺乏认知能力以及必要的对事件细节进行描述的语言能力（Davies, 1991, 1994a; Fivush, 2002; Fivush, Haden, & Adam, 1995）。而且，相比于年纪较大的儿童和成人，年纪较小的儿童使用更简单和更易出错的记忆提取策略方法，这使得他们独自回忆信息更困难（Saywitz, 2002）。

社会因素也会导致不完整的描述，而这并不仅仅出现在年纪小的儿童案件中。例如，社会性焦虑的人通常在陌生人的面前感到不适，因而较少主动说出信息（Saywitz, 2002; Vrij, Akehurst, Soukara, & Bull, 2002）。提供信息的数量也和讨论的话题有关，一些人可能会因为感到太尴尬而不能自由地讨论一些他们已经经历或目击的事情（Saywitz, 2002）。

由于这些原因，访谈者通常会想要获得比最初提供的内容更多的信息（Kebbel & Milne, 1998），因此不得不进一步提问具体的问题以便知晓事件的更多信息。一个常识性的策略就是询问符合访谈者对于事件预期理解的问题，但是这也容易导致被访谈者赞同从未发生的问题。接下来的一个成人与安静儿童“交谈”的例子可能看上去很熟悉。

成人：“你今天在学校做了什么？”孩子没有回答。“你今天在学校游泳了吗？”孩子点了点头。“哦，不错嘛！你今天游得怎么样？”孩子又点了点头。“好，你是没带救生臂圈游的吗？”孩子又点了点头。事实上，孩子根本就没去游泳。

让儿童遵循着成人提问者的建议，这样有诱导性的提问方式，在很多情况下不会有任何问题。但是，如果发生在刑事调查中，它可能会带来损害。因为一个恰当访谈的关键因素，就是让儿童在不受访谈者的影响的情况下讲述他自己的故事。

关于如何恰当地和儿童（以及成人）进行访谈这个问题，已经引起心理学家广泛的关注。已经开发出的基于心理学原则的特殊访谈技术，可以在没有不恰当的提示或建议的情况下，以一种自由叙述的方式，从被访谈者口中获得尽可能多的信息。①

对访谈的研究表明，开放性问题（例如，“告诉我发生了什么？”）是获取信息的最好方式，因为被访谈者有机会去作出开放性、不受限制和影响的回答，并能够控制信息的输出。相比于对其他类型问题的反应，这种问题的类型在揭示的细节方面会更多更丰富。大多数以“Wh－”开头的问题（什么 What，在哪儿 Where，什么时候 When，为什么 Why 和谁 Who）可以归为开放性问题。这些问题应该在访谈的一开始就提出来。访谈者的促进反应，如“好的”“嗯……”等，鼓励被访谈者持续描述。重点关注的问题可以在之后的访谈中提出。这类问题聚焦于被访谈者已经描述的事件细节。例如，“告诉我那个人长什么样？”就是一个重点关注的问题。它是在被访谈者提及一个人，但是没有描述其外貌的情况下提出的。

导向性问题（例如，“那个人是黑人吗？”）是存在问题的，因为被访谈者可以靠简单复述问题中传达的信息而不是依赖自己的记忆来进行反应。提供选项问题（提供可选内容的一类问题，如“那个人是黑人还是白人？”）就较好一些，因为它们具有更少导向性。但是，仍然存在一种可能就是恰当的选项不包含在访谈者所提出的组合之中。开放性问题（例如，“那个人的肤色是什么样的？”）是一种低建议性的形式因而更可取。提问导向性问题之后（例如，“他碰你了吗？”）紧接着应该是开放性问题（例如，“告诉我有关那个问题的所有情况”），用以引出关于主题的更进一步信息。

几乎没有实践者在法庭访谈中应用这些原则。例如，2002 年 Helen Westcott 和 Nicola Brace 就报告了在英格兰和威尔士由警官和社会工作者所进行的 119 例对儿童访谈的分析。分析结果显示，开放结果性问题很少涉及（6%），而重点关注性问题最为普遍。有选项的问题（29%）比促进反应的问题（13%）出现的更为频繁，还有一些问题是有导向性的（5%）（Sternberg，Lamb，Davies，& Westcott，2001；Westcott & Brace，2002）。在以色列，瑞典和美国进行的研究提供了相似的结果（Gilstrap，2004；Westcott & Brace，2002）。其他研究表明，访谈者在坚持使用那些在访谈训练中习得的知识技能时遇到困难（Westcott & Kynan，2006；Westcott，Kynan，& Few，2005）。

● 阶段三：基于标准的内容分析

对受害者进行的访谈需要被录音和转录，整理的材料用于 SVA 的第三部分，即基于标准的内容分析（CBCA）。转录的使用可以避免在判断表述的真实性时考

① Bull，1992，1995；Davies，2004；Davies，Westcott，& Horan，2000；Goodman & Melinder，2007；Hershkowitz，1999；2001b，2002；Lamb，Orbach，Sternberg，Esplin，& Hershkowitz，2002；Lamb，Sternberg，& Esplin，1994，1998；Lamb，Sternberg，Orbach，Hershkowitz，& Esplin，1999；Memon & Bull，1999；Memon，Vrij，& Bull，2003；Milne & Bull，1999，2006；Raskin & Esplin，1991b；Sternberg，Lamb，Esplin，Orbach，& Hershkowitz，2002；Westcott & Brace，2002；Westcott & Kynan，2004，2006.

虑被访谈者的非言语行为。一些人认为这是一个缺点（Landry & Brigham，1992）。然而，大多数 SVA 专家认为非言语的信息会使 CBCA 评分者分散注意力。事实上，正如之前章节所探讨的，许多观察者对欺骗性行为有不正确的固化观念，在他们基于某人的行为去探测欺骗的时候经常得出不准确的判断。然而，在不同的目的下，视频可能具有一定的作用。例如，欠佳的采访方式和任何其他面试官可能的偏见效应在视频中更容易识别（Honts，1994；Lamb，Sternberg，& Esplin，1994；Yuille，1988b）。因此，有必要对访谈录像和录音，但 CBCA 的分析只应该在转录材料的基础上进行。

训练有素的 CBCA 评价者判断 CBCA 清单中的 19 项标准是否出现，通常使用三点测量法，“0”是指定标准未出现，“1”是指定标准出现，“2”是指定标准显著出现。然而，Köhnken（2004）发现，使用从 0（标准不存在）到 4（标准显著出现）的五分制更好，因为这一个比例对于诚实和编造的陈述之间的细微差别更敏感。在我们的研究中，我们使用更常用的编码系统，并在一份转录材料上记录每个标准出现的次数。我们使用这一方法的好处是我们可以确定哪些转录材料中的句子已经标定了 CBCA 编码，而且如果一个评分者对同一个转录单进行编码，可以知道他们之间出现分歧的地方在哪儿。表 8.1 列出了 CBCA 中的 19 项标准。

表 8.1　陈述分析的内容标准

总体特征
1. 逻辑性结构
2. 非结构化输出
3. 细节的数量
具体内容
4. 背景性嵌入
5. 交互的描述
6. 谈话的复制
7. 意想不到的事件期间的并发症
8. 不同寻常的细节
9. 多余的细节
10. 准确报告细节误解
11. 相关外部关联
12. 主观心理状态的解释
13. 犯罪者心理状态的归因

（续表）

动机相关内容
14. 自发纠正
15. 承认记忆缺失
16. 怀疑自己的证词
17. 自我贬低
18. 原谅犯罪人
犯罪的具体元素
19. 犯罪的细节特征

资料来源：改编自 Steller 和 Köhnken（1989）。

CBCA 最初是基于 Undeutsch 所述的假设，即源自真实经历记忆的陈述与虚构编造的陈述在内容和质量上存在差异。这就是所谓的 Undeutsch 假说（Steller，1989）。CBCA 专家相信 19 项 CBCA 标准更容易发生诚实的陈述中，在这一章中提及 Undeutsch 假说是指这个更详细的假设。所有的 CBCA 标准表明诚实。因而 CBCA 不探究谎言特征，不是一个“言语识谎仪”。任何一个标准的缺失并不一定意味着陈述是虚假的（Yuille，1988b）。

19 项 CBCA 标准可以归纳为四个子类。

第一类，是指针对陈述整体而言的，前 3 个标准属于总体特征类别。Köhnken（1996，1999，2004）对标准 1 ~ 3 为什么会在诚实和虚假陈述间出现差异提供了一个理论框架。他提出了一个感性的解释，认为标准 1 ~ 3 的出现很可能代表真正的体验，因为这些标准通常难以伪造。

标准 1：逻辑性结构。如果语句连贯，并且不包含逻辑不一致或矛盾，那么就可以认为是逻辑性结构。逻辑一致性和可信度并不相同。逻辑上一致的陈述也可能听起来令人难以置信。

标准 2：非结构化输出。如果信息的呈现不按时间顺序，那么就可以认为是非结构输出。在人们心烦不安的时候，它特别容易发生。例如，高度情绪化的成年强奸受害者往往以非结构化的方式作出解释（Winkel，Vrij，Koppelaar，& Van der Steen，1991）。有人可能从事件的核心开始解释（“他的手到处摸我”），然后又回到开始（“当我第一次见到他的时候觉得他看起来还不错”），再回到事件的早期阶段之前（“我不应该那么天真”）又对之后发生的事件提供信息（“他逃走的时候脸上带着玩世不恭的笑容”）。这个标准不适用于某人已经多次叙述故事或者频繁回想事件等情况，因为这会让故事的讲述更具时间条理。

标准 3：细节的数量。如果陈述具有丰富的细节，包括地点、时间、人员、物品和事件的具体描述，那么就满足这一标准。例如，下面的语句就满足这一标准：

"我在 Albert 路的交通信号灯旁的自动取款机取钱。天色暗了下来，下着毛毛雨，非常寒冷。取款机旁边的人非常多，至少有八九个人站在那里。然后，当我取出钞票准备离开的时候，这个人突然出现，手持一把刀，摸我的胸部。我吓呆了，似乎没有人注意到发生了什么"。

第二类，具体内容分类包含标准 4 ~ 13。这些标准是指陈述中的特定句子，旨在揭示陈述的具体性和生动性。事实上，它们是总体标准中细节的数量（标准 3）的具体化。与标准 1 ~ 3 类似，标准 4 ~ 13 是可能表明真实的经历，因为这些标准通常难以伪造。

标准 4：背景性嵌入。如果事件的发生有明确的时间和地点，而且如果行动与其他日常活动习惯有联系就出现了背景性嵌入。例如，一个受害者描述犯罪活动发生在公园他遛狗的地方，时间是午餐时间。

标准 5：交互的描述。自然发生的事件通常涉及一系列的行为和反应，标准 5 强调的就是这个问题。如果陈述包含至少连接作案者和目击者的信息，那么就满足这一标准。例如，"我说走开，但他没有，只是笑了笑，然后我开始哭泣"就满足这一标准。

标准 6：谈话的复制。大多数自然发生的事件涉及言语，标准 6 就关注这个方面。如果部分谈话内容以原始形式进行报告或者在复制的对话中可以区分不同的说话人，那么就符合这一标准。如果仅报告对话内容则不符合这一标准；只有当至少有一个人的表达被完整复制的时候才能符合这一标准。因此，"他说：你没事吧，脸色这么苍白？"符合这一标准，而"他问我感觉怎样"就不符合。

标准 7：意想不到的事件期间的并发症。如果陈述中的元素有些是意料之外的，那么就满足这一标准。例如，目击者提到作案者汽车的防盗器在事发时报警，或者作案者发动汽车时存在困难。

标准 8：不寻常的细节。不寻常的细节，是指人、物体或事件的细节，它在背景中具有的意义是独一无二的，令人意想不到或惊讶的。例如，目击者描述犯罪者胳膊上的纹身，或称犯罪人有口吃。

标准 9：多余的细节。多余的细节，是指证人描述的细节与指控并无必然关系，如目击者称罪犯试图摆脱进入到卧室里的猫，因为他（罪犯）讨厌猫。

标准 10：准确地报道被误解的细节。如果证人提到细节超出其理解能力就满足这一标准，如孩子在描述成人的性行为时认为是在打喷嚏或让人疼痛。[①]

标准 11：相关的外部关联。如果报告的事件并不是被控犯罪的真实部分，而

---

① 研究表明，大部分 8 岁以下儿童对性行为缺乏具体的认知（Gordon，Schroeder，& Abams，1990；Volbert & Van der Zanden，1996），很多专家将"与年龄不符"的性知识作为性虐待的一个重要提示指标（Conte，Sorenson，Fogarty，& Rosa，1991）。然而，Jones 和 McQuiston（1989）称对于这类问题没有年龄标准。

仅仅是与犯罪相关则满足这一标准。例如，被访谈者说，行凶者与其他女人谈论性行为。

标准 12：主观心理状态的解释。如果目击者描述了事发时自己情感经历的发展和变化 ，那么就满足这一标准。例如，一个目击者描述在事发时自己有多害怕，以及她在一切都结束之后的放松。这个标准还包括想法的报告，如一个目击者提到自己在事件发展过程中是如何设法逃走的。

准则 13：犯罪者心理状态的归因。如果目击证人描述了事件发生中的感情、思想或事件中的动机，如“他很紧张，手也在哆嗦”；“他想到我可能要马上大叫，因为他在摸我之前关闭了所有的窗户并大声放起了音乐”，等等。

第三类，与动机相关的内容类似，包括标准 14 ~ 18。这些标准是关于目击者如何表达陈述的。Köhnken（1996，1999，2004）认为，标准 14 ~ 18 最有可能发生在与动机有关的诚实表述中。诚实的人不会像说谎者一样关心印象控制（第 3 章）。相比于诚实者，说谎者会热衷于尝试编造一个能给人留下可信印象的说辞，并将忽略自己认为有损真诚形象的信息。因此，与人们对于诚实的刻板印象相反，一个真实的表述可能含有更多的信息。标准 14 ~ 18 有时被称为“与诚实的思维定势相反”（contrary - to - truthfulness - stereotype）标准（Ruby & Brigham，1998）。

准则 14：自发的修正。如果在访谈者提出之前能够自行修改或添加修改，则满足这一标准。“是 2 点，等等，应该是在 2 点之后，因为天已经黑了”这就是一种典型的校正。“我们在他的车上，他把车开得飞快，顺便说一下是沃尔沃汽车，他车开得太快了，几乎闯过了所有红灯”则是添加内容的例子。

标准 15：承认记忆缺失。如果一个目击者说“我不知道”“我不记得”或者“除了车里发生的事情其他的我都忘了”，那么就满足这一标准。和标准 14 一样，本标准仅在访谈中没有提及表述内容时有效。因此，将“我不知道”或“我不记得”作为一个直接问题的答案（“他的衬衫是什么颜色的?”）并不算是承认记忆缺失。

标准 16：质疑自己的证词。如果目击者表明他自己的一部分描述听起来奇怪、难以置信、不太可能等就满足这一标准（例如，“这件事情是这么奇怪，他看起来是那样一个善良的人，所有邻居都喜欢他，我想没有人会相信我”）。

标准 17：自我贬低。如果证人提到个人不利，自供罪状的细节，就满足这一标准。例如，“我太傻了，竟然邀请他来我家。”

标准 18：宽恕罪犯。如果目击者为涉嫌行凶者的行为找借口，不再责怪作案者，就满足这一标准。例如，一个女孩称自己对于被告可能面临监禁感到抱歉，因为她并不认为被告是有意要伤害她。

第四类，犯罪具体元素包含一个单独的标准。

标准 19：犯罪的细节特征。

如果证人描述的元素在专业人士看来是典型的该类型犯罪的特征，但是违反一般公众的直觉，那么就满足标准 19。这一标准更多出现在诚实的语句中，因为这些元素难以伪造（Köhnken，1996，1999，2004；Marshall & Alison，2006）。

◈ **评分者间可靠性评分**

如果两人分别对文字材料进行打分，他们会获得相同的 CBCA 分数吗？这是一个重要的问题，因为不是这样，就意味着 CBCA 的编码结果不完全取决于陈述的质量（本应实现的目标），还取决于每个 CBCA 编码员的解释。为了回答这个评分者间可靠性问题，本书回顾了有效的 CBCA 研究。在此，我会给出一个总结性的结论，具体细节已发表在其他地方（Vrij，2005 b）。结论尽管不完美，但对于大多数单独标准而言，它在绝大多数研究中取得了评分者较好的一致性（标准 2 非结构化输出和标准 14 自发纠正是例外）。此外，CBCA 总分的评分者一致性往往比每个单独标准的评分者一致性要高。这些结果表明，不同 CBCA 编码员通常认为某个句子包括一个 CBCA 准则，但有时会在确定是哪个标准时产生分歧。高评分者内部一致性的研究结果表明，CBCA 总分是可靠的，但每个 CBCA 评分者有时会得到不同的结果。因此，在实际运用中，重要的是确保至少两名 CBCA 专家对一个陈述进行评估。只有让两名 CBCA 专家分别单独评估同一语句，才能确定 CBCA 得分是仅反映了陈述的质量，还是在某种程度上反映了评分者的个人观点。然而，在实际情况下，一般的做法是只有一名专家评估文本材料。①

• 阶段四：CBCA 结果的评估：有效性清单

CBCA 评估就其本身而言不足以判定陈述的真实性，因为 CBCA 分数可能受到除陈述的诚实性以外的其他问题影响。例如，访谈者在访谈中引导了被访谈者，而且可能填补了被访谈者故事中的空白，或者在面试之前其他人可能已经指导过被访谈者应该怎么说。在这些情况下，即使是编造的故事也可以很丰富且详细。相反，诚实的陈述也可能会表现出质量差、缺乏细节的特点。例如，因为被访谈者很年轻、口语不熟练、或是因心中不安而不敢说得太多、或是因为访谈者没有给以足够的机会让其表述整个故事。

除了真实性以外的其他因素会影响 CBCA 分数，这就意味着 CBCA 不是一个标准化的测试。一个标准化的测试应该具有明确的常模，可以阐明心理学含义并作出相应的解释（Kline，1993）。智力测验就是一种标准化考试。如果有人得 130 分，那么我们就知道这个人非常聪明，并且比获得 70 分的人更聪明。如果没有任何常模，那么测试成绩的意义就无法估计。因此，标准化的测试是必不可少的。

为了使 CBCA 评估标准化，研究者已开发出有效性清单，其中有可能会影响陈

① 见 Gödert，Gamer，Rill，& Vossel，（2005），Horowitz（1998），Horowitz，Lamb，Esplin，Boychuk，Krispin，& Reiter - Lavery（1997）和 Tully（1998）关于 CBCA 评分者内部一致性的更多研究内容，以及高评分者信度的重要性。

述诚实性的问题组成。通过系统地检查有效性清单上的每个问题，SVA 评估者可以探究并考虑 CBCA 结果的其他解释。每排除一个供选择的解释，就支持了 CBCA 分数准确反映陈述诚实性的假设；每认为一种解释是合理的，评估者应该考虑 CB-CA 分数是否准确地反映陈述的真实性。CBCA 分数的这一评估是 SVA 的阶段四，也是最后一个阶段。有效性清单存在不同的版本（Raskin & Esplin，1991b；Steller，1989；Steller & Boychuk，1992；Yuille，1988b）。表 8. 2 中的有效性清单是由 Steller 和他的同事发表的（Steller，1989；Steller & Boychuk，1992）。在本部分我只关注于描述有效性清单。在本章之后"有效性清单：反响"的部分，我将讨论关于有效性清单的讨论。

表 8. 2　有效性清单

心理特征

1. 不恰当的语言表达和认识
2. 不相称的情感
3. 对建议的敏感性

访谈特征

4. 暗示性的、引导性的或胁迫性的提问
5. 访谈的整体不恰当性

动机

6. 报告的可疑动机
7. 原始披露或报告的可疑背景
8. 错误报告的压力

调查的问题

9. 与自然规律矛盾
10. 与其他陈述矛盾
11. 与其他证据矛盾

资料来源：改编自 Steller（1989）。

前三个问题是关于被访谈者的个人特征。

1. 不恰当的语言表达和认识。这个问题是指被访谈者所使用的语言和表现的认识是否已经超出其年龄一般具有的能力，或者是否超过了被访谈者从事件中了解到的范围。如果出现这种情况，它可能表明在准备陈述中受到了其他人的影响。例如，为了获取监护权，母亲可能会鼓励自己的孩子错误地指责她的前夫虐待孩子。为了看起来让人信服，母亲可能和孩子一起准备好如何表述，并有可能指导孩子怎么说。

2. 不恰当的情感。这个问题是指被访谈者在接受访谈时表现出的情感（通常是通过非言语行为）是否与被访谈者宣称的经历不相称。例如，性犯罪在情绪上困扰着受害者并让受害者心烦不安。因此人们可能期望真正的受害者在接受访谈时表现出这种情绪。缺乏这种情绪可能表明陈述的故事是捏造的。

3. 对暗示的敏感性。这个问题主要是指被访谈者在接受访谈时对于暗示是否会表现敏感。有些人更容易受暗示。拿之前询问孩子去没去游泳一例说明，有的孩子会直接说自己没有去游泳。尽管在法庭背景下，关于儿童和成年人在多大程度上容易受到暗示的影响存在相当大的争论，但是可以得出三点结论。第一，暗示感受性具有年龄差异，年纪小的孩子比更大一点的孩子更易受到暗示，儿童比成人更易受到暗示（Pezdek & Hodge，1999；Pezdek & Hinz，2002）。第二，暗示性具有个体差异（Ceci，Crossman，Scullin，Gilstrap，& Huffman，2002）。第三，访谈的方式会影响暗示的敏感性（还会影响引出信息的质量和程度）（Sternberg，Lamb，Esplin，Orbach，& Hershkowitz，2002）。

Yuille（1988 b）和 Landry、Brigham（1992）建议在访谈的结尾询问一些带有误导性的问题以评估被访谈者对暗示的易感性。例如，访谈者可能会暗示孩子在被告的客厅里有一个鱼缸（访谈者明知根本不存在）并观察孩子的反应。如果孩子附和这些精心设计的暗示性问题，就表明其具有高度易受暗示性。显然这些误导性问题应该仅涉及外围次要信息，而不是关键信息（如涉及性虐待的问题）。如果一个孩子附和不正确的关键信息暗示，那么这只会破坏陈述的质量，因为这意味着孩子会对明知不实的性虐待作出评论。此外，误导性问题可以扭曲被访谈者的记忆，他们可能仅仅因为访谈者的暗示就“记住”了一个根本没有发生过的事件。我在第 2 章讨论了这一现象。方框 8.1 提供了这一现象的经典示例。

> **8.1　问题的措辞如何影响记忆** Loftus 和 Palmer（1974）说明了问题的措辞是如何影响记忆的。被试观看一部关于交通事故的影片，然后回答这个问题：“车辆接触时的速度有多快?”其他被试被问及同样的问题，只有动词“接触”被撞、碰撞、撞击或撞碎所取代。尽管所有参与者看的是同样的电影，问题的措辞却影响了他们的回答。估计的速度（英里/小时）分别是 31、34、38、39 和 41。一个星期后，询问被试是否在事故现场见到破碎的玻璃。虽然根本没有破碎的玻璃，但 32% 的使用“撞碎”字眼的被试表示他们看到了，而使用“撞”字的被试仅 14% 称自己看到。因此，问题的措辞影响了被试对事件的记忆。

接下来的两个问题涉及访谈者在访谈中的的风格或方式。

4. 暗示性的、引导性的或胁迫性的提问。这个问题检查访谈者是否对被访谈者进行暗示，或是施加任何压力等。如果访谈具有暗示性、引导性或强迫性，那么就不应该进行 SVA 分析。

5. 访谈的整体不恰当性。除暗示性以外的其他因素也决定了访谈的质量。举个例子来说，儿童在问及一个他们不知道答案的问题的时候，往往不知道自己可以回答“我不知道”。当他们不能确定某些答案的时候，孩子（和一部分成年人）会倾向于仍旧回答问题，而不是承认自己忘记了或者不知道。这就可能导致编造。因此，访谈者在询问开始的时候就应该让被访谈者清楚的知道他们是可以说“我不知道”的，并且在不确定的时候可以回答“我不知道”，这点非常重要（Milne & Bull；1999 年，Mulder & Vrij，1996）。

接下来的三个要点是为了探究证人在讲述事件时的动机。

6. 报告的可疑动机。这个问题主要反映了证人是否可能具有叙述事件的可疑动机。很有可能有其他人鼓动证人做不实的叙述。因此，有必要了解清楚证人和被告之间的关系并理清所有与案件有关的人员在控告中可能的后果。在这个过程中可能关系到孩子抚养权/探视权的纷争或者孩子父母离婚的过程。正如前面提到的，父母一方有可能在抚养权纷争中鼓动孩子诬告另一方来获得这场纷争的胜利。

7. 原始披露或报告的可疑背景。这个问题涉及最初的陈述和历史的陈述，尤其是第一次陈述时的环境。应该探索在最初揭发控告的环境中暴露出的可疑因素。例如，首次报告是自愿的吗？是谁让证人报告犯罪的（父母、老师、心理学家等）？

8. 错误报告的压力。这个问题是指是否有其他的建议者、指导者、压力去迫使证人作出伪证或者在其他真实的叙述中夸大某些特定的细节。最后三个指标着重于陈述与犯罪类型以及之前陈述的关系。

9. 与自然规律矛盾。这个问题指的是描述的事件是不现实的或者不可能的。如果一个女人宣称她因乱伦而怀孕，那就需要考虑她是否满足作证的年龄。

10. 与其他陈述矛盾。一个事件一般不仅仅只有一方证词。证人可能在之前就已接受过该事件的询问，或者其他人也接受过相关的询问。这个问题是指证人之前的描述或其他人描述事件核心的主要因素与此次描述不一致或者有矛盾的情况。有一点很重要，我们需要知道的是并非所有不一致和矛盾都适用于这个问题。而是指在描述事件*核心*时存在*大量*偏差。（Köhnken，2004，p. 54，斜体字系作者补充）

11. 与其他证据矛盾。这个问题是指描述中的主要线索与实际物证或其他具体证据相矛盾的情况。再次强调，这个问题着眼于有力证据和事件核心描述之间的实质性偏差。

◇◇一个 CBCA 的研究文献综述

◇ 类型的研究

为了尝试证实 CBCA，目前实施了两种类型的研究。在现场研究中，被试者对涉嫌性虐待真实案例作出检测，而在实验室研究中，对被要求说真话或说谎的参与者进行判断和评估。每个模式都有其优点和缺点，这些我也已经在第 3 章中作出了解释。

现场研究的判断观点与来自真实案例的观点有明显的关联。现场研究的主要问题是建立在基本事实上，这些观点的真实性是毫无疑问的。

良好的现场研究取决于判断真实性的标准证据，而独立于目击证据，如 DNA 证据和医学证据 。然而，这样的证据在真实案例中通常是得不到的，那么可以进行 CBCA 评估（Steller & Köhnken，1989）。因此，典型的标准，如信念或忏悔 是用来确定一个语句是真的或是假的。

这些标准的问题所在是，它们都依赖于该语句的质量，低质量的陈述是不可能在信念和忏悔效果上超过高质量的陈述 。因为 CBCA 分数也反映了陈述的质量（质量不佳的陈述导致的 CBCA 分数低和高质量的陈述则对应高的 CBCA 分数），信念和忏悔，不能被视为独立于 CBCA 分数。例如，在 CBCA 研究中，如果法官驳回了指控，那么陈述就被归类为可疑（Boychuk，1991；Esplin，Boychuk & amp; Raskin，1988）。然而，驳回不一定意味着孩子的陈述是假的。这可能是因为被虐待的孩子无法确切地向法官表述他们所遭受的虐待，那么这样的陈述无论是可信还是不可信的表述都可能导致低的 CBCA 评分。用信念作为基本事实将无法准确地支持这一假设，获得低 CBCA 分数的陈述有可能是错误的 。

有人用忏悔的呈现或缺失作为基本事实（Craig，Scheibe，Raskin，Kircher，& Dodd，1999）。如果作为在性侵害案件中唯一指向犯罪嫌疑人的证据是孩子的陈述，并且陈述的质量也不高，那么犯罪嫌疑人不可能认罪。一个质量差的控诉将不被视为强有力的证据，而犯罪嫌疑人往往只承认强有力的证据指向的犯罪。（Moston，Stephenson，& Williamson，1992）一个质量差的陈述也将导致一个低的 CBCA 得分，是不可能被 CBCA 专家判断为真实的。相反，如果一个高质量虚假的有罪陈述被 CBCA 专家判断为真实的，那么无辜被告宣告无罪释放的可能性也会显著降低。如果无辜被告没有机会避免一个有罪判决，甚至可能为了得到较轻的惩罚，供认罪行这或许是有益的（Steller & Köhnken，1989）。总之，质量差的（例如，不可信）的陈述导致低的 CBCA 分数进而降低获取的定罪和忏悔的可能性，而高质量（例如，有说服力）的陈述得到高的 CBCA 分数从而增加可能性，无论这个陈述是真实的或虚假的。

这些例子表明，即使在一些案例中定罪与供认和 CBCA 分数的正相关定罪和供认似乎为 CBCA 分数和准确性之间的假定关于提供了支持。这意味着在把定罪与供认作为基本事实的 CBCA 现场研究中假定关系的支持被过分夸大。

在实验室研究中很容易建立一项真实或虚假的陈述，但是实验的情况毕竟不同于现实生活中的情况。回顾刚看的电影中的情节（有时用作实验室的研究范式）与描述一个性虐待的经历完全不同。因此，由于缺乏生态有效度，Undeutsch（1984）认为，实验室研究对于测试 SVA 分析的精确性作用不大。

显然，研究人员应该尽可能使实验室研究成为现实，并尽量创造条件，模拟实际的儿童性侵害案件的情境。Steller（1989）认为体验性侵害的特点有三个重要条件：(1) 人的参与；(2) 事件的负面情感基调；(3) 广泛掌控局面的缺失。第 1 个条件可以在实验室研究中很容易被满足，后两个条件基于道德原因是比较难操作的。实验室研究 CBCA 的一种流行的范式是邀请被试陈述一个负面影响的经历，如提供血样，被狗咬伤等，或编造一个从来没有经历的事件。显然，实验者需要确定故事是真实的还是虚构的，如通过向被试的父母进行验证，尽管这并不总是发生在实验室研究中。

8.2　记忆的创伤经验

显然，性侵犯是有压力的事件。很难研究人高度紧张的记忆，因为对于研究目的而言它在伦理上是不允许创建有压力的事件。为了检验压力事件中人的记忆，研究者需依赖于真实的发生的事情。然而，往往不清楚在实际事件中到底发生了什么的，因此也不可能确定当事人对该事件的记忆是否是完整的和准确的。Peters (1991) 研究了儿童在真的知道发生了什么事的情况下对不同应激事件的报道。他研究了儿童在去看牙医时在诊所发生了盗窃。他的调查结果显示，压力会导致回忆的事件受损。

但是，现有的研究却提出另一个不同的观点：戏剧和创伤事件通常比普通的事件更好地被记忆 (Cordon *et al.*, 2004; Magnussen, *et al.*, 2006)。在文献中给出许多鲜明的例子，被研究者在有压力的事件中能够提供详细的信息，如 Pynoos 和 Eth (1984) 采访的 40 多名儿童目睹其父母的杀人事件。他们发现目睹了这个事件的这些孩子准确记住几个细节。另一项研究表明，一些儿童仍然可以清楚地记得目睹母亲被强奸这一事件 (Pynoos & Nader, 1988)。Jones 和 Krugman (1986) 发现，一个 3 岁的小女孩被一个陌生人绑架，并被性虐待，丢在一个坑里，小女孩很清楚地记得发生的事和那个陌生人。二战期间被关押在 Erika 集中营的人时隔 40 年，仍有着清晰的记忆 (Wagenaar & Groeneweg, 1990)。在后来的研究中，囚犯分别在 1943～1947 年和 1984～1987 年期间接受了关于集中营中经历的访谈。因此这项研究告诉我们，对于压力事件在何种程度上仍能具有很好的回忆。结果发现，集中营的经历一般都被准确地记得，虽然有时具体和重要的细节被遗忘。这些被遗忘的细节包括受虐待，见证谋杀的场面。

虽然 3 岁之前的事情很少记得，保留的记忆可以追溯到儿童早期 (Cordon *et al.*, 2004; Goodman & Melinder, 2007; Magnussen *et al.*, 2006)。早期的童年记忆的缺乏原因之一是因为幼儿的语言能力不足。研究表明，儿童不能记得学会说话之前的事；一旦他们的语言能力得到发展，发生的事件就会被记住。

不同的实验室研究使用了不同的研究范式，这些范式已在本章表格中列出。我将他们区分为四类：(1) 被试先参加一个活动，然后要求被试说出真相或者说谎的研究（活动）；(2) 为参与者播放视频之后让其说真话或说谎的研究（视频）；

(3) 研究参与者在观看一段表演的事件之后让其说真话或说谎的研究（表演）；
(4) 参与者讲述关于自己以前生活中消极经历的真实或虚构的故事（记忆）。

如前所述，CBCA 很准确地评价了涉嫌性侵犯案件中孩子的陈述。许多作者将 CBCA 描述为仅用来评估关于儿童性犯罪审理的技术（Honts，1994；Horowitz，Lamb，Esplin，Boychuk，Krispin，& Reiter - Lavery，1997）。然而，有些人倡导使用这项技术额外评估一些成年人除性侵犯以外案件的证词（Köhnken，2004；Köhnken，Schimossek，Aschermann，& Höfer，1995；Porter & Yuille，1996；Ruby & Brigham，1997；Steller & Köhnken，1989）。这些人指出潜在的 Undeutsch 假说约束的既不是孩子、目击者和受害者，也不是性侵犯。为了弄清这一问题，表格中列出陈述源于儿童还是成人，以及他们是受害者、证人还是嫌疑人。我还标记了自称遭遇消极事件的“受害者”。最后，总结了现场研究和实验室研究之间的差别。①

在这一章中，回顾了所有在英国已发表的 CBCA 或 SVA 的文章和著作，共计超过 50 个案例的研究。由于 SVA 在德国刑事调查中具有重要的地位，德国几名研究人员进行了 CBCA 或 SVA 的研究。然而，这些研究绝大多数都是用德文写的，因此无法被更多的读者阅读，因此我放弃了对那些德国的研究成果进行综述。然而，我有一些 CBCA 或 SVA 的文档，这些文档不是在杂志里发表的。我通常不愿意讨论会议的论文，因为它们并不一定被该领域的专家评审过，所以这些报告的质量无法保证。但我有包括在研讨会上有影响力的 CBCA 和 SVA 的会议论文，并且这些论文在其他 SVA 文献中有所讨论（例如，Bradford，1994；Bybee & Mowbray，1993；Davies，2001；Horowitz，1991；Köhnken *et al.*，1995；Steller，1989）。最后，我将 Boychuk 未发表的现场研究（1991）一并讨论。该博士论文也很有影响，在 SVA 领域受到广泛认可（例如，Lamb，Sternberg，Esplin，Hershkowitz，& Orbach，1997a；Horowitz，1991；Ruby & Brigham，1997）。

由于 CBCA 标准表明的是真相而不是欺骗，相比前几章我已经对本章的内容做了一些变动。附录 8.1 中的“ > ”意味着标准更多的出现在真实陈述中而非虚假陈述中；“ < ”意味着标准更多的出现在虚假陈述中而非真实陈述中；如果真实和虚假的陈述之间并无差异，就用“—”来表示。“ * ”表示某一标准没有在研究中涉及。Undeutsch 假设预测，所有的标准更多的出现在诚实的陈述中。

◈ CBCA 评分中诚实者和说谎者之间的差异：现场研究

第一份考察 CBCA 评分准确性影响的现场研究是 Esplin 等人（1988）的研究。

① 我认为 CBCA 的非理论特性是 CBCA 专家不确定它应该在何时使用的一个原因。事实上，Köhnken 研究表明认知和动机因素对诚实者和说谎者之间的 CBCA 评分差异具有影响，并提出了一个理论基础假设。然而，这些是因果关系的解释，而且是在 CBCA 方法之后才进行的介绍。另外也不知道他的理论假设是否被 CBCA 专家所认同。

研究对自称遭受性虐待的3.5～17岁的儿童40段陈述进行分析。如果指控导致供认或者有明确的医学证据证明阴道和/或肛门有创伤，那么就将这条陈述定为确定的陈述。如果被告持续的否认，和/或者驳回起诉以及不被起诉，那么就将这条陈述定为可疑陈述。受过训练的CBCA评分者对陈述进行打分。如果陈述中未满足一项标准，就记为0分；如果满足一项标准，那么得分即为1分；如果高于标准则记为2分。因此，CBCA累计得分可能是0～38分。

结果是十分显著的。可疑的案件平均的CBCA得分是3.6分，而确定的陈述平均得分为24.8分。此外，可疑和确定组评分分布完全没有出现重叠。可疑组的最高得分是10分（一名儿童得到了这个分数，另有3名儿童得0分），而确定组最低得分是16分（一名儿童得到了这个分数，最高分为34分）。通过评估两组中每个标准的差异发现，可疑组和确定组的19个标准中有16个不一致，全部与预期方向一致。也就是说，标准在确定的案件中出现的更多，这有力地支持了Undeutsch假设（见附录8.1）。Wells和Loftus（1991，p.169）认为这一发现是“最令人印象深刻的心理学研究之一”。Lamers－Winkelman（1995）认为他们的研究“好得令人难以置信”。

Esplin等人的研究受到了强烈的批评。其中一个批评是只有一位评分者评分。因此，我们不知道编码是否可靠。此外，Wells和Loftus（1991）指出两组之间的差异可能是由于年龄差异造成的。事实上，可疑组的儿童年龄（平均6.9岁）比确定组（平均9.1岁）更小。此外，可疑组包括了8条低于5岁儿童的陈述，而确定组仅包括1条低于5岁儿童的陈述。除了医学证据之外，没有一条用来获得基本事实的标准是独立于案件事实的。我在前面讨论了使用供认作为基本事实所出现的问题（这是将案件定为确定的一项标准）。另外，不仅在报告错误时（研究者指出的那样），儿童说的话是真的，性虐待也真的发生，但儿童的话不被信任的时候，就会司法终止、不起诉、被告人持续的否认（将案件定为可疑的一项标准）。抑或用Wells和Loftus（1991，p.169）的话说：

> 他们可能不足以令人相信，因为这些儿童可能还缺乏逻辑推理能力，他们可能会由于不能处理次要细节而害怕，可能有很差的语言技能，等等。由于他们是不被信任的目击者，检察官可能不会提起诉讼（不起诉），法官可能感觉定罪不太可能（司法终止），而且辩护律师可能不会建议自己的客户承认指控（由指控导致的持续的否认）。

在她随后的研究中，Boychuk（1991）分析了75名声称遭遇性虐待的儿童的陈述，他们的年龄在4～16岁。她回应了一些自己和Esplin等人研究的批评。例如，陈述是由三个独立于案件的评分者分析而成。除了确定组和可疑组之外，她还加入了作为样本的第三个组——可能受虐待组。可能受虐待案件是由没有医学证据但有高级法院裁定罪犯的自白判定的。遗憾的是，在她全部的分析中，包括附录8.1中呈现的分析，Boychuk 结合了确定组和可能受虐组，这使得本组的基本事实不太可靠。通过评估两个剩余组之间差别，Boychuk 发现比 Esplin 和同事更少的显著性（附录8.1），但全部13项差异均与预期一致。也就是说，标准更常出现在确定案件中而不是怀疑的案件中，这支持了 Boychuk 假设。

在 Parker 和 Brown（2000）已发表的现场研究中，CBCA 评估用来评估成人强奸指控的准确性。其中，在一些标准上发现了差异，而这些差异均在预料之中（附录8.1）。然而，这一研究也存在严重的方法学问题。例如，确定陈述实际准确性的标准，（1）令人信服的强奸案证据（没有解释这一点是什么意思），（2）用来判断嫌疑人的标准太含糊或者不独立于案件本身。同样，仅有一位评估者检查了所有的案件。也不清楚评估者是否了解案件实情或者在评估时是否获得背景信息。

Craig 等人（1999）考察了3～16岁声称是性虐待受害者儿童的48项陈述。如果指控获得供认或者/而且没有通过多导仪测试，那么就将此表述为确定。如果儿童提供了详细而可信的改变之前言论的内容而且/或者多导仪表明被告人是无辜的，那么就将此陈述定为高度可疑。换句话说，这一研究也没有确定独立案件的事实。仅使用了14项标准。如果一项标准缺失，就记为0分，如果出现一项标准就记为1分。仅考察 CBCA 总分，分数在0～14分。确定案件的 CBCA 平均得分（7.2分）比可疑案件的平均得分（5.7分）稍微偏高。

Rassin 和 Van der Sleen（2005）考察了关于性犯罪的27项正确和14项错误指控。遗憾的是，他们没有报告受害者的年龄。如果指控最终定罪那么就认为指控是正确的，而如果受害人自己受到因虚假指控而被控那么就认为原指控是错误的。作者总结他们的基本事实是通过法庭的角度来确定的。这是真的，但是需要再次指明的是，定罪不是独立案件事实。他们确定了7项 CBCA 的标准，其中2项能够区分诚实者和说谎者。这2个标准均在正确指控中出现地更频繁，这与 Undeutsch 假设一致。

在基本事实确定地控制更好的现场研究中，Michael Lamb 和他的同事分析了98名所谓受性虐待的儿童受害者的陈述（年龄在4～12岁）（Lamb，Sternberg，Esplin，Hershkowitz，Orbach，& Hovav，1997b）。他们的研究中仅包括已知被害人和儿童有身体接触证据，并且证实的要素满足的案件。最初的样本含1187名被询问者，使用这些标准意味着很多案件需要忽略。如果在陈述中缺失标准则记为0分，如果满足则记为1分。他们发现了例如比 Boychuk 或 Esplin 研究更少的显著差异。这部分是因为仅分析了14条 CBCA 标准，而非前面研究的19条标准。但是，所有的差异均在意料之中：标准更常出现在可信组而非不可信组。他们同样计算了 CBCA 总分。可信组（6.74分）比不可信组（4.85分）满足更多标准。然而，这一差异比 Esplin 和他同事的发现要小得多。[1]

◈ 总结

在 6 项 CBCA 现场研究中，其中 5 项研究的基本事实的确定并未让人满意。这意味着在解释这 5 项研究的发现时需要特别小心，因为他们不能被真正的信任。然而，如果所有的现场研究合在一起考虑就可能发现一种趋势。目前发表的唯一一个可信的现场研究表明，诚实和编造的陈述差异虽然小但存在（Lamb *et al.*，1997b）。而所有的这些差异在 Undeutsch 假设中均有所表示：标准更常出现在诚实的陈述中。其他 5 项缺乏可靠性的研究支持了这一模式。即使诚实和编造的陈述出现差异，它也是在预料之中。

有时没有发现诚实和虚假描述中存在差异，这表明 CBCA 标准和匹诺曹长鼻子并不等价。但是，相比于非言语行为的结果而言（附录 3.1），出现了一个重要的不同。非言语行为的结果出现了不稳定的模式。在一些研究中，说谎者更多出现一种特别的行为；在其他研究中，说谎者在相同的行为上出现的次数比诚实者更少；而在另一套研究中没有发现特定行为和欺骗的关系。CBCA 标准的结果则更具一致性。没有现场研究发现 CBCA 标准在编造的陈述中比在诚实的陈述中更常出现。

◇◇ 诚实者和说谎者在 CBCA 评分中的差异：实验室研究

与大多数现场研究相比，实验室研究往往显示诚实者和说谎者之间更少的差异（附录 8.1）。但是，几乎所有的区别均在 Undeutsch 假设之中，而且标准在诚实者中更多满足。实验室研究中很多与 Undeutsch 假设相悖的研究是由 Landry 和 Brigham（1992）以及 Ruby 和 Brigham（1998）实施的。他们的研究结果可能存在一些解释。他们使用的评分者仅接受了 45 分钟的 CBCA 计分训练，人们能否在这么短的时间内就能有效地使用 CBCA 评分值得怀疑。同样，评分者对很多的陈述进行编码，平均 255 个单词，而 CBCA 方法是用来对更长的陈述进行评分的工具（Raskin & Esplin，1991b）。最后，在 Landry 和 Brigham 的（1992）研究中，一些评分者并未阅读陈述的文稿（常见的 CBCA 程序），而是观看了视频陈述。我已经解释过，CBCA 专家并不赞成评估视频陈述。也就是说，这些研究在几个方面已经偏离了 CBCA 的程序，这将会对 CBCA 评估产生影响。

---

① Orbach 和 Lamb（1999）发布的一项研究中，对 13 岁性虐待受害儿童陈述的准确性比大多数其他研究高。访谈时对受害者提供的信息与关于事件的录音带进行比较。孩子告诉自己母亲说祖父时常对她进行性骚扰，而母亲并不相信孩子的话。一天，当祖父进入卫生间的时候，孩子正在用录音带听音乐，她按下录音按钮，并记录下将要发生的性虐待事件。Orbach 和 Lamb 对陈述进行了 CBCA 分析，并且发现 14 项标准中有 10 项满足。显然，在考察一项陈述的研究中的结果并不能说明 CBCA 的效度。同样，儿童知道有录音证据的情况下也会以一种不确定的方式影响她的陈述。尽管如此，佐证的性质和力度让这项研究值得一提。

◈ 结果的稳定性

如果 Undeutsch 假设在不同的研究环境得到支持，那么 CBCA 结果将非常令人信服。附录 8.1 说明了这种情况。无论使用何种实验研究范式（实际参与、观看视频或模拟事件、记忆中的陈述），CBCA 标准均在诚实陈述中经常出现。此外，Undeutsch 假设从儿童、成人、目击者、受害者和嫌疑人的陈述分析中获得了支持。甚至在儿童、成人（Akehurst，Köhnken，&，Höfer，2001 Vrij，Akehurst，Soukara，& Bull，2002，2004a，b）、目击者/受害者和嫌疑人的直接比较中也得到了有力支撑。这些结果支持了 CBCA 专家的观点，即 CBCA 评估并不仅限于儿童性虐待案件的陈述评估。

◇◇ 每一单独标准和总 CBCA 得分的支持

附录 8.1 底部显示对 Undeutsch 假设每一条标准的证据。为了测量这一证据，对每一条标准而言，我测量了：（1）在多少研究中，标准更常出现在诚实陈述中；以及（2）多少项研究的标准得到了检验。用（1）的结果除以（2）的结果得到证据得分。因此，如果 10 项研究中有 5 项的标准在诚实陈述中更常出现，那么证据得分即为 5/10 = 50%。如果其他 5 项研究的标准在错误陈述中更常出现，那么这个百分比将会变低。然而，我已经提到，这很少发生。如果 Undeutsch 假设不被支持，那么这最有可能是因为正确和错误陈述之间没有区别。这样，50% 的证据得分更具有显著性。附录 8.1 表明，标准 3——细节数量，获得最多的支持。细节的数量在 29 项研究中得到计算（结合了现场研究和实验室研究），而在其中的 22 项（76%）研究中诚实者包括更多的细节问题。此外，没有一项研究的诚实者包含比说谎者更少的细节。这一点有力地支持了标准 3。①

事实上，证据是如此的有力，甚至可以供一些研究讨论细节的数量为什么不是欺骗的特征性线索，其中包括我们的工作（Vrij，Mann，Kristen，& Fisher，2007）。在我们的实验中，要求说谎者假装参加过一个活动，而这个活动实际上只有诚实者参与了。之后，我们给说谎者提供一系列事件的细节信息。也许这样的细节信息为说谎者提供了在自己故事中包括更多细节的机会。但是，在我们的实验

① 很多非 CBCA 研究也关注诚实和编造陈述在细节数量（标准 3）和背景性信息（标准 4）的差异。总的来说，这些研究为 Undeutsch 假设提供了进一步的证据，诚实者会叙述更多的细节（e. g.，Burgoon，Buller，Ebesu，White，& Rockwell，1996；Jones & McGraw，1987；Jones & McQuinston，1989；Köhnken & Wegener，1982；Lindsay & Johnson，1987；Pezdek & Hodge，1999；Pezdek & Roe，1997），而且陈述中包含更多的背景信息（例如，Alonso – Quecuty，1991；Johnson & Foley，1984；Johnson，Foley，Suengas，& Raye，1988；Johnson & Raye，1981）。更多关于考察细节和背景信息的研究将在第 9 章进行讨论，因为这些标准同样也是真实监控工具。

中，其他 CBCA 标准仍显示了诚实者和说谎者之间的差异，不同类的细节问题如背景信息（标准 4），对话重现（标准 6），或非常规细节（标准 8）在诚实陈述中更常出现。也就是说，不是细节的数量（标准 3）而是细节的质量（标准 4、标准 6、标准 8）让谎言泄露。

附录 8.1 进一步表明，非结构化陈述（标准 2），背景性信息（标准 4）以及会话重现（标准 6）均得到了有力的支持，得分至少为 50%。通常情况下，所谓的动机性标准，标准 14 ~ 18，比大多数认知标准（标准 1 ~ 13，标准 19）获得更少的支持。事实上，尽管已经 10 项研究的检验，但标准 17——自我贬低目前仍没有获得任何支持。在两项研究中，诚实者和说谎者出现了显著的差异，两次均是诚实陈述中出现更少的标准。

一些研究者批评了动机性标准。Berliner 和 Conte（1993）指出，一些动机性标准，如标准 15——承认缺乏记忆，需要目击者表露对现有陈述作为真实证据缺乏自信。这间接表明信心能消除真实的可能性，而他们认为这还存有争议。附录 8.1 进一步表明，一些研究者没有考察大多数动机性标准，这主要是因为他们认为很难可靠地对此进行编码（Horowitz，Lamb *et al.*，1997）。

我已经在第 3 章和第 4 章讨论过，关注单一线索并不是识谎的好策略，因为这就等同于寻找匹诺曹长鼻子的特征。这同样适用于 CBCA 评估中。在 20 项研究中，研究者计算了 CBCA 的总分数，并比较了诚实者和说谎者的得分。结果十分显著。20 项研究中有 16 项（80%）支持了诚实者比说谎者具有更高 CBCA 得分的假设。20 项研究中仅一项研究（5%）诚实者获得比说谎者低的 CBCA 分数（Ruby & Brigham，1998）。我已在上面讨论过 Ruby 和 Brigham 的（1998）研究所用的范式在一些方面与典型的 CBCA 方法并不相同。就这一方面来讲，Ruby 和 Brigham 的研究不是对 CBCA 方法的公平检测。

◇◇基于 CBCA 得分对诚实者和说谎者进行正确分类

◈ 受过训练的 CBCA 评估者比外行人表现得更好吗？

为了回答 CBCA 评估者是否比外行人表现得更好这一问题，我们有必要知道人们是怎么成为 CBCA 专家的。遗憾的是，我们几乎不知道这一过程需要接受何种训练。Raskin 和 Esplin（1991b），认为有必要进行两到三天的研习班训练，而 Köhnken（1999，2004）推荐三周的训练课程。尽管在接受多少训练上存在争议，但是可能需要相当大量的训练项目。进行 CBCA/SVA 评估不是一个简单的工作。CBCA 列表很长，而且有一些标准很难掌握。在 CBCA 编码后，需要对准确性清单的内容进行评估，而这通常是一项复杂的任务（Steller，1989；Wegener，1989）。CBCA 评估者不可能在没有接受大量训练的情况下就能掌握这门技术，实际上 2 ~ 3

天的研习班训练可能还是不够的。

一些研究者直接将接受过训练的 CBCA 编码员探测诚实/说谎的能力进行比较（Akehurst, Bull, Vrij, & Köhnken, 2004; Köhnken, 1987; Landry & Brigham, 1992; Ruby & Brigham, 1998; Santtila, Roppola, Runtti, & Niemi, 2000; Steller, Wellershaus, & Wolf, 1988; Tye, Amato, Honts, Kevitt, & Peters, 1999）。然而，所有的这些研究明显训练时间不满足至少 2~3 天研习班的标准。时间最短的训练班（45 分钟）是 Landry 和 Brigham（1992）以及 Ruby 和 Brigham（1998）实施的。Steller 等人的（1988）训练班尽管有 90 分钟，但也不是很长。Akehurst 等人（2004）的培训班持续两个小时，而 Köhnken（1987）和 Santtila 等人（2000）并未对训练班长度提供信息。然而，训练班的内容类似于本段中提到的其他研究，因而具有相同的长度。在典型的研究中，训练者往往获得 CBCA 标准的讲义。接着，CBCA 训练者详细地解释标准并给出一些例子。而后让受训者对一些练习陈述进行评分，随后和受训者进行讨论。

综合来看受训者与未受训者比较的研究结果。在一些研究中，受训的观察者更擅长区分诚实者和说谎者（Landry & Brigham, 1992; Steller *et al.*, 1988; Tye *et al.*, 1999），而其他研究没有发现训练效应（Ruby & Brigham, 1998; Santtila *et al.*, 2000）或是发现训练让观察者在区分诚实者和说谎者上表现更差（Akehurst *et al.*, 2004; Köhnken, 1987）。根据这些研究结果我们就怀疑 CBCA 方法是不公平的，因为这些研究缺乏深度的训练。我们能够得出的唯一结论是为观察者提供短时 CBCA 训练课程对他们识谎能力具有不稳定的效果。①

◇ 计算准确率的不同方法：标准和决策标准的重要性

在 CBCA 研究中，准确率——正确区分诚实者和说谎者——以三种不同的方式进行计算。第一个方法，在大多数实验室研究中，CBCA 计分通常是通过公式进行分析。这类分析将 CBCA 得分录入计算机，让计算机判断被试诚实还是说谎。这一判断与被试的真实情况进行对比，准确率等于正确区分的百分比。

计算准确率的第二个方法是让 CBCA 编码员作出诚实或欺骗判断。这是在现实情况下进行。CBCA 编码员或者使用 CBCA 总分或者查看单一标准来作出判断。Steller 和 Köhnken（1989）提出一些标准在区分诚实上更具有价值。例如，准确报告但却误解陈述中的细节（标准 10），如儿童描述了成人的性行为，但却将此归结于打喷嚏或痛苦，就要比儿童描述发生所谓的性遭遇（标准 4）更有意义。但是，在

---

① 在仅有的一项与 CBCA 训练有关的现场研究中，Gumpert, Lindblad 和 Grann（2002b）将专业人员准备的专家证词报告和临床人员的陈述分析进行比较，临床人员来自于儿童和青少年精神病学专业。他们发现，陈述分析背景组的报告通常有更高的质量（Gumpert, Lindblad, & Grann, 2002a，质量是如何测量的）。遗憾的是，这一研究并没有告诉我们 CBCA 训练的有效性问题。如作者所承认的，他们没有对报告中推荐的准确度进行评估。此外，除了训练之外，各组之间还存在其他差异。

SVA 过程中没有对每个不同标准的重要性进行指导，而是将其留给编码者去解释。

仅有一项研究将计算机分析和 CBCA 评分者对诚实和说谎判定的差异进行了比较（Vrij，Kneller，& Mann，2000）。在总体准确性上没有出现差异。但是，计算机分析在识别谎言上更准确（计算机分析的准确率是 80%，CBCA 评分者的准确率是 60%），而 CBCA 评分者在识别诚实问题上更准确（计算机分析的准确率是 53%，CBCA 评分者的准确率是 80%；见表 8.3）。计算机分析和 CBCA 评分者在谎言和诚实上准确率的差异支持了一项观点，即 CBCA 评分者的决定不必基于 CBCA 总体得分。

作出准确性判断的第三个方法是使用一般决策规则。这一方法在现实中和研究中都在使用。例如，Yuille（被引用在 Horowitz，1991）为了判断一项陈述是否为真使用了一个规则"CBCA 标准 1 ~ 5 应该出现并且加上其他两项"。Raskin（被引用在 Zaparniuk *et al.*，1995）如果标准 1 ~ 3 以及剩下的任何 4 项标准同时出现即可认为该项陈述为真。Craig（1995）使用了另一个决策规则。他指出包含超过 5 项标准的陈述可能为真。然而，使用一般决策规则有严重的缺陷。由于不同专家使用不同的规则，而没有专家能够清楚地说明为什么使用这一判断标准，因而使用一般决策规则可能过于武断。更重要的是，SVA 假设 CBCA 计分取决于准确性以外的问题，如年龄和访谈方式，而如果使用一般决策规则，那么这类标准将会被忽略。因此使用一般决策规则违反了 SVA 的步骤。意料之中的是，很多 CBCA 专家，包括两名德国原创人，都强烈反对使用决策规则（Steller & Köhnken，1989）。

表 8.3　CBCA 准确率

作者	年龄（岁）	事件	重要身份	评分	准确率（%）		
					实话	谎话	总计
现场研究							
Esplin *et al.* (1988)	3 ~ 15	现场	受害人	CBCA 评分者	100	100	100
Parker & Brown (2000)	成人	现场	受害人	决策规则	88	92	90
实验室研究							
Akehurst *et al.* (2001)	7 ~ 11/成人	主动实施	n/a	判别式	73	67	70
Akehurst *et al.* (2001)	7 ~ 11	主动实施	n/a	判别式			71
Akehurst *et al.* (2001)	成人	主动实施	n/a	判别式			90

（续表）

作者	年龄（岁）	事件	重要身份	评分	准确率（%）		
					实话	谎话	总计
Akehurst *et al.* (2001)	7~11	主动实施	受害者	CBCA 评分者			63
Erdmann *et al.* (2004)[1]	6~8	记忆	目击者	判别式	77	66	71
Granhag *et al.* (2006)	12~13	表演	n/a	判别式			58
Höfer *et al.* (1996)	成人	主动实施	n/a	n/a	70	73	71
Joffe & Yuille (1992)[2]	6~9	主动实施	n/a	CBCA 评分者			71
Köhnken *et al.* (1995)	成人	视频	目击者	判别式	89	81	85
Landry & Brigham (1992)	成人	记忆	受害者	CBCA 评分者	75	35	55
Ruby & Brigham (1998)	白种成人	记忆	受害者	CBCA 评分者	72	65	69
Ruby & Brigham (1998)	黑种成人	记忆	受害者	CBCA 评分者	67	66	67
Santtila *et al.* (2000)	7~14（累积）	记忆	受害者	回归分析	69	64	66
Sporer (1997)	成人	记忆	受害者	判别式	70	60	65
Steller *et al.* (1988)	6~11	记忆	受害者	CBCA 评分者	78	62	72
Strömwall, Bengtsson *et al.* (2004)	10~13	主动实施	目击者	判别式	44	64	54
Tye *et al.* (1999)	6~10	主动实施	目击者	判别式	75	100	89
Vrij, Akehurst *et al.* (2004a)[3]	5~6	主动实施	目击者/嫌疑人	判别式	71	64	69

（续表）

作者	年龄（岁）	事件	重要身份	评分	准确率（%）		
					实话	谎话	总计
Vrij, Akehurst *et al.* (2004a)	成人	主动实施	目击者/嫌疑人	判别式	58	65	62
Vrij, Akehurst *et al.* (2004b)[4]	6～15/成人	主动实施	目击者/嫌疑人	判别式	50	69	60
Vrij, Edward *et al.* (2000)	成人	视频	目击者	判别式	65	80	73
Vrij, Kneller *et al.* (2000)[5]	成人	视频	目击者	判别式	53	80	67
Vrij, Kneller *et al.* (2000)[6]	成人	视频	目击者	CBCA 评分者	80	60	70
Yuille (1988a)	6～9	记忆	受害者	CBCA 评分者	91	74	83
Zaparniuk *et al.* (1995)[7]	成人	视频	目击者	决策规则	80	77	78
总准确率					**70.81**	**71.12**	**70.47**

注："n/a"指被试参与到活动中，但他们既不是受害者也不是嫌疑人。[1] 仅第一个面试；[2] 仅轻微训练条件；[3] 仅无辜的被试；[4] 仅轻微训练条件；[5] 仅无辜的说谎者；[6] 仅无辜的说谎者；[7] 准确率应用决策规则"标准 1～5 出现，其一标准出现两条"。

◈ 现场研究和实验室研究的准确率

仅有两项现场研究报告了准确率或者可以基于报告的数据自己计算出准确率（Esplin *et al.*，1998；Parker & Brown，2000）。两项研究均显示了很高的准确率（表 8.3）。然而，我早先阶段已经提到过，两项研究都有很严重的方法学漏洞，因此我更倾向于忽略这些结果。

其他报告准确率的研究均为实验室研究。在这些研究中，总准确率在 54%～90%。其中一项相对低准确率的报告是 Landry 和 Brigham（1992）的研究。我已经提供了几个能够解释这一特例的原因。此外，评分者被建议使用满足五条标准即为高可靠度的决策规则，而使用这类规则不是 CBCA 编码员应该做的事情。如果忽略他们的结果，表 8.3 表明诚实的准确率在 44%～91%，而说谎的准确率在 60%～100%。诚实的平均准确率（70.81%）类似于说谎的准确率（71.12%）。平均总正确率是 70.47%。① 在直接比较的研究中，儿童、成人、目击者、受害者和嫌疑人的准确率并未出现较大差异。这进一步支持了 CBCA 评估不仅限于儿童或目击者陈述的观点。②

◇◇有效性清单：研究结果

目前，有效性清单研究集中于影响 CBCA 计分的 3 个问题：被询问者的年龄，询问者的方式，以及指导被询问者的方式。我将在本部分回顾这些研究。

◇ 被询问者的年龄

我在上面提到，认知能力、语言掌握的情况以及记忆提取策略贯穿童年时期的发展，这使得他们能够逐渐的详细解释目击的事件（Davies，1991，1994a；Fivush，2002；Fivush *et al.*，1995；Saywitz，2002）。因此，年纪较小儿童的陈述往往比年长儿童或成人的陈述更缺乏细节。同样，8 岁以下儿童在从他人角度观察世界的能力上也存在困难（Flavell，Botkin，Fry，Wright，& Jarvis，1968），因此，标准 13（犯罪人精神状态的归因）在儿童陈述中不常出现。最后，由于年纪较小的儿童尚未形成发达的元认知和元记忆能力（即知道自己是否知道或记住了某一答案，Ghetti & Alexander，2004；Magnussen *et al.*，2006；Walker & Warren，1995），因此也不太清楚他们记忆中的缺口（标准 15）。研究有力地表明，CBCA 总得分与年龄有关：随着年龄的增长，儿童获得更高的 CBCA 得分。③

在三项现场研究中，将单个 CBCA 标准出现的频率作为年龄的函数进行计算（Boychuk，1991；Buck，Warren，Betman，& Brigham，2002；Lamers－Winkelman & Buffing，1996）。这些研究发现，19 项标准中的很多标准具有年龄相关性。例如，Buck 等人（2002）考察了 2～4 岁受性虐待儿童的访谈，结果发现 19 项标准中有 13 项标准与年龄有关。无关的 6 项标准（非寻常细节，误解准确报告的细节，

---

① 在计算这些准确率之前，我平均了 Akehurst *et al.*（2001），Ruby 和 Brigham（1998），Vrij，Akehurst *et al.*（2004a），Vrij，Knelle 和 Mann（2000）的三个得分。因此，所有的研究在准确率计算上具有相同的权重。

② 据我所知，Ruby 和 Brigham（1998）是考察被试的种族划分对 CBCA 影响的唯一研究者。尽管他们没有发现准确率之间的差别，但是种族问题值得未来研究进一步讨论，尤其是不同文化人群的叙述技术存在的潜在差异（Davies，1994b；Phillips，1993；Vrij & Winkel，1991，1994）。

③ Anson，Golding，& Gully，1993；Blandon－Gitlin，Pezdek，Rogers，& Brodie，2005；Boychuk，1991；Buck，Warren，Betman，& Brigham，2002；Craig *et al.*，1999；Davies，Westcott，& Horan，2000；Hershkowitz，Lamb，Sternberg，& Esplin，1997；Horowitz，Lamb，Esplin，Boychuk，Krispin，& Reiter－Lavery，1997；Lamb *et al.*，1996；Lamers Winkelman & Buffing，1996；Pezdek *et al.*，2004；Santtila *et al.*，2000；Vrij，Akehurst *et al.*，2002，2004a，b。一些研究并未获得显著的年龄效应（Akehurst *et al.*，2001；Tye *et al.*，1999）。但是，在 Tye 等人的（1999）研究中，儿童的年龄在真实与虚假的陈述上并未配平。年龄与 CBCA 总分之间的关系在 Hershkowitz 等人（1997）的研究中仅有低程度的显著性（$p<0.10$）。

犯罪人精神状态的归因，怀疑某人记忆，自我贬低以及原谅犯罪人）在访谈中出现机率小于 10%。

更多的现场研究者考察了不含年龄因素条件下标准出现的频率。他们发现每项标准之间差异显著。[①] 特别是标准 1（逻辑结构）、标准 3（细节数量）、标准 4（背景信息）和标准 19（犯罪的细节特征）更常出现。而标准 10（误解准确报告的细节），标准 16（怀疑自己的记忆）和标准 17（自我贬低）很少在陈述中发生（通常少于 10% 的陈述）。这也许可以解释为什么后面 3 个标准对 Undeutsch 假设缺乏支持（附录 8.1）。从定义来看，陈述中从未出现的标准不能区分诚实和虚假的描述；陈述中几乎未出现的标准也不能区分诚实和虚假的陈述。

◈ 询问方式

CBCA 分数还和询问方式有关。[②] 例如，开放性问题（“你能告诉我发生了什么吗?”）和诱导词（鼓励的非暗示性词汇，Hershkowitz，Lamb，Sternberg，& Esplin，1997）比其他更直接提问形式满足更多的 CBCA 标准，如集中注意力在被询问者先前提到的细节上（Craig *et al.*，1999；Hershkowitz *et al.*，1997）。此外还发现了 CBCA 分数与言语肯定陈述（“使得，我明白了”等）和确定性评论（即询问者总结儿童已经说了什么）之间存在正相关（Davies，Westcott，& Horan，2000）。

为了提高从被询问者那里获得的信息数量，研究者开发了特别的询问技术。其中一项技术是认知询问技术，它是由美国心理学家 Ron Fisher 和 Ed Geiselman（1992）开发的。如今，这一技术通常被德国、英格兰和美国的警察使用（也可能在其他国家），用以询问合作的目击者。有时候人们不能自发的从记忆中提取信息。认知询问基于记忆和信息提取的心理学原理，应用此项技术进行询问的配合的目击者比用传统技术询问的目击者提供更准确的信息（Köhnken，Milne，Memon，& Bull，1999；Milne & Bull，2003）。此外，通过认知询问法获得的目击者陈述获得更高的 CBCA 分数（Köhnken *et al.*，1995；Steller & Wellershaus，1996）。见 Fisher，Brennan 和 McCauley（2002）对认知询问的更多介绍。

◈ 指导被询问者

如果一个被询问者意识到 CBCA 将被用来评估他的可信度，他可能会尝试在陈

---

① Anson *et al.*，1993；Boychuk，1991；Buck *et al.*，2002；Esplin *et al.*，1988；Horowitz，Lamb *et al.*，1997；Lamb *et al.*，1997b；Lamers - Winkelman & Buffing，1996. 见 Vrij，2005b 对现场研究中频率百分比进行的综述。

② Craig *et al.*，1999；Davies，Westcott，& Horan，2000；Hershkowitz，1999；2001b；Hershkowitz，Lamb，Sternberg，& Esplin，1997；Köhnken *et al.*，1995；Lamb，Esplin，& Sternberg，1995；Lamb，Hershkowitz，Sternberg，Esplin，Hovav，Manor，& Yudilevitch，1996；Santtila *et al.*，2000；Steller & Wellershaus，1996；Sternberg，Lamb，Hershkowitz，Esplin，Redlich，& Sunshine，1996；Vrij，Mann，Kristen，& Fisher，2007。

述中迎合 CBCA 标准来给评分者留下可信的印象。这类尝试被称作反测试对策。尽管从原则上来讲，诚实者和说谎者都可能尝试使用反测试手段，但是说谎者更可能会这么做，因为他们认为自己更不可信（DePaulo，Lindsay *et al.*，2003）。

我知道 5 项 CBCA 反测试实验（Caso，Vrij，Mann，& DeLeo，2006；Joffe & Yuille，1992；Vrij，Akehurst *et al.*，2002，2004b；Vrij，Kneller，& Mann，2000）。在我们的实验中，不同年龄组的被试（6～8 岁，10～12 岁，14～15 岁，成人）对一系列事件诚实或说谎。在这之前，告知其中一些被试（含诚实者和说谎者）几项 CBCA 标准。在收到这些信息后，指示这些接受“训练指导”的被试在自己的陈述中包含 CBCA 标准。他们的陈述被转录，由 CBCA 评分者对其进行评估。将接受训练指导被试的 CBCA 得分与未接受训练的被试得分进行比较。训练使得 CBCA 成为无效的准确性识别工具。通常来讲，接受过训练的被试比未经指导的被试获得更高的 CBCA 得分，而诚实者和说谎者之间的差别仅存在未经指导的被试中。因此，很难通过 CBCA 分析正确的区别受指导的被试。例如，在我们的研究中 CBCA 专家仅能正确识别 69% 的未受指导的被试的谎言，但仅能识别 27% 的受指导被试的谎言。当我们告知专家一些说谎者已经接受指导，并让专家再次评定成熟，受指导的说谎者准确率提升，但也只是达到 40%。这意味着即使告知一些说谎者接受了指导，CBCA 专家也仍将大部分说谎者（60%）判定为诚实者。

尽管在我们的实验中，指导能够让被试成功说谎，但 6～8 岁组却是例外。在接受 CBCA 指导后，他们仍不能提高陈述的质量，这可能是由于指导的性质决定的。我们仅提供了有限的信息，儿童几乎没有时间去练习自己学到的东西。而且，教练对儿童来讲是陌生的人。如果教练是儿童熟悉且信赖的人，并且教练让他们充分的排练自己的陈述，不能排除这些儿童能够也成功说谎的可能性。然而，我们的实验表明，指导年纪小的儿童确实比年龄大的儿童更难。

◇◇对于 CBCA 标准和诚实关系的观念

前一章节表明，被告知 CBCA 方法的说谎者可以在其陈述中迎合 CBCA 标准来达到欺骗评分专家的目的。考虑到人们调整陈述的能力，很重要的就是了解不知道 CBCA 方法的人对于 CBCA 标准和诚实之间的关系怎么看。如果不清楚 CBCA 方法的人具有留下可信印象的高动机，他们可能会说出自己认为可信的陈述。CBCA 专家也信任这些陈述吗？如果人们对于可信的认识与 CBCA 专家有共识，那么他们就能够成功。几乎没有研究对此内容进行考察。我们只知道 4 项已发表的调查报告（见表 8.4）。在这些调查中，为被试提供 CBCA 标准的清单并询问他们是否认为其中每项标准会出现：（1）更频繁；（2）更少出现在编造的内容中；（3）在编造和诚实内容之间没有差别。3 项研究在英国进行，被试为成人，包括专业识谎者（警察、老师、社会工作者）和外行（Akehurst *et al.*，1996；Taylor & Vrij，2000；Vrij，Akehurst，& Knight，2006）。这些组的结果十分相似，表明专业人员和外行人对诚实的言语特征具有相似的理解。表 8.4 中的结果呈现了这些组的情况。

在表 8.4 中，“>”符号表明被试认为标准在诚实叙述中更常出现，而“<”符号表明他们认为标准在虚假陈述中更常出现，“—”标志表明被试认为标准与诚实和说谎无太大关系，而“*”表明标准和诚实或说谎的关系并未在本研究中进行研究。如上面所说，CBCA 专家假设所有标准在诚实的情况下更常出现（表 8.4 中“>”符号），而 CBCA 研究常出现这种模式。

表 8.4　人们对内容分析标准和诚实之间关系的观点

作者	CBCA 标准																		
	1	2	3	4	5	6	7	8	9	10	11	12	13	14	15	16	17	18	19
Akehurst，Köhnken，Vrij，& Bull（1996）	*	*	>	<	>	—	—	<	<	<	<	*	*	<	>	<	<	<	—
Colwell，Miller，Miller，& Lyons（2006）	>	<	>	*	*	*	*	*	*	*	*	*	*	<	<	*	*	*	*
Taylor & Vrij（2000）	—	—	—	<	*	*	<	<	<	*	*	*	*	<	<	>	>	*	*
Vrij，Akehurst，& Knight（2006）[1]	>	<	>	*	>	—	—	<	<	*	*	>	*	—	<	*	*	*	*

注：“>”表明被试认为 CBCA 标准在诚实叙述中更常出现；“<”表明他们认为标准在虚假陈述中更常出现；“—”标志表明观察者认为标准与诚实和说谎无太大关系；“*”表明言语特征并未在本研究中进行研究；[1]仅包含成人的观念。

表 8.4 显示，人们认为诚实者的故事包含更多的细节（标准 3）和互动的描述（标准 5）。这与 CBCA 研究相一致。对于很多其他线索，人们不知道它们实际与诚实有何联系。事实上，他们往往表达与现实直接相反的观点。例如，人们认为说谎者包括更多的背景信息（标准 4），不寻常的细节（标准 8）以及不必要的细节（标准 9），而事实上诚实者更可能这么做。

总的来说，人们对于可靠的陈述听起来是怎样的观点与 CBCA 专家不同。这对于专家来讲是个好消息，因为这让说谎者在不了解 CBCA 的情况下更不可能编出让 CBCA 专家信以为真的陈述。

几项其他研究集中注意力在感觉到的可靠性和某个 CBCA 标准的关系上：细节的数量。大多数研究支持了 CBCA 调查的结果，即包含更多细节就会留下更诚实的印象（Bell & Loftus，1988，1989；Conte，Sorenson，Fogarty，& Rosa，1991；Wells & Leippe，1981）。然而，Freedman，Adam，Davey 和 Koegl（1996）发现这一关系依赖于发生的背景。当观察者怀疑某人说谎时，最大的影响因素是因为对象说出中等程度的细节。在这种情况下，给出太多细节很容易给观察者留下努力让人相信、高防御或编造一些资料的印象。同样，Coolbear（1992）报告称儿童报告太多细节引起人怀疑，因为这表明儿童接受了他人指导。因此，如果他们违反了人们认为的规则，儿童说的内容就会变得可疑。在考察感觉到的可靠性和非语言行为线索的关系时也获得了类似的结果（第5章）。这一研究表明适度的行为（如中等程度的眼神接触）比反常规的行为（如眼神凝视）更能给人留下可信的印象。

◇◇有效性清单：反射

很少有研究对现实案件中有效性清单的使用进行研究，目前仅发表了3项研究成果（Gumpert & Lindblad，1999；Lamers - Winkelman，1999；Parker & Brown，2000）。我发现Gumpert和Lindblad的研究特别有意思，将会在下面讨论。首先，我将会基于心理学原则和研究讲述一些关于有效性清单的问题。

◇ 识别有效性清单困难的问题

有些有效性清单问题可能很难去识别。例如，SVA专家寻找成人指导儿童提高陈述可信度的证据。但是，我已经探讨过BCA专家很难识别出这种指导。

◇ 测量有效性清单困难的问题

至少具有一个有效性清单的问题，建议的敏感性（标准3，Steller，1989），很难去测量。一些目击者更倾向于询问者的建议。敏感性的危险是易受影响的儿童可能倾向于确定询问者期待的信息，但事实上是不准确的。因此，Yuille（1988b），Landry和Brigham（1992）建议在询问即将结束时，询问一些带有误导性的问题，来评估目击者对建议的敏感性。由于问这类关于主要信息的问题可能对陈述有害（我在上面讨论了），他们推荐集中注意在次要信息上（例如，询问者在明知道没有朋友在场时，询问“你和你妹妹在一起时，你的哪个朋友也在那儿？Claire还是Sara?”）。限制于询问次要问题存在疑问。儿童对一个事件的主要部分的易受暗示性更具抵抗力（Dalton & Daneman，2006；Goodman，Rudy，Bottoms，& Aman，1990），而且对压力事件更不易受暗示的影响，就像主要事件一样（Davies，1991）。因此，对事件次要部分的洞察不能有效地用来对中心事件易受暗示性下结论。这一有效性清单问题似乎也是基于假设，即建议是个体差异的结果而不是环境作用的结果。这可能不是有效的假设（Milne & Bull，1999）。

◇ 决定有效性清单影响的困难问题

一旦认定和测量了有效性清单问题，它往往很困难，如果可能的话，来决定其在CBCA计分的准确影响。我已经提到询问方式经常能够影响目击者报告的信息数量。然而，这不意味着每个单独的个体都能够受某种访谈方式的影响。而且即使目击者受询问方式的影响，有时候也难以确定这一方式对陈述的准确影响。也就是说，不能确定有效性清单问题对个体陈述的准确影响，而只能靠估计。显然，在估计中可能会发生错误。

关于 SVA 专家在确定有效性清单在 CBCA 计分的准确影响上遇到的困难，有一个很好例证是 Lamers - Winkelman 和 Buffing（1996）实施的现场研究。在这项研究中，要求评分者根据儿童的年龄计算 CBCA 分数。尽管如此，还有 6 项标准与年龄呈正相关。也就是说，即使要求矫正 CBCA 分数，结果也仍会呈现年龄相关的效应，即年长儿童获得更高的 CBCA 分数。

考虑到有效性清单问题在认定和测量上的困难，以及考察这些因素对 CBCA 计分的准确影响，显然有效性清单的过程比 CBCA 更主观且缺乏形式（Steller，1989；Steller & Köhnken，1989）。因此，如果两名专家不同意德国刑事案件陈述的准确性也不令人吃惊，争论最可能出现的原因是他们不同意有效性清单问题的影响力（Köhnken，1997，个人交流）。同样，在考察瑞典有效性清单的使用时，Gumpert 和 Lindblad（1999）发现有时不同的专家在关于儿童陈述的有效性清单的影响上会得出不同的结论。因此在刑事调查中至少需要两名评分者单独的评分。目前，询问第二意见在实践中并不常见。①

◈ 有效性清单问题的理由

我询问了一些有效性清单合理性问题，特别是关于问题 2 情感的不对称性（Steller，1989），问题 9 自然规律的一致性（Steller，1989），问题 10 与其他陈述的不一致性（Steller，1989）和问题 11 与其他证据的一致性（Steller，1989）。

- 情感的不对称性

问题 2 是指儿童在讯问中是否会表现出不适当的情感（Raskin & Esplin，1991b）。如果儿童报告受虐的细节而不出现任何情绪的标志，那么他的故事就缺乏可信性。这是非 SVA 专家普遍认同的观点。Coolbear（1992）发现法律专家和人事服务的专家认为情绪与儿童掩饰的一致性能表明诚实。我在第 6 章已经提到 13 岁的 Michael Crowe 成为主要嫌疑人，因为办案人员认为他对自己妹妹的死表现了“不适当的情绪”（Kassin，2005）；而我在第 5 章，擅长性侵害调查的德国警方在受害者表现“非典型行为”时则会起疑心。

我关心的是这种假设确实存在，即非典型的行为/情感的不适当表达，或相反，典型的的行为/适当的情感表达。强奸受害者的研究已区分了自我展示的两个基本

---

① SVA 专家必须处理的问题不仅限于 SVA 评估，即目击者的反应不仅受陈述准确性的影响而且还受其他问题的影响。考察行为和生理反应的识谎者同样面临相似的问题。他们试图通过引入基线反应来解决这一问题，所谓基线反应是识谎者明确知道是诚实的中性反应，它是在调查中类似环境的反应。之后他们将调查中的反应与基线反应进行比较，因而他们制造了一种外部影响因素基本相似的环境，那么两者反应的差异可以表示说谎。然而，这一方法很复杂，因为制造一个好的基线往往不十分确定。我已在第 3 章说明了基线问题，之后还会在本书中再次提到这一内容。

方式：一种是"明确的"方式，受害者会对外人表现出明显的悲伤；而另一种是受约束的"麻木"方式，在这种情况下不会显示出悲伤的神情（Burgess，1985；Burgess & Homstrom，1974；Vrij & Fischer，1995）。变化的表达方式代表了人格因素，并且与欺骗无关（Littman & Szewczyk，1983）。然而，不同的情绪表现会影响感受到的受害者可信性，感情冲动的受害者比会控制自己感情的受害者更容易让人相信（Baldry & Winkel，1998；Baldry，Winkel，& Enthoven，1997；Bothwell & Jalil，1992；Kaufmann，Drevland，Wessel，Overskeid，& Magnussen，2003；Vrij & Fischer，1997；Wessel，Drevland，Eilertsen，& Magnussen，2006；Winkel & Koppelaar，1991）。考虑到不适当的情绪并不存在，有时人们倾向于基于表现的情绪而得出不正确的结论，因而不鼓励 SVA 评分者注意这一点。对于这一问题，我更喜欢英国律师 Mike O'Brien 的会议论文，在其中他辩称异常沉着的受害者并应该以怀疑的态度对待（The Observer，26 March 2006，p. 19）。

- 陈述的不一致

问题 10 是关于相同目击者的不同陈述间的不一致。如果被询问者在两个不同陈述间自相矛盾，可能会发生编造的情况。但是，在回顾儿童研究时，Fivush，Peterson 和 Schwarzmueller（2002）发现不同陈述的不一致不是欺骗的有效指标。①此外，这一儿童研究表明，儿童的叙述在不同询问中会有自然的改变，这在很大程度上与询问者和问题类型有关。

Köhnken（2004）承认有考察一致性的问题，并指出考察一致性本身是不恰当的。他更倾向于考察"在事件中核心的描述存在的大量差异至少需要一个解释"（Köhnken，2004）。这一谨慎的结论有一定的道理，但仍存在问题，特别是在评估儿童的陈述时。他们会在核心事件上很容易给出矛盾的陈述，其中的原因之一是问题重复（Moston，1987；Poole & White，1991；Quas，Davis，Goodman，& Myers，2007）。年龄较小的儿童特别容易在相同问题上给出两种不同的回答，因为他们可能认为"如果相同的问题再问第二遍，那么自己第一次的回答一定是错的"。他们的推理是可以理解的，因为这种情况在他们身上时常发生。父母和老师经常在儿童第一次回答错误时重复问题。由于儿童在性虐待案件中经常被反复提问，而且经常在不同的询问中提出相同的问题，因此在考察不一致性时就会出现问题。

- 陈述的现实性

问题 9 和问题 10 主要对陈述中描述的事件是否可能发生进行判断。如果情况确实这样，那么根据 SVA 专家的观点，陈述的真实性就值得怀疑。然而，陈述中出现的不现实或不可能的细节不一定就说明陈述是编造的。Dalenberg，Hyland 和 Cuevas（2002）考察了声称受到虐待而后又有确凿的证据证实该事件儿童陈述（例如，指控与伤害的医学鉴定相一致）。他们发现在一小部分儿童的陈述中会出现离

① 不同陈述间的矛盾在成人中也不是有效的欺骗指标，如第 4 章所述。

奇、不大可能发生的内容，如出现幻想的人物，故事中出现特别让人难以置信的特征和极端恶劣的行为。这些陈述如果真正发生过则需要外部的证据支持，而事实上却没有。由于这些陈述包含不现实的元素，因此基于有效性清单评估就有考虑其为假的风险。

◈ 一些相关的有效性清单问题并不在有效性清单之内

不是所有影响 CBCA 计分的问题都在有效性清单之内。这就导致他们的影响就会被 SVA 专家所忽视。例如，被询问者在谈论熟悉的事件时，他们的陈述就会包括更多的 CBCA 标准（Pezdek *et al.*，2004）。相比于陈述的准确性而言，被询问者对事件的熟悉度可能会对 CBCA 评分产生更大的影响（Blandon - Gitlin，Pezdek，Rogers，& Brodie，2005）。即使陈述为假，谈论相似事件也会导致高 CBCA 计分的原因是目击者可以在编造虚假陈述时利用自己以往的经验。Raskin 和 Esplin（1991b）指出了这一问题。他们称 CBCA 很难应用在如下情况："目击者拥有其他信息来虚构满足很多内容标准的指控。"（Raskin & Esplin，1991b，p. 280）Pezdek 称在现实的性虐待案件中，SVA 仅在之前没有性行为经历或知识的情况下才能有效的区分诚实和编造的陈述（Pezdek & Taylor，2000）。被询问者对事件的熟悉性并未在 SVA 陈述中进行考察。

另外一个十分重要而在有效性清单中并未涵盖的的问题是人们被询问的次数。一旦所谓的儿童虐待受害者进入法律程序后，其往往会进行几次详细询问（Granhag，Strömwall，& Landström，2006）。研究已经显示，某人被询问的次数会影响陈述的质量。儿童可能会在第 2 次询问中说出更多的细节（Goodman & Schwartz - Kenney，1992；Yuille & Cutshall，1989）。这可能是由于儿童在第 1 次询问中面对陌生的询问者会感到不自在，因而不敢透露更多内容。抑或是因为他们需要与询问者建立信任，因而在第 1 次询问时不想说得太多。然而，Boychuk（1991）的现场研究表明，进行过多的询问会对被询问者提供信息产生消极影响。她比较了儿童在接受第 1 次、第 2 次、第 3 次、第 4 次或更多次询问时的 CBCA 分数。他发现询问次数超过三次的陈述比其他陈述具有更低的 CBCA 分数。Boychuk 指出，在两三次询问过后，儿童可能会对谈论的话题感到厌倦。

在实验室研究中，Erdmann，Volbert 和 Böhm（2004）询问的次数会影响 CBCA 准确性的评估。他们对 6 ~ 8 岁被试关于真实和虚构的事件询问了 5 次。在第 1 次和第 5 次之后进行 CBCA 分析。尽管在第 1 次询问后 CBCA 分数在诚实和虚假描述上显示了差异，但在第 5 次询问后，几乎不显示任何差异。这表明随着询问次数的增加，运用 CBCA 方法识别诚实和虚假陈述的困难也随之上升。总的来说，这些结果表明对第 1 次询问的陈述实施 CBCA 分析最有效。

研究进一步显示，CBCA 分数与言语和社会技巧有关（Santtila *et al.*，2000；Vrij，Edward，& Bull，2001c；Vrij，Akehurst *et al.*，2002，2004b）。例如，Santtila 等人（2000），发现 CBCA 分数与 WISC－R（即为 Wechsler intelligence scale for children，韦氏儿童智力量表，译者注）言语测试的结果呈正相关；我们发现在一些年龄组中，CBCA 分数与社交机敏度和自我监控呈正相关，与社会性焦虑呈负相关（Vrij，Akehurst *et al.*，2002）。测量言语和社交技巧并不是有效性清单的一部分。

目前不清楚的其他问题也可能影响 CBCA 分数。例如，一些儿童具有心理障碍，如抑郁或注意力障碍，而我们不确定这些因素会怎样影响 CBCA 分数。①

◈ 有效性清单可能使用失当

Gumpert 和 Lindblad（1999）关于瑞典 SVA 专家使用有效性清单的现场研究表明，有时专家可能由于应用的困难而错误地使用有效性清单。首先，尽管 SVA 专家有时强调有效性清单问题对儿童陈述的总体影响，但是他们往往不是讨论这些问题是如何影响儿童陈述的。其次，尽管专家有时会指出影响陈述的外部因素，但他们倾向于依赖 CBCA 结果，将高质量的陈述判为诚实，低质量的陈述判为虚假。

Gumpert 和 Lindblad（1999）仅考察了数量有限的案件，因此可能在这时下结论有些操之过急。但是如果他们能用更大的样本复制他们的实验，他们的结果将会令人担心。首先，他们指出人们倾向于忽视有效性清单问题。很容易解释为什么会发生这种情况。正如我已经讨论过的，往往不可能准确地判断有效性清单问题对陈述质量的影响，而忽视这种影响是最简单的解决办法。其次，忽略有效性清单的影响意味着 SVA 判定不比 CBCA 评估更准确，因为 CBCA 和有效性清单的程序所得的结果与单单只靠 CBCA 结果所作的判定往往一致。最后，忽视有效性清单问题的影响意味着陈述质量较低的被询问者会得到较低的 CBCA 分数（例如，年纪较小的儿童、语言技能较差的被询问者）。如果不考虑他们自身的言语技能情况就可能让他们处于不利位置。

◈ 探测嵌入式错误陈述/谎言和错误记忆的困难

儿童可能受到了性虐待并且准确地报告了自己的经历，但也可能会错误地（无论是不是故意的）将一个无辜者错认为是犯罪人。这一错误指控可能会有被信以为真的风险。由于错误嵌入准确的陈述中，这一错误陈述的大多数元素其实是正确的。如果对错误的人进行错误的指控，我将这种情况称为嵌入式虚假陈述（Embedded false statement），如果是有目的的控告则将这种情况称为嵌入式谎言（Em-

① 测量有效性清单的问题确定它们对 CBCA 分数的准确影响具有一定的困难，上述内容同样适用于这些概念。例如，社交机敏和自我监控如何在个案中进行评估（在这方面，研究显示人们的自然语言是人格的重要指标，Pennebaker & Graybeal，2001；Pennebaker & King，1999）。在个案中如何准确确定社交机敏和自我监控对陈述质量的影响？

bedded lie)。因此，这一陈述可能具有丰富的细节，并取得了高的CBCA分数。

此外，有时候人们对于什么是自己真实经历的，什么是自己想象出来的会感到很迷惑（Foley & Johnson，1985；Johnson & Foley，1984；Markham，1991；Parker，1995）。他们对这些想象事件的叙述可能很详细，因此取得了很高的CBCA分数而被判为真。一些研究已经表明有多详细的记忆是可以被想象出来的。首先以成人为例，最有力的例证是由Crombag，Wagenaar，& Van Koppen（1996）提供的。他们的研究基于现实事件，一架波音747飞机于1992年10月4日撞入位于阿姆斯特丹（荷兰）的一个11层楼高的建筑物内。荷兰电视台大量报道了这一国家灾难，向人们展示了消防员英勇救火并将人们从倒塌的建筑中救出来的情形。这一灾难成为接下来几天的主要新闻，最终全国各地人尽皆知，并且人们自己觉得已经知道了很多细节。在所有的这些新闻节目中，仅展示了坠机发生后的景象；而坠落过程因未被拍摄而没有播出。尽管如此，在问道"你看过飞机撞击建筑的电视镜头了吗?"时，参与本项研究的93名在校本科生中有61人（66%）声称看过。很多"目击者"进一步叙述了这一飞机撞击的细节。例如，41人被试记得他们看到这架飞机水平撞击大楼，10人记得飞机垂直撞击大楼，14人记得飞机撞击大楼时已经着火。总的来说，很多被试对没有目击过的事件的记忆都栩栩如生。

同样的，我们询问了成人被试是否看过巴黎Diana公主、Dodi Fayed和司机被害的车辆撞毁视频（Ost Vrij，Costall，& Bull，2002），而其实根本不存在这段影像资料。45名被试中，20人（45%）回答他们看过。为了给出最显著的成年人事例，Johnson，Hashtroudi和Lindsay（1993）描述了CBS电视台播放了美国前总统Reagan对美国海军部队讲述英雄主义的行动，他将此行动归功于一名美军飞行员。然而，并未发现类似英雄壮举的记录，但这一故事却和Dana Andrews在20世纪40年代的电影惊人的相似。

在他们对儿童的实验中，Ceci和同时让3~6岁的儿童想象几个事件，其中包括自己从未经历过的事件，如从三轮车上摔下来在腿部缝针（消极事件），以及和同学去乘坐热气球（积极事件）（Ceci，Loftus，Leichtman，& Bruck，1994）。他们每周一次对儿童想象的事件进行询问。在11次讯问中，59%的3~4岁儿童和51%的5~6岁儿童认为自己确实记得曾坐过热气球，而31%的3~4岁儿童和28%的5~6岁儿童告诉询问者自己确实从三轮车上摔下来过并且在腿部缝了针。所有的询问均被录像记录，这些录像表明具有内部一致性和详细的叙述。因此，他们可能获得很高的CBCA分数并被判为真。而事实上他们全是错误的。在接下来的研究组中，Ceci和他的同事同时将11段询问儿童的视频展示给专业人员（擅长询问儿童而未接受CBCA培训的临床医生和研究者），让他们评判哪个事件实际发生过（Ceci，Huffman，Smith，& Loftus，1994；Ceci，Loftus *et al.*，1994）。这些专业人员在区分准确和不准确报告上基本与随机水平一致。遗憾的是，Ceci研究中的观察者并未接受CBCA训练，如果考察CBCA专家是否比非专家更胜一筹则更有意思。

最接近考察 CBCA 能否区别真实和虚假事件的研究是由 Steve Porter 和同事进行的研究（Porter, Yuille, & Lehman, 1999）。他们对成年被试进行的研究已经在第 2 章进行了描述（方框 2.1）。通过有指导的询问，他们将未发生过的事件记忆“植入”到被试的记忆当中（例如，被送到医院急救室）。结果，很多被试认为他们经历了这些事件。将植入事件的陈述和确实经历过的事件陈述进行比较。他们考察了 CBCA 的两项标准：细节数量（标准 3）和承认缺乏记忆（标准 15）。在植入事件和确实经历事件的陈述中并未发现两项标准出现的频率有何差异。尽管一项研究仅考察两项 CBCA 标准不足以得出任何结论，但是说 CBCA 评分者在正确区分错误陈述上具有困难是完全可以理解的，我已经在第 3 章讨论了，错误信念也不能引起欺骗的行为线索，只是因为人们并未在这种情况下说谎。然而，有证据表明，错误记忆可以通过现实监控进行探测，我将在第 9 章进行解释。

8.3 非 SVA 使用者应用的策略

Coolbear（1992）研究了不熟悉 SVA 的专业人员能在多大程度上使用类似于有效性清单评估可信度时使用的标准。他对 51 名对儿童性虐待有经验的法律专业和社会服务专业人员进行了结构化询问。大多数反应是，使用儿童类的语言是诚实的标志（有效性清单上的问题 1）。情绪与叙述内容的一致性（有效性清单上的问题 2）也被看作是儿童诚实的一项指标。最后，很多参与者称，如果在处理性虐待指控时发现孩子父母有监管看护争论或者离婚（有效性清单上的问题 6~8），就会特别小心处理。也就是说，这些专业人员使用的策略在某种程度上接近于 SVA 专家。

◇◇法律含义

在本部分，我将就本章中的结果作为在法庭上使用 CBCA/SVA 评估作为科学证据的启示进行解释。综观本书，我将对法庭中作为证据使用或其支持者认为应当作为法庭证据使用的准确性评估工具进行论述。通过考察这些工具是否满足作为法庭证据的标准对这一问题进行阐述。因此，将使用美国最高法院为联邦法庭提供的一套关于专家科学证据的指导方针。这些标准用在 Daubert v. Merrel Dow 医药股份有限公司（1993）一案中。使用了下面的 5 个问题标准（Honts, 1994）：（1）科学假设是可测量的吗？（2）命题经过验证了吗？（3）是否具有已知的错误率？（4）假设和/或技术是否经过同行评审并发表？（5）假设和/或技术依赖的理论在科学界得到普遍认可了吗？表 8.5 总结了我对 SVA 评估的这一技术的回答。

◇ **问题 1：科学的假设可测量吗**

诚实陈述可以获得更高的 CBCA 分数（Undeutsch 假设）可以通过实验室研究轻易地验证。尽管在现场研究中验证 Undeutsch 假设在理论上是可行的，但在现实中，却很难确定基本事实。我对 Daubert 问题的第一个答案在实验室研究上是“是”，而在 CBCA 现场研究上是“不确定”。一些有效性清单的潜在假设在现实中也很难测量。例如，如何确立访谈方式对陈述质量的影响？因此在这一问题上的总的回答是“不确定”。

表 8.5　CBCA 和 SVA 评估的五个 Daubert 问题的回答

	CBCA 实验室研究	CBCA 现场研究	有效性清单	SVA
科学假设是可测量的吗？	是	不确定	不确定	不确定
命题经过验证了吗？	是	不是	不是	不是
是否具有已知的错误率？	是，很高	不是	不是	不是
假设和/或技术是否经过同行评审并发表？	是	是	不是	不是
假设和/或技术依赖的理论在科学界得到普遍认可了吗？	未知	未知	未知	未知

◇ **问题 2：命题经过验证了吗**

我对 CBCA 实验室研究在第 2 个问题的回答是肯定的。附录 8.1 列举了 32 项 Undeutsch 假设已经验证的实验室样本，尽管在大多数研究中更多的是成人的参与。目前很少有现场研究，一些现场研究质量较差。因此，我倾向于对 CBCA 现场研究在第 2 个问题上的答案回答“不是”。关于有效性清单的研究几乎不存在，因此，我对有效性清单和 SVA 研究的回答总的来说是“不是”。

◇ **问题 3：是否具有已知的错误率**

在实验室研究中有明确的 CBCA 错误率的判断。诚实和说谎的错误率几乎均在 30% 左右（表 8.3）。尽管错误率表明 CBCA 工具可在随机水平之上区分诚实和说谎，但也说明错误判断时有发生。30% 的错误率意味着 CBCA 评估并未“超过合理的怀疑”，它是刑事法庭中常常使用的作为证据的标准。我对 CBCA 实验室研究第 3 个问题的回答是“是，很高”。SVA 判断在现场研究中错误率特别值得关注。目前还没有发表过考察现场研究的错误率的报告，因此我对 CBCA 现场研究、有效性清单和 SVA 的回答整体是“不”。

只要不知道现场研究中的错误率，就没有比使用已知错误率的 CBCA 实验室研究更好的选择。30%左右的错误率对于 SVA 评判来说可能是一个合理的估计。我在有效性清单部分提到过，SVA 专家倾向于在作出最后判断时更多地依靠 CBCA 结果。此外，有理由相信在现实情境中诚实/说谎评估和实验室研究一样，是十分困难的，而且有时比实验室研究更难。因为在实验室研究中得以控制的大量问题能够影响现实环境中的 CBCA 分数。我在有效性清单这一部分讨论了识别、测量和决定这些问题准确影响的困难。此外，我还对出现在有效性清单的一些问题的判断提出了质疑，并指出一些相关问题在有效性清单中并未涵盖。同时，我还指出一些在现实生活中可能出现的错误陈述（植入式错误陈述/谎言和错误记忆）将会很难识别。总的来说，尽管现实案件中 SVA 评估的错误率还不得而知，但考虑到大量与 SVA 评估有关的困难，错误判断很可能发生。如果我将已知的 CBCA 的错误率 30%作为指导原则，那么我们可以很清楚的知道，SVA 评估并未“超过合理的质疑”。换句话说，SVA 评估还不够准确到让其能够作为法庭证据使用。

◈ 问题 4：假设和/或技术是否经过同行评审并发表

越来越多的 CBCA 研究出现在有同行评审的期刊当中，其中既包括实验室研究，也包括现场研究。有效性清单研究和 SVA 研究仍十分缺乏。因此，我对第 4 个问题的回答在 CBCA 实验室研究和现场研究上均为“是”，但在有效性清单和 SVA 研究上均为“不是”。

◈ 问题 5：假设和/或技术依赖的理论在科学界得到普遍认可了吗

正如我上面已经提到的，一些作者表达了对于 CBCA/SVA 方法的严重质疑（Brigham，1999；Davies，2001；Lamb *et al.*，1997b；Pezdek & Taylor，2000；Rassin，1999；Ruby & Brigham，1997；Wells & Loftus，1991）。例如，Lamb 等人（1997b，p. 262）实施了目前为止唯一可信的现场研究，他们总结道“……CBCA 的准确度太低了以至于它不符合法庭证据所必须满足的可信性和有效性条件”。然而，为了回答第 5 个 Daubert 问题，我们需要知道这些学者在多大程度上代表了整个科学界。目前为止，整个科学界还没有讨论这类问题。因此，我对最后一个 Daubert 问题的回答是“未知”。

◈ 总体判断

SVA 评估并未满足作为法庭证据使用的 Daubert 标准。在本章中，考虑到在现场研究中确定基本事实的困难，我对方法背后的科学假设在现实生活中是否可以验证提出怀疑。此外，目前没有实施足够的现场研究，特别是关于有效性清单的现场研究。而现有的 CBCA 研究的错误率让我们清楚的了解到 CBCA 评估还没有超出合理的怀疑。最后，目前尚不知道科学界对这种方法的普遍接受情况。关于错误率，由于我得出的结果是基于 CBCA 实验室研究而非现实条件下的研究，SVA 评估者可能会质疑我的观察结果，即错误率为30%。然而，这些 SVA 评估者必须接受的是，尽管 CBCA 错误率应该被忽略，SVA 的错误率评估是完全未知的。这样的结果也并不满足 Daubert 标准。

◇◇SVA 的评估

SVA 背后的基本原理是：源自真实经历记忆的陈述与基于想象而编造的陈述在内容和质量上会存在差异，因为诚实者和编造者在表现可靠的认知负荷和动机上会有所不同。有 SVA 有关的问题包括：测试并未标准化，诚实以外的问题会影响 CBCA 评分。这些问题往往很难识别和测量，他们对 CBCA 评分的准确影响仅能通过大概的估计。此外，一些 SVA 专家考察的问题很难判断，而已知的其他影响 CBCA 分数的问题会被专家忽略。最后，虚假陈述的一些类型（嵌入式的虚假陈述/谎言和错误记忆）很难用 SVA 识别出来。

CBCA（和 SVA）在现实研究中的准确性是未知的，因为在很多现场研究中基本事实还没有确立，而实验室研究表明 CBCA 评估能够具有识别诚实和谎言 70% 左右的准确率。因此，识别两者的错误率在 30% 左右，这并没有超过法庭证据规定标准的合理怀疑。几乎 1/3 的错误率是我认为 SVA 评估不满足 Daubert 标准的一个主要原因。

我知道这一坚定的观点必然会被支持 SVA 作为法庭证据使用的人所质疑。他们主要的论据是 SVA 需要和其他准确率更低的法庭证据进行比较（Köhnken, 2004）。我希望更多工作在司法体系的人对这一论据更加敏感。但是，又有论据反对这一观点。例如，包括被告在内的人们会认为 SVA 专家在法庭中的证据十分有力。在被告人是无辜的案件中，如果 SVA 专家认为指控是真实的，那么被告可能会认为定罪是不可避免的。这可能会导致为了减刑而进行虚假供认。在我看来，如果证据具有很大的影响力，那么就需要有很高的准确率。

然而，如果决定采纳 SVA 评估作为法庭证据的意见，那么 SVA 专家至少应该在提供专家证言时呈现其评估可能出现的问题和局限，以便于法官、陪审员、检察官和律师能够充分考虑到专家证言的有效性。另外，由于评估具有主观性（即，人为解释而非事实结果），因此需要两人以上的专家对每条陈述进行评估以获得内部评分者信度（即不同评分者对相同对象进行评定时的一致性，译者注）。

除了这些批评的意见之外，我认为 CBCA 清单为识谎者提供了可识别欺骗的一系列言语标准。大量的研究已证实一些 CBCA 标准，如非结构化言语、细节数量、背景信息和谈话的复述往往是欺骗的特征线索。研究结果也惊人的一致。或者是诚实者包含更多的标准，或者诚实者和说谎者没有发现差异。在极个别的案件中，诚实者在其陈述中包含更少的标准。在考察线索群，而不是单独的线索时获得了最可信的结果（即，总 CBCA 得分）。在计算 CBCA 总分的绝大多数研究，诚实者获得更高的 CBCA 分数。也有证据表明结果十分有力。即：儿童和成人具有相似的结果；而在受害者/目击者和嫌疑人中，CBCA 同样能够在除性侵害以外的讨论主题中区分诚实和欺骗。这类结果模式远比欺骗的非语言行为研究（第 3 章）或不在 CBCA 清单内的言语线索研究（第 4 章）更具有一致性。

研究结果进一步表明，相比依赖于整体的言语或非言语行为，人们在考察 CBCA标准时是更好的识谎者（第 6 章）。CBCA 分析的平均准确率略高于 70%，专业人员依靠整体的言语或非言语行为进行的评估准确率则低于 55%（第 6 章）。事实上，CBCA 研究的平均准确率等同于非言语和言语行为研究所获得的最高准确率。因此，令人羞愧的人，警察手册倾向于关注欺骗的言语或非言语线索，而其中的言语线索并不在 CBCA 清单之列，它们经常被这类研究所忽视。

由于用 CBCA 可以在随机水平之上识别各种环境下各类被询问者的实话和谎言，我认为专业识谎者可以在案件调查中使用 CBCA/SVA 评估。① 例如，在调查的最初阶段，为了获得被询问者粗略的可靠性指数；或者不同的专业识谎者对某个被询问者的诚实度观点存在分歧的识谎。据此有必要全面的训练调查人员如何询问，因为只有不存在不恰当的提示或暗示的开放性陈述方式才能使用 CBCA 评估。例如，警探经常使用更有导向性的询问方式，它远远超过了 SVA 程序允许的范围，这使得嫌疑人陈述的 CBCA 评估往往不很恰当。

此外，考虑到受训者因未接受全面训练项目而导致的不稳定效果，有必要让调查者接受如何实施 CBCA 评估的训练。违反 SVA 程序，如 Landry 和 Brigham（1992）的研究所示，后果是十分严重的。他们让观察者接受 CBCA 短期训练，并让他们评估语句过短的陈述。此外，这些观察者观看的是视频录像而非转录的分析性语句，并给予决策规则进行准确性判断。在这项研究中，说谎者获得更高的 CBCA 分数。这是目前唯一发表的怪异的 CBCA 总分数。

CBCA 分析可能用到除司法语境外的其他情境中。CBCA 专家不同意他们的分析何时能够应用，但有人指出 CBCA 适用于任何与诱发消极情绪、失去控制、直接包含被询问者有关的陈述中（Steller，1989；Steller *et al.*，1988）。很多除司法语境外的情境都满足这些标准。另外有人建议当说谎者面临认知困难并有证实自己可信的动机时，使用 CBCA 分析（Köhnken，1996，1999，2004）。这仍然适用于更多的情境。②

显然，考虑到需要获得自由叙述的陈述，并且为了编码而需要对这些陈述进行转录，CBCA 评估实施起来比较复杂。参照很多标准也需要耗费时间。因此，在很多情况下不太适合使用。它可以仅使用一些标准来进行快速的评估，将会得到关于陈述真实性的大致想法。有必要通过研究考察这是否有必要。或者，也可以使用一

① 见 Yuille 和 Cutshall（1989）对 SVA 分析在谋杀调查中应用的描述。

② 人们在谈论自己或他人的活动时往往使用 CBCA 评估。但是，人们不仅仅对活动说谎，他们还对自己的意见、态度、感觉说谎（第 2 章）。CBCA 分析在探测这类谎言上并不恰当。

个更不费时间且简单易用的准确性工具。我将在下一章讨论真实性监测。

附录 8.1　CBCA 标准在诚实者和说谎者之间的差异

作者	年龄（岁）	事件	身份	CBCA 标准																			
				1	2	3	4	5	6	7	8	9	10	11	12	13	14	15	16	17	18	19	总计
现场研究																							
Boychuk (1991)	4～16	现场	受害者	>	>	>	>	>	>	>	>	>	—	>	>	—	>	—	—	—	>	—	*
Craig *et al.* (1999)	3～16	现场	受害者	*	*	*	*	*	*	*	*	*	*	*	*	*	*	*	*	*	*	*	>
Esplin *et al.* (1988)	3～15	现场	受害者	>	>	>	>	>	>	>	>	>	—	>	>	>	>	>	—	—	>	>	>
Lamb *et al.* (1997b)	4～13	现场	受害者	—	>	>	>	>	>	—	—	—	—	—	—	—	—	*	*	*	*	*	>
Parker & Brown (2000)	成人	现场	受害者	—	>	>	—	>	>	—	—	—	—	—	>	>	—	—	—	—	—	*	*
Rassin & van der Sleen (2005)	未知	现场	受害者	*	*	*	>	>	*	*	—	*	*	*	—	—	*	—	—	*	*	*	*
实验室研究																							
Akehurst *et al.* (2001)	7～11/成人	主动	n/a	>	—	>	—	>	>	—	—	—	*	*	>	—	—	*	*	*	*	*	>
Akehurst *et al.* (2004)	7～11	主动	n/a	—	—	>	>	>	>	—	—	—	*	*	—	*	—	—	—	*	*	*	*
Blandon－Gitlin *et al.* (2005)	9～12	主动	n/a	*	*	*	*	*	*	*	*	*	*	*	*	*	*	*	*	*	*	*	—
Caso *et al.* (2006c)[1]	成人	活动	嫌疑人	*	*	>	*	>	—	—	*	*	*	*	—	*	—	>	*	*	*	*	*
Colwell *et al.* (2002)	成人	排演的	目击者	>	*	*	*	*	*	*	*	*	*	*	*	*	*	*	*	*	*	*	*
Erdmann *et al.* (2004)[2]	6～8	记忆	受害者	>	>	>	>	—	—	—	>	—	—	—	>	—	—	—	—	—	—	—	*
Gödert *et al.* (2005)	成人	主动	嫌疑人	—	—	>	—	—	>	—	—	>	—	—	—	—	—	—	—	—	—	*	>

（续表）

作者	年龄（岁）	事件	身份	CBCA 标准																			
				1	2	3	4	5	6	7	8	9	10	11	12	13	14	15	16	17	18	19	总计
Granhag *et al.*（2006）[3]	12 ~ 13	排演的	目击者	—	<	—	*	—	>	*	<	*	*	*	—	*	—	>	>	*	*	*	—
Höfer *et al.*（1996）	成人	主动	n/a	>	—	>	>	—	>	>	—	—	*	*	>	—	—	*	*	*	*	*	>
Köhnken *et al.*（1995）	成人	视频	目击者	—	>	>	*	—	—	—	—	—	—	*	*	—	—	>	—	*	*	*	*
Landry & Brigham（1992）	成人	记忆	受害者	<	*	>	>	>	>	—	>	>	*	*	>	<	>	>	>	—	*	*	>
Porter & Yuille（1996）	成人	主动	嫌疑人	>	*	>	*	*	—	—	—	—	*	—	—	*	—	>	*	*	*	*	*
Porter *et al.*（1999）[4]	成人	记忆	受害者	*	*	—	*	*	*	*	*	*	*	*	*	*	*	>	*	*	*	*	*
Ruby & Brigham（1998）	成人	记忆	受害者	<	>	—	<	>	—	>	>	>	*	<	<	*	>	>	—	<	*	*	<
Santtila *et al.*（2000）	7 ~ 14	记忆	受害者	—	>	>	—	—	>	—	>	—	—	—	—	>	—	*	*	*	*	*	*
Sporer（1997）	成人	记忆	受害者	>	—	—	>	—	—	—	—	—	—	—	—	—	*	*	*	*	*	*	*
Steller *et al.*（1988）	6 ~ 11	记忆	受害者	>	*	>	>	—	—	>	>	>	>	>	—	—	—	—	*	<	—	*	*
Strömwall, Bengtsson *et al.*（2004）	10 ~ 13	主动	目击者	—	—	—	—	—	—	—	—	—	*	—	—	—	>	—	>	—	—	*	—
Tye *et al.*（1999）	6 ~ 10	主动	目击者	—	>	>	>	—	>	—	—	>	*	*	—	—	—	*	*	*	*	*	>
Vrij, Akehurst *et al.*（2002）	5 ~ 15/成人	主动	目击者/嫌疑人	*	*	*	*	*	*	*	*	*	*	*	*	*	*	*	*	*	*	*	>
Vrij, Akehurst *et al.*（2004a）	5 ~ 15/成人	主动	目击者/嫌疑人	>	*	>	>	>	>	*	*	*	*	*	—	*	—	—	—	*	*	*	>
Vrij, Akehurst *et al.*（2004b）	6 ~ 15/成人	主动	目击者/嫌疑人	*	*	*	*	*	*	*	*	*	*	*	*	*	*	*	*	*	*	*	>

（续表）

作者	年龄（年）	事件	身份	CBCA 标准																			
				1	2	3	4	5	6	7	8	9	10	11	12	13	14	15	16	17	18	19	总计
Vrij，Edward *et al.*（2000）	成人	视频	目击者	—	—	>	>	—	>	*	>	—	*	*	—	>	>	—	—	*	—	*	>
Vrij，Edward *et al.*（2001a）	成人	视频	目击者	—	—	>	—	—	—	—	*	*	*	*	*	>	—	—	—	*	*	*	*
Vrij，Edward *et al.*（2001c）	成人	视频	目击者	—	>	>	—	—	—	*	—	—	*	*	>	>	>	—	—	*	—	*	>
Vrij & Heaven（1999）	成人	视频	目击者	*	*	—	*	*	*	*	*	*	*	*	*	*	*	*	>	*	*	*	*
Vrij，Kneller *et al.*（2000）[5]	成人	主动	目击者	—	—	>	—	—	*	—	>	—	*	*	*	>	>	—	—	*	*	*	>
Vrij & Mann（2006）	成人	主动	嫌疑人	*	*	*	*	*	*	*	*	*	*	*	*	*	*	*	*	*	*	*	>
Vrij，Mann *et al.*（2007）	成人	主动	嫌疑人	—	—	—	>	<	>	—	>	—	*	—	—	—	—	>	—	—	—	*	*
Vrij，Mann *et al.*（出版中，正常顺序）	成人	主动	嫌疑人	*	—	*	—	*	*	*	*	*	*	*	*	*	*	*	*	*	*	*	*
Vrij，Mann *et al.*（出版中，倒序）	成人	主动	嫌疑人	*	>	*	>	*	*	*	*	*	*	*	*	*	*	*	*	*	*	*	*
Winkel & Vrij（1995）	8～9	视频	目击者	>	>	>	>	>	*	*	>	—	*	>	*	*	—	—	—	*	*	*	>
总和（支持数/研究总数量的研究）				11/27	12/24	22/29	16/26	12/27	15/25	5/22	11/25	7/23	1/10	4/14	8/24	7/21	8/26	9/23	4/20	0/10	2/10	1/3	16/20
总支持百分比				41	50	76	62	44	60	23	44	30	10	29	33	33	31	39	20	0	20	33	80

注：“ > ”表示言语特征在诚实叙述中更频繁；“ < ”表示言语特征在欺骗叙述中更频繁；“—”表示言语特征和诚实/说谎无关；“ * ”表示言语特征并未研究；“n/a”表示被试参与到一项活动中，但没有受害者或嫌疑人；[1]仅不知情的诚实者和说谎者；[2]仅第一次询问；[3]单一和重复询问结合；[4]真实和编造记忆对比；[5]仅不知情的说谎者。

第9章 真实性监控

本章主要讨论一个叫作真实监控（Reality Monitoring，RM）的言语诚实评估工具。据我所知，专业的识谎者并不使用这个工具。但是它却吸引了世界各地科学家的注意。到目前为止，来自加拿大、芬兰、法国、德国、西班牙、瑞典和英国的研究者已经发表了有关真实监控欺骗研究的论著（Masip，Sporer，Garrido，& Herrero，2005；Sporer，2004）。它在学者中受到普遍欢迎的一个重要的原因，就是这个工具拥有强有力的理论基础。真实监控就其本身而言并非是一个诚实性评估工具，实际上它与区分知觉和想象事件的认知过程有关（Johnson & Raye，1981）。但是，有一些学者认为真实监控（RM）的概念也与欺骗有关，因此可用它来检测谎言。

在这一章节里面，首先我会概括出真实监控（RM）的概念。我将说明最初真实监控的概念有可能会对发现虚假陈述有所帮助，所谓虚假陈述是因人们错误地相信自己经历了某个事件而产生的结果。这就使得真实监控（RM）从上一章节我所讨论的工具中被排除了。我已经对这些错误信念（记忆）进行过讨论，认为这些错误信念很难，而且往往不可能通过分析非言语的行为（见第3章）或者陈述效度评估（SVA，见第8章）来检测。接着，我还探讨了怎样以及在什么条件下这种真实监控（RM）的方法对侦测欺骗是有作用的，并且回顾了所有我了解到的用英文发表的关于真实监控（RM）的研究。本章主要是说明几种能够区分说真相的人和说谎者的真实监控（RM）的标准，而且运用这种方法经常可以在随机水平上探测出真相和谎言。最后我将讨论专业识谎者如何使用真实监控（RM）的分析来评估陈述的真实性。

◇◇洞察人们的记忆

真实监控（RM）能够区分真实事件和想象事件之间的记忆特征。真实监控（RM）的核心就是基于真实经历的记忆与谎言的记忆在质量上的区别。Marcia Johnson 和 Carol Raye 于 1981 年发表了关于记忆特征富有创意的文章（Johnson，Hashtroudi & Lindsay，1993；Johnson & Raye，1998）。他们认为真实经历的记忆是通过知觉过程获得的。因此他们很可能会包含感觉信息，如气味、味道和触觉的细节，视觉细节和声音的细节；也会包含由空间细节和时间细节组成的背景信息，空间细节包括事件是在哪里发生以及对象和任务之间的关系是如何设定的，时间细节包括事件的时间顺序以及持续时间；同时还包括情感信息，也就是人们在整个事件过程中的感觉。这些记忆通常都很清楚、强烈并且生动。相反，关于想象事件的记忆通常是由内源推断而来，因此它们可能会包括一些认知上的操作，如思维和推理（我必须穿上我的外套，因为外面非常冷。）这些细节通常都更加模糊且不太具体。

人们经常努力想知道他们是否真实地经历了一个存在于他们脑海中的事件，或者他们的记忆是否是基于想象而形成的。某人将其记忆归因于一个真实的经历（外源），或者归因为想象（内源）的过程就叫作真实监控（RM）。一般而言我们会通过上述提到的线索来区分真实经历的记忆和想象经历的记忆。例如，当我们对于一个事件的记忆是生动的，并且包含许多感觉信息时，我们倾向于认为自己确实经历了这个事件，但是如果我们的记忆是模糊的，并且包含许多思维和推理过程，那么我们更有可能认为这个事件是想象出来的（Johnson，Foley，Suengas，& Raye，1988）。

举一个真实的生活经历来说明这个概念。有一次我开车从 A 地到 B 地，有人问我车里面还有哪些人。当我说出三个人的名字时，就遭到了质疑："你确定吗?"然后我就开始思考这个问题了。司机对这个地区不熟悉，我能够清楚地记得司机和他旁边那个人的对话，那个人对这个地方非常熟悉，而且知道司机要走的方向。我头脑中也能够显现司机边上的那个人指引方向时的手势。但是，谁坐在我的旁边呢？我假设这个坐在我旁边的人是司机的女朋友，因为如果不是这样，那她怎么回家呢？但是，我意识到我并没有清楚地记得她就坐在我的旁边，而是运用了认知操作来解释为什么她会在车内（例如，她是司机的女朋友，因此她肯定在车内）。思考了一下以后，我就回复那个质疑我的人说，我能够确定司机以及坐在司机旁边的那个人肯定在车内，但是我不能确定那个坐在我旁边的司机的女朋友。事实上，在那个时候她确实并没有和我在同一个车内。

为了检测人们对事件的记忆，Johnson 等人（1988）开发了一个包含 39 个项目的记忆特征问卷（MCQ）。这个问卷主要是测量一个人对特定事件的记忆、对感觉的记忆、对环境和情感细节的描述以及关于事件认知推理的清晰和生动程度。在他们的一项实验中，要求被试通过完成这个问卷来评估他们对特定事件记忆的质量（Johnson *et al.*，1988）。结果表明当用真实监控（RM）理论来预测时，被试记忆的质量在两种事件之间确实存在差异，但是，这个差异是一个随着时间而减少的函数。也就是说他们发现这种成年人中所具有的差异要比儿童所具有的差异更大。也许是在人们讨论或者思考一个事件时，外部记忆（关于经历过的事件的记忆）就变得更加内化，内部记忆（关于想象事件的记忆）就变得更加外化。

对外部记忆随着时间内化的一个解释就是，人们会使用认知操作去促进和增强后面对经历过的事件的记忆（Roediger，1996）。例如，某人在驾车飞快地穿过外国去往他的旅游目的地时会以两种不同的方式去记住他的速度。一种是他可能会记得自己频繁地查看时速表来检查自己行驶得有多快。另外一种就是他可能会通过逻辑推理而得知他的驾驶速度，因为他行驶在高速公路上，所以他肯定开得很快。后一种选择中就包含了认知操作，比第一种记忆速度的方式更加简单。如果两年后再问这个人他驾车穿过那个国家时行驶得快不快，更有可能他会通过回忆起他行驶在高速公路上来获得答案，而不是回忆起他频繁的查看时速表。因此，人们关于这个经历过的事件的记忆会包含一种认知操作。相对而言，想象的记忆会变得更加外化是因为人们总是努力去想象什么事情是可能发生的（Manzanero & Diges，1996）。因此，他们关于想象事件的记忆就会变得更加生动具体，并且可能会包含感觉、环境和情感细节。

也有研究发现在某些情况下儿童并不能像成人那样清楚地区分事实和想象（Lindsay，2002）。当问到其他两个人做了什么时，儿童的回答和成人一样地好，但是当问到他们自己确实做了哪些事情以及哪些事情只是他们想象自己做过时，他们的表现就要比成人差。这种现象会受到许多因素的影响（Ceci & Bruck，1995；Lindsay，2002；Lindsay & Johnson，1987）。例如，儿童也许会比成人的想象更加丰富，因此也许他们会比成人更加善于想象自己的行为表现，因而他们对事实和想象的记忆就会更加相似。此外，成人拥有更加有效的策略来检查他们的记忆是否精确。设想圣诞假期你和你的家人正在地中海沙滩的度假村，你对家人说了好几次你要去游泳，但是由于在海里面游泳太冷了，所以你始终都没有去。两年以后，有朋友来拜访你的家人，问你在那个圣诞假期去那个海滩度假村的时候有没有游泳。那么这种情况下，成人也许会比小孩更加清楚，因为他们意识到自己永远不可能在冬天的时候下海游泳。

◇◇ 探测错误记忆

人们运用 MCQ 能够评估他们自己的记忆质量。那么观察者是否也能够评估别人记忆的质量，从而区分真实和想象（错误）记忆呢？对于那些想要了解别人记忆的观察者而言，需要人们将自己的记忆口头报告出来。根据 Johnson 的观点，这样会使事情复杂化（1988）。他认为人们如何描述自己的记忆与他们如何记忆这些事件是有区别的。人们都倾向于让自己的故事听起来有趣和连贯。如果有需要，他们会加入某些信息来填补记忆中的空白，而这些信息也许他们并不记得但自认为是情理之中的，并可能是正确的（例如，当你知道某个人总是戴一条蓝色围巾时，也许在你描绘一个特定事件时会包含“他戴着蓝色的围巾”，尽管你并不能确切地记得这个细节）。这种填补空白的倾向特别会出现在想象的事件中，因为他们不是特别清晰和生动。因此，当人们描述自己的记忆时，经历过的事件和想象的事件之间的区别就变得更小了（Johnson，1988）。

Schooler Gerhard 和 Loftus 也许是最早检测观察者区别真实和错误记忆能力的研

究者（1986）。在他们的实验中，一组被试看到了一张含有让车标志的幻灯片，另一组被试没有看到这个标志但是被告知存在这个标志。在随后的报告中，两组中许多被试都报告他们看到了那个标志并且对那个标志进行了描述。这就表明有一些被试正在错误地相信（想象）看到了这个标志。观察者会看到包含标志的文字记录，并且要求他们区别每一个文字描述中的人物是想象了这个标志还是真的看到了这个标志，这些观察者中有一部分接受过鉴定真实监控（RM）标准的训练。在想象描述上，接受过训练的观察者的正确率（60%）要高于未接受过训练的观察者（50%），但是在发现真实描述上，二者并没有差异（均为 63%）（Schooler *et al.*，1986，实验 4）。因此接受过训练的观察者在某种程度上能够区分真实和想象的描述，但是他们的表现并不令人十分满意（总体正确率为 62%，比随机水平高出 12%）。

在另外一个研究中，Porter，Yuille 和 Lehman（1999）通过引导想象成功地让他们的被试相信自己经历了某个事实上从来没有体验过的特定事件（例如，他们被送到一个急救室）。被试要口头描述这些错误的记忆以及那些他们真实经历过的事件。对两种类型的解释以感觉成分的存在为标准进行了转码和评估，没有发现差异。但是，当要求被试评估对事件的记忆时，与植入的记忆相比，他们对真实记忆给出更加生动的评价（真实监控的一项标准），并且这个差异的效应很强，$d=1.20$。

总而言之，到目前为止所有结果不足够表明观察者通过使用真实监控（RM）工具能够区分真实和错误的记忆。但是，在这个领域的研究还极其匮乏，这个问题也没有彻底地探讨清楚。例如，在 Schooler 等人的研究中所使用的让车标志描述非常短（20 个单词），Porter 和他的同事检测了某些真实监控的标准，但并非全部标准。我认为继续研究检测想象记忆这个问题非常重要，因为通过观察某个人的行为或者是进行陈述效度评估（SVA）分析，我们经常很难区分真实的和想象的记忆。让人欣喜的是，通过使用真实监控（RM）问卷，人们自己能够在某种程度上区分真实的和错误的记忆。但是，它也存在局限。真实监控（RM）想象记忆工具似乎并不适用于儿童，或者当要求成年人回忆很久以前发生的事情时，这种工具也不适用。

◇◇真实监控和欺骗

1990 年以前就有科学家研究了真实监控（RM）分析能否用来区分真相和谎言。这些科学家假设真相是对经历过事件的回忆，而谎言是对想象事件的回忆。很显然，并不是所有的谎言都是对人们没有经历过的事件的回忆。许多谎言与事件无关，但是与一个人的感觉、观点和态度有关（第 2 章）。但是有人会认为专业的识谎者经常对另外一种类型的谎言感兴趣，如人们会对他们的行为和行踪说谎。甚至当人们对他们的行为和行踪说谎时也会描述一些他们确实经历过的事件，但是会改变他们经历这个事件的时间。例如，如果一个窃贼想否认他昨天晚上盗窃了，他可以声称自己昨晚去了体育馆。然后他描述一个真实的去体育馆的记忆，只不过是在另外一个时间去的，他所要说谎的就是在什么时间或者哪一天他去了体育馆（嵌入式谎言，见第8章）。

如果欺骗性的陈述都是基于说谎者并没有经历过但是假装经历过的行为和动向，那么它们在真实监控（RM）标准上与那些确实经历过的真实陈述有区别吗？研究者已经解决了这个问题，在这里，我会描述一下他们报告出来的结果。真实监控（RM）欺骗实验的经典程序就是说真话的人和说谎者都接受访谈，这些访谈会被录音和转码。目前并没有一套标准的真实监控（RM）标准，因此不同的研究者使用不同的标准。在这一章中，我会使用 Sporer 报告中的八个标准（1997），因为这是第一套用英文发表的标准。表 9.1 列出了所有的标准。某些真实监控（RM）标准和第 8 章中的 CBCA 标准会有重叠（见第 8 章），我已经在下文中指出了相似的地方，标准 1 ~7 更多地出现在真实的陈述中，但是标准 8 更多地出现在欺骗性的陈述中。不同的研究者也会使用不同的方法来评估这些标准。有一些研究者会在文字说明中评价这些标准出现的频率，但是也有研究者使用评定量表，还有另外一些研究者使用上述两种指标。

表 9.1 真实监控（RM）标准

1. 清晰
2. 知觉信息
3. 空间信息
4. 时间信息
5. 情感
6. 故事的重构能力
7. 现实性
8. 认知操作

◈ 标准 1：清晰

这个标准涉及陈述的清晰度和生动程度。如果陈述清晰、深刻且生动，而并非模糊不清，那么这个陈述就符合清晰这条标准。

◈ 标准 2：知觉信息

这条标准是指一个陈述中所呈现的感觉信息。这个陈述中有没有包含感觉经验，如声音（“他真的朝我喊叫了”）、气味（“有一股鱼腐烂了的味道”）、味道（“这些土豆片非常咸”）、物理感觉（“真的很痛”）以及事件细节（“我看见护士进了病房。”）。真实监控（RM）声音细节与 CBCA 中的标准 6“复述对话”是不同的。CBCA 标准 6 更加严格，并且它只包括以最初的形式报告的话语。因此，下面这两句话“他说：你还好吗？你看起来很苍白?”和“他问我感觉如何”。都看作是真实监控（RM）中的声音细节，但是由于第二句话并不是逐字呈现的，所以在 CBCA 标准中它并不能看作是对话细节。

◇ 标准 3：空间信息

这个标准涉及位置信息（“它发生在公园”），以及人物或者物体的空间安排（“这个男人坐在他妻子的左边”）。这个标准与 CBCA 标准 4“环境嵌套”是相关联的。

◇ 标准 4：时间信息

这个标准涉及这个事件是在什么时候发生的（“它发生在清晨”），或者是明确地描述一系列事件（“当来访者听到所有的噪音时，他变得紧张而且激动”）。这个标准也与 CBCA 标准 4 是相关的。

◇ 标准 5：情感

这个标准涉及描述被试在整个事件中的感觉信息（“我非常害怕”）。尽管 CBCA 标准 12 既包括情感也包括思维，这个标准与 CBCA 中标准 12 的主观精神状态有关。

◇ 标准 6：故事的重构能力

这个标准用于检测基于已有的信息是否有可能将事件重构。因此它与 CBCA 标准 1 ~3 都有关，也就是逻辑结构，非结构化表述以及细节的数量。

◇ 标准 7：现实性

这个标准用于检测这个故事是否可信、真实且有道理。它与 CBCA 标准 1“逻辑结构”有关，但是其中不同的一点就是真实监控（RM）标准考虑到了“似乎有理”这一点，而 CBCA 标准并没有包含这一点。

◇ 标准 8：认知操作

这个标准涉及由被试提供的在事发当时的推理内容（“在我看来她不知道大楼的布局”）。但是，在我们自己的研究中使用了一个更加宽泛的定义，这条标准还包括事件发生一段时间后被试再次描述事件时对其所做的推理，如“她看起来很聪明”，是一个视觉细节，在我们的编码系统中把它当作一个认知操作。

◇评分者内部可靠性得分

评分者内部一致性评分涉及两位对同一陈述独立编码的真实监控（RM）评分是否会获得同样的结果。研究往往显示在真实监控（RM）编码中让人满意的评分者一致性［Sporer，2004，真实监控（RM）两评分者一致性得分］。这种一致性主要是通过与 CBCA 编码中的一致性比较得到的。在我自己关于真实监控（RM）编码和 CBCA 编码的实验中发现，教会编码者真实监控（RM）编码更加容易，而且所花费的时间更少。我想这其中有两个原因（见 Sporer，1997）。首先，与 CBCA 相比，真实监控（RM）所包含的标准更少，因此真实监控评估者所需要学的东西更少。其次，使用真实监控（RM）编码（错误）解释的空间更小。例如，评估者很容易就能区分视觉、声音、空间和时间细节（真实监控标准），但是很难决定一个细节是否是异常的、多余的或意外的（CBCA 标准）。

◇真实监控作为一种识谎工具

附录 9.1 写出了关于真实监控（RM）欺骗的一个概述，这个概述包括了我所了解到的以英文发表的文章。也有几个研究是以德语、法语和西班牙语发表的，而这些文章对许多读者都是限制获得，因此我将他们剔除了，但是德国和西班牙的学者 Siegfried Sporer 和 Jaume Masip 也在别处用英语对这些文章进行了综述（Masip，Sporer *et al.*，2005；Sporer，2004）。

正如我所做的 CBCA 研究一样，我也涉及了会议报告，这些会议报告也在别处讨论过（Masip，Sporer *et al.*，2005；Pezdek & Taylor，2000；Sporer，2004）。许多真实监控（RM）研究作为书籍的章节均收录在了欧洲心理学与法律协会中。这些章节的内容并没有像期刊文章一样被全面地评议过，因此它们的质量也无法得到保证。许多这样的文章以及会议文章都没有给出详细的信息来说明真实监控（RM）标准是如何操作的。因为真实监控（RM）并不是一个标准化的工具，而且不同的研究者似乎在编码标准上会有某些差异，因此没有详细信息是有问题的。此外，很多这样的文章也没有给出编码系统的信度信息。我记得在这些研究中只有一个评估者来对这些陈述进行编码，因此我们也无法得知这种编码是否可信。因此在附录 9.1 中，我标明了某篇文章是否发表在有同行评议的期刊上。我也提到真实监控（RM）工具也许对儿童不适用。因此同样在附录 9.1 中我也说明了被试是成人还是儿童，如果是儿童，他们的年龄是多少。没有一个研究检验对发生在很久以前的事件记忆，因此基于附录 9.1 列出的文章并不能够检验“当人们描述过去的事情时真实监控（RM）不起作用”这个假设。

几乎所有的研究都是实验室研究，要求被试（几乎都是成年人）描述他们曾经确实经历过或者没有经历过的一些事情。例如，在 Höfer，Akehurst 和 Metzger（1996）的实验中，说真话的人会参与到拍照活动中，之后会对他们进行访谈，询问发生了什么。说谎者并没有拍照，但是被告知说真话的人经历了什么，在随后的访谈中，他们不得不假装自己确实也拍了照片。Roberts，Lamb，Zale，Randall（1998），Rassin 和 van der Sleen（2005）开展了现场研究。Kim Roberts 和他的同事检验了 26 个声称性虐待儿童的陈述，其中有 10 个案子是已经确定的，另外的 16 个还不确定。如果嫌疑人在认罪求情前就坦白这个指控的案件，或者如果存在医学上的或者物理上的证据，那么这些案件就会定罪。但是如果缺乏实体证据，嫌疑人坚持否认这个罪，或者关于他们的否认测谎仪显示出真实的结果，那么这些案件就会认为无法定罪。在前面的章节里面我已经清楚的说明这些因素并不是独立案件的事实，这就意味着这个研究并没有建立最接近事实的真相。在第 8 章中已经描述了 Rassin 和 vander Sleen's（2005）的研究，他们检验了 27 个真正的性犯罪行为的指控以及 14 个错误的辩解，但是他们并没有报告所谓的罪犯的年龄。如果指控被证实属实，那么就会认为这个指控是真的，但是如果罪犯他们自己由于错误的指控而被定罪，那么这个指控就是错误的。定罪并不是一个独立的案件事实（第 8 章），因此在这个研究中也没有建立真正的基本事实。

如果某个标准在真实陈述中出现的频率远远大于在错误陈述中出现的频率，附录 9.1 里面就会在这个标准上标记“>”；如果标记一个“<”则表示某个标准在真实陈述中出现的次数要少；如果在两种陈述中该标准出现的频率没有差异，则标记为“—”。空白单元格表示在某个特定研究中没有考察这些标准。根据真实监控（RM）理论，除了认知操作标准以外，所有的标准在真实陈述中出现的频率应该更高，而认知操作标准则更多地出现在欺骗性陈述中。

附录 9.1 通常表示一种混合的模式。清晰并不总是真实的判断标志，但是当说真话的人和说假话的人之间存在差异时，总是能够发现真实陈述要比欺骗性陈述更加清晰。关于感觉信息的结果是不清楚的，但是在检验这个标准的许多研究中也没有报告它是如何操作的以及如何编码的。发表在杂志上的文章则表明视觉细节和声音细节之间存在差异，由此出现了一种模式。声音细节更可能出现在真实的解释中。关于环境嵌套的研究结果是混合的，但是同样的一个问题是许多检验这个标准的研究，并没有说明这个标准是如何定义以及如何编码的。关注空间细节和时间细节的研究（大部分为杂志上的文章）分别揭示了一种模式。这些细节更多地出现在真实解释中。但是存在有一个与这个结果不一致的研究，Bond 和 Lee（2005）曾报告与说谎者相比，说真话的人在他们的故事中所包含的空间细节更少。这个研究与其他研究有一个很重要的不同之处，那就是他们使用了自动计算机化的编码系统，而不是人工编码系统。在本章中我会再次说明这个问题。

就报告当事人在事发过程中的真实感受如何而言（情感），许多研究并没有发现说真话的人和说谎者之间的差异，只在三个研究中发现了这种差异，并且这三个结果之间相互冲突。这个标准与 CBCA 标准 12 相关联。在 CBCA 研究中，尽管这个标准在所有标准中并不是得到证实最多的一个，但是与真实监控（RM）研究相比，这个标准得到更多研究的支持（附录 8.1）。

好几个研究都表明真实的故事比假故事更容易重构。这个标准与 CBCA 标准 1~3 相关联，并且这三个标准都得到了相当好的研究支持。此外，有一些研究者发现真实的故事听起来比假故事更加实际。这个标准则与在第 4 章中讨论的口头线索的可信度相关联。在第 4 章中我们知道看起来可信的故事更可能是真实的故事。最后，就认知操作而言，大部分研究者并没有发现说真话的人和说谎者之间的差异，但是有一个研究结果与运用真实监控（RM）理论预测是相反的，该结果表明说真话的人在他们的故事中会包含更多的认知操作。但是，我们有好几次都发现说谎者确实在讲故事中会比说真话的人运用更多的认知操作。我想这个不一致与我们如何编码这个标准有关。我不知道其他人在他们的报告缺乏编码系统的情况下是如何编码的，但是我们所使用的认知操作的定义也许比其他人更加宽泛。正如我在上面讨论的，我们倾向于把被试在事发当时所做的推断以及事后回忆所做的推断都评定为认知操作，因此下面这两个句子也是认知操作，“她看起来很聪明”和“在他那个年纪，他看起来很高”。上述句子都是在回忆事件的时候所做的推断，其他研究者不可能把它们编码为认知操作。我们所使用的更加宽泛的认知操作定义很有作用，并且发现了说真话的人和说谎者之间的差异。

正如我在前面的章节中所提到的，检验单个线索就相当于检验匹诺曹的长鼻子，这种情况根本就不存在。检验一组线索是一种更好的策略（例如，检验总的真实监控得分）。很少有研究者会这样做，但是计算了真实监控（RM）总分的研究者一般都发现了说真话的人比说谎者的真实监控总分更高，这也与真实监控理论的预测是一致的。①

唯一的一个例外就是当这些研究用在 5~6 岁大的孩子的陈述中时，真实监控得分在 5~6 岁孩子中没有差异，但是当孩子的年龄超过 10 岁时，说真话的人和说谎者之间的差异就很明显。这个结果支持了真实监控的假设，假设认为真实监控不能够运用在年幼的儿童身上。有趣的是，在同样的研究中，对于 5~6 岁大的儿童而言，CBCA 标准在说真话的人和说谎者之间也没有差异，这就表明真实监控是一种高灵敏度的工具，而并非说它在识别儿童谎言中是一种失败的工具。

◇ 计算机化真实监控编码和人工监控编码

Bond 和 Lee（2005）为了与其他研究者相区别，在他们的研究中使用了一套自

① 在计算真实监控总分之前，需要对认知操作标准进行重新编码，因此与其他真实监控总分量表的组成部分的标准相似，高分表示说真话，低分表示撒谎。

动的、计算机化的真实监控编码系统。采用计算机化编码系统的优势很明显。它比人工编码系统更快，如果所有的研究者都使用同样的计算机软件，那么评估者之间的主观差异就可以得到完全控制。Bond 和 Lee 使用的是语言询问与单词计数（Linguistic Inquiry and Word Count，LIWC）计算机软件程序（Pen－nebaker，Francis，& Booth，2001）。LIWC 能够计算文本中单词出现的频率，并且对这些单词进行分类。它包括许多类别：感觉、空间、时间和认知机制，这些类别都与真实监控标准相关联。在他们的研究中，Bond 和 Lee 就是通过 LIWC 来编码真实监控标准。他们的结果很丰富。与说谎者相比，说真话的人在感觉细节上获得的分数更高，但是在空间细节上获得分数很低。后续的研究结果与真实监控理论相矛盾，到目前为止发表的文章中，对于空间细节的研究结果并不确定（附录9.1）。

Bond 和 Lee 并没有对他们的数据进行人工编码，因此他们的研究无法说明与人工编码系统相比，自动真实监控编码系统（使用 LIWC）的效率高多少（Vrij，Mann，Kristen，& Fisher，2007）。这个结果对于 LIWC 编码而言并不受欢迎。尽管当我们人工编码文字脚本时，发现了说真话的人和说谎者在声音、空间和时间细节以及认知操作上的差异，但是通过计算机化的 LIWC 编码并没有发现明显的差异。这个结果并不令人惊讶。尽管 LIWC 分类类似于真实监控分类，但是它们并不是基于真实监控理论发展而来的。这样缺乏理论基础也许会导致错误。例如，LIWC 认知机制分类包括“think”这个单词，那么这个句子“我认为她有乌黑的头发”就会被编码到 LIWC 的认知机制分类中。相反，人工真实监控编码者并不会将这个看做是认知操作。使用自动编码的问题就是计算机单词计算系统忽视了上下文，而真实监控（RM）工具以及 CBCA 都需要考虑上下文。

◈ 影响真实监控得分的问题

真实监控（RM）并不是一个标准化的测试，一些并非真实性的问题会影响真实监控得分。正如 CBCA 得分一样，真实监控得分随着年龄会变化，从童年到成年，真实监控得分将会逐渐变高（Santtila，Roppola，& Niemi，1999；Vrij，Akehurst，Soukara，& Bull，2004a，b）。并且正如 CBCA 得分一样，真实监控得分也与人格特质有关。例如，社交焦虑个体的真实监控得分会更低（Vrij，Akehurst *et al.*，2004b）。在第8章中我已经解释过，当评估者作出他们最后的决定时，他们很难决定这些因素的影响到底有多大，因此他们倾向于忽略这些因素。因此，不管这些年幼的儿童和社交焦虑个体是否说谎，当使用真实监控工具对他们的陈述进行评估时，他们都要冒着不被他人相信的风险。在第8章中我已经讨论了那些逐渐了解 CBCA 工具的人能够制造出那些被 CBCA 专家认为可信的陈述。到目前为止并没有关于真实监控对抗措施的研究发表出来，但是我怀疑如果这些真实监控评估者知道这个真实监控工具是如何起作用的，他们也可能让被采访者产生一些让真实监控专家看起来很可信的陈述。

◇ 真实监控研究中的正确率评估

这一部分主要是回顾那些检验真实监控分析在多大程度上能够区分真话和谎言的文献。在表 9.2 中，我列出了 10 个我所了解到的所有用英语发表的文章，并且报告出了正确率。①

表 9.2 真实监控方法的正确率及其与 CBCA 的比较

作者	正确分数（RM）			正确分数（CBCA）			正确分数（RM + CBCA）		
	真话	谎话	总分	真话	谎话	总分	真话	谎话	总分
Granhag *et al.*（2006）	62	63	63			58			
Höfer *et al.*（1996）	61	70	66	70	73	71			
Santtila *et al.*（1999）	62	66	64	69	64	66[1]			
Sporer（1997）	75	68	71	70	60	65	83	75	79
Sporer & Sharman（2006）[2]	82	40	61						
Strömwall, Bengtsson *et al.*（2004）	53	73	63	44	64	54	70	68	69
Strömwall & Granhag（2005）[3]	82	83	82						
Vrij, Akehurst *et al.*（2004a）[4]	81	73	77	58	65	62			
Vrij, Akehurst *et al.*（2004b）[5]	88	61	74	50	69	60	88	61	74
Vrij, Edward *et al.*（2000）	71	64	67	65	80	73			
总的正确得分	**71.70**	**66.10**	**68.80**	**67.86**	**67.86**	**63.63**	**80.33**	**68.00**	**74.00**

注：[1]来自 Santtila *et al.*（2000）的 CBCA 正确率；[2]基于评估 JMCQ 问卷的真实性判断；[3]两种陈述的平均分；[4]只有成年被试；[5]只有轻微训练的条件。

在大部分的研究中，研究者也进行了 CBCA 分析，并且可能对两种工具进行了比较。真相的正确率变化相当大，从中等的 53% ~88% 这样一个非常高的值。谎话的正确分数更加一致，大部分研究中都是在 61% ~83% 这个范围内变动，但是 Sporer 和 Sharman（2006）的研究中其谎话的正确率却很低（40%）。这些研究中真话的平均正确率为 71.70%，谎话的平均正确率为 66.10%。平均总正确率（结

① 我把 Bond 和 Lee（2005）报告的正确率剔除了。在他们的真实监控模型中并没有将空间细节分类囊括进来，因为关于这个变量的结果与他们基于真实监控理论进行的预测是相违背的（附录 9.1）。Bond 和 Lee 将空间分类漏掉的做法会人为地增大其真实监控模型的正确率。

合真话和谎话）是 68.80%。所有这些比例都只比随机水平高一点。但是结果并不是确定的。有三个研究的 CBCA 结果得到了更高的总正确率，但是其他五个研究发现最高的正确率是通过真实监控分析得到的。对着八个研究使用真实监控分析所得到的平均总正确率（68.13%）比使用 CBCA 分析（63.63%）要稍微高一点。也有研究者检验了是否将两种方法整合会得到比在三个研究中单独使用 CBCA 分析更高的正确率，但是也比在其中两个研究中单独使用真实监控分析的正确率要高。在第三个研究中，二者结合的工具与单独使用真实监控工具一样精确。

◇◇真实监控作为一种识谎工具的评估

真实监控（RM）背后的基本原理就是真实经历的记忆与基于想象的记忆是不同的，这些不同就反应在言语描述的差异上。真实监控这个真实性评估工具也存在限制和局限。其限制主要包括：它不适用于儿童，并且在成人谈论一件发生在很久以前的事情时也不适用。它的一个局限就是真实监控（RM）标准在欺骗研究中的定义不准确。不同的研究者所使用的定义也不同，认知操作的标准就反映了定义的重要性。我们发现在认知操作上说真话的人和说谎者之间存在差异，但是在其他使用不同认知操作定义的研究中并没有发现差异。另外一个局限就是真实监控不是一个标准化的测试，其中的问题而并非真实性会影响到真实监控的得分。这也是 CBCA 所具有一个类似的问题。正如 CBCA 得分一样，真实监控分数也随着年龄和人格特质的变化而变化，并且易受一些反测试手段的影响。

本章中列出的研究表明，真实监控工具能够在随机水平上区分真相和谎言。因此我相信它能够运用于现实生活中。运用真实监控欺骗工具有两种方式：（1）单独使用。（2）与 CBCA 联合使用。首先，因为真相和谎言能够在高于随机水平的概率上被探测出来，这就意味着专业识谎者能够单独运用这个工具。真实监控并不是最强大的识谎测试，通过这个工具获得的证据并不能够作为法庭上的犯罪证据。但是运用真实监控分析能够获得某个陈述的真实性情况。

其次，真实监控能够结合 CBCA 一起使用（Sporer，2004）。这样也许是有益的。CBCA 考虑到了认知和动机因素，但是真实监控只是基于记忆的各个方面。认知、动机和记忆都与欺骗有关，因此，联合使用两种工具也许能够比单独使用一种工具涵盖更多欺骗的内容。使用 CBCA 工具来评估儿童性虐待案件中嫌疑人真实性的 CBCA 评估者也许希望将真实监控标准中的知觉信息也加入进来。情色电影也许会增加儿童对性行为的了解。因此，一个没有经验的儿童也许在看过情色电影以后会给出没有经历过的性行为的详细描述。但是，在这样的描述中，那些关于气味和味道的细节就会被忽略掉，而原始的经历则需要这些细节。因此在性虐待陈述中这样的细节也许就能够表明这个陈述是以真实经历为基础的（除非这些气味和味道的细节是由情色电影中的人所提及的）。此外，CBCA 包括了一般的背景嵌套标准

(标准4)，而真实监控对空间和时间细节进行了区分。因为空间和时间细节能够区分说真话的人和说假话的人，那么一个更精确的环境嵌套标准是否可以增强CBCA工具的正确率应该是个有趣的事情。

此外，真实监控标准中的认知操作能够加到CBCA工具中。这个标准最吸引人的地方是它一出现就说明在说谎。CBCA只包含能够表明是真相的标准，每一个标准出现的频率增加，表明这个故事是真实的可能性也增加。但是，一个标准不出现并不能够表明正在撒谎；这样只是意味着这个陈述缺乏真相的证据（第8章）。这样也许会给评估者带来麻烦——一个人应该解释一个非常低的CBCA分数吗？也许评估者会更加自信地认为如果这个陈述包含了一个说谎的症状，那么这个陈述就是捏造的，因为如果一个陈述在缺乏CBCA真实标准的同时也包含真实监控欺骗标准，而另外一个陈述只是缺乏CBCA真实的标准，那么前者听起来似乎会让人认为有很强的证据说明它是假的。但是，在将真实监控标准加入到CBCA标准中去之前，评估者应该认识到真实监控标准似乎不能够区分年幼儿童的真话和谎话，因此在评估年幼儿童时实用性较弱。

很显然，把真实监控标准加入到CBCA标准中去就意味着可以考虑更多的标准。耗费时间的工具也许无法保证专业识谎者在某些案件中只是想知道陈述的真实性，而并不需要得到法庭上的证据。因此，检验在RM/CBCA结合的工具中的某些标准是否可以去掉是值得做的一件事。

也许了解评估者在听录音带而不是看文字脚本时是否能够发现标准出现的评论有长远的意义，因为这样会让这个工具使用起来更加简单。我们的研究对这个问题进行了阐述（Vrij, Evans, Akehurst, & Mann, 2004）。在训练过程中，训练者会为5位观察者提供4个CBCA标准和5个真实监控标准的定义和示例。然后，观察者和训练者会看一段访谈的录像，评估这个访谈中9个标准各自出现的频率。然后会将观察者给出的评估与训练者的评估进行比较，最后训练者会对观察者的表现给出反馈。90分钟的训练结束后，会对五个访谈进行查看和讨论，所有的观察者都觉得在评估CBCA和真实监控标准出现的频率时需要关注什么。然后他们又看了52个访谈，并且每一个都看了两遍。在第二次看完之后他们就对9个标准的出现频率进行了评估。最后还是将他们的评估与已经对文字脚本进行编码的评估进行比较。结果表明这样的训练是有效的。首先，除了真实监控标准中的认知操作，5个编码彼此都认同其他标准出现的频率；其次，他们的评估也与那些已经对文字脚本进行编码的评估者给出的评估是相关联的；最后，在观察者的录音带编码中同样也发现了基于文本得到的说真话者和说假话者之间的差异。

除了使用真实监控来识别真话和谎话以外，真实监控记忆特征问卷（Memory Characteristic Questionnaire, MCQ）也能够区分真实记忆和错误记忆，也就是说让人们描述他们认为实际经历过而事实上却是想象出来的事件。但是，到目前为止并没有开展太多现实的研究，我相信在使用MCQ达到这个目的之前还需要更多的研究来讨论这个问题。

附录 9.1　在真实监控标准中诚实者和说谎者之间的区别

作者	年龄（岁）	同行评议	清晰	感觉信息	视觉细节	声音细节	环境嵌套	空间信息	时间信息	情感	故事的重构能力	现实性	认知操作	总结
Alonso - Quecuty (1992) (immediate)	成人	否		>			>							
Alonso - Quecuty (1992) (delayed)	成人	否		<			<							
Alonso - Quecuty (1996)	成人	否		—			>						—	
Alonso - Quecuty (1996)	成人	否		—			—						—	
Alonso - Quecuty (1996)	8 ~ 10	否		>			<						—	
Alonso - Quecuty (1996)	8 ~ 10	否		—			—						—	
Alonso - Quecuty *et al.* (1997)	成人	是		>			>						—	
Alonso - Quecuty *et al.* (1997)	9	是		>			>						—	
Bond & Lee (2005)	成人	是		>				<	—	—			—	
Granhag *et al.* (2006)[1]	12 ~ 13	是	—		—	>		—	—		—	>	—	>
Hernandez - Fernaud & Alonso - Quecuty (1997)[2]	成人	否		>			>						—	
Höfer *et al.* (1996)	成人	否	>	—				—	>	—	>	>	>	
Manzanero & Digest (1996)[3]	成人	是		<			<				>	>		
Porter *et al.* (1999)	成人	是	—	—							—			
Rassin & van der Sleen (2005)	未知	是	>	—				>						
Roberts *et al.* (1998)	儿童	否	—	>				>	>	—			—	
Santtila *et al.* (1999)	7 ~ 14	是	—	—				—	>	<	—		—	

（续表）

作者	年龄（岁）	同行评议	清晰	感觉信息	视觉细节	声音细节	环境嵌套	空间信息	时间信息	情感	故事的重构能力	现实性	认知操作	总结
Sporer (1997)	成人	是	—	—				>	>	>	—	>	—	
Sporer & Sharman (2006)[4]	成人	是	—	—				—	>		—	>		
Strömwall, Bengtsson *et al.* (2004)[5]	10 ~ 13	是	>		—	—		>	>	—	>	>	—	>
Strömwall & Granhag (2005)	11	是		—	—	>		—	>	>				
Vrij, Akehurst *et al.* (2004a)	5 ~ 15 + 成人	是			>	>		>	>				<	
Vrij, Akehurst *et al.* (2004a)	5 ~ 6	是												—
Vrij, Akehurst *et al.* (2004a)	10 ~ 15 + 成人	是												>
Vrij, Akehurst *et al.* (2004b)	6 ~ 15 + 成人	是												>
Vrij, Edward *et al.* (2000)	成人	是			>	>		>	>				<	>
Vrij, Mann *et al.* (in press, normal order)	成人	是			—	—							—	
Vrij, Mann *et al.* (in press, reverse order)	成人	是			—	>							<	
Vrij, Mann *et al.* (2007) 6	成人	是			—	>		>	>				<	>

注：“ > ”表示在真实陈述中，言语特征出现得更加频繁；“ < ”表示在虚假陈述中，言语特征出现得更加频繁；“—”表示言语特征与真实/虚假陈述之间没有关系；“空白”表示没有研究言语特征。[1]单独和重复回忆相结合；[2]认知访谈和标准化的访谈相结合；[3]自发的和计划的访谈相结合；[4]其他评定结果。编码不是基于文本，而是基于 JMCQ 问卷；[5]单独和重复回忆相结合；[6]只包含人工编码并且排除了控诉式的询问。

第 10 章　科学内容分析

本章主要是讨论一项名为科学内容分析（SCAN）的言语真实性评估工具，它是由前以色列警督，测谎仪测试者 Avioam Sapir 开发的。起初我并未打算将 SCAN 纳入到本书之中。很少有研究是以 SCAN 为工具开展的，没有一个已经使用过这个工具的研究者强烈推荐这个工具。但是，2006 年 7 月在英国朴茨茅斯大学举行的调查询问大会改变了我的想法。在那次会议上，我与参会人员就识谎问题专门召开了一个研讨会，其中也来自许多不同国家的犯罪调查人员。我问他们在所有的识谎工具中他们主要使用的是哪一种，最频繁的答案是 SCAN。SCAN 的官网 http：//www. lsiscan. com 上提到 SCAN 工具广泛地应用于澳大利亚、加拿大和美国的联邦政府、执法机关以及军事机构。此外，它还广泛应用于包括比利时、以色列、墨西哥、新加坡、南非、荷兰、英国在内的其他国家。也就是说，它似乎在全世界范围内被广泛应用。

首先，我会介绍 SCAN 的使用步骤，然后，我会讨论 SCAN 能够在多大程度上区分诚实者和说谎者，之后会介绍它的优点和不足。

◇◇SCAN 的步骤

SCAN 的假设是：如果一个陈述源自真实经历的记忆，那么它在内容和质量上与虚构或者想象的陈述是有差异的（Smith，2001）。因此，可以认为 SCAN 的某些标准更可能出现在真实的陈述中，但是其他标准则更可能出现在欺骗性的陈述中。尽管 SCAN 可以预测说真话的人和说谎者之间的差异，但是没有理论基础来说明为什么会出现这样的差异。

一般情况下书面的陈述会用来进行 SCAN 分析。重要的是陈述反映的是被考察者自己的话。调查者能够转化口头陈述，但是被考查者能够自己写陈述会更加合适，因为这样能够避免这个陈述受到调查者自己观点的污染。要求被考察者在一段特定的时间内写下他们的活动（例如，从你醒来到你睡觉这段时间你都做什么了）。他们应该足够详细地写下自己的陈述，这样即使是对这个没有任何背景信息的读者也能够全面地掌握这个陈述。他们可以在访谈过程中写陈述（Adams，1996），也可以通过填写 VIEW 问卷事先将陈述写好（Sapir，1987/2000），这样可以避免调查者的影响。被考察者可以在他们认为合适的时间和地点完成这个问卷，然后通过邮件或者传真将问卷寄回即可。这个陈述需要手写（Sapir，1987/2000），因为正如下面所解释的，一项 SCAN 标准用于检验被考察者所做的更正次数。SCAN 可以用于嫌疑人和目击者的陈述，也可以运用于成年人和儿童（Sapir，1987/2000）。

就编码而言，一个调查者会查看某个陈述是否符合 SCAN 预定的元素。如果这是一个案件，那么随后调查者就会决定这个被考查者是否说了谎，或者也可能会在随后的访谈中对可疑陈述中的元素进行深入的讨论。

SCAN 的标准很多。我会讨论在工作中技术层面最受重视的标准（Driscoll，1994），或者那些在研究中最受重视的标准（Smith，2001）。SCAN 中的某些标准与 CBCA 中出现的某些标准很相似（见第 8 章），我在接下来的文章中也会指出来。有趣的是，这个里面包含了 SCAN 评估者认为似乎更多出现在欺骗性陈述中的标准，但是 CBCA 评估者却认为这些标准更多出现在诚实的陈述中。[①]

表 10.1 科学内容分析标准

1. 否认指控
2. 社会性介绍
3. 自发性纠正
4. 缺乏说服力或记忆
5. 陈述的结构
6. 情绪
7. 主观和客观的时间
8. 顺序错误和无关信息
9. 遗漏信息
10. 第一人称，过去时
11. 代词
12. 语言表达的改变

① 我认为这些矛盾的预测来自对说谎者策略的不同预测。CBCA 潜在的假设是说谎者希望他的目标人相信某些实际没有发生的事情发生了。也就是说，假装性虐待发生了，或者如果 CBCA 能够应用在性虐待以外的环境中，假装其他事情发生了，而不是发生性虐待（昨晚我去了体育馆，然后做了这个、这个和这个）。而 SCAN 潜在的假设似乎是说谎者只是关注隐藏特定的活动，而不是努力去使得他的目标人相信其他事情发生了（我看电视了，但我不记得电视上演什么了）。

◇ 标准 1：否认指控

这个标准涉及被考查者是否通过声明"我没有……"直接在陈述中否认指控。一般认为真正的嫌疑人更可能在他们的陈述中包括这种否认。

◇ 标准 2：社会性介绍

这个标准涉及在陈述中提到的人是怎么样被介绍的。在写陈述时，作者应该注意这个陈述要使读者能够明白他写的人是谁。因此，社会性介绍应该清晰明了（例如，我的妻子 Lisa……）。当作者含糊不清或者忘记介绍某个人（"我们出去了"并没有提及"我们"是谁），一般认为在作者的脑海中有什么事情阻止他/她介绍其他人。其他模糊介绍的形式包括在提及他人时使用代词（"他""她"等等），或者使用人名，或者在陈述的这个地方使用了人名但是突然在陈述的某个地方就省略了人名。社会性介绍中的模糊性也许表明作者在隐藏某些事情或者作者与他模糊提及的人关系比较紧张。

◇ 标准 3：自发性纠正

这个标准涉及在陈述中出现纠正的情况，如涂改或者覆盖已经写下来的东西。尽管允许解释和添加内容，但明确告知被考察者不要删除任何内容。不遵守这一要求可能表明存在欺骗。这个标准与 CBCA 标准 14 相类似，但是 CBCA 专家认为自发性纠正表明的是诚实而非欺骗。

◇ 标准 4：缺乏说服力或记忆

当作者对陈述中的特定元素模糊不清（"我相信……"，"我认为"，"有点儿"）或者作者报告他/她记不起来某件事时，就会涉及这个标准。SCAN 的使用者把这些短语看成是欺骗。这个标准与 CBCA 标准 15 相类似，但是 CBCA 专家把缺乏记忆看成是诚实的标志，而不是欺骗的标志。

◇ 标准 5：陈述的结构

这个标准涉及陈述之间的均衡。一般认为在一个诚实陈述中前 20% 的内容都是用于表述导致这个事件的活动，接下来的 50% 用于描述真实的事件，最后的 30% 用于讨论在事件之后发生了什么。因此，一个 10 行的陈述可以由两行事件介绍，五行事件描述和三行事件后果组成。一个陈述的结构越不均衡，那么这个陈述为假的可能性就越大。

◇ 标准 6：情绪

这个标准涉及在陈述中是否对情绪进行了描述。真实的陈述更可能包含了对情绪的描述。这点与CBCA标准12是一样的。但是，与CBCA不同的是，在SCAN中这个标准也涉及关于情绪的词汇是在陈述的哪个位置提到的。一般认为，说谎者只是在故事的高潮之前提到情绪，但是说真话的人则更可能贯穿整个故事都提到情绪。Smith（2001）例举了一个男人被怀疑犯了与工伤有关的保险诈骗罪的案子。他声称自己在工作中摔倒了。在其陈述中他写道“……当我尝试爬上去的时候……我变得非常紧张。我害怕自己也许会掉下来……”SCAN使用者指出了在这个陈述中情绪出现的位置（只出现在故事高潮之前），并指出这个人犯了诈骗罪。

◈ **标准7：主观和客观时间**

这个标准主要涉及在一个陈述中不同时间段是如何出现在陈述之中的。主观的时间是指在陈述中所描述的实际持续时间，而客观时间是用于描述这些事件所用到的词汇总量。一般认为，在诚实陈述中主观时间和客观时间是相当的，而在欺骗性陈述中就不是这样。例如，如果一个人用5行的文字来描述一个30分钟的事件，用3行的文字来描述随后两个小时发生的事件，那么主观时间和客观时间就是不对应的，这可能就意味着存在欺骗。

◈ **标准8：顺序错误和无关信息**

这个标准用于检验这个陈述是否按照时间顺序来进行详述的。时间顺序上的偏离可能说明存在欺骗。这个标准也进一步检验了是否有一些看起来与事件无关的信息。如果提供了无关的信息，那么SCAN专家就应该研究为什么被测试者认为需要包括这些无关信息。一般认为，被测试者会通过加入一些无关信息来隐藏更加重要的信息。这个标准与两个CBCA标准相联系：非结构化生产（标准2）和多余的细节（标准9）。但是CBCA专家认为这些标准是诚实的标志，而不是欺骗的标志。

◈ **标准9：遗漏信息**

这个标准涉及在陈述中的某些词组表明有一些信息被遗漏掉了。这样的例子就是使用一些像“几次以后”“最后”“后来”“不久以后”这样的词语。Smith（2001）也给出了一个这样的例子，“她开始用力打我踢我，最后她用酒瓶子打了我”。这个句子就表明作者不想说明在打和踢开始后到用酒瓶打他之间到底发生了什么。

◈ **标准10：第一人称，过去时**

这个标准涉及写陈述的格式。一般认为真实的陈述使用第一人称和过去时书写，因为作者是描写一件已经发生的事情（“我看见烟从窗户中冒出来”“I saw the smoke coming out of the window”）。背离这个标准会让人怀疑。

但是有时候更习惯使用现在时，而使用过去时则表示欺骗（Adams，1996）。

当孩子失踪的时候，他们通常在父母的心里和脑海里经常浮现，因此关于儿童的陈述可以用现在时表示（Adams，1996）。偏离这个标准（“X 喜欢跟她的狗和妹妹玩耍”“X loved playing with her dog and little sister”）会引起怀疑。

◈ **标准 11：代词**

这个标准涉及在陈述中使用代词（“我”“我的”“他”“他的”“他们”“他们的”等）。代词表示承诺，责任和占有。漏掉代词（“离开家”而不是“我离开家”）表示作者不愿意让他/她自己投入这个描述的活动中。当使用“我”更合适，但是却使用了“我们”则表示作者试图免除他/她自己的个人责任。漏掉那些表示占有的代词（如“我的”等）表示作者否认所有权。Smith（2001）给出了一个例子：某个人说他的车被偷了，并给出了如下陈述：“车停在……停车场的 G 区。购物花了一个小时。出来的时候车不见了。”这个陈述中漏掉了很多代词，因此表示一种承诺，责任和占有的缺失。这个男人随后承认他的车没有被偷走。

使用代词也可以鉴定两个人之间的关系。例如，如果某人在一个陈述中连续提到“我的妻子和我”而不是“我们”则表示他和他的妻子之间有一些距离或者关系比较紧张。

◈ **标准 12：语言表达改变**

这个标准涉及陈述中术语或者是词汇的改变。语言表达的改变表明作者脑海中的某些事情改变了。例如，如果一个嫌疑人在他的陈述中对于其他的对话都使用“对话”，但是其中有一个对话称为“讨论”，那么这个就很可能是他感觉到这个对话与其他的对话是不同的。当一个陈述中出现了语言表达的改变时，SCAN 使用者应该想一想事件的顺序是否证实了这个改变。如果 SCAN 专家能够想到一个正当理由，那么这个作者也许是真实的；如果专家想不到一个正当理由，这个作者也许就说谎了。例如，某个人在描述他的车子的时候就改变了语言。他先后提到“车辆”、“汽车”、“黑色的汽车”。在措辞上很难证明这个改变是可以理解的，最后这个男人承认他的车实际上并不存在（Smith，2001）。

◇◇SCAN 作为识谎工具

到目前为止，仅公开发表了三篇检验 SCAN 技术的文章。第一个研究是由 Lawrence Driscoll（1994）开展的实案研究。他分析了 30 个书面陈述，这些陈述是由嫌疑犯在他们测谎测试完成之前自愿提供的。所有的陈述都来自同一个测谎仪检查者。要求被检查者用他们自己的话写下任何他们觉得能够证明自己说的是真话的事情。并且指导他们以“首先”为开头写，然后让他们觉得有必要像讲述故事一样完整而清楚地书写出来。每一个陈述都经过 SCAN 标准的分析，但是并没有给出谁编码了这个陈述的信息。SCAN 编码者（我假设只有一个编码者）在 11 个真实的陈述中辨别出了 8 个（73%），在 19 个欺骗性陈述中辨别出了 18 个（95%）。当检验单个标准时，Driscoll 发现没有一个标准能够完美地区分诚实者和说谎者。否认指控（标准 1）是每一组中最好的预测者，基于这个标准，能够正确地区分出 77% 诚实者以及 88% 说谎者。

尽管这些正确分数相当高，Driscoll 并不完全赞成使用 SCAN。他发现相当一部分诚实者被错判为说谎者（27%），并且声明“任何单独基于对书面陈述分析的鉴定活动都应该重新考虑（p. 86）”。此外，Driscoll 承认这个研究有一个重大的局限：所有分析陈述的基本事实都是不确定的。换言之，对于每一个嫌疑人而言，我们不知道他/她是否确实是在说实话还是在说谎。因此，Driscoll 总结说他的发现应该慎重考虑。进一步说，我相信每缺乏一个单独案件的基本事实就意味着不能够完全相信这个正确率。

对于第二个检验某些 SCAN 标准的研究，基本事实并不是问题（Porter & Yuille, 1996）。在这个实验室研究中，被试有的实施了模拟盗窃，有的则没有实施，而后针对这个“案件”的指控进行了访谈。但是，在这个实验中，被试给出的口头陈述随后就被转码了。这个做法与要求被检查者自己写下陈述 SCAN 首选程序是有偏离的。Porter 和 Yuille（1996）检验了三个 SCAN 标准：陈述的结构（标准 5）；遗漏信息（标准 9）；第一人称，过去时（标准 10）。用这些标准并没有发现真实的陈述和欺骗性的陈述之间存在差异。

第三个和最后一个发表的 SCAN 研究是由来自英国内政部的 Nicky Smith（2001）开展的实案研究。她邀请了 5 组评估者来判断 27 个陈述。其中三组 SCAN 使用者有着不同水平的经历，第四组有侦探经历但是没有接受过 SCAN 训练，第五组是新招募的没有接受过 SCAN 训练的军官。三组 SCAN 使用者可以给出真实，欺骗或者是不确定的评判，并且能够正确区分至少 80% 的真相和 75% 的谎言。但是让人印象深刻的是第四组评估者判断的正确率与前三组并没有差异。此外，正如在 Driscoll 的研究中一样，所有案件的基本事实都是不确定的，这再一次表明正确率是不可信的。

Smith（2001）检查了每一个单独的标准在区分诚实者和说谎者时的效果，SCAN 专家是否会比其他人更加频繁地使用某些标准。其中有三个标准揭示了诚实者和说谎者之间的差异：否认指控（标准 1），遗漏信息（标准 9），时态变化（标准 10），这些差异与 SCAN 的预测是相一致的（在欺骗性陈述中包含更少否认，更多遗漏信息以及更多时态变化）。

Smith（2001）进一步发现使用得更加频繁的标准包括：不合适地使用时态（标准 11），缺乏说服力或记忆（标准 4）以及语言表达的改变（标准 12）。但是，Smith 也注意到不同的专家会使用不同的 SCAN 标准来证明他们关于某一个陈述的决定是正确的。换言之，在 SCAN 使用者中缺乏一致性。这种一致性的缺乏在

SCAN 的网站上也越来越明显。在其网站上 Sapir 讨论了大量关于陈述的分析如何能识谎的例子。这其中包括 George Bush，前美国国家秘书 Colin Powell 以及哈马斯集团的一个领导。Sapir 继续分析了一个由朝鲜就 2006 年 9 月的核实验的陈述。但是，在不同的例子中，Sapi 对于每一个陈述为什么可能表示欺骗，给出了不同的原因。

总而言之，Smith 发现 SCAN 使用者并不比那些没有接受过 SCAN 训练的有经验的侦探能够更好的识别说谎者，在 SCAN 的使用者中缺乏一致性。基于她的发现，Smith（2001，pp. 38/39）作出结论，认为她的研究“在考虑推广 SCAN 之前强调了需要注意的事项”。

有几项 SCAN 标准也是 CBCA 方法的一部分，在 CBCA 研究中已经测试了这些重叠的标准是否能够区分诚实者和说谎者。正如在附录 8.1 中总结的一样，CBCA 研究支持了诚实者会比说谎者在他们的陈述中包含更多的情绪这个假设（SCAN 标准 6 和标准 12）。但是，并没有结果支持其他重叠的标准。SCAN 预测说谎者会有更多的自发性纠正（SCAN 标准 3），允许更多的记忆缺损（SCAN 标准 4），并且会报告更多的无序和无关的信息（SCAN 标准 8）。CBCA 研究表明在许多研究中真实的陈述和虚假的陈述就这些标准而言并不能区分，当二者差异出现时，有 SCAN 预测的结果发现了一个相反的模式：说谎者会给出更少的自发性更正（CBCA 标准 14），显示出更少的记忆缺损（CBCA 标准 15），以及报告更少的无序信息（CBCA 标准 2）和无关的信息（CBCA 标准 9）。

◇◇评估 SCAN 技术

SCAN 所基于的假设是：源自真实经历记忆的陈述在内容和质量上与基于某种意图或者想象的陈述是不同的。因此，它假设某些标准更可能出现在诚实陈述中，而另外其他的标准则更可能出现在欺骗性陈述中。SCAN 的问题就是缺乏实证支持且没有标准化。

缺乏实证支持是因为几乎很少有研究来检验这个方法是否能够成功地区分诚实者和说谎者。两项研究发现用这个方法能够正确区分许多说真话的人，但是在这两个研究中也没有建立基本事实。这就意味着实际上无法确定这些被考察者是在说真话还是在说谎话，因此，这些研究中的正确率也不可信。其他研究，主要是 CBCA 的研究，则表明某些 CBCA 标准不能够区分用 SCAN 预测的诚实者和说谎者。

至于缺乏标准化，当分析同一个陈述时，不同的 SCAN 使用者关注不同的标准；在不同的陈述中会通过强调不同的标准来说明这个陈述具有欺骗性。缺乏标准化意味着很大程度上都依赖于 SCAN 使用者主观的解释及技巧。因此就会出现个体差异，一些 SCAN 使用者就会比其他人更好地区分真相和谎言。使用 SCAN 也许能够很好地区分谁是好的识谎者谁是不好的识谎者，但是并没有现存的方法来区分二者。

我认为在使用SCAN时，有两个因素对缺乏标准化有影响。首先，SCAN缺乏理论基础。SCAN潜在的理论基础是说诚实者和说谎者之间会有差异，但是这个方法并没有解释为什么会产生这些差异。如果对于为什么诚实者和说谎者之间会产生差异有一个理论上的解释，那么这将会为SCAN使用者提供解释评估的共同的框架，这也会促进他们之间的一致性。其次，SCAN标准列表列出来的是单个的标准而不是一套紧密结合的标准。在这方面，SCAN与在本书中介绍的其他言语真实性评估工具——BAI，CBCA和RM是不相同的（第7章至第9章）。在CBCA中，检验的言语标准的列表是紧密联系的。因此，当检验一个陈述时，就会计算基于这个工具中单个标准出现与否的CBCA总得分。真实性评估就是基于这个总得分（第8章）。这并不意味着在不同的评估者评估同一个陈述时，他们一定会得到相同的CBCA总得分，但是这确实表明在评估陈述中不同的评估者会使用同一个评估程序。这个原则也适用于BAI和RM。相反地，SCAN则包括那些单独评估的标准。因此。当分析同一个陈述时，不同的评估者会关注不同的标准；当同一个评估者评估不同的陈述时也会关注不同的标准。

尽管存在这样一些批评，但是在SCAN中我觉得有两个元素很有吸引力。首先，我青睐检查陈述中措辞变化的方法。在讨论谎言的非言语线索时我提到，在访谈上检验个体的行为变化可能是正确解释行为和识谎的最成功的一种方法。在一个陈述中用SCAN方法检验语言的变化就是将这种方法运用到言语陈述中。我将在第15章中更加详细地讨论这个比较方法。

其次，我喜欢的元素就是把SCAN作为一种工具来引导随后的访谈（Adams，1996）。也就是说与其决定一个被检查者是否在说谎，不如让调查者使用SCAN分析来看一看他们想对陈述中的哪一个元素进行进一步的询问。这样，SCAN可以看作是访谈引导工具，为这个访谈搭建结构。尽管Adams（1996）介绍SCAN可以作为一个访谈引导工具，而并非一个识谎工具，但我并不确定所有的SCAN调查者都是这样使用的。我怀疑许多调查者会把它当作识谎工具，并且仅仅基于SCAN的结果就对被检查者的真实性下结论（Sapir在他的网站上这样做了）。如果使用SCAN的官方侦探相信一个嫌疑人在他/她的陈述中撒谎了，他们也许会对嫌疑人运用更加有说服力的讯问技术，试图消除嫌疑人的抵抗。正如我在第6章中解释的那样，不要对那些无辜的嫌疑人使用这种有说服力的审问方法很重要，因为这样也许会导致错误的供认。我们并不能够保证SCAN的结果对一个无辜的嫌疑人是安全的。

总而言之，尽管我在SCAN中看到了积极的方面，但是也没有证据可以证明SCAN确实可以起作用，并且在我看来没有标准化的工具无法证明把它作为识谎工具是正确的。在我推荐它作为识谎工具之前，需要有研究说明它的作用，并且不同的SCAN使用者要证明他们在使用这个方法时的重叠之处。那样的话，Sapir所说的关于其方法的正确率就很有趣了。在他的SCAN工作手册中写道："许多学生研究了 SCAN 工具并且将之运用到他们的工作中，在他们的报告中，他们认为即使 SCAN 不比测谎仪更好，但至少它与测谎仪的效力是等同的。”（Sapir，1987/2000，p. 121）如果有人倾向于 SCAN 技术的这个说法，就正确率而言它的模糊性是让人担忧的，因为它表明 Sapir 自己并不知道 SCAN 的正确率是多少。

第11章 生理测谎：基于关注理论的方法

本章是接下来介绍生理测谎的三章内容中的第一章。纵观历史，人们假定说谎者在说谎时往往伴随着自身生理活动。例如，在公元前1000年，中国人曾让犯罪嫌疑人咀嚼大米并让他们吐出。如果吐出的大米很干，那么就断定这名嫌疑人在说谎（Kleinmuntz & Szucko，1984）。这一假设具有生理基础，因为恐惧与唾液分泌降低、口腔发干有关（Ford，2006）。

如今，学者们和实践者们对其他生理测量指标进行了考察，最常使用的是皮电活动（EDA，如手指汗液分泌）、血压和呼吸。它们往往被同时记录，所使用的仪器叫作生理多导仪（polygraph，来自两个希腊单词，poly = 多，grapho = 记录，写）。多导仪是一个科学测量设备，它可以通过表单上墨水笔描记或计算机成像直接生动地显示出各类生理活动参数（Bull，1988）。多导仪准确地记录了皮电，血压和呼吸，能够通过安装在身体各个部位传感器的放大信号来显示各种微小的差异。使用多导仪的典型方法是将两个金属电极放在两个手指上测量皮电；血压袖套捆在臂部测量血压；气动仪表围在人的胸部和腹部，用以测量呼吸的深度和速率。

有时人们将多导仪称为测谎仪，但这一称呼有些误导。多导仪并不能探测谎言，只能探测假设伴随说谎而变化的生理活动。多导仪测试者除了用这种间接的方式来识别欺骗之外别无选择，因为类似于匹诺曹长鼻子，直接与说谎有关的生理活动模式并不存在（Saxe，1991）。

多导仪在欺骗研究舞台上的用途不仅限于简单的识别谎言。美国文化认为多导仪测试是几乎不会出差错的（国家研究委员会，2003），[①] 其实多导仪测试还具有三个其他用途。首先，它可以用作威慑。例如，缓刑阶段的性罪犯可能不会从事某种活动，因为他们害怕不能通过多导仪的测试；潜藏的间谍也许不会申请国家安全部门的工作，因为他认为受雇前的多导仪测试可能会表明他的间谍意图。其次，不得不进行多导仪测试的前景可能会导致罪犯供认。例如，罪犯可能认为自己最好还是主动承认自己的犯罪行为，而不是被指控犯有某罪的同时还被指控在多导仪测试中欺骗。最后，一般认为使用多导仪可以给大众留下阻止犯罪的印象，带给大众安

① 不太清楚其他国家的观点，在这一问题上可能具有文化差异（Bull，2006）。

全感。

多导仪测试者会使用各种不同的测试方法，这些方法假定诚实者与说谎者会出现不同的生理反应。一套测试基于几个生理假设，包括受测者在测试的关键阶段因提高注意而增强生理反应的假设。支持这一观点的著名学者包括 Charles Honts, David Raskin 和 John Kircher。[①] 然而，这类测试饱受争议和批评，我将在下面讨论。著名的批评者包括 Gershon Ben - Shakhar, John Furedy, William Iacono, David Lykken 和 Leonard Saxe。[②] 最初，David Raskin 和 David Lykken 卷入对多导仪测试信效度的长期争议之中。他们通过发表论文互相争论，并作为法庭专家目击者和诉讼程序中的对手相互对立。对基于关注的多导仪测试的其他支持者与批评者也参与到这场争论当中。有趣的是，批评者并不反对多导仪测试本身。相反，他们都认可这一手段，但他们提出，多导仪基于说谎者在面对重要的犯罪细节时（即细节识别的标志）会出现朝向反射，而不是基于提升关注的假设。

我认为，基于关注和朝向反射两种方法之间的差异足以单独用两章内容进行讨论。本章讨论基于关注的多导仪测试，第 12 章将讨论基于朝向反射的多导仪测试。

基于关注的多导仪测试已在全世界很多国家实施，其中包括比利时、加拿大、中国、以色列、墨西哥、挪威、巴基斯坦、波兰、俄罗斯、罗马尼亚、新加坡、韩国、泰国、菲律宾、美国和土耳其（英国心理学会，2004；Honts，2004；Lykken，1998；Svebak，2006）。很多测试在犯罪侦查中使用，尽管多导仪测试的结果通常不能作为法庭证据使用。[③] 在美国，多导仪测试也常常用于民事诉讼当中，其结果有时出现在民事法庭当中（Iacono，2000；Raskin & Honts，2002）。也许大多数基于关注的多导仪测试都是在美国实施的，其至少有四个目的（Consigli，2002；Gale，1988；国家研究委员会，2003）：评估犯罪侦查中受测者的诚实度；在法律部门和国家安全机构任职前的筛查；筛查已雇用的员工，特别是对安全性较敏感的职位；以及测试接受治疗、获得假释或在狱中的性犯罪者。

我将讨论目前正在使用的三种基于关注的多导仪测试，并描述批评者对这些测试的评论。我还会讨论针对这些测试准确性的实验室研究和现场研究。这些研究几乎全部是在刑事侦查环境中使用某一特定的测试。准绳问题测试（Comparison Question Test，CQT）表明，CQT 可以在随机水平之上区分诚实者与说谎者，但准

---

① Honts，1991，1995，2004；Honts，Kircher，& Raskin，1996，2002；Honts & Perry，1992；Raskin，1982，1986，1988，1989.

② Ben - Shakhar，1991；Ben - Shakhar & Furedy，1990；Ben - Shakhar，Lieblich，& Bar - Hillel，1982；Furedy，1991a，b，1993，1996a，b；Honts，Kircher，& Raskin，1996；Iacono，2000；Iacono & Lykken，1997；Lykken，1959，1960，1988，1991，1998；Saxe，1991. 另见 Faigman，Kaye，Saks，& Sanders（1997，2002），Gale（1988）和 Kleiner（2002）对双方的观点均有阐述。

③ 美国新墨西哥州和比利时是例外，在这两个地方多导仪测试结果作为法庭证据使用（Daniels，2002；Van der Plas，2006）。

确度还不够完美。在我看来，这也是为什么基于关注的多导仪测试结果不能作为刑事法庭证据的一个原因。我还将讨论为什么用多导仪测试来筛查申请者、雇员和性犯罪者要比测试犯罪嫌疑人存在更多不确定性。

除了皮电、血压和呼吸之外，还有其他与欺骗有关的生理测量方法用来识谎，如脑部血流量［用功能磁共振成像（fMRI）测量脑部活动］，事件相关电位（EEG中观察P300脑电波），声音信号的特征（用声压分析仪测量），以及眼部周围的血流变化模式（热成像，用热探测相机测量）。我也会对这些生理测量方法进行讨论。fMRI测谎将会在第13章进行讨论。EEG－P300测量基于朝向反射，因而将会在第12章讨论。声压分析和热成像技术是基于关注的技术，在本章中进行讨论。

◇◇基于关注的多导仪测试

◇ 相关—不相关测试

相关—不相关测试（Relevant-Irrelevant Test，RIT）是首先广泛应用的多导仪测试。1932年，该测试由Larson开发，主要基于Marston（1917）的研究。在RIT测试中，问题被分为两类：案件相关问题和案件不相关问题。犯罪相关问题与正在侦查的犯罪有关，如“你昨晚是不是闯进一辆黑色奔驰车？”所有嫌疑人，不管无辜还是有罪都会在这个问题上回答“不是”，否则他们就承认了犯罪。案件不相关问题与犯罪无关，测试者知道被试会在回答这些问题时诚实作答。案件不相关的一个例子是“今天是星期二吗？”测试者会比较两类问题的生理反应。RIT背后的基本原理为：可观测的生理反应是由探测到的紧张产生的（Raskin & Honts，2002）。因此，对案件相关问题反应更大就可以解释为对这类问题说了谎。

这一原理太过简单化和不成熟了（Podlesny & Raskin，1977）。案件不相关问题是为了控制人际间差异，也就是说，不同个体的生理反应自然不同。然而，正如我在第3章解释的，不仅应当考虑人际间差异，而且也应该考虑个体内的差异，这主要是由于这些问题的性质必然会造成同一个人在不同问题上具有不同的反应。假设一个女人因被怀疑从她老板办公室偷了钱而进行多导仪测试。她本来是无辜的，但她意识到巨大的生理反应可能意味着自己失去工作。因此，案件相关问题“你偷了钱吗？”对她有重要的意义。因此，很可能案件相关问题会比案件不相关问题（例如，衬衣的颜色）产生更大的生理反应。

荷兰电视台不久前播出了类似的案例（在Veronica节目中，标题为Berg je voor Berg）。前世界冠军自行车运动员Gerrie Knetemann要进行多导仪测试，用以发现他是否在其职业生涯中为了提高成绩而使用违禁药物。测试者询问了他案件不相关问题（例如，“你现在戴着手表吗？”）和案件相关问题（例如，“你在自行车生涯中是否为了提高成绩而服用违禁药物？”）。Knetemann对相关问题回答“否”，而随后他被指控说了谎，因为他对相关问题的生理反应远比不相关问题的生理反应高。当然，这一结果是不成熟的。用以提高成绩的药物对职业运动员而言是十分敏感的问题，不管他们到底是否服用了这类药物，这类问题都会自动提高他们的生理活动。换句话说，所有竞技运动员，不管服没服违禁药物，都会对这类相关问题显示巨大的反应。

这些例子表明，RIT 是一个不恰当的识谎测试。关键的问题是，案件不相关问题没有对案件相关问题可能对受测者产生的情绪影响进行适当的控制（Iacono，2000）。无论是支持基于关注的多导仪测试的人还是反对者，都认为 RIT 不应该使用（Honts，1991；Lykken，1998；Raskin，1986；Raskin & Honts，2002；Saxe，1994）。Larson 本人承认这项技术的局限性，但是对他人给予这项技术的轻视并不满意。在 1961 年他说道："我最初希望仪器测谎可以成为专业警察科学的一个合法的部分。应用到很多领域的测谎仪，不过是和鞭打身体一样，成为获取供词的一种心理学刑讯逼供的工具。有时我对自己曾参与到它的开发而感到抱歉。"（引自 Lykken，1998，pp. 28 – 29）

尽管 RIT 技术在很多年前成为多导仪测试技术的主要方法，但它现在很少用于刑事案件调查之中（Raskin & Honts，2002）。不过，它可能应用于其他环境中，如保险公司想探测客户索赔中的欺骗，我将在本章进行解释。

◇ 准绳问题测试

如今，在刑事调查中最常使用的多导仪测试是准绳问题测试（Comparison Question Test，CQT），也常称为控制问题测试（Control Question Test）。Reid 于 1979 年最先开发出 CQT，之后 Backster（1962，1963）和 Raskin（1979，1982，1986）将其概念化。CQT 和 RIT 最大的区别在于，在 CQT 测试中，通过引入准绳问题而对个体内心的差异进行控制，从而能够充分控制相关问题对受测者可能产生的情绪的影响。

典型的 CQT 测试由五阶段组成（Furedy，1991b；Raskin & Honts，2002）。第一阶段是测前谈话阶段，它是用来获取关于嫌疑人和犯罪的信息。测试者询问被测人一些基本的个人信息，包括身体与心理问题，并和被测人讨论指控的案件。鼓励受测人自由地以自己的角度描述事件。这一阶段使得测试者可以深入理解受测者的说法，并帮助营造一种专业、客观和可信任的氛围。

之后，测试者将多导仪传感器安装在受测者身上，并简要解释多导仪测试的生理学原理。接着，为了让被试相信多导仪可以探测出每个谎言，测试者实施激励测试（第二阶段）。对于多导仪而言很重要的一点是让被试相信测试是绝对可靠的。多导仪 100% 正确的想法会使有罪的嫌疑人在回答案件相关问题时增大关注程度（"没有办法击败这个机器"），而对于无辜者在回答相关问题时也会增加信心（"机器很准，我是无辜的，因而也会免罪"）。如果被试不相信多导仪的准确性将会发生相反的情况：在回答案件相关问题时，有罪的嫌疑人将会更自信（“不会有事的，我还有机会击败多导仪”），而无辜的人会提高关注程度（“我知道我自己是无辜的，但这个机器会显示出什么结果呢？”）。

卡片游戏常用做激励测试。让被试从一组卡片中选择一张并记住，之后放回卡片。测试者为被试展示一系列卡片，并在测试中依次询问是否见过这张卡片。受测者得到指示，每次都会回答“不是”。尽管被试这样表现，但测试人员会通过多导仪测试图谱辨认出测试者使用的卡片。测试者往往是正确的。由于朝向反射，被试会因卡片自动导致生理反应，我将在第 12 章进一步解释。

测试者往往冒着作出错误决定的风险，可能判断错卡片。这可能会带来很严重的后果，因为这说明测试不是绝对可靠的。为了避免可能的错误，测试者可能会使用被试未知的小伎俩，如标记卡片或使用的一组卡片只含有一类卡片（Bashore & Rapp，1993）。在后一种情况，测试者并不会展示每一张卡片，而是大声喊出假设的卡片名字。其他的测试者可能不会进行卡片游戏，而是通过在设备完善的办公室悬挂各种假学历或证书，让被试相信这个测试是准确无误的（Bull，1988）。

在激励测试后，开始进入制订提问方案阶段（第三阶段）。在这一阶段，测试者会制定在多导仪测试中要询问的问题，并与被测人进行讨论。与被试讨论问题有两个原因。第一，被试必须理解问题，这样能避免在测试中或测试后对测试内容进行进一步讨论。第二，被试必须严格限制回答“是”或“不是”，而不是回答“是，但是……”或“不一定……”，因为后一种情况将会使测试结果的解释变得十分困难。表 11. 1 显示了在一个案件中典型的 CQT 问题序列，某人因被怀疑窃取相机而接受测试。我将以 CQT 讨论盗劫问题为例，而事实上 CQT 可以用作任何类型的犯罪。

CQT 测试共含三类问题：中性问题、相关问题以及可能说谎问题。中性问题是“你住在美国吗？”“你是叫 Rick 吗？”之类的问题。中性问题用作填充，这类问题的生理反应将不会进行图谱评分。

表 11. 1　准绳问题测试序列实例

N1.	你是住在美国吗？“是”
PL1.	在你人生的前 20 年，你是否拿过不属于你的东西？“不是”
R1.	你拿了那个相机吗？“没有”
N2.	你是叫 Rick 吗？“是”
PL2.	在 1987 年以前，你是否做过不诚实或违法的事？“没有”
R2.	你是从桌子里拿的相机吗？“不是”
N3.	你是在 11 月出生的吗？“是”
PL3.	在 21 岁前，你是否为了避免麻烦而说过谎？“没有”
R3.	你是否以任何形式参与到偷窃相机一事？“没有”

注：“N”代表中性问题；“PL”代表可能说谎问题；“R”代表相关问题。

资料来源：Raskin，Kircher，Horowitz，& Honts（1989）。

一个问题序列往往包含三个相关问题和三个可能说谎问题。相关问题是关于犯罪的具体问题。例如，“你拿了那台相机吗?”可以作为相机盗窃案的一个例子。可能说谎的问题具有准绳问题的作用，它们涉及与调查案件有关的行为，但不涉及具体犯罪问题。它们往往呈中性，故意含糊，并且涵盖了被试相当长的一段时间。测试者可能用回答“不是”作为欺骗性答案的角度来制定可能说谎的问题。问题准确地设计取决于犯罪类型和被试的情况，但与偷窃有关的可能说谎的问题可以是:“在你20岁前，你是否拿过不属于你的东西?”测试者确信被测人在21岁前确实偷过东西（很多人确实这么做过）。在一般情况下，一些被试会承认做了这些坏事。然而，在多导仪测试中却不太可能这么做，因为测试者会让被试相信承认这类偷窃意味着他可能会犯这类罪，因而会被认为有罪。Raskin（1989，p. 254）对于如何实现这一点给出了以下例子：由于这是偷窃一类的问题，为了评估你的基本诚实度和可信度我会问你一些基本的问题。我需要确定你之前没有做过类似的事情，你也不是偷相机并撒谎的那类人……*所以如果我问你‘在你20岁前，你是否拿过不属于你的东西?’你可以回答‘没有’，明白了吗?*”[①]

大部分被试在可能说谎的问题上回答“不是”（Raskin & Honts，2002）。然而，如果被试承认过去做过坏事，测试者将要求其解释。

之后会降低被试所坦白问题的重要程度（例如，“那是你小时候，还不懂事”）并重新改写可能说谎的问题（例如，“除了你告诉我的之外……”（O'Toole，Yuille，Patrick，& Iacono，1994；Raskin & Honts，2002））。也可能在承认了一个可能说谎问题后，测试者会回应“好的，你是否拿过什么东西，让我认为你也偷了相机?”

可能说谎的问题旨在为被试制造一种困境（Raskin & Honts，2002）。一方面，被试会认为承认可能说谎的问题会让测试者觉得自己不诚实，因而可能会被认为与正在调查的犯罪有关。另一方面，被试还会认为对可能说谎问题欺骗会导致巨大的生理反应，可能导致测试者得出对其他相关问题也是谎言的结论，就本例来说，可能要对被偷的相机负责。事实上，测试者会将可能说谎的问题的巨大生理反应解释为诚实的标志，但不会将这一信息告知测试者。

总的来说，可能说谎的问题和相关问题是用来唤起有罪者和无辜者的不同生理反应模式，如图11.1所示。

---

① 为了和偷窃的例子保持一致，斜体部分是对Raskin引文的修改。

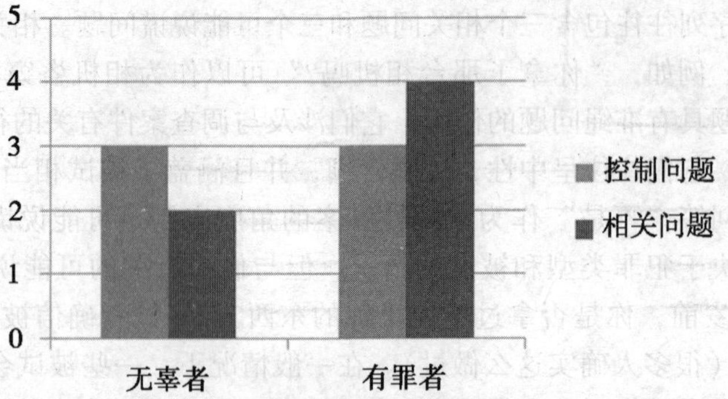

图 11.1　无辜者与嫌疑人的生理情况概要（CQT）

对于无辜者来说，会导致在可能说谎问题产生巨大生理反应。由于测试者特别强调可能说谎问题，而且被试知道自己在相关问题上的回答非常诚实，因而被试将会特别注意回答可能说谎问题而不是相关问题。结果，他们在可能说谎问题上的反应将比相关问题强。然而，对于嫌疑人来说，可能说谎问题将引起较弱的生理反应。有罪者对两类问题都说谎，理论上应该导致这两类具有相似的反应。然而，相关问题代表最直接、最严重的威胁，因而他们更关心相关问题，而不是可能说谎问题。这将导致在相关问题上出现更大的生理反应。

之后进行正式测试（第四阶段）。在多导仪测试中很重要的一点是要保证被试不分心。任何分心的举动都将会影响生理反应，进而影响测试结果。因此，测试更适合在安静的房间进行，与外界的噪声和混乱隔绝。而且测试者和仪器更应该安排在被试旁边而不是正对被试。此外，要求被试在测试时保持不动，因为任何小动作将导致不必要的生理反应。静坐的必要性意味着在多导仪测试时需要被试的配合。因此，被试的参与建立在自愿原则基础上，并且可以选择随时退出。[①] 在生理活动被记录的同时以每 25～35 秒的速度提出问题。每个问题序列至少重复三遍。

最后，第五步是评分阶段。就是通过总体的数值的方法来解释多导仪图谱。在总体的方法中，测试者对被试在测试中的生理反应形成总体印象。为了对被试的诚实性形成总体印象，测试者结合一些案件事实（被试的犯罪历史，案件中的证据）以及在测试中被试的行为表现。

Backster（1962，1963）和 Raskin（1979，1982，1986）提倡并引进了数值评分法。这种方法力求让图谱评分系统化，与此同时减少非图谱来源信息对决策的影响。在数值法中，评分者比较在可能说谎问题和随后的相关问题出现的反应（PL1 和 R1 比，PL2 和 R2 比，PL3 和 R3 比）。有四种可能出现。如果生理反应没有差别，则记为“0”；如果有显著差异则记为“1”；巨大的或夸张的差异则分别标示为“2”和“3”。

① 但是，被试可能不情愿这么做，因为这会让他们显得更可疑。轻易的退出可能会产生如下的反应“如果你是无辜的，为什么你不在多导仪测试中证明自己?”

然而，对于“显著”“巨大”“夸张”的区别没有标准的规定，这主要取决于被试。相同的差异可能对于一个被试而言已经是很强烈的了，但对于另一个被试而言可能刚达到显著水平。图 11.2 很好的解释了这个问题。图中两位被试均在相关问题上显示出更强的反应。相关问题和可能说谎问题之间的绝对差异在两名被试身上几乎一致。但从相对差异来看，被试 2 要比被试 1 更大。这是因为被试 2 的总体生理反应要小于被试 1。因此，评分者会给被试 2 标示更高的分数。

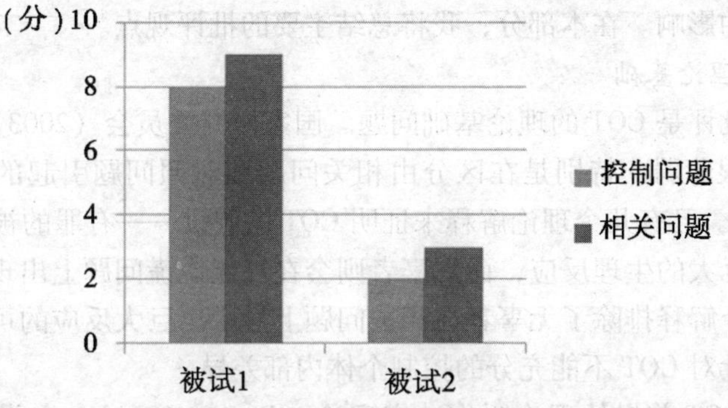

图 11.2　生理反应的个体差异

大多数分数是 0 分或 1 分，标记为 2 分的很少见，而记为 3 分的就非常罕见了 (Raskin & Honts, 2002；Raskin, Kircher, Horowitz, & Honts, 1989)。如果观测到的反应对相关问题要比可能说谎问题的反应更强，则记为负分（－1 分，－2 分或－3分)。如果观测到的反应对相关问题要比可能说谎问题的反应更弱，则记为正分（1 分，2 分或 3 分)。分别对每个生理指标进行打分（皮电、血压和呼吸）之后将每三个生理指标的评分结果进行累加，每一问题序列给出一个总分，测试的结果是基于总分。得分在 +6 分或更高意味着诚实，得分在－6 分或更低意味着欺骗；得分在 +5～－5 分为不确定结果。由于被试对多导仪设备并不熟悉，而且对调查感到紧张，因此往往对第一个问题反应强烈，评分者对第一个可能说谎问题和相关问题的反应常常不做考虑。

11.1　最后阶段的非正式供认

非正式 CQT 的第六阶段包括测试后直接告知被试他是否在说谎，以及让其考虑为什么图谱呈现出这一结果（Lykken，1998)。为了使这一思考过程顺利进行，测试者会暂时离开房间。这一阶段的目的在于获得供认。在某个案件中，测试者在指控被测人说谎后离开房间，去另一个房间通过单向玻璃观察被试 (Lykken，1998)。被试显然很紧张，盯着测试图谱看，下定决心开始吃掉共 6 英尺长，6 英尺宽的图谱。在被试吃完后，测试者回到屋中，并假装什么都没发生，倾身把耳朵凑到多导仪旁边并且说：“什么？他把它们给吃了？”被试回答道：“天啊，这东西还能说话？”并供认了自己犯罪的事实。

◈ 对准绳问题测试的批评

准绳问题测试饱受争议，并引起了反对者的批评。Iacono（2000）认为，争论的原因可以归纳为三个：（1）科学家们没有对这一应用是否具有充分的理论基础达成共识；（2）多导仪行业在科学背景以外运作，大多是通过法律部门在独立的与大学无关的多导仪学校接受培训后就进入实践；（3）多导仪测试可能会对受测个体产生深远的影响。在本部分，我将总结主要的批评观点。①

- *薄弱的理论基础*

最主要的批评是 CQT 的理论基础问题。国家研究委员会（2003，p. 213）将其描述为“……很薄弱，特别是在区分由相关问题和对照问题引起的恐惧，唤起或其他情绪状态”。已有几个理论解释来证明 CQT 的假设——有罪的被试将会在相关问题上显示出巨大的生理反应，而无辜者则会在可能说谎问题上出现巨大反应——但是，没有一个解释排除了无辜者在相关问题上显示出巨大反应的可能性。换句话说，批评主要针对 CQT 不能充分的控制个体内部差异。

一个证明 CQT 前提的理论叫作冲突理论（Davis，1961），它指出如果同时引起两个不相容的反应趋势，将会产生巨大的生理反应。对一个问题说谎将会引发“说谎”与“说实话”之间的冲突，而且谎言越严重（例如，严重的犯罪行为），两个趋势间的冲突越强烈。然而，测试者与被试之间的冲突，如被错误指控的期望，也可能在无辜被试中引起冲突趋势。（国家研究委员会，2003）。

另一个用来证明 CQT 假设的理论是条件反射理论（Davis，1961），其中指出，有罪被试在面对强调某一犯罪的相关问题时会引发强烈的回忆，这会导致巨大的生理反应。而对有罪被试而言，不太具体的可能说谎问题将不会诱发这么强烈的回忆。但是，相关问题也会引起无辜被试的各种思考，这可能导致强烈的生理反应（国家研究委员会，2003）。如果无辜嫌疑人被问及自己妻子被谋杀一事，一提到他妻子也可能诱发强烈情感，而被多导仪图谱记录下来。

惩罚威胁理论（Davis，1961）认为，如果被试害怕谎言被识破后的一系列负面后果，那么其在说谎时被惩罚的威胁将导致巨大的生理反应。由于有罪被测人在对相关问题回答时的负面后果要比回答可能说谎问题时更大，因此相关问题应诱发更大的生理反应（国家研究委员会，2003）。然而，无辜被试也可能将负面后果与回答相关问题不被信任相联系，这同样可能导致巨大的生理反应（国家研究委员会，2003）。导致这一问题可能是由于仅在没有其他决定性的证据时才实施多导仪测试（如果有决定性的证据，多导仪测试就成了多余的了）。这意味着对无辜者而言，在多导仪测试之前没有能够在调查中提供证明自己无罪的证据。对他们而言，

---

① 另见 Ben - Shakhar，2002；英国心理学会，1986，2004；Fiedler，Schmid，& Stahl，2002；Iacono，2000；Lykken，1998；National Research Council，2003；Saxe & Ben - Shakhar，1999.

多导仪测试很关键。如果得到的是有罪裁定，那么就意味着他们还不能免于怀疑或指控。这可能导致严重的负面结果，如继续接受调查并被警方询问，担心别人可能永远不会知道自己是无辜的，来自家庭成员、同事、邻居的负面反应，等等。在这种情况下，相关问题也会诱发巨大的生理反应。

考虑一下 Roger Keith Coleman 的案子，他被指控强奸并杀害了妻子的姐妹，因而被判处死刑（Ford，1995）。Coleman 坚持称自己无罪，而在本案中却出现了一些站不住脚的薄弱点。例如，在他被指控后，有四个人过来证明称听到有其他人承认了罪行。在最后一次证实自己清白的时候，Coleman 要求进行多导仪测试。这一测试在执行死刑前 12 小时实施。结果显示，Coleman 没有通过测试，当晚便执行了死刑。也许 Coleman 没通过多导仪测试并不令人惊讶。不管他是有罪还是无罪，很难相信 Coleman 在回答关键相关问题上怎能不产生巨大的唤起。

Ekman（1985/2001）对为什么无辜嫌疑人可能会作出与 CQT 理论相悖的反应（在相关问题显示巨大反应）进行了四点原因分析。首先，无辜嫌疑人可能认为警察不可靠。要求无辜嫌疑人进行多导仪测试已经表明警察犯了一个错误，即怀疑他们犯罪。也许，他们已经尝试说服警方自己是无辜的，但没有成功。尽管他们可以将测试视为证明自己的机会，但另一方面他们可能担心错误怀疑自己的人会进一步出错。换句话说，如果警方的手段很不可靠，以至于遭到错误怀疑，他们的多导仪测试就不会出错吗？其次，无辜的人可能认为机器不可靠。例如，他们可能使用自己的个人电脑或技术设备有困难，因此也不信任多导仪。再次，无辜者可能认为警方很不公平。人们可能不相信或不喜欢警察，因而认为多导仪测试者会误判或欺骗他们。最后，无辜者可能是胆小的人，对什么都害怕的人可能会在相关问题上表现出更大反应。

不仅不清楚为什么无辜者在相关问题上显示出巨大的反应，而且还不确定为什么有罪被试在相关问题上显示出巨大的反应。第一，他们能够在测试中成功地控制自己的生理反应，让自己不显示“有罪模式”，我将在下一部分详细讨论“反测谎”。第二，根据 CQT 的逻辑，犯罪行为越严重，被试在对他们说谎时的生理反应将会更明显。因此，曾经犯罪的有罪被试在对有严重犯罪行为的可能说谎问题撒谎时，将会唤起巨大的生理反应，而相关问题的生理反应则不会超过这些反应。第三，如果测试者在 CQT 的测前阶段十分顺利，那么有罪被试也会更关注可能说谎问题。考虑到嫌疑人对可能说谎问题欺骗会对他的案子有害，为什么有罪嫌疑人更不关注可能说谎问题？（Ben－Shakhar，2002；Ben－Shakhar & Furedy，1990）。

CQT 的支持者承认这一测试的理论有问题。他们报告称“……没有具体的谎言反应或反应模式是欺骗所特有的”（Raskin & Honts，2002，pp. 4－5），但是“……评估生理反应的根本特性与测试的准确性是两个独立的科学问题。很有必要在没有完善理论基础的情况下……开展一个测试来验证其准确性”（Raskin & Honts，2002，p. 2）。我认为这一观点是有问题的，我将在本章后面进一步讨论。

- CQT 范式中缺乏与心理学知识的联系

几位学者报告称 CQT 与多年研究的心理学知识联系较差（Fiedler，Schmid，& Stahl，2002；Mitchell，2002；国家研究委员会，2003）。相信这可能是几位科学家积极研究生理测谎的结果（Iacono，2000；国家研究委员会，2003）。对于忽视的心理学知识，Fiedle 等人（2002）提到了一些研究成果，指出前面的问题共同决定随后问题的含义和解释。与此相一致的是 Cullen 和 Bradley（2004）发现测谎的准确性取决于可能说谎问题的位置。此外，Fiedler 等人（2002）指出，可能说谎问题的模糊措辞或许会使不同的被试有不同的解释。此外，Mitchell（2002）提出可以劝服被试相信（1）多导仪识谎的有效性；（2）可能说谎问题的重要性。

也许对多导仪测试的理论发展提出的最严厉批评来自国家研究委员会（2003）。他们指出，尽管心理生理测谎是应用心理学最古老的一个分支，但它受先进技术的影响很少还停留在心理学和生理学的基础上。[①] 例如，国家研究委员会指出，一些多导仪使用者还在记录皮肤电阻而不是皮肤电导，而几十年前就知道测量皮电最好还是用后者。他们还质疑多导仪测试者使用的多种测量方法。在图谱编码中，他们没有对不同的生理指标进行区分（皮电、血压和呼吸），而仅仅是为了获得一个总分而平均不同的测量值。然而，很长时间以前我们就知道皮电活动（EDA），心血管活动（血压）和呼吸测量对各种生理状态有不同的反应方式（Kemeny，2003）。

国家研究委员会还提到了多导仪使用者忽视的“污蔑罪名”，无辜的人可能要冒着被错误指控的高风险。被污蔑的个体是社会上被贬低的一类人。污蔑可由性别、皮肤颜色、身体畸形、性别取向等产生。他们可能在与正常人交往过程中感觉受到威胁，通常会在任务表现上出现更大的生理反应，但在正常基线或其他部分则不会出现（国家研究委员会，2003）。

- 测试者的重要性和困难：测试缺乏标准化流程

准备多导仪测试可能是心理工程学中十分复杂的一部分（Lykken，1998）。对于多导仪测试，测试者需要制定可能说谎问题，一方面要对无辜嫌疑人引起更大的生理反应；另一方面，对于有罪嫌疑人应该引发更弱的生理反应。显然，测试者很难制定满足这些标准的问题。如果测试者让被试关心可能说谎问题，那么就要冒着无法检测出有罪者的风险。在这种情况下，可能说谎问题的生理反应或许与相关问题相同，导致不确定的测试结果。另外，如果测试者没有让被试对可能说谎问题感到尴尬，那么就要冒着将无辜者错判为有罪者的风险，因为这种情况下相关问题的

① 这一结论与时任英国内政大臣的 David Blunkett 意见不一致。他批准了英国性犯罪者在出狱前后都要进行多导仪测试的计划。他说道：“我们都有些怀疑，因为我们是看间谍电影长大的，相信苏联国家安全委员会具有能够训练人们逃避多导仪”，但接着他称“我们在谈论 21 世纪真正的现代科技，我们正在测试它”（独立报，2001 年 5 月 29 日，p. 4）。

生理反应要比可能说谎问题的生理反应更大。

编制可能说谎问题的另一个问题是被试对这些问题的反应并不是已知道的谎言，而是“可能”谎言（Lykken，1998）。测试者认为被试对这些问题的答案是谎话，但不能完全确定。显然，如果测试者对于可能说谎问题的假设是错误的，那么将不会达到理想的效果，因为在回答这些问题时被试实际上说的是真话。

Raskin 承认在编制可能说谎问题上的困难，用他自己的话说：“传统的 CQT 很难管理，心理敏感性、复杂性以及测试者的技巧对于获得准确结果都很重要。遗憾的是，很多多导仪测试者缺乏心理方面的训练，不理解标准心理测试的基本概念和要求。这些问题在测试者编制和给被试解释控制问题时就变得更为严重。[①] 因为很难让每个词都标准化，也不可能对所有被试都讨论控制问题。这在很大程度上取决于测前谈话阶段被试是如何理解所讨论的问题。”（Raskin *et al.*，1989，p. 8）换句话说，这完全取决于多导仪测试者，而 Raskin 对他们的平均质量不甚满意。Barland（1988）同样表示出他对于美国大多数多导仪使用者水平的担忧。这个问题可能正是 Iacono（2000）提到的，他认为 CQT 饱受争议的原因是由于多导仪测试者的培训不在科学环境之内。

测试者的重要角色可能导致其在多导仪测试之前就断定被试是否有罪，并会影响测试结果。对测试者来说，被试并不是完全的陌生人，提前可能已经知道被测人的重要细节（包括案卷信息），并在制定可能说谎问题和相关问题之前的测前谈话阶段已经形成了印象。如果测试者认为嫌疑人是无辜的，那么他或许会让嫌疑人在回答可能说谎问题上增大压力，提高通过测试的可能性。相反，如果测试者认为嫌疑人有罪，他或许不强调可能说谎问题，而提高被试不通过测试的概率。测试结果可能反映了测试者对被试形成的主观印象。

这一点在哥伦比亚电视台（CBS）一案中有所体现。在 1986 年，哥伦比亚电视台（一家美国电视台）向四家多导仪测试公司寻求帮助，让他们帮助查明四位雇员中究竟是谁偷走了贵重的相机。多导仪测试者陆续到达并施测（在不同的日期），结果每个测试者都告诉经理有重点怀疑人；但不同的测试者指认了不同的嫌疑人。

这是一个谜中谜。实际上根本没有丢失相机，而四位雇员也明确知道这一点。他们仅被要求否认自己偷窃了相机（即，说实话）。作为奖励，如果他们通过多导仪测试，会得到 50 美元奖励。结果是，四个人都被肯定有罪，而在每一次测试前都会告诉测试者其中一个雇员被怀疑是罪魁祸首（Lykken，1988）。

除了对于可能有罪测试者的错误信念，对被试的其他印象也会影响多导仪测试者，并产生诸如喜欢被试或对他们抱歉的感觉。在这些情况下，“有罪结论”就不太可能发生。测试者会故意产生有倾向的测试结果（Honts & Perry，1992），但又

① 可能说谎问题曾被称为控制问题（Control question）。

不尽然。社会心理学研究有力地表明，人们会不自觉地受到先前信息或预先信念的影响（Rosenthal，1976；Rosenthal & Rubin，1978）。测试者对结果的期待可能会在询问相关问题时轻微地影响到行为，如语速、语调、音量等。被试能够发觉这些标志，有意识或无意识地影响对这些问题的生理反应（Ben - Shakhar，2002）。

本部分重要的信息是，CQT 测试不能作为客观的科学过程。相反，测试的结果十分依赖于技巧、偏见和测试者的期待。①

- 测试者的重要性和困难：测试缺乏标准化的评图流程

在总图谱评分方法中，测试者基于多导仪图谱，并结合非多导仪来源的信息，如案卷信息、被试犯罪记录或被试在测试中的行为表现来对被试是否有罪形成一个总体的意见。这意味着决策过程是主观的，更多地取决于测试者。此外，它是不可证实的，其他人没法确定为什么某个测试者会得出某个结论。

Backster 和 Raskin 承认这一问题，并引进了数值评分方法。然而，由于并非标准化，这一方法还是很主观，正如我在图 11.2 中做的说明。缺乏标准化意味着对同一个图谱进行评分的两个人会作出不同的决定，而事实上也确实如此。Carroll（1988）报告，实验室研究中不同测试者的内部一致性在 0.61 ~ 0.95。这一结果令人满意，但在不同测试者之间会出现不同的结果。② 此外，Fiedler 等人（2002）表明，测试者之间的差异并不是随机的，而是更容易出现在结果不明确的案例中。

研究已经证实，在不明确的案件中，测试者的期待和数值评分可能出现污染。有经验的多导仪测试者会被要求解释某人的图谱（Elaad，Ginton，& Ben - Shakhar，1994）。在图谱编码前，会给出被试的信息。有些测试者会被告知被试基本上已经承认犯罪，而一些测试者则被告知其他人已经供认了犯罪。这些情况会影响到测试者的决定，而之前的期待往往会得到支持。然而，这仅在多导仪图谱不显示明确的犯罪或无辜时出现。这类污染也会发生在现实环境中，我将在后面进行讨论。

多导仪图谱编码的主观性问题对测试者发挥很重要的作用。这些问题可以通过计算机评分数据来克服，而且这类方法已经得以开发（Kircher & Raskin，1988，2002；Olsen，Harris，Capps，& Ansley 1997）。通过计算机程序进行决策十分可观，但这取决于计算机使用的算法。国家研究委员会（2003）报告称，对这类算

① 测试者能够影响 CQT 结果的观点在“友好的多导仪测试者”辩论中扮演了一个重要的角色。有时，嫌疑人要求进行多导仪测试并自己花钱证明自己的清白。CQT 反对者称，测试者有自然迎合客户的倾向，更容易让嫌疑人通过测试（Iacono，2000；Lykken，1998）。CQT 支持者称他们自己的研究并未显示友好测试者效应（Raskin & Honts，2000）。但是，CQT 的主观特性表明，从理论上讲很难避免友好测试者假设。

② 这些分数是指不同测试者之间解释图谱的一致性。然而，这并不是影响多导仪测试一致性的唯一方面。正如我前面介绍的，编制问题在 CQT 中并不是标准化的。这意味着两个测试者可以编出不同的问题。因此，问题就是两名测试者是否会作出相同的判断。这一问题并未在多导仪文献中进行阐述（Iacono，2000；Ben - Shakhar，2002），但是哥伦比亚电视台的案例表明这么实施是有必要的。

法并不十分清楚（但见 Kircher & Raskin，2002 的另一种表述）。

无论使用多么客观的图谱编码方法，也不会让所有 CQT 反对者都满意。其中的一个批评来自 John Furedy，他对计算机化的图谱评分表达了如下意见："基于存在缺陷的程序而得到的数据也会产生错误的结果……或者用通俗的话来讲：错误的前提必然导致错误的结论。"（Furedy，1996a，p. 57）

- 使用欺骗性程序的缺点和非法性

在 CQT 测试中，误导被试起到非常重要的作用。首先，误导被试认为在可能说谎问题上具有强烈反应会让测试者对其相关问题的回答也认为是欺骗性的，而事实上，反过来才是正确的：即这种情况下被试会被判为诚实。其次，误导被试相信测试是完全正确的，而下面我会提到，这不是完全正确的。再次，被用来证实多导仪完全正确的激励测试具有误导性。在激励测试中会使用卡片测试，但这不是基于关注的多导仪测试，而是如第 12 章所述，基于朝向反射。换句话说，用从根本上完全不同的测试（一个基于朝向反射）来证明基于关注的 CQT 测试完全不可靠。

有人可能认为将其用作欺骗程序是恰当的。支持者会说，结果能够证明这个手段，如果要判处严重犯罪嫌疑人有罪，欺骗也是可以允许的。支持者也会辩称多导仪测试有时对无辜者有利，即在证明自己无罪时能发挥重要作用。

反对者可能指出，欺骗嫌疑人总是不合适的，并且会产生一些负面影响。例如，可能会破坏公众对实施多导仪测试的警察或其他机构的信心和社会信任；或是嫌疑人可能认为他们允许撒谎因为多导仪测试者可以对他们撒谎。而且，嫌疑人可能在发现他们被骗时决定停止与研究者合作。然而，往往需要合作才能获得进一步证据，因为多导仪结果通常不能作为法庭证据。类似情境下，如果有人意识到自己在调查中已经被骗那么可能在进一步调查中选择不再合作。

也许更重要的是，欺骗的程序让 CQT 饱受攻击，因为被试为了让这个测试有效，必须相信这些谎言。因此，被试必须相信对可能说谎问题说谎会看起来十分可疑，而且测试是完全可靠的。根据 Elaad（1993）和 Lykken（1988）的观点，不可能全部被试都相信。可能有数十部介绍 CQT 的著作或文章，其中包括可能说谎问题的具体特性以及测试误导性。甚至在畅销的报纸上也出现了介绍 CQT 的文章（Furedy，1996b）。当然，正在接受多导仪测试的人可能已经接触了这些文献（特别是通过上网这一十分普遍的方式）并进行了阅读。如果他们了解了测试的程序和/或不可靠性，那么他们就不会相信测试者对可能说谎问题的重要性以及测试完全可靠的谎言了。

最后，考虑使用欺骗手段是否合法很重要。在多导仪讨论中，合法性并不是重要的方面，因为测试主要由美国学者实施。在美国，警察允许对嫌疑犯撒谎，但这一行为在其他国家则完全不同。在很多西方欧洲国家，具有欺骗性的调查手段是不合法的。因此在一些国家实施 CQT 测试可能是非法的。

- 反测试手段

正如我早先在书中提到的，人们一认识到其他人要对他们是否可信进行判断，就会为了留下可信的印象而试图控制自己的反应。因此，有时被试会尝试控制多导仪测试结果，并试图产生让测试者得出诚实结论的生理反应。这类尝试被称为反测试手段。尽管原则上测试者和说谎者都会尝试使用反测试手段，但是说谎者更愿意这么做，因为他们有理由让自己增加可信度（第3章）。如果反测试手段有效，那么他会对多导仪测试产生巨大影响，因为他可以使测试更不准确。

不同的反测试手段可以分为：躯体反测试，包括咬舌或绷紧脚（让脚趾压向地面）；心理反测试，包括想一个恐怖的经历或倒数数字。这些反测试手段会影响多导仪探测到的生理反应。通过在可能问题上使用反测试手段，被试能够人为地提高这些问题的生理反应，从而提高通过测试的概率。

Reid 和 Inbau（1977）并不担心反测试的有效性。他们辩称反测试不大可能发生，因为训练有素的测试者会注意到被试在欺骗他们。然而，正如 CQT 批评者和支持者所提到的，研究显示反测试手段可以成功实施（Ben - Shakar & Dolev, 1996；Elaad, 1987，引自 Ben - Shakhar & Furedy, 1990；Honts & Alloway, 2007；Honts & Amato, 2002；Honts, Devitt, Winbush, & Kircher, 1996；Honts, Hodes, & Raskin, 1985；Honts, Raskin, & Kircher, 1987, 1994）。在一项实验中，被试接受30分钟的躯体或心理反测试训练（Honts *et al.*, 1994），在训练结束后进行 CQT 测试。有经验的多导仪测试者仅能识别出12%的躯体反测试，而心理反测试手段则完全没有引起测试者的怀疑。躯体与心理反测试同样有效，能让大约50%的被试击败多导仪测试。在另一项研究中，70%的有罪被试在接受了压脚趾和咬舌的训练后被判无辜，而余下30%经过训练的有罪被试则未给出明确结论（Honts *et al.*, 1987）。换句话说，使用反测试的有罪被试无一被判有罪。相反，80%没有使用反测试的有罪被试被判有罪。这些结论与 Reid 和 Inbau 声称有经验的测试者能够探测出反测试手段的结论相矛盾。

CQT 的批评者称反测试方法很容易学习（Ben - Shakhar, 2002；Lykken, 1998）。支持这一观点的反测试是由 Floyd Buzz Fay 实施的，他因未通过多导仪测试而被错判为谋杀罪名。在其两年半的监狱生活中，他把自己变成了一名多导仪专家，指导了27名均自称有罪的狱友，告诉他们击败 CQT 的方法。27人中的23人仅在20分钟讲解后就成功的击败了多导仪测试（Ford, 1995；Kleinmuntz & Szucko, 1984）。

◎ **指导谎言测试**

我曾介绍对于 CQT 最主要的批评是实施测试缺乏相应的标准。因此，更多地依赖于测试者的技巧。但是，正如 CQT 支持者所称，很多多导仪测试者缺乏必要的技巧（Honts, 2004；Raskin & Honts, 2002）。为了让 CQT 标准化，人们开发了指导谎言测试（Directed Lie Test，DLT）（Horowitz，Kircher，Honts，& Raskin，1997；Raskin & Honts，2002；Raskin，Honts，& Kircher，1997）。除了一点外，DLT 与 CQT 测试完全一致。在 DLT 测试中，可能说谎问题被所谓的指导说谎问题取代，这类问题是标准化的，并能在所有情况下使用。典型的指导谎言问题是“在你 27 岁前你说过谎吗?”和“27 岁前你违反过规定吗”（Raskin & Honts，2002）。测试者向被试介绍指导说谎问题，并告诉他们这些问题是用来检测被试在说谎时的生理反应。另外还会告知被试将对比他们在指导说谎问题上的生理反应和案件相关问题的反应。被试被告知需在指导说谎问题上说谎，并仔细回想他们确实说谎或违规的一个情节。

DLT 背后的原理与 CQT 相似。有罪的嫌疑人更关注相关问题，并将在相关问题上显示出巨大的生理反应。无辜的嫌疑人更关注指导说谎问题。他们更关注自己在说谎时的生理反应（即对指导说谎问题的反应），而实际上与他们诚实时的生理反应有很大区别（即相关问题的反应）。

◈ 对指导说谎测试的批评

毫无疑问，DLT 测试比 CQT 测试更标准。然而，DLT 的程序并未对其他与 CQT 有关的批评进行回应，因而也受到了同样的批评：缺乏理论基础；测试过程缺乏与心理学知识的联系；在图谱评分中缺乏标准的评分方法；使用欺骗程序的缺陷和不合法性；以及易受反测试的影响。[①] 在一些方面，DLT 可能比 CQT 更糟糕。Ben – Shakhar（2002）指出，DLT 在 CQT 支持者中受到怀疑，例如，过分强调指导说谎可能导致不能发现说谎者。Ben – Shakhar（2002）进一步指出，指导谎言与相关问题明显不同，因而不能有效地控制个体内差异。Iacono 和 Lykken（1999）指出，为被试解释指导谎言问题的目的，并澄清对这类问题有巨大反应的重要性，可能会对想要击败测试的人有帮助。

◈ CQT 多导仪测试的准确性

在有关多导仪的文献中，很容易找到关于多导仪测试准确性的案例研究。但是都没有对多导仪测试的准确性进行深入地研究。为了获取真实的结果，需要进行实验室研究和现场研究。事实上几乎所有这些研究都与两类测试有关：犯罪情境测试（第 12 章）和 CQT 测试。这一部分我将讨论 CQT 的准确性。

为了检验 CQT 的准确性，研究者分别进行了实验室研究和现场研究。在前面章节我已经讨论了实验室研究和现场研究的区别。在大多数 CQT 实验室研究中，说谎者实施了模拟犯罪并在随后的 CQT 测试中被要求否认这一事实。诚实者没有

---

① 在 DLT 中，没有对指导说谎问题的本质说谎，但对测试的可靠性说了谎。基于朝向反射的测试还被用来证实基于关注的 DLT 的有效性。

进行模拟犯罪，因而在回答 CQT 问题时是诚实回答。实验室研究的优点是研究者预先知道谁在说谎，谁在说实话。更进一步的优点是研究者能够检验影响 CQT 准确性的几个因素，如使用反测试手段等。

实验室研究的缺点是，测试通过与否的结果并不如现实生活中那么高。如果被试能够说服测试者自己是无辜的，可能会因此而得到奖励，否则可能会得到惩罚。有时候这些惩罚看似很严重。例如，Bradley 和 Janisse（1981）威胁他们的被试，如果没有通过测试就会“得到痛苦但不会形成永久伤害的电击”。然而，在实验室研究中的风险几乎不可避免的比大多数现实测试低。出于这一原因，一些学者指出实验室研究对 CQT 在现实应用中的准确性评估是无效的（Ben - Shakhar, 2002; Elaad & Ben - Shakhar, 1997; Kleinmutz & Szucko, 1982; Lykken, 1988, 1998）。其他人认为，只要满足一些条件，实验室研究就可能是有用的，如使用有代表性的被试群体（不仅是大学生），并实施现实中的多导仪测试（包括应用专家测试者、给被试一些欺骗测试者动机）（Kircher, Horowitz, & Raskin, 1988; Raskin, 1989）。

反对基于实验室的 CQT 多导仪测试的人们指出：无辜被试更关注相关问题的概率随着相关问题中事件严重性的增加而增加。事件越严重，就会吸引越多的关注。实验室研究无法解决事件的严重性因素。他们掩饰了一个无辜被试发生的重要问题，即相比可能说谎问题，他们对相关问题显示出更大的反应，因此可被看作是实施 CQT 的理想测试条件。

现场研究只要是解决真实案件中对嫌疑人实施的 CQT 测试。现场研究的优点是很真实。主要的缺点是对真实情况的不确定，即无法确定被试实际上是否是无辜者。理想条件下，这可以通过独立于多导仪测试以外的决定性证据而确定，如 DNA 证据。然而，这类证据往往在实施多导仪测试的案件中不可能获得，因为如果有这类很强的证据也就不需要多导仪测试了（Honts, Kircher, & Raskin, 2002）。因此，往往将供述作为现场研究确认事实的方法。

将供述作为真实情况存在一定的问题，因为其中可能存在取样偏差（Fiedler, Schmid, & Stahl, 2002; Patrick & Iacono, 1991）。取样偏差可以解释为什么多导仪测试者往往认为他们有很高的准确率，同时存在通过 CQT 现场研究获得的准确性评分被过分夸大。我们从多导仪测试者的观念讲起。如果被试没有通过测试，多导仪测试者和警方会认为这位被试犯了罪，并试图获取供认。一些嫌疑人会供认自己的罪行，因而这类案件会支持测试者的观点。然而，供述可能是错误的。[①] 但这

① 无辜者往往会在说服法官无望后，为了获得更轻的处罚而作出虚假的供认（Gudjonsson, 2003）。也许，没有通过测试的嫌疑人会认为自己确实有罪。这发生在 Peter Reilly 和 Tom Sawyer 身上，他们的案件如 11.2 所示。因为信任多导仪，并相信它准确无误，他们开始怀疑自己不是无辜的。这可能听起来很幼稚，但这是测试者作出担保后的结果。此外，警方在结果出来之后会告诉嫌疑人结果是准确的。有些嫌疑人相信这一点。

一点很难被测试者或警方发现，一般仅会在随后的证据证实供述错误才会被发现。由于警方相信忏悔者是有罪的，因此他们不会寻找额外的证据。不是所有没有通过测试的嫌疑人都会供认，尤其是对于无辜者来讲。由于在案件中缺乏其他可靠证据，这些案件会被搁置。但是被搁置的案件也不会怀疑多导仪的有罪判定的正确性，它仅表明案件不能被证实。这一结果表明测试者不能面对质疑多导仪判定有罪的证据。

那么通过测试的嫌疑人又怎样呢？由于测试者和警方相信嫌疑人是无罪的，他们可能不会进行进一步的审问，或者根本就放弃询问了。此外，由于嫌疑人通过了测试，也就没有证据怀疑他了。通过测试的嫌疑人，包括有罪嫌疑人，也就不太可能进行供述。由于警方认为除了通过测试的嫌疑人之外的其他人有罪，因此可能会推动寻找其他证据和新的嫌疑人。通过测试的人实际有罪，这个案件的进一步搜查就不可能成功。因此很多这类案件被搁置，而不会去怀疑多导仪的无罪判定。结果是，测试者不会面对怀疑多导仪无罪判定的新证据。

同样的原因揭示了为什么 CQT 现场研究的准确率会被轻易夸大。在现场研究中，仅包括被试供述的案件（这些被试会被认为是有罪）或者除了被试之外有其他人供述的案件（这些被试会被认为是无罪）。没有通过测试的有罪嫌疑人（正确的多导仪判定）会比通过测试的有罪嫌疑人（错误的多导仪判定）更可能供认，因而更可能出现在现场研究中。没有通过测试的有罪嫌疑人更可能由于前几段提到的原因而供述：警方会集中精力获得没有通过测试的有罪嫌疑人的供述，因为他们认定这些嫌疑人有罪；而且没有通过测试的有罪嫌疑人要面对对他们不利的证据（没通过多导仪测试），而通过测试的有罪嫌疑人则没有不利的证据。

我们可以列出发生在有罪被试身上被夸大的数量（引自国家研究委员会，2003，p. 115）。假设 300 名有罪嫌疑人中有 200 人没有通过多导仪测试，100 人通过了测试。这意味着对 2/3（67%）的有罪嫌疑人进行了正确区分。进一步假设警方对没有通过测试的有罪嫌疑人中的 30% 和通过测试的 10% 的人中获得了供述。这意味着 66 名没有通过测试的有罪嫌疑人（200 名嫌疑人的 30%），通过测试的 10 名有罪嫌疑人（100 名嫌疑人的 10%）供认了。仅有 76 名有罪嫌疑人会被列入现场研究，因为仅有他们供述了罪行。在这个子样本中的正确率达 87%（76 个判定中作出 66 的正确判断），远高于 67% 的实际正确率。

对于无辜被试来说，当其通过测试（正确的多导仪判定）而不是未通过测试（错误的多导仪判定）时，会提高其他人供认的概率（无辜被试被列入现场研究样本的要求）。在后一种情况下，警方会认定无辜被试是罪犯，而不会再集中精力找其他嫌疑人。①

① 见 Pollina，Dollins，Senter，Krapohl 和 Ryan（2004）对实验室研究和现场进行的比较。

11.2 不足信的多导仪判定对错误供认的影响：Peter Reilly 和 Tom Sawyer 案件

一天，8 岁的 Peter Reilly 回家发现自己的母亲死了。他意识到自己的母亲是被人谋杀了，并用最快的速度报了警。警方询问了 Reilly 并认为是他杀害了自己的母亲。之后他们对他实施了多导仪测试。警方告诉他没有通过测试，因而即使在没有事件记忆的情况下表明他有罪。询问笔录显示，Reilly 经历了一个明显的转变，从开始的否认到困惑，再到之后的转变（“好像我确实是做了”）最终写下供述。两年后，独立证据表明 Reilly 没有犯罪，他的供认是虚假的（Kassin，1997）。

Tom Sawyer 的邻居被勒死了。警方仅仅因为 Sawyer 在常规询问中表现紧张，就怀疑是他干的。之后警方请警察局做第二次询问。为了回应他的一般背景问题，Sawyer 提到了自己的社交焦虑，并承认自己曾是一个酒鬼。为了让 Sawyer 谈到犯罪问题，警探让他帮助他们制造一个谋杀可能发生的场景。喜爱看警探节目的 Sawyer 很乐意帮忙并希望加入。警方让 Sawyer 描述了一些场景，并最后指控他犯了罪。警方指出，Sawyer 提到了仅有杀手知道的 9 个细节。对笔录分析的结果显示，全部的重要信息都是由警方泄露的。①

在受到指控后，Sawyer 强烈否认他的罪名。警方从他身上获取了指纹和头发样本，并建议实施多导仪测试。Sawyer 相信多导仪测试能够证明他的清白，并同意接受测试。测试后，测试者告诉 Sawyer 测试结果证实他是在说谎。Sawyer 的自信渐渐消失。他不再表示对自己罪行的坚决否认，只是说他还是不能相信自己竟然犯了罪。他对警方指控的主要反驳是他缺乏犯罪记忆。警察告诉他是其自己抑制了犯罪记忆，和他喝过酒一样，只是暂时的记忆丧失。在这一点上，Sawyer 依然拒绝承认自己犯了罪，并不寄希望于自己在其他测试（指纹和头发测试）上的结果。警探决定欺骗他，告诉他其头发样本和受害者尸体上的头发相匹配。

在得到这一信息后，Sawyer 的抵抗力瞬间崩塌了。他承认“所有证据都已齐备”，他一定是犯了罪。在接下来一阶段的询问中，警探想要获取犯罪的准确描述，而这对于 Sawyer 根本不可能，因为他根本就没有犯罪。警方通过告知 Sawyer 警察已掌握的和可能出现的情况来帮 Sawyer“回忆”。例如，警方认为受害者被性侵了。在警探的鼓励下，Sawyer 承认了性侵过受害者。然而，当接到验尸报告后，并没有证据表明发生过性侵（Ofshe，1989）。

---

① 对信息来源的困惑发生得很频繁，被称为源监测错误（Raye & Johnson，1980）。人们有时候对于是自己还是他人呈现的信息感到困惑，有时候会在回忆中出现。人们有时会对回忆中谁说过的某个观点表示反对。

◈ CQT 的准确率：实验室研究

原则上讲，CQT 测试可能出现六种结果。有罪的嫌疑人可能在他没通过测试时对相关问题显示出巨大的生理反应，那么这一结果就是正确的。也可能出现相关问题和可能说谎问题的反应是相似的，那么结论就不确定。最后，可能说谎问题有巨大生理反应。这种情况下，被测人通过测试，得出了错误的结论。

无辜嫌疑人会对可能说谎问题显示更强的生理反应，在嫌疑人通过测试时，这就是正确的结论。无辜嫌疑人在相关问题和可能说谎问题上的反应相似，结论就不确定。最后，无辜嫌疑人可能会在相关问题上显示出巨大的生理反应，因而未通过测试，结论也就是错误的了。

简单地说，存在两类错误。第一，错将有罪被测人判为无辜，即假阴性错误。第二，错将无罪被测人判为有罪，即假阳性错误。两个类型的错误都是不希望发生的，究竟哪一个更严重取决于所在的环境。在犯罪调查中（调查偷窃、强奸、谋杀等），假阳性错误可能是最严重的错误，因为这一结果可能导致无辜嫌疑人被判有罪，而假阴性错误意味着有罪嫌疑人会逃脱判决。在西方法律体系中常使用的一个原则是“宁可错放一千，不可错杀一人”（de Keijser & van Koppen，2007）。多导仪测试也被用在安全威胁调查中识别间谍（见下）。在这种背景下，假阴性错误可能是最严重的错误，因为可能导致错放间谍。显然，一个未被发现的间谍能够引起很大的危害。

表 11.2 列出了六篇有关 CQT 实验室研究的英文综述。每个综述作者仅在实验室研究满足最低质量标准时才会囊括在内。[①] 这也是为什么涵盖不同研究的综述会产生不同的研究结果。

表 11.2　实验室研究综述考察 CQT 多导仪测试准确性的结果

	有罪条件（%）			无罪条件（%）		
	有罪	无辜	不确定	有罪	无辜	不确定
Ben - Shakhar & Furedy（1990，n = 9）	80	7	13	15	63	22
Honts（1995，n = 8）	80	10	13	8	84	8
Honts（2004，n = 11）	82	7	11	10	83	7
Kircher *et al.*（1988，n = 14）	74	8	18	12	66	22
OTA report（Saxe *et al.*，1985，n = 12）	74	7	19	16	60	24
Raskin & Honts（2002，n = 11）	74	8	12	8	84	8

注：n = 综述的研究数量。

① 国家研究委员会（2003）认为多导仪研究的质量往往很低。他们考察了 194 项单独的研究（有实验室研究和现场研究），其中仅 57 项（50 个实验室研究和 7 个现场研究）满足最低科学标准。国家研究委员会的分析并未在本章中出现，因为没有报告准确性。国家研究委员会（2003，p. 4）描述多导仪测试的准确性“……高于随机水平，但远低于完美的标准”。

对于 CQT 实验室测试结果显示，这些测试在区别有罪被试上更准确。基于这一观点，大多数有罪被试（74% ~82%）能得以正确区分，相当小数量的有罪测试者（7% ~10%）被错判为无辜。对于无辜被试而言会出现更少阳性的局面。在三个综述中，60% ~66% 的无辜被试能够得到正确判断，而 12% ~16% 的无辜被试被错误地指控说谎。然而，在两个 CQT 的支持者 Honts 和 Raskin 的综述中，报告的无辜嫌疑人被判无罪的概率为 83% ~84%，而错误指控率在8% ~10%。

◈ CQT 准确性：现场研究

我把所知道的已发表的七篇有关 CQT 现场研究的英文报告呈现在表 11.3 中。其中包括了没实施的测试，而只是评读有关图谱（例如，独立的评价者）的测试者报告的准确性。不同的综述得出了稍许不同的结果。不同的作者在自己的综述中也涉及了不同的研究，其中不包括他们认为没有满足最低要求标准的研究。Saxe，Dougherty 和 Cross（1985）尝试呈现“一个根据目前多导仪测试关于心理知识的客观描述”（p. 356）。他们展示了最初由美国国会技术评估办公室（OTA）发起的一份综述，这份研究综述当初是为了给里根总统提供参考建议。他们发现 10 项研究满足 OTA 的标准，而且他们的综述比目前已发表的综述包含更多的文章。正如 OTA 综述一样，综述中的大多数研究将供认当作真实情况。基于不确定的证实情况，报告的准确率只能当做是估算的数目。而且，正如我上面解释的，现场研究的准确率可能很容易因取样偏差而被夸大。

关于被试的正确分类在不同综述之间可能有重叠。基于综述文献，83% ~89% 的被试能够被正确判断。关于嫌疑人错误判定的数量，不同的研究有不同的结果（即将嫌疑人错判为无辜）。根据文献综述，错误率在 1% ~17%。最低错误率由 Raskin 和 Honts 报告，最高错误率由 CQT 反对者 Carroll 报告。①

表 11.3　检验 CQT 多导仪测试准确性的现场研究综述

	有罪条件（%）			无罪条件（%）		
	有罪	无辜	不确定	有罪	无辜	不确定
Ben - Shakhar & Furedy（1990，n = 9）	84	13	3	23	72	5
Carroll（1999，n = 3）[1]	83	17	—	47	53	—
Honts & Perry（1992，n = 3）	86	11	3	30	59	11
Iacono & Patrick（1997，n = 3）[2]	84	—	—	—	56	—
Lykken（1998，n = 4）[3]	86	—	—	—	61	—

① Raskin 和 Hont（2002）综述包括了 Patrick 和 Iacono（1991）的现场研究。Iacono（2000）称他研究中的准确性评分在那篇综述中被误用了。

（续表）

	有罪条件（%）			无罪条件（%）		
	有罪	无辜	不确定	有罪	无辜	不确定
OTA report（Saxe *et al.*，1985，n = 10）	87	11	2	19	75	6
Raskin & Honts（2002，n = 4）[4]	89	1	10	12	59	29

注：n = 综述涉及的研究数量。[1]不包括不确定的案件；[2]错误判断和不确定的案件没有报告；[3]错误判断和不确定的案件没有报告；[4] Honts（2004）类似于 Raskin 和 Honts（2002），因而没有报告。

至于无辜嫌疑人的综述也缺乏一致性。然而，在每篇综述中，无辜嫌疑人的正确率比有罪嫌疑人的正确率更低。根据综述，53% ~75% 的无辜嫌疑人得以正确判断，12% ~47% 的人被错误判断。此外，最低的错误率由 Raskin 和 Honts 报告，最高错误率由 Carroll 报告。

CQT 现场研究出现的典型特征是 CQT 易受假阳性错误的影响，即错误地指控无辜者。这种情况往往出现在被试对相关问题出现巨大生理反应时。显然，尽管测试者十分努力，但无辜者不总是关注可能说谎问题。假阳性错误发生的概率在现场研究要比实验室研究更大。这也不令人惊讶。现场研究风险很高，在这些测试中，嫌疑人会特别意识到相关问题给他们带来的严重后果。

正如我在上面提到的，表 11. 3 呈现的结果是由没有实施多导仪测试的诚实者评估的结果（如，独立的评估者）。Raskin 和 Honts（2002，p. 32/33）注意到，尽管“这从科学的角度出发是一个令人满意的实践……但通常是原测试者决定如何处理这些案件”。之后他们进一步指出，要想获得 CQT 测试的真实准确性，就应该考察原测试者的准确性。他们的综述表明，最初的测试者往往比独立评估者有更高的准确性（Raskin & Honts，2002）。例如，Honts，Raskin，Kircher 和 Hodes（1988）的研究显示原测试者有很高的准确性：有罪者（92%）的正确率和无辜者（91%）的正确率在欺骗研究中是最高的准确性。

原测试者比独立评估者有更高的准确性主要有两个可能的原因。第一，最初测试者在评分图谱上更有技巧。这个解释不太可能，因为多导仪领域研究的独立评分者往往是有经验的多导仪使用者。第二，原测试者使用非多导仪信息来做决定，如被试在测试中的行为和案卷信息，而且这些附加信息提升了准确度。CQT 支持者对此表示认可（Honts，1996；Horvath，1973；Raskin & Honts，2002）。Honts（1996）的研究发现，在四个案件中——包括两名无辜者和有罪嫌疑人——测试者基于多导仪结果作出决定，而由于四个案件中的结果是不确定的，因而测试者不应作出结论。然而，测试者对四个案件所作出的结论（有罪或无辜）均是正确的，这表明非多导仪之外信息可以辅助测试者作出正确的决定。

在现场研究中，Patrick 和 Iacono（1991）对多导仪测试者作出的结论进行了更为细致的考察，用以确定作出的决定究竟是基于图谱数据还是结合了非多导仪数据信息（Iacono，2000）。研究者可以获得最初测试者的数值化图谱得分，以及最初测试者的最终判断。理论上讲，原始测试者的数值图谱评分应该可以决定最后的评分，但事实上不是这么回事，仅82%被断定为欺骗，18%得到了诚实判定。另69项测试的数值记分所得出的结论也是不确定的，而45%的嫌疑人收到了诚实判定，4%被判为欺骗。这些结果表明，除了图谱评分外，原始测试者还考虑到了其他信息。同样，他们的决定也出现了一种模式。在93%的数值评分与测试者判定不一致的案件中，测试者给出了诚实判断。

研究者还有另外的信息来源。他们可以获得独立评分者的图谱数值评分结果。比较原始测试者的数值评分与独立评分者的评分，结果显示初始评分者更偏向于判定被试诚实。在原始测试者收到了72个嫌疑人的诚实判定，而在独立评分者中仅收到了51个诚实判定。重要的是，相比数值评分（70%准确性），最初测试者往往在最终判断上（90%准确性）上更加准确。独立评分者获得最低准确性（55%）。

总的来说，仅通过多导仪图谱（CQT准确性的正式测试）的评分者仅获得55%的准确性，远比最初测试者获得原始可用信息作出的判断（90%准确性）要低。似乎最初测试者的判断和数值评分更倾向于诚实判定。这一点十分有趣，因为据我们所知，CQT易受假阳性错误的影响。测试者似乎在某种程度上修正了他们的判断从而避免了这类错误。

11.3 一个特别的多导仪现场研究

Ginton，Daie，Elaad和Ben-Shakhar（1982）实施了一项在现实环境下的多导仪研究，它同时保证了基本事实的确定性。研究中的被试是21名以色列警察，他们进行了警察课程的纸笔测验。实验者要求对他们自己的测验进行打分，这样就为他们提供了作弊修改自己初始答案的机会。然而，答题纸已经过化学处理，作弊可以被查出。结果证实21名被试中有7人作了弊。

随后，实验者告知被试均被怀疑作弊，将进行多导仪测试，告知他们未来在警察部门的生涯可能取决于这次测试的结果（警察可以选择不接受测试，这符合现实。前面提到，在刑事调查中，多导仪测试不是必须的）。尽管最初21名警察均同意接受测试，但事实上一名有罪警察没有参加测试，另有2人（一名有罪，一名无辜）拒绝参加多导仪测试。其他3名有罪被试在参加测试前坦白了自己作弊的事，因而最后样本仅含2名有罪者和13名无辜者。[①] 使用CQT测试的结果相当准确。有罪警察均被准确测出，但13名无辜警察中有2名无辜者被错判为说谎。

① Ekman（1993）指出，这些结果支持了多导仪测试者的理论，即多导仪测试的威胁可能会导致嫌疑人供认。但结果同样表明拒绝测试也不一定是有罪者。

尽管看上去结果支持了 CQT 测试，但事实上并没有。作出结论的测试者参考了多导仪数据以及被试在测试中的行为表现。其关于无辜被试的准确度判断（13 人中 11 人判断正确）与没有参考多导仪数据而只是观看了测试的多导仪测试者的准确率一样。仅看到多导仪数据的单独评分者仅对 13 人中的 7 人作出了正确判断，并将 3 名无辜被试错判为有罪，此外有三个结果不能确定（Carroll，1991）。

◇◇人格与多导仪测试

人们可能认为很难用多导仪探测精神病人所说的谎言。精神病人有较低的皮电反应（Lorber，2004）这可能致使其很难区分可能说谎问题和相关问题。此外，精神病患者较少感受到正常人对危险和惩罚的恐惧（Lykken，1998；Porter & Woodworth，2007）。因此，精神病人在多导仪测试中不能产生关注，这使得测试者不能识别这类人的谎言。然而，研究表明，精神病人和非精神病人均能被多导仪探测出来（Patrick & Iacono，1989；Raskin & Hare，1978）。

其他研究考察了多导仪测试对外向者和内向者的可检出性，结果显示两者没有差异（Steller，Haenert，& Eiselt，1987；Watson & Sinka，1993）。此外，对背景特征，如性别和种族的研究也没有出现显著差异（国家研究委员会，2003）。然而，国家研究委员会（2003）报告称现在断定人格特质和背景特征对多导仪测试没有影响太过草率了，因为还没有进行足够的研究证实。

◇◇任职（前）筛查

◇特定事件、非特定事件和就业前测试：模糊的差异

在美国，多导仪测试被应用在任职和任职前测查领域。尽管 1988 年雇员多导仪保护法案极大地限制了多导仪测试在私营企业的使用，但在政府相关部门该技术还在被广泛使用，如美国政府、联邦调查局以及各级警察部门（Krapohl，2002）。

雇员筛查基于不同的目的。第一，是为了探查特定的安全威胁事件。假设，有证据表明一台含高安全机密信息的计算机被人篡改，仅数量有限的几个员工有权限使用该计算机。可以让这些员工通过多导仪测试来检测他们是否篡改了计算机。在这种情况下，就会实施一个特定事件的 CQT，与我在本章中之前描述的内容相似。例如，本案中的相关问题可以是："你篡改计算机了吗？"

第二，多导仪测试用来在没有确凿证据的情况下，检测员工是否从事破坏活动，或者将涉密资料提供给未经授权的个人等（国家研究委员会，2003）。这与上

面篡改计算机信息的事例不同之处在于测试者没有针对特定的事件。因而测试者除了编制模糊和非特异的相关问题之外别无选择。非特定事件的 CQT 相关问题可能是“在前五个月，你将涉密资料提供给未授权的个人了吗?”由于其模棱两可，询问这类问题可能会出现不确定性。问题可能诱发一个人对特定事件的记忆，但不会引发另一个经历相似事件的个体。同样，假设雇员没有通过测试。那么这表明了什么? 雇员被控犯有何罪? 多导仪测试并没有提供一个明确答案，因为没有提出一个具体的问题。在测试后谈话中，测试者会问雇员为什么会产生较强的生理反应，其在测后谈话中的真实性有待考察。例如，做了非法勾当的员工可能会回忆一个小的错误来掩盖严重的犯罪行为。

多导仪测试同样在筛查求职程序中使用。在这种情况下，测试被用来预测未来职业表现的某些方面，如受雇后员工违反安全规定的可能性。这些就职前测试比非特定事件测试更具不确定性，因为它们比非特定事件测试更模糊。在这种情况下，申请者之前行为的问题会用来预测未来行为。有时，关于过去的问题（例如，“生活中你吸过毒吗?”）并不能代替雇用者所感兴趣的将来行为（例如，这个人会成为间谍吗?）。

国家研究委员会（2003）对入职（前）环境下的多导仪测试使用情况进行了评估，结果表明，目前没有任何关于非特定事件和受雇前测试准确度的有效现场研究。但是他们得出结论，由于非特定事件和任职前测试的模糊性，这类测试的准确度几乎可以确定要比具体事件的多导仪测试更低。①

◇ 基本概率

除了模糊性之外，基本概率（Base Rates）问题是就业前和就业筛查中存在的另一个问题。基本概率是指被测样本中欺骗发生的概率。例如，在实验室研究中，一半的被试说谎，因此基本概率是 50%。但是在就业前环境中基本概率则更低。例如，1000 人中可能仅有 10 人是潜在的间谍或恐怖主义者。低基本概率的问题是多导仪测试需要具有高准确性的诊断价值。假设多导仪测试能区分 80% 的说谎者和 80% 的诚实者。有 1000 个申请者接受测试，8 名（潜在的）间谍能够被正确分辨出，但仍有 198 名诚实申请者（990 名诚实申请者的 20%）被判为欺骗，因而被认定是潜在间谍。

Krapohl（2002）似乎并不担心这些错误指控。他指出，求职群体往往大于职位空缺数。因此，如果有 500 个岗位，雇主使用多导仪测试，仍有 794 个申请者可选为测试样本，而这样排除了 8 名潜在间谍。这一推论可能会导致伦理的关注，因为有 198 名申请者将不会被雇佣。这不是因为他们做错了什么或不能胜任这一职位，而是因为多导仪测试者犯了错误。同样正如我早先报告的，这 198 名不幸的被

① 见 Ben – Shakhar（2002）对非特定事件和就业前测试中编制对照问题的讨论。

试有一大部分蒙受了污名，因为他们通常会在工作中表现，而不是在基线或其他阶段中出现大的生理反应（国家研究委员会，2003）。

让我们现在考虑一下测试现任员工。潜在间谍的基本概率和申请这份工作的人应该是相同的。1000个人当中可能仅有10人正在监视他们的雇主。如果多导仪测试有80%准确率，8名间谍能被正确认出，但与此同时会有198名诚实的雇员会被怀疑监视。而多导仪图谱不能区分间谍和错误指控的员工。

人们可以想象得到一个工作场所如果有20%的员工被怀疑是间谍，那么他们的士气会怎样。因此，多导仪使用者希望尽量避免作出错误指控，如将判为说谎者的阈限提高。这当然会减少雇员被错误指控为间谍的发生概率，但也会提高间谍未被识破的概率。因此，国家研究委员会（2003，p.6）总结道："多导仪测试产生了一个不可接受的选择……即在很多忠诚的员工被错判为欺骗和主要的安全威胁未被识别之间作出选择。其在从无辜被试当中区分真实或潜在安全威胁的准确性在联邦部门的员工安全筛查中不足以证实其可靠性。"

◈ 其他目的：多导仪的奥秘

多导仪测试员工或求职者可用作其他目的。正如上面所提到的，人们经常认为多导仪测试是完全可靠的；国家研究委员会（2003）将其定义为"测谎的奥秘"。因而多导仪测试可以作为一种威慑，使得潜在间谍失去申请职位的勇气，使现有员工在得知要进行多导仪测试后避免从事监视活动。多导仪测试还可以导致自发对坏事的供认。员工可能会在得知要进行多导仪测试后在多导仪测试前的访谈中会更诚实。使用多导仪来诱供是多导仪在不同环境下施测的一个原因（Lykken，1998；Cross & Saxe，2001）。①

由于具有完全准确的印象，多导仪测试也会引起公众对国家安全机构的信任感。然而，由于多导仪测试事实上是易犯错的，对多导仪的信任可能会致使过分依靠这一技术的国家安全机构陷入危机（国家研究委员会，2003）。Lykken（1998）认为现实情况就是这样。他例举了中央情报局特工 Aldrich Ames，他曾将秘密情报卖给苏联并在此期间通过一系列多导仪测试。Lykken 认为"Ames 的间谍生涯非常成功，他击败多导仪的能力打消了官方的顾虑"（Lykken，1998，p.3）。

◇◇ 性犯罪者和多导仪测试

进行多导仪测试的性犯罪者正在逐渐上升。尤其在美国（Branaman & Gallagher，2005；Consigli，2002；Honts，2004），而荷兰（Meijer，2004）和英国（Wil-

① 为了获得供认，实施恰当的多导仪测试不是必须的。向被电子设备吸引的被试介绍测试仪设备，在其随后的访谈中表现得更诚实（这就是所谓的虚假情报效应，Cross & Saxe，2001；Jones & Sigall，1971）。

cox, Sosnowski, & Middleton, 2000）等国也相继引入。特别关注性犯罪者也许并不奇怪。性犯罪者往往将其活动和兴趣的程度降至最低；他们可能再次犯罪；并且他们的犯罪被认为是十分恶劣的（英国心理学会，2004）。与求职者相比，性犯罪者的多导仪测试被用作获释的一个条件（Honts，2004）或被用来监测释放后的行为（Kokish，Levenson，& Blasingame，2005）。这样的测试每隔3到6个月就规律性的实施一次（Cross & Saxe，2001）。

性犯罪者实施不同类型的多导仪测试（Branaman & Gallagher，2005）。在具体事件的多导仪测试中，嫌疑人会通过多导仪测试来测试他们所面临的具体指控（例如，"你触碰了John的阴茎吗?"）。这些测试与本章之前提到的犯罪相关的具体事件CQT测试相似。更常使用的是日常管理型（Maintenance）多导仪测试（例如，"你违反了缓刑条例了吗?"或"过去的三个月你做过任何引起缓刑官注意的事吗?"）以及性历史信息披露型（Sexual history disclosure）多导仪测试（例如，"关于性历史的信息，你有所保留吗?"）。这些属于非特定事件的多导仪测试，我已经讨论了这些测试的问题。问题（不可避免的）是模糊的。因而在准确性上不及具体事件的测试。

没有关于日常管理型和性历史信息披露型多导仪测试准确性的研究。问题是如何获得实际情况（Grubin，Madsen，Parsons，Sosnowski，& Warberg，2004）。一些性犯罪者通过了测试，表明他们没有进行任何不正常的性行为或高风险行为。但是，这些案件的实际基本情况相对缺乏，很可能是这些犯罪者尽管通过了测试，但确实出现了越轨行为。其他的犯罪者没有通过测试，并可能在随后的访谈中承认了非正常的性行为或高风险行为，但没法确定他们确实发生了这些行为。也许他们用较轻的行为来掩盖恶劣的行为。抑或他们可能错误的供认了越轨行为或高风险行为，正如被试在自我报告中所显示的（Kokish *et al.*，2005）。

尽管缺乏关于准确性的了解，但性犯罪者的多导仪测试在应用中十分普遍。其十分流行的一个原因是，可以让缓刑官了解先前不知道的异常性行为和高风险行为（Ahlmeyer，Heil，McKee，& English，2000；Consigli，2002；Grubin*et al.*，2004）。这些多导仪测试是"预防再犯中缺失的一环"（Consigli，2002，p. 239）。我在前面已经讨论过多导仪的忏悔诱导效应和威慑效应。然而，正如我所提到的，我们不能确定被试承认的内容是否属实，也不能知道有多少非正常性行为和高风险行为是没有被多导仪发现的。

◈ 其他关心的问题

关于性犯罪者接受多导仪测试的更进一步问题在此也值得一提。第一，在日常监控项目中，反复测试同一个犯罪人的规范标准（Consigli，2002；Cross，& Saxe，2001）。多重测试对多导仪测试准确性的影响是未知的，但它很可能产生破坏性的影响。这可能导致被测人对测试的习惯化，也会增加反测试手段的使用。第二，当然如果多导仪测试是基于自愿原则的基础上，一些性犯罪者可能不会选择参加测试。你怎么能够判断拒绝参加的被试呢？我们知道拒绝参加测试不一定意味着有罪（Ginton *et al.*，1982），但缓刑官更倾向于将拒绝参加测试解释为有罪的标准。例如，在英国负责性犯罪者的多导仪测试者 Don Grubin，报告称“想要参加测试的人是想证明自己清白的人。而我们最关注的那些人却不想参加测试”（时代杂志，2004 年 5 月 29 日，p. 7）。第三，多导仪测试监督官的知识也值得注意。Branaman 和 Gallagher（2005）报告称监督官错误的假设具体事件的测试和其他类型的多导仪测试具有相同的准确率。

表 11.4　CQT 多导仪评估对五个 Daubert 问题的回答

	实验室 CQT	现场 CQT
（1）科学假设是可以测的吗？	是	不确定
（2）命题经过测试了吗？	是	可能是
（3）是否有已知的错误率？	是	是，很高
（4）是否有假设和/或技术经过同行评审或发表？	是	是
（5）假设和/或技术基于的理论在科学界得到认可了吗？	不是	不是

◇◇法律含义

这一部分我会讨论将本章 CQT 研究的结果作为法庭科学证据的含义。正如我在第 8 章所述，我将利用美国最高法院提供的一套关于专家证据作为联邦法庭中的标准（Daubert v. Merrel Dow Pharmaceuticals，Inc.，1993）。表 11.4 总结了我的结论。

◇ 问题 1：科学假设是可测的吗

CQT 的基本原理是说谎者会在相关问题而非可能说谎问题上显示出更高的生理反应，但诚实者会出现相反的模式，对可能说谎问题出现更高的生理反应。这一假设可通过实验室研究证实，但结果可能缺乏生态效度。因而，现场研究可能为 CQT 的基本原理提供合理测试，但可能因难以获得基本事实而很难开展。我对 Daubert 的第一个问题的回答是：实验室测试为“是”，CQT 现场研究为“不确定”。[①]

① 我对这一问题的判断可能比较消极，因为 CQT 不是基于有根据的理论假设。之后出现的问题便是 Gallai（1999，p. 96）提出的：“正如基础科学如何应用这一问题一样，在没有充分解释的情况下，基础科学如何被测试？”

◈ **问题 2：命题经过测试了吗**

已经进行了大量的 CQT 实验室研究，因此我在第二个问题上关于 CQT 实验室研究的答案是“是”。许多现场研究也已经发表，但它们饱受争议。其中的原因是这些已发表的多导仪现场研究的质量很低（国家研究委员会，2003），其中最主要的问题与建立满足科学标准的基本事实有关。关于 CQT 的现场研究，我对第二个问题的回答是“可能是”。

◈ **问题 3：是否有已知的错误率**

CQT 实验室研究的错误率是已知的。基于文献综述，我们可以知道假阴性概率在 7% ~10%（错误的判定有罪嫌疑人），假阳性在 8% ~16%（错误的判定无辜嫌疑人）。然而，由于这类研究缺乏生态效度，因而通过现场研究来考察错误率可能会更好。现场研究的错误率是未知的，因为缺乏基本事实并且在大多数研究中出现取样偏差。不同的文献综述出现了不同的错误率。假阴性从 1% ~17%，假阳性从 12 ~47%。考虑到错误率有时会很高，特别是对于无辜嫌疑人而言，结合这些错误率易受取样偏差的影响，我的结论是这些错误率太高以至于不能认为呈现的 CQT 结果已“超过合理争议的范围”。

另外一个阻止我得出“CQT 已超过合理争议范围”结论的理由是 CQT 更多的是基于个体测试者的技巧。不同 CQT 测试者的计分准确性会出现巨大的个体差异。因此，现场研究的准确性不太适合作为个体 CQT 测试者准确性的预测指标。没有经验的个体测试者可能会得出比已知的准确性要低的多的结论。

◈ **问题 4：是否有假设和/或技术经过同行评审或发表**

我对第四个问题的回答无论是 CQT 实验室还是现场研究都是“是”，尽管高质量的 CQT 现场研究还相对较低。

◈ **问题 5：假设和/或技术基于的理论在科学界得到认可了吗**

Iacono 和 Lykken（1997）发表了一项调查，其中对多导仪的科学意见进行了考察。他们询问了美国心理生理学研究协会的成员（即专家）以及美国心理学会的成员（部门 1，普通心理学）对 CQT 的意见。两组心理学家的观点十分相似。很少的被调查者（约 33%）认为 CQT 基于科学的心理学原则或理论。此外，在问及他们是否会支持法庭承认 CQT 结果作为证据使用时，仅有约 22% 的人在测试结果表明有罪时同意使用，25% 的人在测试结果表明无罪时同意使用。因此，我对最后问题的回答是“否”。①

◈ 总体判断

CQT 并不满足刑事法庭承认科学证据的 Daubert 指导原则。测试本身基于的假设存在问题；现场研究的质量也存在争议，特别是这些研究中基本事实的获得；错误率可能很高，特别是对无辜者而言；而且测试在科学界饱受争议。Gallai（1999），Honts（1994）以及 Saxe 和 Ben – Shakhar（1999）同样对 CQT 多导仪测试进行了 Daubert 分析，其结果类似于本部分我的评论。我的结论和 Gallai's（1999）以及 Saxe 和 Ben – Shakhar's（1999）的结论一致，而与 Hont（1994）的判断相反，Hont 认为 CQT 满足 Daubert 的标准。

◇◇ 声音压力分析和热成像

◈ 声压分析

声压分析的基本假设是说谎者会比诚实者体验到更大的心理压力（Gamer，Rill，Vossel，& Gödert，2006）。心理压力导致血液循环发生微小的改变，随后会影响声音的各种特征。因此，声压分析仪（VSA）（有时也叫作心理压力评估仪）使用电脑的麦克风来探测声音指标，如强度、频率、音调、谐波或微振动（http://www.polygraph.org/voicestress.htm 关于 VSA 的信息）。有时声压分析作为一种多导仪测试的替代技术，但其具有误导性，因为测量的生理反应具有差异（声音特征、皮电、血压和呼吸）。VSA 的麦克风测量非干扰性的生理反应，具有很明显的优势。它能够秘密而快速地收集数据，即可在被试不知情的情况下进行评估。

然而，声压分析具有很严重的缺陷。第一，谎言的探测是不准确的。例如，Horvath（1978，1979）和 Gamer 等人（2006）基于声压分析不能区分测试者和说谎者，而在测量皮电时，正确区分的概率高于随机水平。第二，CQT 测试作为唯一被基于关注的识谎支持者所一致支持的测试，不能在被试不知情的情况下施测，因为（1）问题需要在测试前和测试者讨论；（2）被试的背景信息对于编制可能说谎问题很重要（见上文）。这意味着，如果秘密实施声压分析（例如，保险公司与客户就索赔事宜通过电话进行讨论），就不能实施 CQT 测试。

RIT 可以使用，但这一测试即使是在支持者中也存在争议，因为它缺乏对个体

---

① 这一调查是由 CQT 的反对者实施的（Iacono 和 Lykken），结果并不被 CQT 支持者所接受（Honts，2004）。Honts（2004）指出其他三项调查均得到了更正面的结果。但是，Iacono 和 Lykken 是唯一发表在有同行评审的高质量期刊中的研究（《应用心理学》杂志），尽管自身并不保证结果的可靠性和有效性。

内部差异的控制。[1] 也许，可能仅询问单一问题（即“你肯定你的太阳镜被偷了吗?”），但这比 RIT 更不可靠，因为没有控制问题。结果，根本没有尝试控制个体内差异，特别是对基于关注的谎言识别而言，缺乏个体间的控制。不出意外的是，国家研究委员会（2003，p. 167）总结道：“尽管声压分析的支持者宣称其拥有很高的准确性，但针对这项技术的效度开展的实证研究表明它还远没有达到令人满意的程度。”[2]

◇ 热成像

热成像技术主要借助特殊的摄像机探测眼部周围温度的变化（即血流）。这项技术是基于这样的假设：说谎者会出现恐惧或战斗反应，而其眼部周围则会出现即时性的温度升高。特别是一项热成像识谎研究吸引了广大媒体的注意（Pavlidis, Eberhardt, & Levine, 2002a）。我认为其中有两个原因。首先，研究发表在《自然》杂志中，这是一本备受推崇的期刊，吸引了广大媒体的注意。其次，作者在其文章中称这项技术“具有和多导仪相媲美的准确性……并且它不需要专业人员和身体接触，具有用作远程快速筛查的潜质”而且“即使在被试知晓测试的情况下也可用作即时的谎言测试”（Pavlidis *et al.*，2002a，p. 35）。

在读到这些报道后，我想到了机场筛查。如果这些言论是正确的，那么就可以非侵入性地测量乘客眼部的热成像模式，因而可以直接探测恐怖分子。然而，这类热成像测试应该可以和匹诺曹长鼻子画等号了，因为只有这样全部恐怖分子才能被测出，而诚实的乘客会全部通过。遗憾的是，热成像技术并不能等同于匹诺曹长鼻子，而据 Pavlidis 和他同事介绍，测试注定会失败。测试并没有试图控制个体内和个体间差异，这导致了测试的不准确性。也许会有一些潜在的恐怖分子未能通过热成像测试，但是并不会全部发现，一些没有发现的恐怖主义者会被允许登机。如果恐怖组织得知热成像技术正在应用，就会提高恐怖分子通过测试的概率。他们会仅仅雇用可能会通过热成像测试的人。

与此相反，没有破坏意图的个体可能会因为紧张而不能通过测试。此外，激动兴奋的个体也可能通不过测试。他们可能因为要坐飞机，外出度假，注视一个感兴趣的人等而感到兴奋。同样，机场内也可能会有因各种原因而紧张的人，这些有压力的人也可能通不过测试。他们可能因害怕飞行，担心错过航班，在去往重要而不确定的商业会议的路上等原因而感到压力。

总的来说，热成像测试更可能将目标锁定为大量的无辜乘客，他们不得不接受

① 见 Zraick, Gentry, Smith - Olinde, & Gregg (2006) 在测量声调时个体自身的差异。

② 尽管对 VSA 有着负面的判断，但英国就业与养老部秘书 John Hutton 介绍了运用声压分析如何区别欺骗的个体（独立报，2007 年 4 月 6 日）。

进一步的安全检查来表明自己没有引爆飞机的意图。[①] 不出意料的是，国家研究委员会（2003, p. 157）总结道，热成像技术“在利用面部温度测谎方面并未获得可接受的证据”。[②]

◇◇基于关注的多导仪测试的评估

CQT 测试是目前唯一获得全体基于关注的多导仪测试支持者们支持的。CQT 测试的原理是，说谎者会关注相关问题而不是可能说谎问题，因而会在相关问题上显示巨大的生理反应。相反，诚实者会更关注可能说谎问题，因而会在可能说谎问题上表现出更大的生理反应。CQT 的问题包括：薄弱的理论基础；缺乏实施测试和图谱计分的标准过程；并且易受反测试的影响。

由于在已发表的 CQT 现场研究中缺乏基本事实，现实生活中 CQT 的准确性并不十分成熟。此外，在这些现场研究中已经报告的准确性很容易因取样偏差而被夸大。然而，CQT 实验室研究的正确率往往很高，因而我们可以顺理成章地得出结论——CQT 能够在随机水平之上区分实话与谎话。

CQT 结果一般不能作为证据而在刑事法庭上使用，而且我认为应该保持这一做法。在我看来，CQT 并不满足 Daubert 的标准并且有两个问题特别引人注意。第一，测试易受假阳性错误的影响，即错误的指控无辜者。在刑事法庭中引入 CQT 判断可能导致大量无辜者被错误的指控。第二，CQT 有着很薄弱的理论基础。CQT 支持者似乎承认测试的理论问题，但他们却坚信可以在不完全理解理论情况下使用这一测试（Raskin & Honts，2002）。我认为这一观点存在问题。健全理论的好处是可以让人预测出测试何时有效，何时无效。例如，机场安检使用的 X 光设备。由于已经充分的理解物体是如何在 X 光中成像的，因而人们可以准确地预测出 X 光扫描出的不同类型的物质。如果没有理论支持，就不能作出预测。也许某人存在不通过 CQT 测试的高风险，因而提高了其被错误指控的可能性，也许某人存在不通过 CQT 测试的低风险，因而提高了其不被发现的可能性。同样，也许 CQT 仅适合于一些类型的犯罪，而不适合另一些类型的犯罪。如果没有理论支持，我们就不会知道。

除了没有满足 Daubert 标准，CQT 结果不能作为刑事法庭证据的第二个原因是：它没有标准化（Ben - Shakhar，2002；Ben - Shakhar，Bar - Hillel，& Lieblich，1986）。CQT 并不是一个客观的测试，例如，CQT 的结果会受测试者在测试前对被

① Pavlidis，Eberhardt 和 Levine（2002b，p. 602）发表了与他们这项技术相关的勘误，称这项技术“也许会排除大规模的应用”。在我看来，这一勘误远远不够。

② 最近，热成像技术被用来在实验室的 CQT 研究中探测欺骗。比较 CQT 多导仪测试而言，热成像的优点在于测量的非侵入性。其结果可以与 CQT 多导仪的实验室研究相媲美（Tsiamyrtzis，Dowdall，Shastri，Pavlidis，Frank，& Ekman，2007）。

试观念的影响。先入为主的观念可能基于非事实性的证据，而这些证据不能作为法庭证据，如被试的犯罪记录、传闻等。然而，如果 CQT 结果不被采纳，这类非事实性证据可能通过多导仪判定运用到刑事法庭中。

不仅 CQT 不应该被刑事法庭所接受，而且我也不鼓励刑事侦查员使用 CQT 测试。主要有三个理由。其一，支持者可能认为“CQT 只是调查者的一个可供选择的工具”，但我不同意。在与 CQT 测试者的讨论中得知，这类测试的实施者坚信这项技术是高度准确的，正如我在本章解释的，这可能是由于取样偏差导致的过分夸大。然而，结果是 CQT 的使用者会将 CQT 视为唯一工具，而不是供选择的工具，这可能导致更多依赖其结果。其二，易受假阳性错误的影响导致 CQT 在刑事侦查中的使用毫无根据。尽管警察或多导仪测试者错误的指控不会直接导致误判，但它仍会对嫌疑人产生很严重的后果，如更频繁的询问，更长的拘留时间，不能说服家人、朋友、同事自己是无辜的，等等。其三，由于缺乏标准化，因此 CQT 测试更多地依靠测试者的经验。即使是 CQT 支持者也承认很多测试者缺乏相应的技术。因而推广 CQT 技术要冒着由不合格的测试者而导致错误施测的风险。

CQT 也用于雇用或雇用前筛查当中，并且对性犯罪者的测试也日趋增多。在这类环境下使用 CQT 测试比在刑事调查中存在更多问题。主要的问题是，没有可供诚实者编制相关问题的具体事件。因此，相关问题是模糊的，这会使得测试结果缺乏准确性。支持者指出，在这些情况下的多导仪测试者会诱发供认或作为一种威慑力量。但是，只要这些案件中的基本事实未知，就没人能够判断这些供述的可靠性。此外，有人会问：一个显然具有缺陷的测试作为一种威慑能存在多长时间？

第 12 章　生理测谎：基于朝向反射的方法

本章讨论一项多导仪测试，名为犯罪情境测试（Guilty Knowledge Test，GKT），亦称为隐秘信息测试（Concealed Information Test）。GKT 是由 David Lykken（1959，1960，1988，1991，1998）开发推广的。本章我将解释 GKT 的基本原理、测试方法，以及与它有关的主要问题。本章表明，GKT 有着十分充分的理论基础并受到科学家们的欢迎。此外，本章进一步说明，GKT 并不适用于所有情况，这也是大多数国家的从业者很少使用的原因（Bashore & Rapp，1993）。但以色列和日本是例外。在日本，GKT 是最常使用的多导仪测试，每年有大约 70 名多导仪使用者实施共计 5000 个 GKT 多导仪测试，这些测试全部用于刑事调查。在日本多导仪测试的结果可以被用作法庭证据（Nakayama，2002）。

在本章我还对 GKT 在区分诚实者与说谎者时的准确性进行了综述，并讨论 GKT 结果是否应被用作法庭证据。实验室研究已经表明 GKT 拥有高的正确率，GKT 的现场研究拥有相当低的准确率，特别是在指认说谎者时。我认为，从现场研究中获得的低说谎准确率是 GKT 不应用作法庭证据的一个原因。然而，我相信这一测试在刑事调查中可以用作识谎工具。

◇◇犯罪情境测试

GKT 基于朝向反射（Pavlov，1927；Sokolov，1963）。当某人面对一个具有个人重要意义的刺激时，会出现朝向反应（我会交替的使用“反射”和“反应”二词）。常见的例子是鸡尾酒舞会现象（Cherry，1953）：人们不会察觉到谈论自己的会话，但是如果会话中提到自己的姓名就会注意。朝向反应可能是为了帮助个体适应刺激（国家研究委员会，2003；Sokolov，1963）。这种反应会产生多导仪可以测得的生理反应，如皮电活动（EDA）的升高（Nakayama，2002），心动下降（Verschuere，Crombez，de Clercq，& Koster，2005），并且会产生脑电（EEG）的 P300 波（Rosenfeld，2002）。在大多数 GKT 研究和日常应用中主要使用了多导仪，我将在本章后面再谈论 EEG－P300 的研究。

朝向理论可以应用于识谎。假设某人被人用刀子杀害，而刀子遗留在犯罪现场。只要犯罪信息没有泄露，那么就只有谋杀者知道犯罪现场发现的是哪种刀子。在典型的GKT测试中，被试接受多导仪测试并为其展示一系列的刀子，包括谋杀者使用的那把。测试者会逐个询问被试每一把刀子是否为犯罪者使用的那把刀子。被试被指示对每个问题回答“否”。凶手对凶器十分熟悉，因而会在犯罪使用的刀子出现时产生朝向反射；无辜被试对使用的刀子并不知情，因而不会出现朝向反射。①

Ben-Shakhar，Bar-Hillel和Kremnitzer（2002）讨论了GKT如何应用到John德米杨鲁克审判中。德米杨鲁克于1988年在以色列被指控犯有纳粹战争罪，原因是他承认自己是特雷布林卡集中营中的恐怖伊凡（译者注：他在1986年被引渡到以色列就战争罪行受审，其后被判处死刑。他的罪名是因为犹太人大屠杀中以色列幸存者指认他是“恐怖伊凡”，即特雷布林卡和索比堡灭绝营的著名守卫，于1942～1943年间谋杀和大量残害集中营囚犯。1993年，因发现证据指出德米扬鲁克并非“恐怖伊凡”，而且在特雷布林卡以外的一个集中营服役，以色列最高法院撤回德米扬鲁克的反人道罪名）。然而，他的辩护团队认为对他的控诉是错误的，被告不是恐怖伊凡。判决之后披露的材料引起了对这次判决的争论，以色列最高法院撤销了有罪判决。也许GKT测试已经认定了德米杨鲁克是否有罪。人的一生中总有一些其他陌生人不知道的事情，如母亲未婚前的曾用名。德米杨鲁克接受的GKT测试包括了恐怖伊凡母亲的曾用名，这就可以弄清楚德米杨鲁克是否是恐怖伊凡。

GKT也可用来识别基地组织成员（国家研究委员会，2003）。例如，参加阿富汗训练营的成员会记得营地的位置以及营内明显的特征。GKT测试者可能知道这些细节，而其他人则不知道。因此，测试者可以编制关于训练营地特征的问题。

Lykken（1998）描述了在辛普森妻子的尸体发现后，GKT测试是如何应用到辛普森杀妻案当中的。GKT内容见表12.1。②

表12.1　GKT测试的例子

（1）Simpson先生，你知道Nicole已经被杀害了。她是被怎么杀害的？

——她是被溺死的吗？

——她的头是撞上什么东西了吗？

——她是被枪杀吗？

——她是被殴打致死吗？

——她是被刺死的吗？

——她是被掐死的吗？

① 严格来讲，GKT并不探测谎言，而是测量朝向反射。因此，一些研究者认为这一测试是再认测试，而非识谎测试。

② CQT测试中作为激励测试的纸牌测试（第11章），是GKT的另一例子。

（续表）

（2）我们是在哪儿发现她的尸体的？是在： ——客厅里吗？ ——车道上吗？ ——侧门口吗？ ——厨房里吗？ ——卧室里吗？ ——水塘里吗？

资料来源：Lykken（1998，p. 298）。

被试往往会对 GKT 测试中的第一个选项产生不同的生理反应。因此，第一个选项常作为填充项（即非正确选项）（Bashore & Rapp，1993）。理论上讲，被试只有在偶然遇到正确选项时会出现朝向反应。这一概率在辛普森杀妻案的问题中出现的概率是 1/5（忽略第一个选项）。然而，这一概率在第 1 个问题和第 2 个问题上会降至 1/25。因此，提问越多的问题，被试对正确答案出现的朝向反应就会越小。因而在 GKT 测试中询问多种的问题就变得十分重要。在日本，往往会询问 7 个问题，每个问题包括 5 个选项（4 个填充选项和 1 个正确选项）（Nakayama，2002）。在第一个选项忽略的情况下，人们对全部 7 个问题出现朝向反射的概率是 1/16384。

当测试者知道正确选项时，会有意识或无意识地影响在出现正确答案时的行为表现。例如，想知道被试是否是犯罪人的测试者在每次提到正确答案时可能略显兴奋。被试可能会有意识或无意识地察觉到测试者行为的变化，这将影响被试的生理反应（Rosenthal & Rubin，1978）。因此，实施测试的测试者最好不知道正确答案。

◇◇对犯罪情境测试的批评

在此列出了使用 GKT 的一些问题。在本部分中，我将讨论最重要的一些问题（Ben – Shakhar & Elaad，2002，Honts，2004，国家研究委员会，2003 和 Raskin，1988）。

◇ 缺乏适用性

也许对于 GKT 最主要的批评是它经常无法使用。例如，如果嫌疑人知晓犯罪信息就不能实施测试。最典型的例子就是在性侵害案件中，目击者声称使用了暴力，而嫌疑人只承认性行为，并声称是在双方同意的情况下进行的。类似的情况比如有几名嫌疑人承认犯罪，但均否认自己是主犯（Raskin，1988）；或者某人声称只是目击了犯罪而非参与其中（Honts，2004）。

GKT的应用并不仅是因为嫌疑人并未宣称自己缺乏犯罪信息而受到限制。另一项局限是，测试者只有在知道一些能够编成测试问题的犯罪事实后才能实施GKT（另见12.1）。在一些刑侦调查中，这类犯罪事实是未知的。Podlesny（1993）综述了美国联邦调查局（FBI）的刑事案件资料，发现在多导仪测试的案件中仅有13.1%的案件使用了GKT测试。

但是，Lykken（1998）称GKT可用在更多的案件中。他指出，FBI侦查员未训练寻找可用作GKT项目的犯罪现场证据。如果他们得到训练，测试就能够更频繁的使用。他比较了指纹寻找的工作，并说道“如果Podlesny（*刚刚提到的分析FBI案卷的人*）工作在1900年的苏格兰场开始推广使用指纹辨认的Galton - Henry系统，他可能发现很少有案件包括了嫌疑人的指纹”（Lykken，1998，p.305）（斜体部分是我自己添加的）。

此外，我在第11章提到，基于关注的多导仪测试有时用于筛查求职者或雇员，抑或用于性犯罪者。我也解释了在这种情况下，多导仪测试所涉及的问题并不针对具体事件（例如，“你篡改了计算机的信息吗?”），因为没有测试者可以指涉的具体事件。相反，测试中使用的是非具体事件的问题，如“在过去五年，你将加密信息提供给未授权的个人了吗?”然而，GKT测试不能在非特定事件的案件中实施。

12.1 识别（SPOT）未知的证据

如果GKT测试中没有可用的具体细节，日本往往实施“紧张峰搜寻”（SPOT）（Nakayama，2002）。这一测试与GKT类似。因此，在谋杀案中被试可能会被问到“他是何时被杀害的?”“他是在哪里被杀的?”“他是怎么被杀的?”以及“尸体在哪里?”每个问题有5个选项。与GKT测试不同的是，这些问题的答案是未知的，因此答案可能不在选项之中。如果被试对某个选项产生显著的生理反应，警方就可以利用这一信息寻找进一步的证据。例如，如果在问尸体在哪里找到时，被试对“湖”产生显著反应，那么警方就可以选择对湖泊进行搜查。

◇ 理论问题

相比于第11章基于关注的多导仪测试而言，GKT的理论基础得到了更多学者的支持（Fiedler，Schmid，& Stahl，2002；Iacono & Lykken，1997；国家研究委员会，2003）。但其仍存在一些问题。国家研究委员会主要关心的是熟悉度对反应的影响，个人具有重要意义的刺激和不熟悉的刺激应该被看作是一个连续体而不是两分的（如GKT测试者所言）。即假设杀人犯用的是左轮手枪，而无辜被测人拥有的是未登记的枪支。那么即使被试对杀人武器没有任何了解，那么他也可能会对枪支选项产生反应。

Hont（2004）主要关心的是犯罪嫌疑人的记忆。他指出，没有科学方法可以说明犯罪现场的什么内容能够唤起犯人在测试中的记忆。如果要诱发朝向反射就需要犯罪人回忆起犯罪细节。Hont 指出，在目击者证词研究中，人们往往不能准确地回忆起犯罪场景的种种细节，他们的记忆可能因受到其他人评论而变得扭曲。①

◈ 编制恰当的 GKT 问题所存在的困难

选择恰当的 GKT 问题并不是件容易事。对于 GKT 测试而言，有罪被试（即犯罪者）应该知道问题的答案，否则他们就不具有隐秘信息，而无辜被测人应该不能指出哪个是正确答案，否则他们就会被错误的指控知晓隐秘信息。然而，现实是犯罪人并不总是知晓正确答案。他们可能没有察觉到测试者所提到的细节，或者在测试时忘记了。例如，当测试者问一个关于被枪杀者所穿衣服的颜色问题时，犯罪人可能忘记了衣服的颜色，或者根本没有注意到这一细节。

此外，如果关键项的显著水平增加，朝向反射会变得更强。因而，个人具有重要意义的细节信息（即被试自己的出生日期）比缺乏个人意义的信息（即朋友的生日）能导致更强的朝向反射。而且如果风险更高，那么朝向反射也会变得更强。因而测试者应该选择对犯罪人具有重要意义的关键项目。日本测试者进行了这方面的训练（更多内容见 Nakayama，2002）。选取恰当的关键项往往需要对犯罪现场进行实地考察，阅读案卷，而且可能的话与受害者或目击者进行交谈（Nakayama，2002）。然而，正如在“理论问题”部分所指出的是，测试者不可能知道犯罪人会记得什么。事实上，尽管在日本 GKT 测试中往往包含七道问题，但很少出现嫌疑人对全部七个问题的关键项都能明确地显示出来的案例（Nakayama，2002）。

影响犯罪人记忆的一个因素是实施犯罪与 GKT 测试之间的时间。两者之间的间隔越大，犯罪人越有可能忘记某些细节。因而，GKT 测试应该尽快实施。同样，测试者也会面临如何编制合适问题的困难。例如，系列杀手可能对确认某个具体事件出现困难（Nakayama，2002）。他们可能实施了太多的犯罪，因而在问及某场犯罪时恰巧忘记了具体细节。对于系列杀手而言，问题应该是与正在调查案件相联系的关键内容（Nakayama，2002），但这可能很难获得。

一旦编制问题出问题，选择合适的填充项会造成进一步的困难。例如，如果填充项与正确项高度相似，朝向反射将不能对两者进行区分（Ben－Shakhar，Gati，& Salamon，1995；Nakayama，2002）。这将干扰对犯罪人是否具有隐秘信息的证实。另一个原因是，不同的选项会由于问题的性质诱发不同的反应（例如，个体内差异）。例如，选项“黑色文胸”会引起更大的唤起，因而相比“白色文胸”“灰色文胸”或“米色文胸”会导致更显著的生理反应（当被试是强奸案的嫌疑人时）。因为一些选项看似可信，从而可能会引起更显著的差异。例如，盗贼更可能通过敞

① 大多数目击者证词研究都与目击者如何认知和记忆犯罪事件有关。而这往往与犯罪者的记忆和认知有较大差异。见 Christianson（2007）编写的犯罪者记忆及其有关内容。

开的窗户进入到屋内，而不是粉碎或破拆前窗玻璃。因而，选项“敞开的窗户”会引起无辜者更大的生理反应。如果这些例子中，选项“黑色文胸”和“敞开的窗户”是正确选项，那么其生理反应可能会错误地解释为朝向反射。

对已知无辜者实施预测试可以最大限度地减少这类问题的出现。无辜者应该对所有选项具有相似的反应。如果不是这种结果就需要换另外一套填充选项（Lykken，1998）。但是，Honts（2004）指出为了控制偏差而实施测试可能是一项艰巨的工作，因为需要雇佣并测试大量的模拟嫌疑人。即使不是为了偏差而进行测试，实施 GKT 也需要大量的时间，仅设计测试就需要至少两到三天的时间（Nakayama，2002）。

◈ GKT 项目的泄露

一旦认定了 GKT 问题中将要编制的关键内容，就要防止将其泄露给被试。如果犯罪者在 GKT 之前就收到了关键项目的重要信息，他们就可能称自己是因为出现在犯罪现场而出现了朝向反应。如果无辜者在 GKT 测试前获得了关键选项的内容，他们也可能在测试中产生朝向反射。也就是说，如果 GKT 选项已经泄露就不能实施 GKT 测试。

关键选项的信息可能通过媒体、律师或侦查员进行传播。很多国家在逮捕嫌犯后要直接告诉其犯罪事实，而这有可能导致嫌疑人知晓 GKT 选项。例如，日本就是这样的国家，因而会在逮捕嫌犯之前对其进行 GKT 测试（Nakayama，2002）。即使是在不必告知嫌疑人犯罪事实的国家，侦查员往往也会在讯问中透露这类信息，这被视作诱供的一个方法（Hartwig，Granhag，Strömwall，& Kronkvist，2006；Leo，1996a）。因而很多嫌疑人在接受讯问后知晓关键选项（Ben－Shakhar *et al.*，2002）。

为了强调这些问题，日本的测试者会在 GKT 的测前访谈阶段与被试讨论其所知晓的犯罪情节。被试知道的细节问题会被替换掉。然而，无辜嫌疑人可能通过信息的泄露而无意识的获得这方面知识，因而可能在测试中表明其有罪（Ben－Shakhar *et al.*，2002）。

◈ 反测试

正如本书之前所提到的，被试往往为了影响测谎专家的判断而故意实施反测试手段。例如，在 GKT 测试中，被试可能会咬舌头，按压脚趾或者在填充项出现时回想惊恐的事件。结果是，正确选项可能不会突显出来，因而有罪被试可以通过测试。研究表明，GKT 测试中可以成功的实施反测试手段（Ben－Shakhar & Elaad，2002，and Honts & Amato，2002 的综述）。例如，Ben－Shakhar 和 Dolev（1996）让一名以色列被试在遇到填充项时回想过去经历的一个情绪性事件。研究者列举了一些场景，如在第一次海湾战争中遭受飞毛腿导弹攻击时发出的警报等。研究者给予的这些反测试指导降低了 GKT 测试的准确性。

◇◇GKT 多导仪测试的准确性

为了检验 GKT 测试的准确性，目前已进行了实验室研究和现场研究。我已在前面章节中提到实验室和现场研究中的差别，以及两类研究的优缺点。我将首先讨论 GKT 测试的实验室研究，之后介绍现场研究中获得的准确率。

GKT 测试会出现四种结果。① 有罪的嫌疑人（即犯罪人）可能会对关键选项产生朝向反射。在这种情况下，嫌疑人没有通过测试，这就是正确的结论。也有可能有罪嫌疑人会对所有选项产生相似的反应，或对某个填充项产生明确的反应。这种情况下，嫌疑人会通过测试，这个结论就是错误的。

无辜嫌疑人可能会对所有选项产生类似的反应，或对某个填充选项产生显著反应。在这种情况下，嫌疑人会通过测试，这也是正确的结论。但是，无辜嫌疑人可能会对关键选项产生显著的反应。这种情况下嫌疑人就不会通过测试，也就会得出错误的结论。

◈ GKT 准确率：实验室研究

在表 12.2 中，我列出了据我所知已经发表的六项实验室研究。在 GKT 实验室研究中使用了不同的范式，其中包括模拟犯罪范式。在这类研究中，说谎者实施模拟犯罪并被指示在随后的 GKT 测试中隐瞒实情。诚实者没有犯罪因而也就不具有 GKT 测试中的犯罪知识。GKT 测试的实验室结果表明，绝大多数的有罪被试得以正确识别（76% ~88%），但也有大量的有罪被测人通过了测试（12% ~24%）。大多数综述表明，GKT 测试在识别无辜被试时具有很高的准确性（94% ~99%），几乎没有无辜者被错误指认（1% ~6%）。但是，MacLaren（2001）指出了不同的情境，更少的无辜被测人得以正确判断（83%），他们其中更多人被错误判断（17%）。

表 12.2　综述 GKT 多导仪测试准确性的实验室研究结果

	有罪条件（%）		无罪条件（%）	
	有罪	无辜	有罪	无辜
Ben－Shakhar & Furedy（1990，n ＝ 10）	84	16	6	94
Ekman（1985/2001，n ＝ 6）	78	22	5	95

① 与 CQT（第 11 章）不同，GKT 往往没有不确定这一类别。

（续表）

	有罪条件（%）		无罪条件（%）	
	有罪	无辜	有罪	无辜
Elaad（1998，n = 5）	81	19	4	96
Honts（1995，n = 5）	86	14	1	99
Lykken（1998，n = 8）	88	12	3	97
MacLaren（2001，n = 22）	76	24	17	83

注：n = 研究数量。

MacLaren 的综述和其他综述的区别是：MacLaren 囊括了更多的研究报告，且设立了文献选择的标准。他开始时选用了 78 个研究，而只报告了 22 项研究的结果。Ben – Shakhar 和 Elaad（2003）也进行了一项 GKT 实验室研究的综述，但并未遗漏任何一项前期收集的研究。他们共评估了 80 项研究，并没有报告准确率（因此，综述并未出现在表 12.2），但计算了效应量 d。效应量越高，GKT 越能区分诚实者和说谎者。正如我在本书前面所提到的，效应量 d 若大于 0.8 则认为是大的效应量。使用效应量的一个好处是能计算不同研究的群体间差异。所有 80 项研究的平均效应量是 d = 1.54。在他们仅考察模拟案件研究时，效应量 d = 2.09。这些数值足够大。例如，第 3 章所报告的，欺骗的非言语线索的效应量往往在 0.20 左右。事实上，效应量大于 0.70 在行为科学中不太常见（Ben – Shakhar & Elaad，2003；Bond & DePaulo，2006）。Ben – Shakhar 和 Elaad（2003）进一步发现被试具有动机的研究（d = 1.84）比没有动机的研究（d = 1.36）拥有更强的效应值。这与他们的理论概念一致，即如果关键项的重要性提升，则朝向反射也会增强。最后，基于多于五个问题以上的 GKT 测试（d = 2.35）要比仅有五个或更少的 GKT 测试（d = 1.29）有更大的效应量。

◈ GKT 准确率：现场研究

目前仅发表了两项 GKT 的现场研究，它们均在以色列实施（见表 12.3）。结果对无辜者特别有利，分别有 98% 和 94% 的无辜者被正确判断。[①] 有罪被试的结果较不显著，两项研究也存在差异。在一项研究中 76% 的有罪被试被正确区分，但在其他研究中，准确率则相当低（42%）。然而，两项现场研究均存在局限。例如，询问的问题数量很少（平均每个 GKT 测试问两个问题），而且正如Ben – Skakhar 和 Elaad（2003）的研究所称，GKT 正确的水平确实会随着问题数量的增加而上升。

---

① 这些正确率表明，MacLaren（2001）报告的 GKT 实验室研究中无辜被试的正确率要比其他研究得出的准确率要低（见表 12.2）。

表 12.3　考察 GKT 多导仪测试准确率的现场研究结果

	有罪情况（%）		无罪情况（%）	
	有罪	无辜	有罪	无辜
Elaad（1990）	42	58	2	98
Elaad *et al.*（1992）	76	24	6	94

实验室研究和现场研究均显示，GKT 易受假阴性错误的影响，即将有罪者错判为无辜。尽管这一结果是人们不愿看到的，但在刑事调查中比假阳性（第 11 章）要好很多，即将无辜者错判为有罪。这在嫌疑人忘记测试者问的细节时会出现。现场研究更容易受假阴性错误的影响。在实验室环境中，研究者可以提高有罪被试记住关键细节的可能性，如在关键信息出现后马上实施测试。在现实生活中，犯罪者记住选项就很困难了。就这一方面而言，实验室研究将 GKT 与这一问题关联起来。

12.2　GKT 测试中的反应时

越来越多基于 GKT 范式的欺骗研究将关键项和填充项的反应时间作为一项标准。在通常的研究环境中，被试会阅读在电脑屏幕中出现的关键项和填充项，并要求被试尽快对关键项按键盘上的“不”键。也会呈现给他们第三类必须按“是”的选项（否则的话他们总是按“不”）。研究者比较了在关键选项和填充选项中按“不”的反应时间。这些研究，包括不使用 GKT 范式的反应时测量研究，均在第 3 章中有所提及（附录 3.1 潜伏期一栏）。

我对使用反应时间作为现实环境下测谎的标准表示怀疑。首先，正如我在前面章节所述，仅依靠单独的测试标准就像是依靠匹诺曹的鼻子一样不可靠。其次，我认为这种单一测试方法易受反测谎的影响。最后，正如我已经提到的，对于 GKT 测试者而言，选择关键选项和填充项是一项非常困难的任务。如果他们想要测量反应时间，就需要注意额外的问题。不是所有的填充项或关键项都能以同样快的速度理解。理解问题的时间越长，反应时间也会越长。这会影响测试评分，因为反应时的评分往往是以百分之一秒的速度记录下来的。因而，在反应时间测试中，被试可能由于未及时理解关键选项而被判说谎。

此外，我能够设想实验室环境下的大学生更善于反应时间任务，但我不确信其他人，如接受警方审讯的嫌疑人，也能够专注这样的任务。我也不认为所有人都适合这样的测试。使用计算机的经验可能影响人们的反应时间。此外，文盲、有阅读障碍的人、视力低下的人也不适宜使用反应时间作为测试标准。最后，假设某人没有通过反应时间测试，那么他有多大可能接受测试结果？他们很容易给出一系列无辜的理由来解释自己为什么没能通过测试。

◇◇法律含义

在前面的一些章节中，根据研究结果，我已经讨论了某些测谎工具的法律意义，在此我将分析 GKT 测试结果作为法庭证据的法律意义。同样，我将引用美国最高法院在联邦法庭中使用的指导准则（多波特案，1993）。表 12.4 总结了我的判定。

表 12.4　关于 GKT 评估的五个 Daubert 问题的回答

	GKT 实验室研究	GKT 现场研究
（1）科学假设可以测量吗?	是	不确定，但这重要吗?
（2）命题经验证了吗?	是	罕见
（3）是否有已知的错误率?	是	是，有罪被试的错误率很高
（4）假设和/或技术经过同行评审并发表了吗?	是	是，但仅有两项研究发表
（5）假设和/或技术依靠的理论是否为科学界所认可?	是	是

◇ 问题 1：科学假设可以测量吗

GKT 所基于的朝向反射原理很容易在实验室研究中测量，但在现场研究中则会出现更多的问题，因为在这种情况下很难确定基本事实。但 GKT 的支持者称在现实环境下根本没有必要测量朝向反应。我认为，有必要研究为什么在实验室环境下被测人对关键选项的朝向反应有别于现实环境，因为朝向反应不取决于实验室研究或现场研究的差异因素，如压力或焦虑（Kugelmass & Lieblich，1966，另见 Carmel，Dayan，Naveh，Raveh，& Ben－Shakhar，2003）。

◇ 问题 2：命题经验证了吗

命题已经实验室研究验证，但在现场研究中仅验证了两次。

◇ 问题 3：是否有已知的错误率

在实验室研究中错误率已知，并且对于无辜被试来讲是可以接受的（在大多数文献中低于 6%），但对于有罪被试则很高（根据研究综述文献可达 12% ~24%）。在现场研究中无辜被试的已知错误率可以接受（2% ~6%），而有罪被试更高（24% ~58%）。后者的正确率未通过“排除合理怀疑”的标准，这一标准常被用于刑事诉讼。

◇ 问题 4：假设和/或技术经过同行评审并发表了吗

是的，GKT 的实验室研究和现场研究均接受了同行评审，尽管只发表了两项现场研究。

◇ 问题 5：假设和/或技术依靠的理论是否为科学界认可

Iacono 和 Lykken（1997）在其 GKT 科学意见的调查中咨询了美国心理生理学会的数位成员（即专家），以及参与 GKT 多导仪测试的美国心理学会的会员（部门 1，普通心理学）。专家和会员被问及 GKT 是否具有可靠的的心理学原理或基础。所有的专家和会员均表达出类似的意见，大多数（约 75%）认为 GKT 是基于坚实的理论基础。换句话说，GKT 多导仪测试已被科学界普遍接受。

◇ 总体判断

在我看来，GKT 不满足指导法庭证据的 Daubert 标准。主要问题在于，已知的错误率太高，虽然这只出现在有罪嫌疑人身上。有人称两项现场研究具有局限性。平均每个 GKT 测试仅询问了两个问题，而且在问很少问题时 GKT 测试变得更不准确。就这一方面而言，未来现场研究应该询问更多的问题以产生更多肯定的结果，使得 GKT 测试能够通过 Daubert 的考验。

◇◇ 事件相关电位：P300 脑电波

事件相关电位（Event – related potentials）是通过脑电图（EEGs）记录的脑电波（Rosenfeld，2002）。其中的一个脑波 P300 由于会在发生个人显著刺激后出现而被欺骗研究者所关注，因而也可将其称为朝向反射。脑电波之所以称为 P300 是因为它们往往在刺激出现后 300 ~ 1000 毫秒的时间之内达到最大值。EEG – P300 欺骗研究最初开始于日本，第一篇文章（日文）发表于 1986 年（Nakayama，2002）。这类欺骗研究在日本得到持续发展，但大多数研究以日文发表。第一篇EEG – P300 欺骗研究的英文文献发表于 1988 年（Rosenfeld，2002），此后发表的研究数量持续增长。①

① Abootalebi，Moradi，& Khalilzadeh，2006；Allan & Iacono，1997；Allen，Iacono，& Danielson，1992；Boaz，Perry，Raney，Fischler，& Shuman，1991；Ellwanger，Rosen – feld，Hannkin，& Sweet，1999；Ellwanger，Rosenfeld，Sweet，& Bhatt，1996；Farwell & Donchin，1991；Farwell & Smith，2001；Johnson，Barnhardt，& Zhu，2003，2004，2005；Johnson & Rosenfeld，1992；Rosenfeld，Angell，Johnson，& Qian，1991；Rosenfeld，Biroschak，& Furedy，2006；Rosenfeld，Cantwell，Nasman，Wojdac，Ivanov，& Mazzeri，1988；Rosenfeld，Ellwanger，Nolan，Wu，Bermann，& Sweet，1999；Rosenfeld，Ellwanger，& Sweet，1995；Rosenfeld，Rao，Soskins，& Miller，2003；Rosenfeld，Reinhart，Bhatt，Ellwanger，Gora，Sekera，& Sweet，1998；Rosenfeld，Shue，& Singer，2007；Rosenfeld，Soskins，Bosh，& Ryan，2004. 见 Bashore and Rapp（1993）和 Rosenfeld（1995，2002）的研究综述。

一些英文研究（全部是实验室研究）报告准确率呈现在表 12.5。结果表明 P300 脑电波可用来测谎。对于有罪被试而言，51% ~ 100% 能够正确判断（82.29% 的正确率），而 0% ~49% 的被试被错判为无辜者（16.21% 的正确率）。对于无辜被试而言，72% ~100% 的人被正确区分（87.5% 的正确率），而 0% ~24% 的被试被错判为有罪（8.75% 的正确率）。这些准确率与传统多导仪测量的结果类似（见表 12.2，另见国家研究委员会，2003），但日本研究者认为 P300 正确区分测试者与说谎者的准确率要略高于传统多导仪测试（Hira，Furumitsu，& Nakayama，2006；Nakayama，2002）。

传统 GKT 多导仪测试与 EEG－P300 测试的唯一区别是朝向反射是如何测量的（用皮电、血压和呼吸或用 P300 波）。然而，GKT 测试的问题与测量朝向反应并无关系。例如，问题与有限的测试适用性有关；选择犯罪人能够记住而无辜者不能轻易识别的关键选项；关键信息的泄露。使用 P300 测试而不是传统多导仪测试并不能解决这些问题。

表 12.5　使用脑电测量 P300－GKT 测试准确性的实验室研究结果

作者	有罪条件（%）			无罪条件（%）		
	有罪者	无辜者	无结论	有罪者	无辜者	无结论
Abootalebi *et al.* (2006)[1]	68	32		16	84	
Allen & Iacono (1997)[2]	87	0	13	0	72	28
Allen & Iacono (1997)[2]	90	10		4	96	
Boaz *et al.* (1991)[3]	76	24		24	76	
Ellwanger *et al.* (1996)[4]	73	27		0	100	
Farwell & Donchin (1991)[5]	92	0	8	0	83	17
Johnson & Rosenfeld (1992)	76	24		21	79	
Rosenfeld, Angell *et al.* (1991)[6]	92	8		13	87	
Rosenfeld, Biroschak *et al.* (2006)[7]	90	10		18	82	
Rosenfeld, Cantwell *et al.* (1988)	100	0		0	100	
Rosenfeld, Ellwanger *et al.* (1999)	87	13		0	100	
Rosenfeld, Ellwanger *et al.* (1995)[8]	88	12				
Rosenfeld, Shue *et al.* (2007)[9]	51	49				
Rosenfeld, Soskins *et al.* (2004)[10]	82	18		9	91	
合计	**82.29**	**16.21**		**8.75**	**87.50**	

注：[1]三个分析的平均；[2]三种条件的平均；[3]三组被试的平均；[4]表 5，t 检验结果；[5]我结合了实验 1 和 2，因为实验 2 中仅有四个被试参与；[6]无延迟条件；[7]有意义的刺激条件；[8]所有靶刺激的平均；[9]所有条件的结合；[10]仅控制条件。

两项研究清楚地表明了 EEG－P300 测谎的弱点。表 12.5 中的全部 EEG－P300 欺骗研究均是在告知被试要隐瞒的信息后立即实施测试。这是最合适的测试条件，因为有罪被试可以记住信息。在一项实验中，有罪被试既不是在这种最适宜的条件下也不是在 7 ~ 14 天延迟后实施的。尽管几乎所有的有罪被试均在最适合的条件下进行的（13 个中有 12 个），但在延迟条件下 8 个有罪被试中仅有 3 人被正确识别（Rosenfeld，Angell，Johnson，& Qian，1991）。也就是说，像 GKT 多导仪测试，EEG – P300 测试使用的 GKT 范式容易受有罪被试遗忘信息的影响。

此外，在许多实验室研究中，被试需要隐瞒的信息是具有个人意义的（例如，被试的姓名）。如上所述，由于具有心理重要性，具有个人重要意义的信息会唤醒更大 P300 脑电波。这就使得通过 P300 测试有重要意义的信息更容易。事实上，在一项研究中，隐瞒有重要意义的信息能够达到 90% 的正确识别率（见表 12.5），但隐瞒低重要性的信息（如实验者的姓名）仅能达到 40% 的正确率（Rosenfeld，Biroschak，& Furedy，2006）。所有的被试都记得了实验者的姓名，因此不会因遗忘了信息而导致低准确率；当然，实验者的姓名可能不足以显著到让被试唤起区分 P300 的脑电波。因此，EEG – P300 测试仅能在具有巨大意义的重要细节问题上使用。

有人可能进一步指出使用 GKT 范式的 EEG – P300 测试与 GKT 多导仪测试相比具有额外的缺点。EEG 测试具有高侵入性，被试必须戴着不舒服的脑电帽，其导数可达 128 导。这种帽子可能不适合用在实验室之外的环境，这也就是从业者目前并不测量 P300 的一个原因（Nakayama，2002）。此外，P300 脑电波往往是很弱的信号，因而为了可靠的测量 P300 脑电波需要很多次尝试。例如，Rosenfeld，Shue 和 Singer（2007）给被试呈现关键项和填充项多达 30 次。换句话说，EEG – P300 测试往往比多导仪测试更难实施。

最初的研究表明，P300 波比传统多导仪测试更能降低反测试的影响（Ben – Shakhar & Elaad，2002；Iacono，2001；MacLaren，2001）。使用抵抗反测试的朝向反应指标能够大大提高 GKT 在现实生活中的价值。然而，遗憾的是，P300 易受反测试的影响。在 GKT 实验中，一组有罪被试被告知使用反测试手段，如在每次看到除关键选项之外的选项时就按压手指或活动脚趾。另一组有罪被试没有给予明确指示。与此同时，被试的 P300 波被测量。识别未经训练的被试准确率高达 82%（表 12.5），而识别受过反测试训练的被试准确率仅 18%（Rosenfeld，Soskins，Bosh，& Ryan，2004）。

12.3　MERMER：P300 + 方法

Lawrence Farwell 对能否通过脑电波来准确识别诚实者和说谎者进行了考察。这一脑波模式，缩写为 MERMER，由 P300 波和其他波组成。在他们的实验中，Farwell 和 Smith（2001）实施了一项 GKT 测试，其中共有 6 名被试，3 人具有犯罪知识，3 人没有犯罪知识。他们能够正确区分 6 名被试。Farwell 将其获得专利的 MERMER 技术描述为脑指纹（Brain Fingerprinting），并在其网站（www. brainwavescience. com）上发表（见第 1 章）。值得一提的是，在其发表的唯一用 MERMER 技术研究的文章中，他们特别提到了多导仪测试，并指出“脑 MERMER 测试……与测谎或多导仪无关”（Farwell & Smith，2001，p. 142）。这一措辞具有误导性。尽管正如第 11 章所述，与基于关注的多导仪测试无太大关系，但它与 GKT 多导仪测试有很多共同之处。MERMER 技术和传统多导仪 GKT 测试的唯一区别是朝向反应测试的方式不同。正如我在正文中解释的内容所说，测量朝向反应不是 GKT 测试的问题。测试适用范围的局限、选择关键选项、GKT 选项的泄露才是主要问题。MERMER 和传统 GKT 测试一样易受这些问题的影响。GKT 测试的另一个问题是被试可以用反测试手段来干扰测试结果。由于 MERMER 脑电模式包括 P300 波，因此也容易受反测试手段的影响。有趣的是，Farwell 和 Smith（2001）认为他们技术的适用性问题是唯一局限，而并未讨论和涉及 GKT 多导仪文献。

◇◇GKT 的评价

GKT 的基本原理是有罪被试会在识别犯罪重要细节时出现增强的朝向反应。GKT 有关的问题是测试的适用性局限；编制有罪者知晓而无辜者不知情的问题所存在的困难；泄露关键信息；并且易受反测试的影响。

本章表明 GKT 拥有可靠的理论基础并且能够在高于随机水平之上正确识别说谎者，特别是诚实者。然而，我不认为测试结果可用作法庭证据使用。因为识别说谎者的错误率（即假阴性）太高了。如果法庭过分依赖 GKT，那么假阴性结果会使犯罪人免于指控。此外，如果 GKT 结果被用作法庭证据，侦查员可能会试图通过 GKT 破案而不是收集与犯罪有关的直接证据。我认为这一风险值得考虑，因为 GKT 测试往往比辛苦的搜集证据花费更少的时间。而且，如果 GKT 结果作为法庭证据，有罪嫌疑人会意识到 GKT 结果的重要性，因而可能会试图抵抗测试。人们可以通过实施某项反测试技术而成功实现这一目的。

考虑到 GKT 具有坚实的理论基础，能够在随机水平之上识别诚实与欺骗，而且能对无辜被试提供保护，我鼓励从业者使用 GKT。然而，引入 GKT 技术不仅是购买多导仪、训练人们如何使用这一设备。实施一个好的 GKT 测试包括选择合适的关键项和填充项。这不是一个简单的任务，人们需要接受相应的训练。另外，在测试前将 GKT 的正确选项泄露给测试者需要谨慎避免。就这一方面而言，我们可以从实施 GKT 有相当经验的日本人那里学到更多东西。

目前，大量的 GKT 研究与测量朝向反应的新方式有关，如通过 P300 脑电波。这一手段是否能够提高 GKT 的准确率有待考证，因为在 GKT 测试中适当地测量朝向反应并不是个难题。而有时说谎者不能被正确识别出来，这是 GKT 需要提高的方面。其原因是，他们对关键项不能识别，结果，朝向反应没有发生。换句话说，关键问题是缺少朝向反应的出现，而非缺乏测量朝向反应的手段。因此，为了提高 GKT 测试的准确性，我们必须提高对如下问题的理解：（1）有罪嫌疑人更可能记住哪个类型的关键项；（2）犯罪前和犯罪后的哪些因素影响测试中关键项目的回忆。这些方面在目击者研究中得到重视，可能大量的目击者证词文献能为测试者提供实用的想法和内容。见 Christianson（2007）和 Toglia，Read，Ross 和 Lindsay（2006）对这类文献的综述。

除了在选择关键项上的困难之外，GKT 测试的另一个问题是它不适合所有情境。例如，为了确定测试的关键项，测试者需要正在调查事件的有关信息，而且这些信息应该被嫌疑人所否认。在没有有效信息的情况下，或者被试声称因其他原因而具有犯罪知识（“我目击了整场犯罪，但我没参与犯罪”）的情况下就不适合实施测试。同样，GKT 测试不能在媒体泄露关键信息的情况下实施，因为信息泄露会导致朝向反应。用各种测试方法来测量朝向反应并不能解决这些问题，因此并不能增加 GKT 的适用性。

我并不想让通过各种方法来测量朝向反应的研究者感到泄气。我认为它很实用，其中包括两点原因。第一，GKT 的另一个缺点是其易受反测试的影响。因此，这类研究的一个重点是朝向反应能否在不受被试控制的条件下测量，即不易受反测试的影响。第二，测试脑电波的设备似乎给人留下深刻印象。它可能比传统多导仪更受人们的亲睐。在我看来，很多政府官员更倾向于使用看似现代、复杂的设备，因此，我希望使用现代化设备测量朝向反应能够提高 GKT 测试在政府部门中受重视的程度。

第13章　生理测谎：功能性磁共振成像技术（fMRI）

本章十分简短，主要讨论通过测量脑部结构与区域进行识谎的研究。这是最近开发的生理测谎方法。测量脑部结构与区域听起来十分吸引人。一些研究者将其描述为检测“直接产生谎言的器官”（Ganis，Kosslyn，Stose，Thompson，& Yurgelun - Todd，2003，p. 830），其他人将其视为“直接透视人类想法、感情、意图和认识的发源地”（Wolpe，Foster，& Langleben，2005）。就这一角度而言，一些人担心研究者解读他人想法的能力会引发伦理问题（Happel，2005；Pearson，2006；Wild，2005；Wolpe *et al.*，2005，另见观察家报，2005 年 3 月 20 日）。然而，由于测量脑部结构与区域来区别诚实者与说谎者具有较大潜力，我将在本章就这一问题进行讨论。

脑部结构与区域的活动与血流量和氧消耗量的变化有关，可以通过功能性磁共振成像（fMRI）扫描测量而得。这一扫描主要应用于医院当中，可以探测大脑损伤与肿瘤。但现如今，科学家们也尝试利用这一设备来识别谎言。fMRI 扫描有其自身的局限。这一设备十分昂贵，且使用代价也很高。此外，fMRI 的扫描很耗时间。以识谎为目的的扫描可以持续一个小时左右，而其复杂的数据分析则另需额外的几个小时时间。此外，担任 fMRI 识谎测试的被试不是一个舒服的事情。fMRI 扫描器内部又黑又窄，仅在眼睛上方有一块倾斜的镜子可以看到一点外面的情况。被试必须平躺不能乱动，头部被枕头和带子固定。机器运转时十分嘈杂，即使被试戴上耳塞也能感受到（Silberman，2006）。另外，机器使用了很强的磁体，因此各种金属物体，需要在进入扫描器前取下来。人体内的任何含铁的物体可能会致命，如固定断骨的螺丝，电线或金属板，停留在人体内的子弹或弹片等，因而有这类含铁物质的人不能做被试；怀孕的妇女以及有幽闭恐惧症的人也不建议担任被试。最后，在检测过程中被试根本不可能和外界进行交流。他们通过按键来选择诚实或欺骗，如果需要，可以按下应急按钮。这一切使得 fMRI 很难应用到实际生活当中。我个人认为，仅在 fMRI 扫描可以准确区分诚实与欺骗，并且其准确性超过任何传统方法时才可能推广这一技术。

本章讨论了目前为止 fMRI 识谎的研究成果。这一研究还处于起步阶段，与识谎有关的很多方面还没有涉及。然而，这些初步研究已进行了有价值的探索。第一，fMRI 分析可以成功的区分诚实与欺骗，但其程度并未超过以往任何一种传统方法。第二，在使用其他方法识谎中发现的问题同样出现在 fMRI 识谎中，如缺乏与欺骗有关的线索（例如，类似于匹诺曹长鼻子的线索）、很难控制个体心理差异。然而，fMRI 识谎让我们能够从理论上深入理解与说谎有关的脑加工过程。

◇◇fMRI 识谎研究

首个研究 fMRI 识谎的文献发表于 2001 年，由 Sean Spence 和其同事共同完成，据我了解有 11 份研究报告在此之后陆续问世。所有研究总结于表 13.1。

表 13.1　fMRI 识谎研究概览

作者	任务——对……诚实或说谎：	结果——脑活动与……有关：
Davatzikos *et al.*（2005）	看见过一张牌	抑制功能，错误监控
Ganis *et al.*（2003）	自传式信息	抑制功能，冲突反应
Kozel *et al.*（2004a）	钱藏在哪个物体下	抑制功能，情绪管理，多任务
Kozel *et al.*（2004b）	钱藏在哪个物体下	抑制功能，分配性注意
Kozel *et al.*（2005）	模拟犯罪	抑制功能，高阶决定
Langleben *et al.*（2002）	看见过一张牌	抑制功能，冲突反应
Langleben *et al.*（2005）	看见过一张牌	抑制功能，注意与环境工作记忆
Lee *et al.*（2002）	自传式信息	执行功能控制
Mohamed *et al.*（2006）	模拟犯罪	抑制功能，焦虑，记忆编码与提取，语言加工
Nunez *et al.*（2005）	（非）自传式信息	抑制功能，冲突反应，认知控制
Phan *et al.*（2005）	看见过一张牌	抑制功能
Spence *et al.*（2001）	（非）自传式信息	抑制功能

发表的文章为说谎时脑部区域或结构，以及与脑部活动相联系的心理过程提供了详细信息。我仅讨论了心理过程，并将它们总结在表 13.1 当中。

目前所有已发表的研究都是实验室研究，被试为了实验目的而说谎或诚实反应。在一些实验中，如果被试成功说谎会给予金钱奖励，而在其他研究中则没有奖励。在全部研究中，被试通过按键或举起手指来进行诚实或欺骗反应。我在表 13.1 中总结了这些研究的实验设计。

在“扑克牌范式”中应用了 GKT（第 12 章）。在 fMRI 测试开始前给被试一张扑克牌，在 fMRI 测试中和其他牌一同呈现给被试。要求被试否认拥有这张卡片，这导致被试在出现拥有的卡片时说谎，而在出现其他卡片时说真话。

在其他三个范式中，研究者使用类似于基于关注技术（第11章）的询问技术。在“自传体范式”中，提问被试关于个人（“你有笔记本吗?”）或者关于个人日常活动（例如，“你今天铺床了吗?”“你今天服药了吗?”）的问题，按要求诚实或欺骗回答。在“藏钱范式”中，展示给被试在10个物体下的其中两个各藏有50美元，之后逐个询问被试是否藏有金钱。被试被告知对其中一个50美元藏匿的位置诚实回答，另一个则进行欺骗，称是在别的东西下。在“模拟犯罪范式”中，被试从抽屉中拿出一个戒指或手表放入柜子中。测试中问被试一系列关于戒指和手表的问题（例如，“你从抽屉里拿戒指了吗?”“手表是在你柜子里吗?”），并让他们回答假装什么都没有。

这些研究发现，说谎与脑部某个区域或结构的活动有关。特别是与抑制和冲突解决有关的区域在说谎时被激活，这表明是抑制诚实并知道实情却要说出谎话的冲突让谎言泄露。在文献综述中，Spence等人（2004）报告欺骗通常会激活与认知需求联系的脑部高级中心。换句话说，目前为止的研究成果表明，被试在心理上说谎要比说实话更难。

尽管在不同研究中发现相似的结果，但也存在相当多的不同。在各个研究中，表明欺骗的脑区活动模式有些许差异，这意味着并不存在某一独特的模式与欺骗有关（Abe *et al.*，2006）。这在Ganis等人（2003）的研究中进一步强调，结果表明，临时说谎跟说预先排练好的谎言相比会激活不同的大脑结构与区域。此外，诸如人们对研究的问题是否感觉强烈，被识破的风险等问题也会影响脑区的活动（Ganis *et al.*，2003）。换句话说，他们的研究发现，人们在说谎时大脑的活动取决于情境（所谓个人内心差异，见前面章节）。Kozel和同事（2004a，b）进一步报告，在相同的识谎实验中，不同的个体也会显示出不同的脑区活动（所谓个体间差异，见前面章节）。

三项研究报告了基于大脑结构与区域活动能在何种程度上对诚实和谎言进行分类（Davatzikos *et al.*，2005；Kozel *et al.*，2005；Langleben *et al.*，2005）。其正确率在78%～93%（Langleben *et al.*，2005）（Kozel *et al.*，2005）。随后，Langleben和Kozel均为他们基于fMRI识谎的设备申请了专利，并试图商业化（Happel，2005）。Langleben团队的研究者宣称“脑成像技术已可以测查恐怖分子”（Wild，2005）。

◇◇聚焦fMRI识谎工具

让我们更进一步了解fMRI与谎言识别的问题。第一，目前fMRI的研究都是实验室研究。正如我在第11章和第12章解释的，实验室环境为生理测谎提供了有利条件，因为他们掩盖了在现实生活中测谎所面临的困难。在基于关注的测试中所面临的主要困难是找到与相关问题对应的控制问题。因此，关键问题是在使用fMRI

测试的相关问题是“你是否参与了恐怖活动？”或“在 1 月 26 日，你是否杀了 Julie Pearchap？”准绳问题应如何设置。我在第 11 章解释过，很多科学家认为这种情况下不可能找到合适的控制问题，因为回答相关问题的风险要比回答任何准绳问题的风险都高。

此外，GKT 范式在 fMRI 研究中也被使用，但这一范式有其他的局限（第 12 章）。它仅有在被试的很多事件细节都清晰可知的情况下才可以使用。此外，GKT 范式仅在有罪被试意识到测试中出现的关键信息，而无辜者不能分辨时才有效。这是一个让人感到棘手的任务。最后，有时关键信息在测试前已经泄露给被测人。如果出现这种情况，GKT 就不能实施。基于 GKT 的 fMRI 测试与传统多导仪的 GKT 测试具有相同的局限。

第二，实验室多导仪测试的准确率也很高（第 11 章、第 12 章），可以赶得上 fMRI 研究的准确率。这一点引起了人们对 fMRI 的测试价值产生怀疑。

第三，如果将 fMRI 测查应用到安全威胁调查来探测潜在的恐怖分子或间谍，准确率就需要很高，因为在样本中恐怖分子和间谍的基数很低（第 11 章）。假设在 1000 人样本中有 10 名间谍，fMRI 能准确区分 90% 的谎言。那么 fMRI 测试能够探查出大多数人（9 人），但并不是全部。而它可能会错误的将 99 名无辜者错划为间谍（990 名非间谍的 10%），而 fMRI 测试无法进一步区分 9 名间谍与 99 名无辜者。也就是说，90% 准确率的测谎工具并不足以在大样本中探测少数恐怖分子和间谍。

第四，在 fMRI 研究中研究者根据脑区活动模式，以及同时发生活动的不同区域来报告准确率，而且根据这些脑部活动模型可以对实话和谎话进行合理的区分。然而，他们的结果表明，研究使用的工作模型仅在他们设置的特定情节中才有效，而在其他情节中则没有说明有效性。他们的模型可能在其他情节下并不有效，因为不同类型的谎言导致不同的脑部活动（见上文）。此外，这些研究中的被试是在校大学生或“未嗑药的成人”（Kozel *et al.*，2005）。研究者不能保证自己的模型会在其他类型的被试中有同样的准确性，如精神病人、病态说谎者、吸毒者、抑郁症患者等（Yang *et al.*，2005 病态说谎者的脑部结构与脑区活动）。认为美国人和其他西方国家人是异教徒的伊斯兰圣战者可能具有不同的思维模式，他们在说谎时的脑部结构与脑区反应也不甚清楚（Bloche，转引自 Pearson，2006）。也就是说，可靠的证明 fMRI 能够分辨不同环境与不同类型的个体说谎与否的研究还没有出现。如果需要依靠这一测试抓获恐怖分子或其他类型的严重犯罪就需要有这方面的证据。

第五，如果要在现实环境中应用 fMRI 测谎技术，那么有罪的被试可能会尝试击败测试。因为 fMRI 测试实际有效，因而值得信赖，应该可以抵挡反测试。目前没有发表 fMRI 反测试的方法，但初步的数据表明，简单易学的反测谎手段可以降低 fMRI 测谎的准确性（Langleben, Dattilio, & Guthei, 2006; Wolpe *et al.*, 2005）。[1]

◇◇fMRI 测谎技术评估

fMRI 扫描技术在医院用来探测脑部肿瘤或病变，如今被科学家用来识别谎言。科学家们观察人们在说实话和说谎时的脑部结构和区域活动。一些脑部活动与欺骗有所联系，特别是与抑制和反应冲突有关。一般来说，欺骗激活脑部高级中心，目前的 fMRI 研究证实，人们说谎要比说实话更难。尽管 fMRI 测谎是一个新的研究领域，仅有很少的研究成果发表，但其存在的一些局限已经明了。例如，在相同情境下，不同人在说谎时显示了不同的脑结构与脑区活动（人际间差异），而同一个人在不同情境下，会显示不同的脑结构和脑区激活模式（个体心理差异）。这使得 fMRI 测谎与传统多导仪测谎没有根本的区别，而在第 11 章和第 12 章讨论的多导仪的局限也存在于 fMRI 测谎中。

fMRI 测试十分昂贵、费时，对于测试者来讲也十分不舒服。因此我在本章开始称，这项技术仅在现实生活中利用比其他技术更准确时才值得引进推广。目前，没有研究表明 fMRI 技术比传统多导仪技术有更高的准确性，因而我不建议在现实环境中将这一技术应用于测谎领域（见 Langleben，待刊；Spence，待刊）。

我鼓励科学家继续开展 fMRI 测谎研究，因为我认为通过这项技术可以获得有价值的信息。特别是可以帮助我们理解与欺骗有关的心理过程。这类信息对于开发新型高效的测谎技术十分重要（国家研究委员会，2003）。在第 15 章，我将详细介绍我能想到的各种研究。

---

① 我怀疑申请专利的科学家是否清楚地知道 fMRI 测谎所面临的挑战。例如，Langleben 团队的成员称"谎言总是比实话复杂……你多想一点，fMRI 就会发现"（Wild, 2006）。然而，说谎并不总是费力的（第 3 章、第 15 章）。

第 14 章　陷阱：人们为什么不能正确识谎

本书的最后两章是关于测谎中的陷阱和机会。在第 15 章，我详尽的叙述了人们如何才能提高自己的识谎技能的机遇和复杂性。在这一章，我着重讨论识谎的陷阱，并试图阐明为什么人们不能识破说谎者（Vrij，2004a，b，2007）。尽管关于人们识谎失败的 15 个原因中的大多数内容已经在本书中进行了讨论，但在这一章中，我会利用一个更加系统的方式将它们表达出来。为了减少重复，我对每个部分进行简洁的探讨，并提及相关的章节。我认为谎言之所以未能识破的原因可以被合并为以下三类（Vrij，2007）：（1）缺乏识谎动机；（2）识谎相关的困难；（3）测谎者出现的常见错误。

◇◇ 缺乏识谎动机

◇ 鸵鸟效应

谎言之所以未被识破是因为人们并不试图去寻找真相（第 1 章）。我将这种情况称之为鸵鸟效应。有时人们没有想要了解真相的动机，因为他们不感兴趣。人们往往欣赏那些对于自己身体外形、发型风格、成就、穿衣方式等方面的称赞。又怎会困扰于发现那些称赞是否属实。

更严重的谎言未被发觉同样也是因为这个原因。我在第 1 章提到，Bill Clinton 的秘书 Betty Currie，其在 Bill Clinton 总统任职期间试图避免知晓关于总统与 Monica Lewinsky 之间关系的任何细节。其实，获知更多真相会将她置于一个不知如何面对这些事实的尴尬位置上。知道真相后不知将要如何应对或许也成为人们之所以不去发现他们伴侣不贞行为的原因。如果发现自己的伴侣有一些私通的行为，那么将更有可能使被出卖一方陷入困苦的局面。并且在面临证据时，有外遇的一方可能决定离开，而另一半要冒着离婚的风险，这对他们的孩子非常不利。

◇◇测谎是一项艰难的任务

人们之所以不能识破说谎者，其中第二类原因是因为测谎是一项艰难的任务。我讨论了与这类问题有关的七个原因。

◇ 不存在匹诺曹的长鼻子

匹诺曹的鼻子在他每次说真话的时候不会改变，但是在他每次说谎的时候会变长。因而，他长长的鼻子是欺骗行为的可靠线索。我希望能够通过这本书让读者们明晰，现实中并没有行为上的、言语上的、或是生理上的提示与欺骗行为有着独一无二的联系。换句话说，类似于匹诺曹的长鼻子般可靠的行为线索是不存在的。因为现实中没有可以让测谎者确切依赖的行为线索，这使得测谎变得十分困难。

这并不意味着欺骗的线索从来不会出现。它们确实会出现，但是不同的人可以展现出不同的说谎线索，相同的人在不同的环境下也会呈现出不同的线索。另外，本书讨论过的研究文献显示：人们在说谎时更容易出现一些线索。例如，人们在说谎话的时候，比起转移目光，他们更有可能努力克制自己的手和手指出现的细微动作（第3章）；人们在说谎话的时候，一些大脑的区域会比其他区域更活跃（第13章）。

◇ 细微的差异

识谎者面临的另一个困难是：说真话的人和说谎者之间出现的差别通常很小。例如，面部的情绪表现有时会泄露一个谎言，但是这种表情只有1/25秒（第3章），而且有时一个谎言只是通过一个小小的口误的形式表现出来。

就这一方面来说，Freud（1959，p. 94）在引言中称：“任何一个感官健全的人最终都会相信没有人能守得住秘密。即使他双唇紧闭，他的指尖也会出卖他；甚至他身上的每个毛孔都会背叛”，而这句话具有误导性。我发现警察手册在表述欺骗的非言语和言语欺诈线索时，也同样具有误导性。尽管在这样的手册中通常对不可靠的欺骗线索有一些警告，但是这很容易在描述一系列诚实者和说谎者之间差异的大量描述中被人遗忘（另见Moston，1992）。那些描述有时伴随着题为：“诚实的向前姿势”和“欺骗的自适应行为”的图片（Inbau，Reid，Buckley，& Jayne，2001，pp. 145& 149），并全部给出了这样的结论（1）欺骗的可靠线索真实存在；（2）诚实者与说谎话者之间存在大量的不同点，很容易识别出来。

◇ 反测试

对于测谎者来说，更复杂的是说谎者有时会故意表现出可靠的样子来避免被人识破。成功实现这一点的方法叫作“反测试”。我探讨过说谎者可以运用简单的反测试方法避免在多导仪检测中被侦测，如用脚趾抵住鞋底、咬舌头或是想一些恐怖的事件（第 11 章和第 12 章）。如果说谎者用适当的反测试方法，他们也可以在检测大脑活动时避免被检测出来（第 12 章和第 13 章）；了解致力于言语准确性评估工具 CBCA 的人可以说出让 CBCA 专家听起来合理的故事（第 8 章）。

我尚未探讨人们是否能够成功地使用反测试来隐藏欺骗的非言语线索，并且据我了解只有两组实验与这个问题相关（Caso，Vrij，Mann，& DeLeo，2006；Vrij，Semin，& Bull，1996）。在这两组研究中，一些参与者被告知说谎者有减少他们手部运动的倾向（这是从欺骗的非言语研究文献中出现的比较可靠的发现之一，第 3 章），而其他被试并未收到任何相关信息。随后，参与者说出真话或是谎言。这一信息并没有对参与者的手部运动数量产生任何影响。而告知这一信息的说谎者仍比诚实者出现更少的运动。这些结果表明：非言语的反测试不如言语或是生理反测试那么容易使用，但是这一观点需要更多研究来证明。

显然，成功使用反测试对于专业的识谎者来说是一个主要的挑战。如果恐怖分子、间谍或是犯罪分子得知这些测谎工具的用途，那么他们就会对这些工具进行研究并试图击败它们。如果他们成功的做到这一点，这些测谎工具就将失效。

◈ 嵌入式谎言

谎言经常嵌入在实话当中，这是识谎者面临的另一个难题（第 8 章和第 9 章）。即比起说一个毫无遮拦、彻头彻尾违背真实的谎言，人们更倾向于在一个某些方面真实的故事中改变一些重要的细节。这样一来，当一个人希望掩饰他在周二晚上的行为时，他可以描述自己在另一天晚上做的事情（如周一晚上），却装作发生在周二晚上。因此，如果他周一晚上想要去体育馆，他可以说他想要在周二晚上去体育馆，并且接下来描述他周一在体育馆中的经历。这个陈述中大部分内容是真实的，只有一个细小却又至关重要的谎言镶嵌在其中。在我印象中，看警方与犯罪嫌疑人谈话的录影带或是听录音带，嫌疑人经常说这样的嵌入式谎言（Hartwing，Granhag，& Strömwall，2007；Strömwall，Granhag，& Landström，2007）。在相似情境中，Wang，Chen 和 Arabakhah（2004）发现，当识别犯罪人的假身份时，罪犯通常只改变他们真实身份中的一小部分内容。

我认为，人们在犯罪情境之外说谎时，他们同样用一个相似的嵌入式谎言策略（DePaulo，Lindsay，Malone，Muhlenbruck，Charlton，& Cooper，2003）。这个策略让说谎变得更加容易，因为说谎者不需要捏造一个似乎合理的借口或是记住很多捏造出来的细节，但是这让测谎工作变得更加困难。它给检验言语陈述的识谎者带来困难，因为它们通常检验包含在一个陈述中的细节质量（第 8 章和第 9 章）。镶嵌在真实陈述中的谎言往往包括很多高质量的细节，这可能给识谎者留下错误的印象，即认为这些陈述是真实的。检测非言语行为的识谎者也可能犯类似的错误，如果说谎者的故事中欺骗部分未被觉察（例如，当一个人去体育馆），或者如果只是关注真实的部分（例如，这个人在体育馆里做了什么）。

检验生理反应的识谎者不会被嵌入式谎言所影响。因为它们的被测对象往往没有机会去说嵌入式的谎言。与此不同，他们回答具体的问题，如“你上周二晚上8~9点在体育馆吗?”

◈ 没有足够的反馈

测谎工作中的另一项困难是识谎者经常不能从判断中获得足够的反馈，因而不能够从其所犯错误中不断学习（第5章）。因此要想获得充足的反馈就需要频繁、可靠、及时地提供反馈信息。因此，观察者在每次与他人交流之后应当立即被告知被观察者是否是说谎。这样，他们就能够归纳出骗子们是如何表现的，他们究竟说了什么，而且如果测量生理指标的话，可以看出他们在生理上有什么样的反应。然而，充足的反馈往往不能够经常获得。人们往往不知道自己是否被骗，并且倘若他们真的发现自己被骗，也经常是在事情发生过后的很长一段时间之后（第6章）。当他们意识到一个人对他们说了谎，自己很有可能已经忘记对方是如何反应的。刑事侦查员试图用在人们谈话时录像、或是记录被测人生理反应图谱的方法解决这一问题。如果在随后的调查中逐渐得知真相，他们可以回过头查看这段材料中受访者的反应。在现实生活中我并不清楚是否会出现这种情况。此外，这种反馈不可能是充分的因为它或许存在偏见。正如我在第11章解释的一样，多导仪测试者经常意识不到他们作出的错误的判断。识谎测试是在没有可靠证据的情况下进行的，因此供认是用来验证检测者判断的唯一凭据。如果一个被试承认犯罪那么他将被判定为有罪；而如果有其他人承认了犯罪，那么被试则被认定为无罪。然而，一个通过了测谎仪测试的有罪被试（假阴性错误）不可能去认罪，因为没有证据表明其有罪。而其他人也不会供认这个罪名，这就意味着这起案件可能会永久停留在待解决的状态，而测试者也永远不会意识到自己的错误。如果在未通过测谎测试之后被提交一份冗长的审讯报告，一个未通过测谎测试的无辜的人（假阳性错误）可能会错误地认罪。在那种情况下，检察官收到的反馈是错误的，并且这种错误将不会被发现。或者，无辜的被试否认参与犯罪，但因警察认定这个被试是犯罪分子，所以不会逮捕和审讯其他人。案件因此也会停留在未解决的状态，而测试者也不会意识到这个错误。

◈ 违反对话规则

如果识谎者坚持提问，说谎的难度将会增加。在回答这些问题时，说谎者必须确认自己的回答听起来合理并且一定要避免出现自相矛盾的情况；不应该说观察者知道或者可以证明是假的东西；一定要记住自己说过的话以便再次叙述他们的故事时保持前后一贯；一定要避免口误或是提供新的线索。另外，他们一定要在谈话期间控制好自身的行为，避免通过非言语线索泄露他们的谎言，同时监控测识谎者的反应，如果当前使用的策略引起怀疑，他们可以采取其他的回答策略（第 3 章）。然而，在日常生活对话中，如果听者询问更多进一步的问题，则通常被视为不得体、奇怪或是不礼貌的行为。对话的另一方可能会不满意的表述如“你能否解释一下?”，“你有证据吗?”，“你能否重复一下你刚才说的话?”等。另一方可能会拒绝进一步交流。

另外，观察说谎者的动作有助于识谎者识别谎言。因为动作中或许能够泄露出欺骗的信号。但是这在日常生活中将会被视为欠妥的行为。对话的规则规定倾听者应盯着说话者的眼睛，但眼睛通常不会显示出任何可靠的说谎信息（第 3 章）。因此，要注意以下两个对话规则：（1）不能询问进一步的问题；（2）盯着别人的眼睛看，让识谎工作受到阻碍，并让识谎变得更加困难。

◈ 说谎高手

让测谎工作变得更加困难的最后一个原因是：一些人是天生的说谎高手。但是，几乎没有研究针对怎样让人成为一个说谎高手。但是我认为有三个标准与之相关（另见 Vrij，Granhag，& Mann，in press）。出色的说谎者是如下这些人：（1）天生就不让人起疑的性格；（2）说谎没有认知困难的人；（3）说谎时没有体验到如恐惧、愧疚或是因愚弄他人而感到愉快情绪的人（第 3 章，第 5 章和第 6 章）。我认为这三个标准包含了八个特点：（1）表现自然；（2）准备充分；（3）本色表现；（4）快速思维；（5）善于雄辩；（6）记忆超长；（7）在说谎时不会有愧疚、恐惧、或是因欺骗而喜悦的感觉；（8）善于表演。

● 天生表演者

一些行为模式与诚实和好感程度有关，如集中目光于对话的另一方、微笑、点头、前倾、调整身体朝向、动作模仿、不交叉手臂、口形清晰、语速平缓、语言流畅、且声音富于变化（Buller & Aune，1988；Ekman，1985/2011；Tickle - Degnen & Rosenthal，1990）。一些人自然地表现出上述行为，甚至在说谎的时候也能表现自如（例如，《天生的表演者》，Ekman，1997）。这些天生的表演者更有可能成为优秀的说谎者，因为他们天生的行为就能避免怀疑。

● 准备充分

说谎高手通常都是做好了充分的准备，并且提前计划好自己即将要说些和做些什么。他们所做的准备越周到，说起谎来就可能越容易。显然，说谎者需要准备好一个听起来似乎合理的谎言。在本书中，我们描述过五个案件中的嫌疑人，他们涉嫌杀害一位亲戚，却都在最初否认做过这样的事情（Vrij & Mann，2001b）。其中的一些人在计划编造自己故事的时候犯了很严重的错误，使得人们很容易找出故事中存在隐藏真相的破绽。例如，在一个案件中，血迹表明受害人被杀害的真实地点应该与其宣称杀害的地点相异。另外一个人报告说被撞击失去意识昏迷了 10 个小时，但是麻醉师说这种情况是不可能发生的。

这些例子表明，识谎者很有可能去检查一个人的故事，并且收集证据以确认或反驳这个故事。因此，优秀的说谎者“尽可能少说或是说一些不可能证实的事情”。给出可以被证实的信息越少，提供给识谎者检查的机会就越少。

● 本色表现

说谎者经常被要求解释意想不到的情境。例如，一个妻子在她丈夫口袋中找到的一个陌生女人电话号码和地址；或者警方侦探要告诉犯罪嫌疑人，目击证人指认亲眼看到其在案件发生后出现在犯罪现场。在这些类似的情形下成功说谎需要一个有说服力并且近乎合理的回答。自然地虚构一个大概合理的回答对于大多数的说谎者来说似乎太难了，但是对于“具有创造性”的“思想家”来说却可以实现。

● 快速思维

一个说谎者对于一个意想不到的问题所给出的回答或许听起来似乎合理，但是如果说谎者过了很久才给出这样的回答仍会引起怀疑。快速思维的能力是说谎高手应当掌握的另一项技能。

● 能言善辩

说谎高手也是能言善辩的演说家。通常使用很多词语来表达自己的人会发现这能让他们更容易从困窘的谈话中摆脱。他们可以开始给出拐弯抹角的说法，而实际上并没有解决问题，与此同时思考出合适的回答。或是他们可以用自己能言善辩的口才描述一个听起来很有说服力但是实际上没有给出任何答案的回答来糊弄听者。很多政客善于这一点。

● 强大的记忆力

说谎者经常冒着识谎者要求他们重复或是清晰讲述其之前所说言论的风险。他们需要记住之前所说的话，以便使自己能够重复出一模一样的故事，或者在与之前陈述内容不矛盾的情况下增加信息。因此，这需要一个不错的记忆力。说谎者能够通过说尽可能少的话来让自己的记忆任务变得更加容易。一个人说的越少，他要记住的东西也就也少。另外，如果说谎者说出尽可能多的事实将会让记忆力任务变得更容易。换而言之，比起虚构整个故事，一个说谎者可以说一个大部分真实内容而其中只有一点点重要细节与事实相违背的故事（见嵌入式谎言部分）。

● 没有愧疚、恐惧或兴奋的情绪体验

不同的说谎者在说谎时的情绪体验是不同的。当一个应聘者夸大自己目前获得的薪水的时候，她自己会感到愧疚。但是当另外一个应聘者做这件事的时候，或许就没有任何愧疚的感觉。当一个犯罪嫌疑人提供一个假的不在场证明的时候，他可能会感到不安。但是另一个犯罪嫌疑人却对此保持冷静。一个学生可能会因成功让班主任相信自己迟到的借口而感到兴奋，而其他学生并没有这样因欺瞒而兴奋的情感体验。如果说谎者欺骗他人时没有愧疚、恐惧或是兴奋的感觉，那么骗人将会变得更轻松，因为在那种情况下不需要抑制任何情绪性行为。欺骗时没有任何情绪出现或许与频繁说谎和说谎时的自信有关。而且，有强大想象力的人们不大可能具有愧疚或是恐惧的情感体验，因为他们有能力让人相信自己说的话。

● 善于表演

尽管天生的表演者和那些在说谎时不能体验认知负荷或情绪反应的人是最好的说谎者，但是那些能够适当的掩饰认知负荷和情绪反应，与此同时表现出可信行为的人，或许也是不错的说谎者。这就要求极佳的表演技能。这些优秀的演员应当还具备优秀的解码技能（Decoding skill）。因为他们不是天生的表演者，他们的谎言会引起怀疑，因而要让自己充分的适应来解决这种怀疑。他们让自己越快适应，就有越多的机会成功地解除怀疑。因此，快速意识到怀疑是至关重要的，这需要优异的解码技能。

◇◇识谎者常犯的错误

人们不能识别说谎者不仅因为他们没有相应的动机或是测谎任务本身很困难，更重要的是因为他们在识谎过程中本身会犯错误。不同的人所犯的错误不同，因此很多错误是可以被发现的。我认为这些错误可以分成七类，我将在这一部分逐一介绍。

◇ 奥赛罗错误（The Othello Error）

测谎过程中出现的一个常见错误是将一些信号过于简单的解释为欺骗的线索。这种情况特别容易发生在识别紧张这一信号上。识谎者出现错误是因为没有考虑到说真话的人也有可能会紧张，并且出现紧张的反应（第 3 章）。这种将说真话者表现出的紧张信号错误地解释成欺骗信号的现象即为奥赛罗错误（Ekman，1985/2001）。它是以莎士比亚戏剧中角色奥赛罗的名字命名。奥赛罗错误的指责 Desdemona（他的妻子）对自己不忠，并要求她认罪，因为奥赛罗即将因她的背叛行为而杀掉她。Desdemona 要求叫来 Cassio（她所谓的情人）以便证明自己是无辜的。奥赛罗告诉她，自己已经亲手杀掉了 Cassio。Desdemona 意识到自己永远不可能被证明是无辜的，她表现出一种情绪上的爆发。这让奥赛罗错误地认为她的行为是因其不忠而作出的反应。

警察手册经常建议读者在试图识别说谎时要注意紧张反应的有关线索（第 5 章），而遵循这个建议很容易出现奥赛罗错误。同样，在行为分析访谈中，会鼓励识谎者去识别紧张的线索（第 7 章），这反而增加了犯奥赛罗错误的可能性。基于关注的测谎测试也容易出现奥赛罗错误。正如我在第 11 章解释的一样，有理由相信，相比于可能说谎问题（例如，你一生中有过为了报复而对他人进行人身攻击的行为吗?）无辜的嫌疑人更关注案件相关问题（例如，在 1 月 26 日，你射杀 Julie Pearchap 了吗?）。这种情况特别容易发生在没有其他更可靠的证据下进行的谎言测试当中。这就意味着，对于无辜的嫌疑人来说，他们不能证明自己是无辜的。在回答案件相关问题时他们会有非常高的风险。因此，在回答这类问题的时候会格外关注。

◇ 检验错误的线索

人们说谎时是如何反应的？人们对这一问题的答案众说纷纭，但是通常都是错误的（第5章）。不论是外行人还是专业的识谎者都一致认为说谎者的反应是紧张的，如“说谎者目光斜视”“说谎者会做出修饰外貌的行为”。这些线索并不是针对说谎最可靠的线索（第3章）。我对于这些观点的产生给出了一些解释（第5章），其中的一条就是：那些错误的线索是人们习得的。例如，在非常有影响力的警察手册中，Inbau 等人（2001）提出说谎者目光斜视并做出修饰外貌的行为这一观点。实际上，他们在手册中提出了10条判断说谎的非言语性线索，但是根据调查研究表明只有1条与说谎有关（第3章），即说谎与描述性动作的减少有关。因此，不难看到在我们的识谎研究中，警察会看到犯罪嫌疑人在警察问讯过程中说真话或是假话的视频短片，如果警察们越推崇按 Inbau 等人手册中描写的线索去判断，其在区别真话和谎话时的成绩就越差（第6章）。

◇ 忽视人际间差异

人与人之间的行为举止、言谈以及生理反应均存在着巨大的差异。有些人动作丰富，而有些人动作单一；有些人能言善辩，而有些人笨嘴拙舌；有些人表现出巨大的生理反应变化，而有些人则不然。言语测谎工具，如SVA，试图用有效性清单的方法控制这些人际间差异（第8章），并且，除了热成像测谎以外、生理识谎工具同样试图运用问准绳问题的方法来控制人际间差异（第11~13章）。

然而，在评估行为反应时，往往不会控制人际间差异（第3章和第6章）。结果就会使天生行为可疑的人（例如，天生就容易转移目光或是坐立不安的人们）处于不利地位，因为他们有被错误指控为说谎的风险。在第6章，我指出，性格内向的人和社交焦虑的人普遍存在这样的风险。错误也容易出现在不同种族背景或不同文化的人相互交流的时候，因为某个种族或是文化背景下所表现出来的自然的行为可能会引起另一种族或是文化背景人们的怀疑（第6章）。

◇ 忽视个体内差异

不同人在相同情形下作出不同的反应（个体间差异），同一个人在不同的情形下也会作出不同的反应（个体内差异）。忽视或轻视个体内差异是识谎专家易犯的另一个错误。不能充分的控制个体内差异是对基于关注测谎的另一个批评（第11章）。正如我之前在奥赛罗错误部分的解释一样，准绳问题：“你一生之中有过为了报复而对他人进行人身攻击的行为吗？”并不足以对相关问题：“在1月26日，你射杀了 Julie Perarchap 吗？”进行充分的控制。此外，在警方审讯工作中，建议警察要留意犯罪嫌疑人在审讯开始时的闲聊部分中表现出来的自然、真实的行为，并将这类行为与犯罪嫌疑人在实际审讯中表现出来的行为进行对比。这种行为之间的差别被解释为“显著”（Inbau *et al.*，2001）。尽管这一观点听起来很有吸引力，但是这个方法容易导致错误判断，因为没有做到一致的对照。闲聊和实际调查是完全不同的两种情形。闲聊时的对话处是一个低风险情境，在这种情况下犯罪嫌疑人的反应不会有任何不良后果。相反，审讯调查则是一个高风险的情境，犯罪嫌疑人的反应非常重要。如果犯罪嫌疑人的反应可疑，那么他就会因涉嫌犯罪而导致严重负面后果。因此，毫无疑问，不论是有罪还是无罪的犯罪嫌疑人都将会在闲聊部分和实际审讯部分表现出不同的行为（Vrij，1995）。

忽视或轻视个体内差异重要性不仅是只有识谎者才会犯的错误。它也是社会认知上常见的错误，被称为基本归因错误（Fundamental Attribution Error），是指当解释人们的行为时，忽视了环境因素的影响（Ross，1977）。

◈ 启发式的应用

观察者在识别欺骗过程中会依赖一般的决策规则，而非仔细观察人们的反应。人类知觉的研究者强调，对于观察者来讲，这是在有限时间内处理复杂环境下注意力资源最有效的分配方式（Macrae & Bodenhausen，2001）。然而，一般决策规则（经常被研究说谎的专家称为“启发式”）容易导致系统性错误和偏见。有一些影响到真实性判断的著名启发式，我在第 6 章进行了讨论（见 Cole，Leets，& Bradac，2002；Fiedler & Walka，1993；Levine，Park & McCornack，1999 和 Vrij，2004b 的综述）。

在日常生活中，人们遇到真实信息要多于欺骗性信息，并且人们假设自己看到的手势是诚实的行为（可得性启发式，O'sullivan，Ekman，& Friesen，1998）。与此相关的是锚定启发式（Elaad，2003）。它是指人们根据预先资料（锚）作出不充分的判断并导致最终的决策偏向于预先资料。因此，如果观察者预先认为人们说的是真话，那么当与此对立的证据出现时，他们将作出不充分的调整。进一步认为，当浪漫的关系变得更亲近的时，伴侣们发展出了很强烈的彼此信任趋势，这就是所谓的亲属诚实偏见启发式（Stiff，Kim，& Ramesh，1992）。探测启发式（Levine *et al.*，1999）是指观察者更相信一个被探究后的材料的趋向（观察者相信探究是一个有效的测谎策略；如果调查结果并没有显示出清晰的说谎迹象，并且一般没有迹象，那么材料就更有可能会被相信）。代表性启发式（Stiff，Miller，Sleight，Mongeau，Garlick，& Rogan，1989）是指倾向于将某一特异反应认定为普遍类别中的一个样本。在谎言研究中，就可以解释为什么人们倾向于将紧张的行为解释为说谎的信号。违背期望启发式（Vrij，2004b）是指倾向于将个别或是少见的行为作为说谎的信号（例如，保持双眼紧闭，或者恰恰相反，在谈话过程中双目紧盯）。根据可证伪启发式，信息包含更多可证伪的细节更有可能被断定为说谎（Fiedler &

Walka，1993)。面部外形启发式（Vrij，2004b）是指倾向于通过人们漂亮的面容或者年少纯真的外形作为判断人们是否诚实的标志。

O'Sullivan（2003）指出基本归因错误（上面介绍的）对谎言识别产生了不利影响。人们在形成对他人的印象后，更倾向于过高估计对方的气质性（例如，“性格”）因素，却低估环境的因素。因此，一个观察者如果相信一个人大体上是一个可靠的人，那么他将更倾向于断定对方在任何条件下都是一个诚实的人。相反，则得出截然不同的结论。显然，真实可靠的人并不是所有的情况下都是诚实的，而不可靠的人也并不总是谎话连篇的。

◈ 欠佳的询问技术

一些在警察手册里受到推崇的询问技术妨碍了谎言测试。例如，有时建议警方侦查员在审讯开始的时候要拿出他们早先在调查环节中收集到的证据给犯罪嫌疑人看（Hartwig，Granhag，Strömwall，& Kronkvise，2006；Hartwig，Granhag，Strömwall，& Vrij，2005；Leo，1996a）。这一策略是为了向犯罪嫌疑人表明沉默是没用的，最好尽快供认。然而，这种讯问风格将会妨碍测谎工作。说谎者面临的一个困难是他们并不知道观察员知道什么。他们要冒着和观察者已知事实相矛盾的风险，除此之外他们不知道可以说什么。如果警方向犯罪嫌疑人揭露他们所知道的一切，那么就减少了对于犯罪嫌疑人的不确定性，而且让嫌疑人在说谎的过程中变得更加轻松。过早的揭露证据会给说谎者提供改编自己故事的机会，还会让他们在面对证据的时候有做无辜解释的机会。这样一来，如果一个罪犯被告知他被监视器镜头记录下来曾在周六下午 15 时的时候出现在金融街，那么嫌疑人可以编造一个不在场的托词，解释周六下午出现在哪里，为自己做无罪辩解。

从测谎角度来讲，另一个不成功的策略是刑侦人员指责犯罪嫌疑人说谎。这将给实际说谎的犯罪嫌疑人一个完美的“逃脱”审讯的机会，他们可称将不再配合目前的调查，并声称因其已经不被信任，那么进一步的调查也是无效的。此外，指责人们说谎会让说谎者与诚实者作出相同的反应。即被正确指认的犯罪嫌疑人会感到焦虑。而错误指认的犯罪嫌疑人也会担心自己不被信任（Ofshe & Leo，1997）。由于担心，说真话的人也可以表现出像说谎者一样的紧张行为（Bond & Fahey，1987）。这将使指责被询问者的识谎者陷入困窘的局面：是应该将这种信号理解成为有罪的信号还是理解成为无罪的信号？行为本身并没有提供答案（另见上述奥赛罗错误）。

◈ 高估了测谎工具的准确性

我想指出的最后一个错误是：专业识谎者倾向于高估他们所用测谎工具的准确性。本书已经阐明，迄今使用的每一个单独的测谎工具都不够准确并且容易出现错误。尽管测试容易出错，使用者仍声称其具有很高的准确性。我在本书中尤其是第

1 章举过一些例子。即使基于非言语和言语行为的判断存在困难，有时基于行为用来判断的技术手段过于简单化，从业者仍声称使用这些技术的准确性高达 85%（第 1 章和第 7 章）。另外，通过眼部周围的血流量来测量人们的兴奋度的热成像技术并没有考虑人际间或个体内差异，因此很容易出错误。然而，这项技术被建议作为一种快速筛查设备在机场使用（第 1 章和第 11 章）。基于关注的谎言测试因很难编制可与相关问题对照的准绳问题而很容易出现错误。但是，当我向测谎人员谈及此问题，他们通常声称测试具有 95% 准确性（另见第 1 章）。使用 fMRI（功能磁共振成像）大脑扫描技术是测谎大军中最新的技术。在相对理想的测试环境下对相对较少的在校学生进行这项技术的测试之后（对照问题很容易设计出来的低风险情境，测试过程没有延迟，因此有罪的被试能够清晰地记得他们被指示说谎的细节）这项工具的开发人员声称这项技术现在已经“准备好对恐怖分子进行侦测了”（第 1 章和第 13 章）。

危险的是，如果这些从业者相信他们自己声称的内容，那么他们将说服其他人相信自己的技术，并且值得依赖。其他人包括那些不熟悉测谎有关工作细节，但却又对识别说谎者有很大兴趣的人们，如工作于国防部或者国家安全部的公务员、机场主管、法官，等等。如果他们被说服信任这些测试有效，那么他们会将这些技术介绍给他人，并且毫无疑虑地依赖这些工具，而其可能带来的结果是恐怖袭击、冤假错案或是其他不良后果。

◇◇结　论

在这一章中，我列出了 15 条人们不能识别说谎者的原因。其中一个原因是因为人们有时并没有想要得知真相的兴趣；其他原因包括测谎工作的复杂性、识谎者通常所犯的诸多错误等等。不知道真相有益于人们在日常生活中的交往（第 2 章和第 6 章），但有时也不尽然。我相信如果人们更多地了解到自己所面临的难题并因此避免错误的发生，那么他们将会更好的识别真相和谎言。在下一章，我将描述相应的指导方法。

第 15 章　良机：如何提高人们的识谎技能

在最后一章中我将谈论三个主题。首先，我将对识谎者在运用本书中提到的各种识谎工具时的准确率进行简要总结。在此，我将不再重复介绍这些工具，因为在第 6 ~ 13 章中已经进行了详细介绍。本章表明，在实验室的研究中，识谎者在观察某人的非言语或言语行为时的效果是较差的，而测量生理反应的效果最好；话语详细分析的效果处于两者之间。[①] 之后，我对如何通过分析言语或测量生理反应来提高谎言识别率提出了几点建议。我认为研究欺骗的学者应该与心理学其他领域的研究者联合起来共同合作。

本章中大部分内容是关于如何通过观察非言语和言语行为来提高谎言识别率的，并且我将提出 17 条可以用来识谎的指导方针。在本章中我更注意这类谎言识别而不是基于话语分析或生理反应的谎言识别，我之所以这么做是基于两点原因：（1）这是最不准确的一类识谎方法，因而可能最需要提高；（2）这一类型的识谎方法可用于更多情境，因为它不需要诸如多导仪、脑电记录电极、fMRI 大脑扫描（生理测谎必备）或者转录某人的话语（话语分析必需）。正如我在第 14 章所述，我将简单地提及前面的章节，避免不必要的重复。

◇◇不同识谎方法的准确度

在整本书中，我讨论了从实验室研究和现场研究的准确率。在实验室研究中，观察者可以判断为了实验目的而撒谎的本科学生是否说谎。在现场研究中，观察者识别了真实情境下的实话或谎言。表 15.1 呈现了实验室研究和现场研究中关于准确率的总结。现场研究中很少有通过观察言语或非言语行为，抑或通过分析话语而识谎的研究，并且为数不多的这些研究结果也往往不可靠。因此，我将不在此进行讨论。生理测谎在现场研究中十分普遍，特别是 CQT 测试，我将在本部分对结果进行总结。然而，正如我在第 11 章所说，在解释这些结果时应小心慎重。在很多

① 在说话内容通过语言准确性评估系统分析时，我指的是话语分析；话语的非系统观察是指观察某人的言语行为。

现场研究中，基本事实往往可以确定，但问题是可能造成取样偏差。取样偏差的结果是使多导仪现场研究的准确性可能比现实生活中的实际应用要高。

◇ 实验室研究

表 15.1 表明，人们试图通过观察非言语或言语行为来区分诚实和说谎时的表现最差。实验室研究中专业识谎者的平均正确率仅 56%，略高于掷硬币出现正反面的概率（第 6 章）。通过分析话语的手写稿来识别谎言的准确率在 70% 左右，这与使用基于标准的内容分析（CBCA，第 8 章）或现实监控（RM，第 9 章）基本一致。

表 15.1　各种谎言识别工具识别诚实与谎言的准确率[1]

	准确率（%）[2]		
	诚实	谎言	总计
非语言与语言行为			
非专业人员（实验室研究）[3]	63	48	
专业人员（实验室研究）[4]	56	56	
言语分析			
CBCA（实验室研究）	71	71	
RM（实验室研究）	72	66	
生理分析			
CQT 测试（实验室研究）	60 ~ 84	74 ~ 82	
GKT 测试（实验室研究）	83 ~ 99	76 ~ 88	
应用 GKT 的 EGG－P300（实验室研究）	88	82	
fMRI			78 ~ 93[5]
CQT 测试（现场研究）	53 ~ 75	83 ~ 89	
GKT 测试（现场研究）	94 ~ 98	42 ~ 76	

注：[1]为了评估它们的准确性，目前还没有实施用 BAI 和 SCAN 的足够的实验室研究；[2]全面的准确性评估细节见附录 6.1（非言语和言语行为，非专业人员），表 6.3（非言语和言语行为，专家），表 8.3（CBCA），表 9.2（RM），表 11.2（CQT 测试实验室研究），表 11.3（CQT 现场研究），表 12.2（GKT 实验室研究），表 12.3（GKT 现场研究）和表 12.5（应用 GKT 方法 EEG－P300）。fMRI 准确性评估见第 13 章正文；[3]非专业人员识别成年人是诚实的或在撒谎；[4]专家识别成年人诚实或说谎；[5]对于 fMRI 计分而言，只报告了总的准确率。

在第 11 章和第 12 章，我针对生理识谎介绍了两类询问技术：对照问题测试法（CQT）和犯罪情节测试法（GKT）。一般来说，在这些测试中会测试被试的皮电活动（EDA），呼吸和血压。在第 11 章和第 12 章中，我列出了 CQT 和 GKT 多导仪测试目前的研究综述。由于不同的研究者在综述中涵盖了不同的研究，他们的准确率也有所不同。在表 15.1 中，我明确地列出了这些综述中最低和最高的准确率。尽管不同综述之间存在差异，但可以清晰地看出，使用多导仪测试的准确率通常高于使用 CBCA 和 RM 的准确率。最近，研究者开始测量受测者的 P300 脑电波（用 EEGs）或大脑不同区域和结构的活动（用 fMRI 扫描）。实验室研究中 EEG – P300 和 fMRI 测试的准确率与实验室多导仪测试的准确率十分相似。

◇ 现场研究

有时实验室生理测谎的研究中报告了很高的准确率，而这导致了一些很强的呼声，如“这些测试已可以用于测查恐怖分子”（第 1 章和第 13 章）。正如我在第 11 章和第 13 章已经解释的，这些实验室研究通常是在最佳的测试条件下进行的，这掩盖了很多与 CQT、GKT 有关的问题。CQT 测试的主要问题是如何编制能够真正和相关问题相匹配的准绳问题；GKT 的主要问题是有罪被试不能够记住关键的细节。这些被隐瞒的问题意味着在实际生活中，准确率可能要低于实验室研究。

多导仪现场研究的准确率呈现在表 15.1 中，其结果显示现场研究由于取样偏差会导致更低的准确率（第 11 章）。准确率反映了 CQT 和 GKT 有关的问题。CQT 易受假阳性错误的影响，即错误的指控诚实测试者说谎。如果准绳问题不足以控制相关问题，就会出现这种情况（第 11 章）。其结果是准确识别测试者存在困难，并且没有任何一篇现场研究的综述报告正确率超过 75%。GKT 易受假阴性错误的影响，即错把有罪者判为无辜。如果有罪被测人不能识别关键项目就会出现这种情况（第 12 章）。其结果是不能识别说谎者，并且目前已发表的两项关于 GKT 的研究均没有超过 76% 的准确率。现场研究仅在多导仪测试中实施，并且也没有理论支持 EEG – P300 和 fMRI 测试在现实生活中的准确性比多导仪更高。

◇ 假阳性和假阴性错误的严重性

假阳性和假阴性错误都是人们不希望得到的结果，但是两者之中哪个更严重就依情况而定了。在刑事侦查中（抓捕盗贼、强奸犯、谋杀犯等）假阳性错误被认为是最严重的错误（第 11 章），因为这会让无辜者陷入牢狱之灾。相反，有人指出，在安全威胁调查中逮捕间谍和恐怖主义者假阴性错误是最严重的，因为出现这类错误会使得间谍和恐怖主义者不被察觉。然而，正如我在第 11 章所述，要让测谎工具在抓捕间谍和恐怖主义者中发挥作用就需要高的准确性，而且要比他们目前的准确率高很多。需要高的准确率是因为潜在的间谍和恐怖主义者在所抽的样本中本来就很少。假设 1000 个雇员中有 10 个间谍，而测谎测试的准确率有 90%。理论上讲，这就意味着不是所有间谍（9 人）都会不通过测试，但也有 99 名非间谍不能通过测试（990 名非间谍中的 10%）。这一测试最终以 108 人未通过测试告终，而基于这一测试结果也就没有机会进一步区分 9 名间谍和 99 名非间谍了。

总的来说，尽管生理测谎工具比非生理测谎工具拥有更高的准确率（至少在实验室研究中是这样），但错误率总会出现在各类测试中。这使得它们不太适合用来识别间谍和恐怖分子。然而，如我在第 6 ~ 13 章中提到的内容，一些测试能够在随机水平之上区分诚实者和说谎者，因而在刑事调查中能够对识别某人诚实与否发挥作用。

◇◇提高话语分析和生理测谎的建议

我认为话语分析和生理测谎的发展可以从四个方面着手。首先，我认为亟须开展这两类测试的现场研究。只有我们实施现场研究后，才能知道这类谎言测试的准确性是多少，以及它们真正的优势和劣势有哪些。我深知实施现场研究的困难，但没有对外效果的研究我们就不能知道目前使用的欺骗检测工具有多大效用。谎言测试工具如 SVA（第 8 章）被用作法庭证据，而没有人知道 SVA 评估的准确性到底是多少。大量的刑事调查人员接受 BAI 访谈的训练（第 7 章），而且 SCAN 技术在世界范围内得到传播（第 10 章），但调查者应用这些技术的准确性却不清楚。最后，一些研究者用 EEG – P300 和 fMRI 测试（第 12 章和第 13 章）识别犯罪人和恐怖主义者，但这些测谎工具仅在理想条件下得以充分控制，并且限制在实验室环境中，以大学生为被试。

其次，关于话语分析测谎，正如我在第 9 章所述，可作为 CBCA 和 RM 的结合工具。我也认为，言语识谎者使用的评估 CBCA 结果的有效性清单需要进一步开发。正如我在第 8 章解释的，有效性清单包括几个在我看来定义不是十分恰当的标准，而其他证明有效性清单合理的问题并未涉及。

再次，关于生理测谎，CQT 不是标准化测试（第 11 章）。对于每一个被试而言，测试者都会设计具体的测试。这一过程是心理学工程中十分复杂的一部分（Lykken，1998）。一系列因素能够影响测试者和被试的心理状态，进而能够影响随后被试的生理反应及测试结果。同样，问题的数量和提问顺序可能会影响结果（第 11 章）。CQT 研究者并不愿承认 CQT 测试缺乏标准化程序。我认为，对社会影响和语言学的研究能够帮助确定影响测试结果的因素。

要想使 GKT 有效，有罪被试就必须意识到测试中呈现给他们的关键细节（第 12 章）。GKT 测试者面临的问题是他们不知道有罪者可能记住的关键细节是什么。目击者证词理论和研究深入地探究了人们更可能记住的事件（尽管大部分这类研究更关注目击者而不是犯罪者是如何接收和记住犯罪的，第 12 章）。对目击者文献地更进一步理解可能会对设计 GKT 测试有所帮助。

总的来说，我认为如果结合测谎以外领域的研究成果，CQT 和 GKT 技术能够更进一步提升。CQT 和 GKT 的测试者和研究者面临的问题是在这一领域活跃的研究者还很少。对我在第11~13章引用的研究者进行考察发现，生理测谎只有小部分研究者在实施（另见Iacono，2000，国家研究委员会，2003）。这么少的研究者不可能知道所有质疑他们技术的相关研究。因此，我鼓励他们与社会影响、语言学和目击者证词的研究者合作。

最后，我认为fMRI研究能够提高我们对于欺骗和识别欺骗的理论的理解。fMRI研究者可以努力探索各脑区与不同类型谎言之间的关系。这是一项辛苦的工作，因为谎言可以用不同的维度进行区分（例如，低或高风险；自发或经过排练的谎言；坦率或夸张或隐瞒的谎言等），而且这些维度之间存在各种结合的可能性（这三个维度已经具有12种不同类型的谎言）。因为不同的人可能产生不同模式的脑活动，这类研究需要多组被试的参与。

如果能够确立不同类型的谎言和脑区活动之间的关系，那么就可以进行至少两项更进一步的研究。第一，考察神经生理脑活动是否具有让测谎者更容易识别说谎的线索，以及其之间存在什么样的关系，如心理生理线索（EDA，呼吸和血压），话语相关线索和行为线索（Happel，2005）。第二，我将在下一部分进行解释，识谎者可以运用旨在提高诚实者和说谎者差异的访谈范式。研究者可以给每一类谎言设计访谈范式用以提高诚实和说谎时出现脑区活动的巨大差异。如果大脑活动与心理生理学、话语相关或行为线索相联系，那么诚实者和说谎者之间的脑区活动差异越大，心理生理学、话语相关或行为线索将越有可能区分他们。

◇◇通过检验非言语行为和言语行为来识别说谎者的指导方针

本部分内容分为两块。[①] 在第一部分“观察指南”中，我介绍了如何观察和干预诚实者和说谎者行为的九条指导方针。这些观察指南往往与面询识谎相联系。尽管不总是可能与某人面谈，但在一些面见的情况下我相信使用具体的面询范式可以通过观察其非言语与言语行为来提高识别诚实和欺骗的区分度。在第二部分“探测欺骗的访谈方法”中我将解释如何做到这点。

◈ 观察指南

- 使用灵活的判定规则

本书中讨论的研究表明，没有一个单一的行为或言语线索与欺骗相联系。换句话说，没有一个泄露的线索像匹诺曹长鼻子那样。相反，在特定的情形中不同的人会出现不同的欺骗线索（例如，人际间差异）；相同的人也会在不同场合出现不同的欺骗线索（例如，个体内差异）；而有的时候人们甚至不会表现出任何欺骗的

① 另见Granhag和Vrij（2005）；Vrij（2004a，b，2006b，2007）；Vrij，Fisher，Mann和Leal（2006）；Vrij和Granhag（2007）。

线索。

这意味着不太适合使用基于个体线索的固定判定规则，如在识别欺骗时使用“说谎者目光转移”等标准。事实上，我们知道依靠个体的非言语或言语线索识谎通常是很差的识谎者（Mann，Vrij，& Bull，2004；Vrij & Mann，2001a）。相反，基于多种选择做出准确性评估则更加可靠（Ekman，O'Sullivan，Friesen，& Scherer，1991；Vrij，Akehurst，Soukara，& Bull，2004a；Vrij，Edward，Roberts，& Bull，2000；Vrij & Mann，2004）。例如，根据某人交谈中动作变少不足以判断其是否说谎。但是如果一个人说话速率变慢，说话内容变得模糊而缺乏细节，那么他说谎的概率就会大大提升。然而，即使是像这样的线索集合也不适用于所有的说谎者，而且对于某个说谎者而言也不适用于所有情境。换句话说，包括多条线索的固定判定规则也不令人满意。人们应该使用包括多种线索的灵活判定规则。也就是说，在一种情况下，动作、语速、细节类型的结合可能会泄露谎言；在另一种情况下，微笑、停顿、语调变化、口误的结合也可能会让谎言现形。

- *说谎者在体验情绪、认知负荷或试图控制自己时更有可能出现欺骗线索*

在本书中，我清晰地阐明说谎本身并不会影响某人的非言语行为或言语。为了使诚实者和说谎者出现差异，说谎者往往需要体验到负罪感或恐惧感，抑或对愚弄别人有很高的唤醒（第 3 章）。同样，说谎困难或试图给目标留下可信印象也能导致诚实者和说谎者之间出现差异（第 3 章）。日常生活中很多谎言不被相信的后果都是轻微的（第 2 章、第 3 章）。在这些低风险情境中，说谎者往往没有体验到情绪，没有发现说谎困难，也没有付出努力让其看起来更可靠。因为诚实者和说谎者不会显示不同的行为或说话线索。

高风险情境就不同了（第 3 章）。在高风险情境中，不被相信可能会给说谎者带来严重的后果，而这就可能导致说谎者体验到负面情绪如负罪感或恐惧。此外，在这些高风险背景下说谎可能消耗更多脑力，说谎者更可能为了避免被识破会试图表现得可信。因此，在高风险情境下，说谎者会表现出情绪、认知负荷或尝试控制的非言语和言语线索。然而，谎言识别者应该小心不要太着急将这类线索解释为欺骗的指标，因为诚实者也会在高风险情境下出现这类线索，我将在下一个指导原则中进行说明。

- *在解释情绪、认知负荷和尝试控制的线索时考虑多种解释*

识谎者面临的困难是在高风险情境中说谎者和诚实者都会出现情绪、认知负荷、尝试控制行为的线索。如果风险很高，不被信任可能会给诚实者带来负面结果。例如，被警方错误指控；或被雇主怀疑破坏了昂贵的仪器；或被熟人知道自己的风流事。诚实者也会在这种情况下体验到不被信任的恐惧，因而会在回应中努力思考，让自己看上去更可信。因此，情绪、认知负荷或尝试控制的线索不能作为最终说明某人在说谎的证据。所以，识谎者在将这类线索解释为说谎时要特别小心。在解释情绪性反应时，识谎者应该考虑的问题，如“不管回答者是否有罪，我的问题会不会唤起他的情绪?”“现在的情况会不会唤起回答者的情绪?”“这个人是不是属于会在这种情况下唤起情绪的那类人?”(Ekman, 1985/2001)类似的问题应该在解释认知负荷或试图进行的行为控制时加以考虑(例如,“不管其有罪与否,我的提问是不是会唤起回答者的认知负荷?”)。

• 怀疑一切但不要表现出来

人们有相信别人的倾向。有时人们这么做是因为他们没有识谎的必要(鸵鸟效应,第1章)或者因为与取真偏好有关的各种原因(第6章)。怀疑是识别说谎者的必要前提。它也会对细致的非言语和言语行为分析更为有利(Atkinson & Allen, 1983; Schul, Burnstein, & Bardi, 1996; Schul, Mayo, Burnstein, & Yahalom, 2007)。然而,重要的是识谎者不要表现出怀疑。因为这可能会让诚实者感觉不舒服并会导致奥赛罗错误(第14章)。疑心也会给说谎者制造逃跑路线。这可能会导致他们拒绝表述更多内容(例如,“我为什么要跟你说话?你又不会相信我!”)或遭到“反击”。如果一个妻子指责她的丈夫有事隐瞒,她的丈夫可能回应“如果你不信任我那咱俩到底是什么关系呢?”最后,正如我在第3章解释的,如果说谎者认为自己没法逃避谎言,那么他们就会努力让自己的非言语和言语行为适应,让自己看上去更可靠,而这将会妨碍识谎。

• 不要太快决定某人是否说谎

判断某人是否说谎不是件容易的事,因而需要评估一切可用的信息。然而,一旦人们对信息的准确性作出判断,他们就有将其他信息的解释朝支持自己判断的方向靠拢的趋势(第5章)。所以,下定决心后,识谎者就有遗失进一步重要信息或误解这类信息的风险。因此,重要的是不抱成见的评估所有可用的信息。在第5章我解释道,这种态度取决于情境和个性因素。

• 注意更多欺骗的言语和非言语特征线索

第5章表明,观察者对准确性做出的判断往往基于非欺骗的特征性线索,如目光转移或烦躁不安。因此,这样说来如果训练观察者更多的注意欺骗的特征性线索,他们就能更好地区分谎言和实话。一些“训练”研究已经指出了这一问题。附录15.1列出了这些研究的结果和总结,并对被试训练的内容进行了归纳(Bull, 2004, and Frank & Feeley, 2003,训练研究的综述)。

在所有的训练研究中,呈现给观察者若干人说实话或说谎的短视频或录音访谈。一般情况下使用三种不同的程序。一些研究使用“聚焦程序”(Focusing procedure),让观察者注意具体线索而忽略其他信息。一些其他研究使用“信息程序”(Information procedure),观察者获得关于某些行为与欺骗关系的信息。还有一些研究使用“结果反馈”(Outcome feedback)程序,即在每次观察者作出判断以后被告知准确性。在所有这三类程序中,受训被试的成绩和未受训被试的成绩进行比较。

如附录15.1所示,大多数研究表明,不管使用何种训练方法,受训被试均比未受训被试具有更好区分诚实和说谎的成绩。但是这些提高往往很小。平均而言，未受训观察者能够正确识别 53.4% 的诚实和欺骗，而受训观察者则达到 57.6% 的准确率。换句话说，人们在成为更好的识谎者方面，通过接受训练能够在很小的程度上得到提升。研究中发现的小幅提升可能没有反映出接受识谎训练的真实潜能。训练项目通常十分简要，有时不超过 15 分钟，也不强调识谎的复杂性。例如，在使用信息程序的研究中，训练观察者识别说谎时往往会出现的一系列线索。这一方法具有局限性，因为不是所有说谎者都会表现出这些具体的线索。此外，在所有这些研究中，观察者仅观察低风险的诚实和谎言，而低风险情境不利于谎言的识别。因此，如果给予观察者更复杂的训练，并且识别高风险情境下的谎言，那么训练就会产生更大的效果。

训练研究提出了两点值得讨论的结果。第一，Levine，Feeley，McCornack，Hughes，& Harms（2005）的实验包括谎言训练组，该组被试接受的并不是欺骗线索特征。他们发现有时这些谎言训练组会比未训练组的表现更好。这表明，训练的形式能够提高准确性，而非训练的内容。为了解释这些发现，Levine 等人经过研究表明，接受谎言训练的观察者比未接受训练的观察者对信息的加工更为严格。

第二，一些研究表明，接受训练的观察者比未经训练的观察者表现更差。其中一项是 Kassin 和 Fong（1999）的实验，观察者接受 Inbau 组的训练，并在其手册中报告（Inbau，Reid，Buckley，& Jayne，2001）。我在第 5 章解释道，那本手册中提到的线索并不是欺骗的特征性线索。在其他一些训练让观察者表现更差的研究中（Köhnken，1987；Vrij，1994；Vrij & Graham，1997），观察者不是一般训练研究中常用的大学生，而是警察。这表明，学生比警察更能从训练中受益。这在我自己的一项研究中也很明显（Vrij & Graham，1997）。学生在接收信息后表现得更好，而警察在接受相同的信息后往往表现得更差。

我对其中的原因进行了推断。第一种可能的解释是信息迷惑了他们（Köhnken，1987）。也许我们（Vrij & Graham，1997）提供的关于人格特质和欺骗行为的信息令警察们很迷惑，我怀疑他们对人格理论并不熟悉。而在我们实验中的学生观察者是心理系学生，因而对人格理论非常熟悉（即使对人格特质和欺骗的关系并不了解）。第二种可能的解释是警察拒绝使用提供的信息，因为他们不信任这些信息。例如，在我的研究中（Vrij，1994），观察者被告知说谎者往往出现手部和手指运动的减少。这与警察的一般观念相矛盾，因为他们往往假设手部运动的增加代表着说谎（第 5 章）。也许是由于警察拒绝接受他人（实验者）提供的信息，而是继续依赖自己的经验和观念。

让识谎者注意欺骗特征性线索的另一方法是认定出色的识谎者，并解析他们使用的策略。也许他们的成功策略能够传授给其他人。目前，一些研究者正在采访经筛选的优秀识谎者（O'Sullivan，2005，2007；O'Sullivan & Ekman，2004）。这类研究的结果还没有报告。[1]

● 同时注意非言语和言语线索

观察者需要同时注意非言语和言语线索。他们能够通过三种不同的方式达到这一目标，而且我相信这三种方法会提高识谎的技巧。第一，观察者能够在忽视两类线索之间关系的情况下，综合地解释非言语和言语线索。例如，观察者可以在忽视说话内容的情况下注意人们提到的细节类型和做出的动作。我们和其他专家的研究一致表明，非言语行为和说话内容同时考虑时比单独考虑非言语线索或说话内容具有更高的准确性。[2]

第二，观察者可以观察与说话内容有关的非言语行为，这是在沟通研究中常用的方法，但研究欺骗的专家往往忽视它。[3] 在第3章我解释了这一方法的潜在优势。在一项研究中，我们无法通过计算动作符号的数量发现诚实者和说谎者之间的差别，但当我们发觉动作符号和说话内容的关系时发现了两者的差异。我们发现诚实者和说谎者在其陈述的关键部分会在动作符号的类型上有所差异（Caso，Maricchiolo，Bonaiuto，Vrij，& Mann，2006）。

第三，观察者可以考察非言语行为和说话内容之间的不一致。正如第3章所述，强烈的情绪会导致具体的面部表情。由于不同情绪与特定类型的面部表情有关，因此人们在出现某些表情时可能会实际体验到某种情绪，即使他自己对此否认。在这种情况下，说话内容和情绪表达的不一致能够泄露这个人对他体验的情绪说了谎（Ekman，1985/2001，& Ekman & O'Sullivan，2006）。然而，这些线索缺乏特征性。正如我在第8章所述，一些人会在谈论消极事件时表现出明确的痛苦信号，而其他人则不会。也就是说，在面询中谈及消极事件而未表现出悲伤不能作为欺骗的有效指标（尽管很多观察者认为应该作为指标，第5章和第8章）。因此，如果识谎者认为某人非语言行为和说话内容存在不一致，那么就应该认真考虑如何解释这一现象。最终判定一个人说谎不应该太草率，而应考虑其他各种解释（在上一例子中，人们在讨论负面事件时不一定出现悲伤的信号）。

● 注意个体在相似情境中出现诚实反应的偏差：可比较的诚实

识谎者应在进行准确性判断时考虑到个体间和个体内差异。因此，观察者给出的相关问题应能分辨出个体在说话时的非言语行为和已知的诚实反应是否具有差异。对于这一技术，有必要知道诚实反应（例如，基线反应）与正在调查时表现

---

① 不是所有人都相信这些超群的识谎者能够确定。见 Bond 和 Uysal（2007）关于这些优秀的识谎者是如何筛选出来的。

② Ekman & O'Sullivan，1991；Porter & Yuille，1995，1996；Porter，Yuille，& Birt，2001；Porter，Yuille，& Lehman，1999；Vrij，Edward，Roberts，& Bull，2000；Vrij，Evans，Akehurst，& Mann，2004；Vrij，Akehurst，Soukara，& Bull，2004a；Vrij & Mann，2004.

③ Bavelas & Chovil，2006；Bavelas，Chovil，Coates，& Roe，1995；Bavelas & Gerwing，2007；Freedman，1972；Kendon，1994；2004；McNeill，1985，1992.

的反应具有类似的环境（可比较的诚实，第 3 章），因为只有在这种情况下才能考虑个体内差异。人们在高风险情境下的反应和低风险情境下的反应有所不同（第 3 章）。因此，如果正在调查中的反应是在高风险环境下产生的，那么可以将其作为基线反应。此外，个体对识谎测试的加入同样会影响到一些人的行为（第 3 章）。因此，如果正在接受调查是人们真正关心的主题，那么基线应该发挥作用。而且，由于不同的人接受调查时会出现不同的行为（第 3 章），接受调查时的反应和基线反应由同样的询问者诱发就变得十分重要。

在第 3 章，我举例说明了可进行比较的诚实技术是如何使用的。在实际的警方访谈中，要求一位被怀疑参与谋杀的男人描述他在某一天进行的活动（Vrij & Mann，2001a）。犯罪嫌疑人描述了他在早上（上班）、下午（逛市场）和晚上（拜访邻居）所进行的活动。通过对视频的细节分析发现，在他描述下午和晚上的活动时出现了行为的突然变化。对此其中一个解释就是他说了谎。证据也支持了这一观点。警方通过侦查能够确认他那天早上的活动，但却表明他所说的在下午和晚上的活动是编造的。实际上，他那天下午见到了受害人并在随后将其杀害。在这一案例中，我们可以做一个很好的比较。嫌疑人描述了看似寻常的一天，而且也没有理由解释为什么在描述不同时段的活动时会表现出不同的行为。

在第二个运用这一技术的现实案例中，我接受警方邀请对涉嫌杀害自己妻子的嫌疑人询问视频进行研究。视频中要求这个男人描述自己在某一天的活动。他对接听的四段不同的电话描述引起了我的注意。他在描述第一段电话时十分详细，引用了他自己和另一个人所说的内容（例如，“我说……，之后他说……”，等等）。这一模式同样出现在他描述第二段和第四段电话的时候。然而，第三段电话的描述却截然不同。这名嫌疑人描述的内容缺乏细节，并且他的答案不含任何引用。当警察让其详细地描述第三段电话时，他提供了一些细节，但引用一直没有出现。在我为警方指出第三段电话和其他三段之间有所不同时，他们告诉我他们有理由认为第三段电话并没有发生过。

可比较的诚实技术具有不可避免的缺陷，而且在使用这一技术时会出现错误。主要的问题是很难排除观察到的言语和非言语差别是由于欺骗以外的其他因素导致的。因此，不带偏见的解释行为和言语的差异就变得十分重要。同样，基线信息和调查中信息之间的差别也可能很细微并因此很难察觉。[①] 最后，在基线信息和调查中信息之间缺乏行为和言语的相互关连并不意味着某人在撒谎。

- *应用间接识谎技术*

提高谎言识别的另一个途径是鼓励人们使用他们存在的潜能来区别诚实和谎

---

① 就这一点来讲，最近计算机技术的发展可以对发生的非言语行为数量进行计算并显示，这也许对观察者十分有益（Dente，Barath，Ng，Vrij，Mann，& Bull，2006；Rothwell，Bandar，O'Shea，& McLean，2006）。

言。这可以通过间接地询问观察者是否认为某人在撒谎来实现（例如，间接识谎，Buller & Burgoon，1996；DePaulo，1994；DePaulo，Charlton，Cooper，Lindsay，& Muhlenbruck，1997；DePaulo & Morris，2004；Granhag，2006；Vrij，2001）。比如，观察者可以尝试回答“这个人是否在努力思考?”而不是尝试回答“这个人是否说谎?”。研究表明，观察者在回答间接识谎问题时会成为更好的识谎者。在三项研究中，观察者仅能通过回答间接识谎问题来区分诚实者和说谎者，而且在研究中普遍感觉说谎者比诚实者更努力思考（Landström，Granhag，& Hartwig，2005，2007；Vrij，Edward，& Bull，2001b）。我们的进一步研究发现，仅回答间接识谎问题的被试（本研究中仅包括警官）能够注意区分录像中诚实者和说谎者的线索，如手部动作减少。也就是说，指示寻找努力思考的线索（例如，认知负荷）将观察者的注意力集中在更多欺骗的特征线索上。

◇ 面询识谎

在很多情况下，观察者有机会与所谓的说谎者当面交流。我将就观察者如何利用这一机会来识别说谎者提供指导方针。在很长一段时间，“面询识谎”这一概念被考察非言语行为和说话相关欺骗线索的研究者所忽视（尽管这一领域的研究现在开始出现）。此外，在警方手册当中几乎没有关于面询识谎的报告。这些手册通常描述欺骗的线索，但并不解释面询者应该如何做来提高说谎者表现这类线索的可能性。这可以解释为什么在我们的实验中，有经验的警察通过面询并没有发现清楚有效的识谎策略（Hartwig，Granhag，Strömwall，& Vrij，2004）。

一个现存的面询识谎方案是 Inbau 等人（2001）提出的行为分析访谈法(BAI)。我在第 7 章讨论了 BAI 的流程，并解释了我对这一技术所持的保留意见。在某种程度上来说，这与一个假设有关，即在刑事侦查询问中回答一些问题时(例如，“你偷了那些钱吗?”)，说谎者会比诚实者显得更不自在。整本书中我已经明确表达，即这一假设根本不成立，无辜嫌疑人在高风险情境中也会和说谎者一样，感觉到担心和不自在。

在刑事调查或其他高风险情境中，我不认为询问的问题会引起说谎者更多的担心。因此，接下来的指导方针中没有任何一条是试图提高受访者注意的。相反，我认为在某些情境下可以询问对说谎者来说更难回答的问题，有一些建议与此相关。此外，如果观察者有一些证据（例如，指纹），那么他们可以有策略的使用证据来指认说谎者。我将在接下来的部分进一步解释。由于面询识别谎言的方法属于新方法，因此所有我给出的建议均未被验证。在证据足够多的时候，我将在正文中列出参考文献或提及前面的章节。①

① 下面的很多指导原则要求被询问者说话。如在警察讯问中，我认为被询问者普遍有想要表达的愿望。在对 1067 段警方录音讯问的分析中，Moston，Stephenson 和 Williamson（1993）发现仅 5% 的嫌疑人保持沉默。

- 使用信息收集询问方式

在第 3 章中，我解释了警方通常混合使用两类询问方式：信息收集和指控。在信息收集方式中，询问者要求嫌疑人回答关于其活动的详细细节的开放式的问题（例如，“昨天下午 3～4 点你在干什么?”；“你刚提到你去了健身房，谁还在那里?”）。相比之下，在指控阶段，询问者以指控的形式面对嫌疑人（例如，“你的反应让我觉得你有什么隐瞒我”）。信息收集询问鼓励嫌疑人说话，而指控询问往往产生短的否认（例如，“我不是在隐瞒什么”）。因此，信息收集询问往往诱发更多关于时间的信息，并且产生更多的结论（Fisher，Brennan，& McCauley，2002；Vrij，Mann，& Fisher，2006b；Vrij，Mann，Kristen，& Fisher，2007）。

我认为信息收集询问方式对于识谎来说更合适。第一，正如我在第 4 章所述，好的识谎策略是用可获得的证据来检查说谎者提供的所谓的真实信息。被询问者提供越多的事实信息，识谎者越可能有更多的机会识别谎言，而这在信息收集讯问中更常见。第二，信息收集询问能产生更多的非言语欺骗线索（第 3 章）。在信息收集询问中更常出现的长叙述往往比短叙述揭示更多的非言语欺骗行为，因为人们说得越多，欺骗的言语行为就越可能发生。此外，被指控做坏事（即指控的询问方式）可能会以相似的方式影响诚实者和说谎者的行为，而且指控对某人的非言语行为的影响要比说谎行为更大。结果，诚实者和说谎者在非语言行为上的差异被指控所掩盖（第 3 章）。第三，使用信息收集询问的第三个优点，就是它能够产生更多的欺骗言语线索（Vrij，Mann *et al.*，2007）。陈述中有越多的词语，欺骗的言语线索就越可能出现，因为词语是这类线索的承载者。第四，信息收集询问不包括任何关于做错事的指控或其他任何让嫌疑人感觉不舒服的策略。因此，它可以成功避免错误指控，因为无辜嫌疑人有时会在感觉不自在时被错误指控（Gudjonsson，2003）。第五，在指控询问中对于准确性的判断往往比信息收集询问时更有信心（Vrij，Mann *et al.*，2007）。由于准确性判断往往不够准确（第 6 章），因此对这些判断充满信心则存在疑问。如果识谎者认为他们没有信心做出准确性判断，他们就会推迟作出决定，而去对案件作进一步调查（Levine & McCornack，1992）。也许陈述的准确性证据会从这样的进一步调查中产生。最后，下面讨论的几点关于面询的指导方针在信息收集询问中更易使用。①

- 识别欺骗可能在第一次面询时最容易

识别谎言可能在第一次面询时更容易一些。在第一次面询时，说谎者可能还没有充分的准备好。他们可能没有对自己将要叙述的谎言进行排练，或者没有想出合适的回答策略。在第二次世界大战中进行抵抗的人员被德军逮捕后，在随后的面询

① 使用信息收集询问还可能因为除了欺骗以外的原因。对杀人犯和性犯罪者的研究表明，这种询问方法可能会导致自白（Holmberg & Christianson，2002）。当嫌疑人感觉自己受到尊敬并得到认可，就可能获得更多信心和心理空间让他们承认犯罪行为。

中接受德国警方的询问往往缺乏准备（J. Vrij，2001）。他们所有的防备活动都集中于避免被德国警方抓捕，因而却忽视了被抓后说什么这一同等重要的问题。

另外，在初始阶段的面询过后，询问动力可能会使解释所谓的说谎行为更复杂。例如，询问者可能会更加起疑，而这一怀疑反过来会影响被询问者的行为（第3章）。此外，当人们彼此交流时，会发生行为配对（Behavioural Matching）和行为同步（Behavioural Synchrony）。人们可能会映射彼此的姿势或者会使得彼此的语速和音量保持一致。他们也可能会相互进行眼神交流，点头示意及微笑行为（第3章）。结果，随着面询的深入，被询问者的行为可能会受到询问者行为的影响。这使得解释被询问者的行为变得更加复杂。

- 对事实证据的知情

在开始面询前，识谎者应该对案件中的事实证据有充分的了解。识谎也可能会因有事实证据而且这些证据被识谎者所知晓而变得容易。总有机会让说谎者与证据相矛盾，如果识谎者对证据有所了解，这些谎言就能够被轻易识别（第4章）。证据是否可用同样决定了使用什么样的面询技术。在没有证据的案件中，识谎者可以使用指导方针第13～16项。如果有证据，识谎者也可以有策略地使用证据，如指导方针第17项所述。

- 让人们重复自己所说内容

有时，如果要求说谎者重复他们自己所说的内容，就可能识破其诡计。很多说谎者没有做好充分的准备（Ekman，1985/2001），会因为某些问题而感到惊讶。为了避免引起怀疑，他们之后要对这些意外的问题快速地编造出答案。由于说谎者在表达之后不能适当地演练这些即兴编造的谎话，他们可能有忘记自己说过什么的风险。识谎者可以在之后的询问阶段通过让其重复自己说过的信息来发掘这一内容。

充分准备过的说谎者更可能在要求重复信息时记住自己已经说过的内容。我认为，如果以不同形式的问题要求他们重复先前的信息就可能发现他们的错误。例如，如果最初的问题是“你几岁了？”，那么随后的问题就可以是“你的生日是哪天？”（Walczyk，Schwartz，Clifton，Adams，Wei，& Zha，2005）。我认为说谎者比诚实者会出现更多矛盾。同样，我认为很多说谎者会发现第二个问题很难回答，因此可能会出现更长的潜伏期。

很多问题能够从稍许不同的角度向被询问者提问，让他们回忆起自己的故事。我再举一例。假设某人报告在14～17时乘自己的轿车从家到购物中心，逛了三个商店，喝了些饮料并开车回了家。那么随后的问题就可以是关于每一项活动的具体事项（例如，“你从家到第一个商店用了多长时间？”，“你在第一个商店待了多长时间？”等等）。各项活动花费的时间之和应该等于最初描述的总时间（本例中是3个小时）。我认为说谎者描述的活动时间之和会更多的偏离之前所说的时间。或者，可以询问被询问者在某一特定事件在做什么（例如，“你16时在做什么？”）。

在将这一答案与最初的答案进行对比时，我认为说谎者的回答会比诚实者的回答出现更多的前后矛盾。

● 让被询问者详细描述

识谎者可以让被询问者详细描述之前在信息收集阶段所问的开放性问题的答案。这可能很困难，尤其对于说谎者而言。说谎者可能对自己要说的内容进行了准备，但对如此具体的细节问题没有很好的准备。这样一来，他们就会陷入困境。他们可能不由自主的开始编造事实，但有时这很困难。或者，他们可能自称不记得别的事情了。如果对于之前的答案都能详细解释，那么这一策略可能会让人起疑。人们很少会自发的回忆起所有自己知道的细节。因此，一开始就提供大量细节而随后便陷入完全的沉默，这种现象让人起疑。因而我想让说谎者提供额外的细节。正如我在第 10 章所说，这将对识谎者有利。详细的答案可能包括识谎者可以检查的额外真实信息（Schweitzer & Croson，1999），也会提供欺骗的非言语和言语线索。

获得详细答案的另一个办法是询问被询问者令其惊讶的问题。这些问题是被询问者没有预料到的，而且不能通过回答"我不知道"而逃避问题。因此，被询问者除了说出无意识的（未经准备的）答案之外别无选择。这也许对说谎者来说很困难，因此答案可能包括欺骗的非言语和言语线索。哪些问题是令人惊讶的问题取决于情境和被询问者。例如，被询问者称自己昨晚去了餐馆，令人惊讶的答案可以是"他们昨晚经历了什么'特殊事件'?"，或者如果某人描述自己的职业，令人惊讶的问题可能是"想要获得你这份工作需要什么资格?""你每年有多少天年假?"或"你每年必须在特定时间内休年假吗?"

● 如果照本宣科的答案值得怀疑就询问临时问题

对于说谎者而言，一个不错的策略就是编造一个真实的故事，而更改其发生的时间（植入式谎言，第 8 章，第 9 章，第 14 章）。例如，否认实施犯罪的一名有罪嫌疑人可能会说自己在案发时间身处健身房。如果他熟悉健身房，那么他就能诚实地回忆起健身房的经历、馆内布局以及他使用的器材等。在故事中他唯一编造的部分就是时间。识谎者应该知道这一说谎策略。有时询问场馆布局和进行的活动是远远不够的。相反，应当问被询问者所称时间内发生的具体事件的有关问题，因为有罪嫌疑人在这一方面可能会说谎。例如，询问者可以问嫌疑人当时体育馆内有哪位教练以及谁还在场。

让我解释一下这一策略是如何应用到 Maxine Carr 的询问中的。Maxine Carr 是 Ian Huntle 的女朋友，Ian Huntle 被指控于 2002 年 8 月 4 日星期日在英格兰南部地区杀害了两名 10 岁女孩（我在第 3 章讨论了 Ian Huntley 的案件）。Maxine Carr 在包庇他男友时说了一个植入性谎言。尽管她已经距他男友好几英里，但她告诉警方星期日女孩失踪的那天，和男友一直在 Huntley 的家中。她以这种方式为 Huntley 开脱罪名。当警方问 Carr 她周日在干什么时，她详细回答了他们准备并享用了烧烤午餐的经历。我认为 Carr 和 Huntley 以前曾以这种方式度过周末，因此她真实的叙述了一系列经历的事件，尽管这些活动并未在案发那天发生过。我从电视上看到的对 Carr 的部分询问并未涉及进一步的问题。但是，警方可以就其经历进一步询问她购买午餐食材时的细节（如，是什么时间在哪里进行的购物，购物时的天气，商店里有多少人，谁在店里接待的她，她以何种方式付的钱）。我认为她可能会觉得在回答这些问题时出现困难。她可能会回忆起自己另一次周日中午购物的经历，假装是自己 8 月 4 日周日经历的事情。但是，如果她这么做，就可能意识到自己回忆的那天发生的情境和 8 月 4 日声称购物的情境有所不同。

• 让询问产生更多认知需求

在说谎消耗更多认知资源的时候，识谎者就可以因说谎者出现的更多欺骗线索探索更多的心理需求。回答时间问题时，撒谎比诚实具有更大认知消耗。在第 3 章，我解释了说谎的六个方面能够提升心理负荷。第一，编造谎言本身可能具有认知需求。说谎者需要编造故事并且必须检查自己的谎言，让其看起来可信并和观察者知道的内容一致。另外，说谎者必须记住自己早些时候的话语，为了保持一致性必须记得和谁说了什么。说谎者还得避免说漏嘴，而且应该防止出现新的话题。

第二，说谎者往往对其可信性很怀疑。因而，说谎者更倾向监控自己的行为，让自己看上去更诚实。而监控管理自身行为的过程应该会增加说谎者的认知负荷。第三，由于说谎者不认为自己十分可信，因而他们为了评估自己是否成功说谎而更注意询问者的反应。仔细监视询问者同样耗费认知资源。

第四，说谎者可能过分专注于自己表演和角色扮演的任务之中而需要额外的认知努力。

第五，说谎者必须在说谎时抑制住诚实反应，这也需要认知资源的支持。第六，由于诚实反应往往自动发生，说谎往往更需要意识的主动参与，因而需要心理努力。

关于为什么说谎更耗费认知需求的这六点原因让我们了解了认知需求在何时出现。即这六点原则的有效程度决定了认知需求的多少。我认为为了满足这六项中的部分原则，有两个因素是必需的。第一，说谎仅在被询问者有让人相信自己的动机时才具有更大的认知消耗。只有在这种情况下才能假设说谎者对自己的可信性不那么肯定，因而才会更倾向于监控自己和/或询问者的非言语和言语行为。第二，说谎者必须能够轻易地提取真实反应并能形成清晰的图像。只有在说谎者能够轻易地提取诚实知识时，他们才会很难抑制诚实反应。从另外一方面来讲，诚实者同样需要方便地提取诚实反应，因为他们诚实的报告并不耗费太多认知资源。如果诚实者必须努力回忆问题的答案（例如，因为没有什么特点或发生在很长时间以前），他们的认知需求可能会超过说谎者编造故事所需的认知需求。

在高风险情境中，被询问者常常有获得信任的动机，因而这条标准往往能得到满足。诚实者和说谎者能否清楚而容易地提取诚实信息取决于几个因素，其中包括问题中事件的辨别性以及事件与询问的时间跨度。询问者可在提问问题之前询问其是否对相关活动具有清晰的记忆。只有在被询问者表明自己记得很清楚时，才可以应用下一段中罗列的指导方针。

识谎者为了更有效地区分诚实者和说谎者，可以挖掘他们认知负荷水平的差异。因为说谎行为而需要更多认知资源的说谎者比诚实者剩下更少的认知资源。这使得说谎者处于劣势，而且如果认知需求由于其他的要求进一步提升，说谎者在处理解决额外要求的时候，可能不如诚实者那样好。说谎者对这些要求缺乏处理能力因而会对他们编造谎话产生不利的影响，这可能导致其不能有效地遵守额外的要求。由于说谎者强烈希望自己被信任，他们可能会将其认知资源用到编谎话上，因而诚实者和说谎者会在处理额外要求上出现显著区别。然而，由于遵守额外要求的重要性增加，“忽视”额外要求的策略较不可行，而说谎者编故事的过程将受到损害。

识谎者还可以提出很多额外的要求，我将介绍其中的三个。第一，识谎者可以让被询问者倒叙回忆发生的事情。我们在实验研究中说明了这种方法对于识谎的好处（Vrij，Mann，Fisher，Leal，Milne，& Bull，2008）。诚实者参与到了一系列阶段性事件并在随后的讯问中回忆这些事件。相反，说谎者并没有经历这些事件，却在讯问中假装自己经历过。让诚实者和说谎者均以相反的顺序回忆事件或者编造他们认为合适的故事（例如，控制条件）。倒叙条件让被询问者先描述最后发生的事件，接着描述之前一个事件，以此类推。控制组让被询问者按这个时间顺序描述发生的事件。

我们发现诚实者比说谎者在倒叙故事的要求上更成功。我们进一步发现，在倒叙条件下（8 人）比在控制条件下（1 人）出现更多的非言语和言语行为差异，而在倒叙条件下区分诚实者和说谎者大部分线索是认知负荷的标志。例如，在倒叙条件下，说谎者产生更多的言语犹豫、口误，并且比诚实者说得更慢。而在正常时间顺序的询问中，没有发现两者存在停顿、错误和语速的差异。也就是说，额外的要求导致在遵守额外要求和讲故事两方面使说谎者都要比诚实者表现得更差。

之后，我们给警察们呈现以时间顺序回忆事件和倒序回忆事件的被试询问视频。观看按时间顺序回忆事件的询问时，仅判断对了 50% 的实话和 42% 的谎话（总正确率 46%）。而警察们观看倒序询问时的表现更出色，56% 的实话和 60% 的谎话被正确区分（总正确率 58%）。就其本身而言，在倒叙讯问中，60% 的识谎准确率并不是很高，但从 42%（正序询问）到 60%（倒序询问）的提升确是显著的。另外也有其他的证据支持倒序询问技术。使用这一技术的侦查员发现，有时嫌疑人会因为自己充斥着矛盾的明显不可信的故事而泄露自己。

第二，可以介绍的额外要求是让被询问者在回忆事件时同时进行第二项任务。例如，在被询问者回忆问题时同时实施一项计算机模拟驾驶任务。[①] 这意味着被询问者必须要在讲故事和驾驶任务之间分散注意。由于额外需要资源来编造谎言，说

① 出于安全考虑，我不建议使用现实驾驶的方法。

谎者可能会发现双重任务耗费了更多认知资源，并且不能同时很好的处理。说谎者有被信任的强烈愿望，因而他们可能会更注意讲故事方面，这时诚实者和说谎者就会出现显著的差异（例如，说谎者会在驾驶任务上表现的更糟糕）。但是，如果遵守附加要求的重要性增加（即告知被询问者如果在任务中出错就视为“可疑”），那么“忽略”附加要求的策略将会缺乏可行性，结果说谎者的行为就会受到干扰。

第三，对儿童进行实验表明可以运用第三种附加要求：询问事件不相关问题（Quas, Davis, Goodman, & Myers, 2007）。儿童单独玩耍，而一名男助手则会两次触摸他们的胃部、鼻子和脖子。在随后的询问中会问儿童关于身体触摸的问题。同时会询问他们一系列与身体触摸无关的问题，并要求他们诚实回答。对身体触摸说谎的儿童在回答不相关问题时，其准确性不如诚实回答的儿童。显然，记住并排练谎言需要认知资源，而在说谎过程中消耗资源，儿童会发现用来搜索其他事件细节的记忆就不够用了。

- *如果有证据，就要策略性地加以使用*

假设某人在书店一箱文具的上边落下了自己的公文包，而当他回书店找自己的公文包时，他注意到自己放在公文包里的钱包不翼而飞了。进一步假设警察发现了公文包上的指纹，他不是钱包的主人留下的，而是光顾书店的另一个顾客留下的。这就让顾客成为嫌疑人但不一定是偷窃的犯罪人，因为关于指纹的无辜解释也成立：也许顾客为了看文具而移走公文包。在这种情况下，警方为了探究真相需要询问嫌疑人。一般说来，他们会在询问开始呈现证据（“在公文包上发现了你的指纹”）（Hartwig, Granhag, Strömwall, & Kronkvist, 2006; Leo, 1996a）。然而，这一询问技术具有缺陷，有罪嫌疑人可以借机编造与证据相一致的谎言。瑞典研究者开发的“证据的策略性使用”（SUE）技术是一种有效避免说谎者保持与证据存在一致性的询问方法。①

使用SUE技术的第一步是让嫌疑人描述自己的活动，就上一例子来说，就是让他描述自己在书店里的活动。因此，重要的是不说明发现了的指纹证据。关于诚实者和说谎者在接受询问时使用策略的研究让我们能够清楚了解他们回忆的内容（Colwell, Hiscock - Anisman, Memon, Woods, & Michlik, 2006; Granhag & Strömwall, 2002; Granhag, Strömwall, & Hartwig, 2007; Hartwig, Granhag, & Strömwall, 2007; Strömwall, Granhag, & Landström, 2007）。这一研究表明，诚实者倾向于“保证故事的真实性”并且“说‘发生了什么’之类的实话”。相反，

① Granhag & Hartwig, 2007; Granhag & Strömwall, 2002; Granhag, Strömwall & Hartwig, 2007; Hartwig, Granhag, & Ströwall, 2007; Hartwig, Granhag, Strömwall, & Kronkvist, 2006; Hartwig, Granhag, & Vrij, 2005; Strömwall, Hartwig, & Granhag, 2006. SUE技术类似于Van den Adel的（1997）“阻断逃跑路径”（Blocking Escape Routes）技术，其在荷兰传授，Vrij（2003）用英文进行了介绍。

说谎者的策略是避免提及可能会受到牵连的证据。在上面的例子中，诚实者就更可能提到公文包。他们没有什么需要隐瞒的，并且会回忆发生了什么，其中当然包括触摸了公文包；而说谎者不想让自己与犯下的罪行联系在一起，因而会回避公文包相关的问题。

然而，不提及触摸过公文包也不能代表其犯罪。因此，在自由回忆后需要进一步提问。在 SUE 技术的第二阶段——提问阶段。询问者询问问题，其中包括公文包的问题，但不会指出指纹证据。说谎者的另一个策略是在询问问题时否认具有归罪的事件（Granhag & Strömwall，2002；Granhag *et al.*，2007；Hartwig *et al.*，2007）。因此，说谎者可能会否认触摸过公文包，因而和识谎者已知的证据相矛盾。SUE 技术的第三个阶段是展示证据，如果证据和先前的陈述相矛盾就要让嫌疑人进一步解释。

Hartwig 等人（2006）在他们的实验中检验了 SUE 技术。实验中使用了上述从公文包中偷取钱包的情境。要求一半的被试从公文包中偷取钱包，另一半被试则被要求从公文包下的文具箱子中买点东西。瑞典警察学院询问了模拟案件的嫌疑人。在询问前，一半的询问者接受了 SUE 技术的训练，并要求在随后的询问中使用这一技术。另一半的询问者没有接受训练，并要求以自己的方式询问嫌疑人。未经训练的询问者获得 56.1% 的准确率，这与非言语和言语欺骗识别的研究结果相类似（第 6 章）。然而，接受 SUE 训练的询问者获得 85.4% 的准确率，这是此类欺骗识别研究中被报告的最高准确率。① 进一步的分析表明，有罪嫌疑人比无辜嫌疑人的供词与证据存在更多的矛盾，但更重要的是，当他们在接受经 SUE 训练的询问者时，这一点尤其突出。

附录 15.1　训练观察者准确性计分的作用：仅列出总准确率得分
（判断实话和谎话的准确率并计算）

单位：%

	控制（未经训练）	训练			
		1	2	3	4
DeTurck（1991，183 名学生）	54	69[1]			
DeTurck，Feeley，& Roman（1997，165 名学生）	57	55[2]	62[3]	64[4]	
DeTurck，Harszlak，Bodhorn，& Texter（1990，188 名学生）	55	64[5]			

① 参与者是警察学员而非有经验的警察，这一事实并不能解释为什么准确率在控制条件下很低。在类似于 SUE 实验的研究中（Hartwig，Granhag，Strömwall，& Andersson，2004），有经验的警察探员参与其中，与 SUE 实验类似，这些警察（未训练 SUE）能够自由的询问嫌疑人。但是，他们的准确率（57%）并没有比 SUE 实验中控制条件下的学员（57%）表现更好。

（续表）

	控制（未经训练）	训练			
		1	2	3	4
DeTurck & Miller（1990，390 名学生）	53	61[6]			
Fiedler & Walka（1993，72 名学生）	53	65[7]	65[8]		
Kassin & Fong（1999，40 名学生）	56	46[9]			
Köhnken（1987，80 名警察探员）	47	42[10]	48[11]		
Levine，Feeley *et al.*（2005，实验 1，256 名学生）	52	49[12]	56[13]		
Levine，Feeley *et al.*（2005，实验 2，90 名学生）	50	53[14]	52[15]		
Levine，Feeley *et al.*（2005，实验 4，158 名学生）	50	58[16]	56[17]		
Porter，Woodworth，& Birt（2000，20 名保释官和 95 名学生）	52	61[18]	60[19]	59[20]	
Porter，Woodworth，McCabe *et al.*（2007，151 名学生）	53	49[21]	49[22]		
Santarcangelo，Cribie，& Ebesu Hubbard（2004，97 名学生）	65	68	66[23]	66[24]	72[25]
Vrij（1994，360 名警察探员）一次询问	49	52[26]	54[27]		
两次自发的询问　整体形象[28]	51	47[29]	47[30]		
两次自发的询问　仅手部[31]	44	56[32]	60[33]		
Vrij & Graham（1997，40 名学生）	42	55[34]			
Vrij & Graham（1997，29 名警察）	54	48[35]			
Zuckerman，Koestner，& Alton（1984，132 名学生）	62	70[36]			
Zuckerman，Koestner，& Colella（1985，117 名学生）					
仅包括面孔[37]	53	59[38]			
仅包括话语[39]	61	63[40]			
面孔和话语[41]	59	65[42]			

注：[1]要求观察者注意信息持续时间、反应潜伏期、停顿、不流利的言辞、自适应和手部动作；[2]要求观察者注意口误、停顿、反应潜伏期和信息持续时间；[3]要求观察者注意自适应、手部

动作、头部和手部动作；[4]要求观察者注意口误、停顿、自适应和手部动作；[5]要求观察者注意信息持续时间、反应潜伏期、停顿、不流利的言辞、自适应和手部动作；[6]要求观察者注意信息持续时间、反应潜伏期、不流利的言辞、自适应和手部动作；[7]为观察者提供微笑、头部运动、自适应、音调、语速、停顿、信息差异和欺骗的信息；[8]为观察者提供 7 中的内容，另外还有结果反馈；[9]为观察者展示 Reid 技术的两段视频：询问与审讯；[10]要求观察者注意头部动作、眨眼、凝视、说明性手势、自适应、身体运动和腿脚运动；[11]要求观察者注意语速变化、停顿、口误和犹豫；[12]告知观察者说谎者展现更长的反应潜伏期、更多的自适应、更多的口误和停顿（有效训练组）；[13]告知观察者说谎者表现更少的眼神接触、说话更快、出现更多姿势变化、而且出现更多脚部动作（假训练组）；[14]告知观察者说谎者出现更长的反应潜伏期、更多自适应行为、更多口误和停顿（有效训练组）；[15]告知观察者说谎者表现更少眼神接触、说话更快、出现更多姿势的改变、更多脚部运动（假训练组）；[16]告知观察者说谎者出现更多潜伏期、更少口误和停顿、更多脚部动作（有效训练组）；[17]告知观察者说谎者出现更多注视转移、自适应、姿势改变，并且语速更快（假训练组）；[18]观察者参加一个训练项目，其中包括谎言分解、欺骗的言语和非言语线索、并给出反馈结果；[19]观察者得到一份关于 18 种训练项目的讲义，并提供结果反馈；[20]给观察者结果反馈；[21]给观察者结果反馈；[22]为观察者提供错误的结果反馈；[23]告知观察者说谎者出现更多自适应行为、手部运动、腿脚运动和姿势改变；[24]告知观察者说谎人会回答更短的答案、出现更多停顿、口误、更长的反应潜伏期；[25]告知观察者说谎者的答案听起来更不可信、更不具体、缺乏一致性和明确性；[26]为观察者提供欺骗和手部运动的关系；[27]为观察者提供 26 个信息并给予结果反馈；[28]同时给观察者呈现对诚实和欺骗的解释（即同时观看两个片段），所有的参与者均可见；[29]为观察者提供欺骗和手部运动的关系；[30]为观察者提供 29 个信息并给予结果反馈；[31]同时给观察者呈现对诚实和欺骗的解释（即同时观看两个片段），仅所有的参与者的手部可见；[32]为观察者提供欺骗和手部运动的关系；[33]为观察者提供 32 个信息并给予结果反馈；[34]为观察者提供自我公共意识高、低的人和演技好坏的人欺骗和手部运动的关系；[35]为观察者提供自我公共意识高、低的人和演技好坏的人欺骗和手部运动的关系；[36]为观察者提供结果反馈，仅报告“8 名表达者之后的反馈”条件；[37]观察者仅看到表达者的面孔；[38]为观察者提供结果反馈；[39]观察者只能听到表达者说了什么；[40]为观察者提供结果反馈；[41]观察者能够看见表达者并听见其说了什么；[42]为观察者提供结果反馈。

结　　语

在本书的开始，我提到随着安全威胁和恐怖袭击的增加，识别说谎者的重要性与日俱增。我还报告，研究者通过测试各种识谎技术对这一需求进行回应。我们需要认真考察这些技术，并研究这些技术的原理及效度，因为推广不可靠的工具无益于识谎这一问题的解决。在本书中，我报告了一些研究者声称开发了能够准确识别诚实和谎言的技术。我对他们的建议是希望他们能够脚踏实地。在我看来，没有一项工具是可靠的，每项工具都存在问题和局限。我希望这本书能够说服读者同意我稍带悲观色彩的结论。这并不意味着区分诚实和谎言并不可能。相反，有很多途径和机会能够查出说谎者。我希望这本书能够为读者提供实现这一目标的深刻见解。

参考文献

[1] Aamodt, M. G., & Custer, H. (2006). Who can best catch a liar? A meta – analysis of individual differences in detecting deception. The Forensic Examiner, Spring, 7 – 11.

[2] Abe, N., Suzuki, M., Tsukiura, T., Mori, E., Yamaguchi, K., Itoh, M., & Fujii, T. (2006). Dissociable roles of prefrontal and anterior cingulated cortices in deception. Cerebral Cortex, 16, 192 – 199.

[3] Abootalebi, V., Mordai, M. H., & Khalilzadeh, M. A. (2006). A comparison of methods for ERP assessment in a P300 – based GKT. International Journal of Psychophysiology, 62, 309 – 320.

[4] Adams, S. H. (1996). Statement analysis: What do suspects' words really reveal? FBI Law Enforcement Bulletin, October, 12 – 20.

[5] Ahlmeyer, S., Heil, P., McKee, B., & English, K. (2000). The impact of pornography on admissions of victims and offenses in adult sexual offenders. Sexual Abuse: A Journal of Research and Treatment, 12, 123 – 139.

[6] Akehurst, L., Bull, R., Vrij, A., & Köhnken, G. (2004). The effects of training professional groups and lay persons to use Criteria – Based Content Analysis to detect deception. Applied Cognitive Psychology, 18, 877 – 891.

[7] Akehurst, Köhnken, G., & Höfer, E. (2001). Content credibility of accounts derived from live and video presentations. Legal and Criminological Psychology, 6, 65 – 83.

[8] Akehurst, L. Köhnken, G., Vrij, A., & Bull, R. (1996). Lay persons' and police officers' beliefs regarding deceptive behaviour. Applied Cognitive Psychology, 10, 461 – 471.

[9] Akehurst, L., & Vrij, A. (1999). Creating suspects in police interviews. Journal of Applied Social Psychology, 29, 192 – 210.

[10] Allen, J. J. B., & Iacono, W. G. (1997). A comparison of methods for the analysis of event – related potentials in decetpion detection. Psychophysiology, 34, 234 – 240.

[11] Allen, J. J. B., Iacono, W. B., & Danielson, K. D. (1992). The identification of concealed memories using the event – related potential and implicit behavioural measures: A methodology for prediction in the face of individual differences. Psychophysiology, 29, 504 – 522.

[12] Allen, N. B., & Gilbert, P. (2000). Social intelligence, deception, and psychopathology. In P. Gilbert & K. G. Bailey (2000), Genes on the couch (pp. 151 – 175). Brunner – Routledge.

[13] Allen, V. L. & Atkinson, M. L. (1978). Encoding of nonverbal behavior by high achieving and low – achieving children. Journal of Educational Psychology, 70, 298 – 305.

[14] Allwood, C. M., & Granhag, P. A. (1999). Feelings of confidence and the realism of confidence judgments in everyday life. In P. Juslin & H. Montgomery (Eds.), Judgment and decision mak-

ing: Neo – Brunswikian and process – tracingapproaches(pp. 123 – 146). Mahwah NJ: Erlbaum.

[15] Alonso – Quecuty, M. L. (1991). Post – event information and reality – monitoring: When the witness cannot be honest. Paper presented at the First Spanish and British Meeting on Psychology, Law and Crime in Pamplona, Spain.

[16] Alonso – Quecuty, M. L. (1992). Deception detection and Reality Monitoring: A new answer to an old question? In F. L¨ osel, D. Bender, & T. Bliesener (Eds.), Psychology and Law: International perspectives(pp. 328 – 332). Berlin: de Gruyter.

[17] Alonso – Quecuty, M. L. (1996). Detecting fact from fallacy in child and adult witness accounts. In G. Davies, S. Lloyd – Bostock, M. McMurran, & C. Wilson (Eds.),Psychology, Law, and Criminal Justice: International developments inresearch and practice(pp. 74 – 80). Berlin: de Gruyter.

[18] Alonso – Quecuty, M. L., Hernandez – Fernaud, E., & Campos, L. (1997). Child witnesses: Lying about something heard. In S. Redondo, V. Garrido, J. Perez, & R. Barbaret (Eds.),Advances is psychology and law(pp. 129 – 135). Berlin: de Gruyter.

[19] Ambady, N., Bernieri, F. J., & Richeson, J. A. (2000). Toward a histology of social behaviour: Judgmental accuracy from thin slices of the behavioural stream. Advances in Experimental Social Psychology,32, 201 – 271.

[20] Ambady, N., & Rosenthal, R. (1992). Thin slices of expressive behaviour as predictors of interpersonal consequences: A meta – analysis. Psychological Bulletin,111, 256 – 274. Anderson, C. A., Lepper, M. R., & Ross, L. (1980). Perseverance of social theories: The role of explanation in the persistence of discredited information. Journal of Personality and Social Psychology, 39, 1037 – 1049.

[21] Anderson, D. E., Ansfield, M. E., & DePaulo, B. M. (1999). Love's best habit: Deception in the context of relationships. In P. Philippot, R. S. Feldman, & E. J. Coats (Eds.),The social context of nonverbal behavior(pp. 372 – 409). Cambridge, England: Cambridge University Press.

[22] Anderson, D. E., DePaulo, B. M., & Ansfield, M. E. (2002). The development of deception detection skill: A longitudinal study of same – sex friends. Personality and Social Psychology Bulletin,28, 536 – 545.

[23] Anderson, D. E., DePaulo, B. M., Ansfield, M. E., Tickle, J. J., & Green, E. (1999). Beliefs about cues to deception: Mindless stereotypes or untapped wisdom? Journal of Nonverbal Behaviour,23, 67 – 89.

[24] Anolli, L., Balconi, M., & Ciceri, R. (2003). Linguistic styles in deceptive communication: Dubitative ambiguity and elliptic eluding in packaged lies. Social Behavior and Personality,31, 687 – 710.

[25] Anolli, L., & Ciceri, R. (1997). The voice of deception: Vocal strategies of naïve and able liars. Journal of Nonverbal Behavior,21, 259 – 284.

[26] Anson, D. A., Golding, S. L., & Gully, K. J. (1993). Child sexual abuse allegations: Reliability of criteria – based content analysis. Law and Human Behavior,17, 331 – 341.

[27] Apple, W., Streeter, L. A., & Krauss, R. M. (1979). Effects of pitch and speech

[28] rate on personal attributions. Journal of Personality and Social Psychology, 37, 715 – 727.

[29] Argo, J. J., White, K., & Dahl, D. W. (2006). Social comparison theory and deception in the interpersonal exchange of consumption information. Journal of Consumer Research,33, 99 – 108.

[30] Arnett Jensen, L., Arnett, J. J, Feldman, S. S., & Cauffman, E. (2004). The right to do

wrong: Lying to parents among adolescents and emerging adults. Journal of Youth and Adolescence, 33, 101 - 112.

[31] Arntzen, F. (1970). Psychologie der Zeugenaussage. Göttingen, Germany: Hogrefe.

[32] Arntzen, F. (1982). Die Situation der Forensischen Aussagenpsychologie in der Bundesrepublik Deutschland. In A. Trankell (Ed.), Reconstructing the past: The role of psychologists in criminal trials (pp. 107 - 120). Deventer, the Netherlands: Kluwer.

[33] Arntzen, F. (1983). Psychologie der Zeugenaussage: Systematik der Glaubwürdigkeitsmerkmale. München, Germany: C. H. Beck.

[34] Aron, A., Dutton, D. G., Aron, E. N., & Iverson, A. (1989). Experiences of falling in love. Journal of Social and Personal Relationships, 6, 243 - 257.

[35] Ask, K. (2006). Criminal investigation: Motivation, emotion and cognition in the processing of evidence. PhD - thesis, University of Gothenburg, Sweden, Psychology Department.

[36] Ask, K., & Granhag, P. A. (2005). Motivational sources of confirmation bias in criminal investigations: The need for cognitive closure. Journal of Investigative Psychology and Offender Profiling, 2, 43 - 63.

[37] Ask, K., & Granhag, P. A. (2007). Motivational bias in criminal investigators' judgments of witness reliability. Journal of Applied Social Psychology, 37, 561 - 591.

[38] Atkinson, M. L., & Allen, V. L. (1983). Perceived structure of nonverbal behaviour. Journal of Personality and Social Psychology, 45, 458 - 463.

[39] Atoum, A. O., & Al - Simadi, F. A. (2000). The effect of presentation modality on judgements of honesty and attractiveness. Social Behaviour and Personality, 28, 269 - 278.

[40] Aune, R. K., Levine, T. R., Ching, P. U., & Yoshimoto, J. M. (1993). The influence of perceived source reward value on attributions of deception. Communication Research Reports, 10, 15 - 27.

[41] Aune, R. K., Levine, T. R., Park, H. S., Asada, K. J. K., & Banas, J. A. (2005). Tests of theory of communicative responsibility. Journal of Language and Social Psychology, 24, 358 - 381.

[42] Backbier, E., Hoogstraten, J., & Meerum Terwogt - Kouwenhoven, K. (1997). Situational determinants of the acceptability of telling lies. Journal of Applied Social Psychology, 27, 1048 - 1062.

[43] Backbier, E., & Sieswerda, S. (1997). Wanneer en waarom liegen we eigenlijk? Nederlands Tijdschrift voor de Psychologie, 52, 255 - 264.

[44] Backster, C. (1962). Methods of strengthening our polygraph technique. Police, 6, 61 - 68.

[45] Backster, C. (1963). The Backster chart reliability rating method. Law and Order, 1, 63 - 64.

[46] Bagley, J., & Manelis, L. (1979). Effect of awareness on an indicator of cognitive load. Perceptual and Motor Skills, 49, 591 - 594.

[47] Baldry, A. C., & Winkel, F. W. (1998). Perceptions of the credibility and eventual value of victim and suspect statements in interviews. In J. Boros, I. Munnich, & M. Szegedi (Eds.), Psychology and criminal justice: International review of theory and practice (pp. 74 - 82). Berlin: de Gruyter.

[48] Baldry, A. C., Winkel, F. W., & Enthoven, D. S. (1997). Paralinguistic and nonverbal

triggers of biased credibility assessments of rape victims in Dutch police officers: An experimental study of 'nonevidentiary' bias. In S. Redondo, V. Garrido, J. Perze, & R. Barbaret (Eds.), Advances in psychology and law(pp. 163 - 174). Berlin: de Gruyter.

[49] Ball, C. T., & O'Callaghan, J. (2001). Judging the accuracy of children's recall: A statement - level analysis. Journal of Experimental Psychology: Applied, 7, 331 - 345.

[50] Barland, G. H. (1984). Standards for the admissibility of polygraph results as evidence. University of West Los Angeles Law Review, 16, 37 - 54.

[51] Barland, G. H. (1988). The polygraph test in the USA and elsewhere. In A. Gale (Ed.), The polygraph test: Lies, truth and science(pp. 73 - 96). London: Sage.

[52] Barnett, M. A., Bartel, J. S., Burns, S., Sanborn, F. W., Christensen, N. E., & White, M. M. (2000). Perceptions of children who lie: Influence of lie motive and benefit. Journal of Genetic Psychology, 161, 381 - 383.

[53] Barrett, E. C. (2005). Psychological research and police investigations: Does the research meet the needs? In L. Alison (Ed.), The forensic psychologist's casebook(pp. 47 - 67). Devon, England: Willan.

[54] Bartholomew, K. & Horowitz, L. M. (1991). Attachment styles among young adults: A test of the four - category model. Journal of Personality and Social Psychology, 61, 226 - 244.

[55] Bashore, T. R., & Rapp, P. E. (1993). Are there alternatives to traditional polygraph procedures? Psychological Bulletin, 113, 3 - 22.

[56] Baskett, G. D., & Freedle, R. O. (1974). Aspects of language pragmatics and the social perception of lying. Journal of Psycholinguistic Research, 3, 117 - 131.

[57] Bauer, L. O., Goldstein, R., & Stern, J. A. (1987). Effects of information processing demands on physiological response patterns. Human Factors, 29, 213 - 234.

[58] Bauer, L. O., Strock, B. D., Goldstein, R., Stern, J. A., & Walrath, J. C. (1985). Auditory discrimination and the eye blink. Psychophysiology, 22, 629 - 635.

[59] Baumeister, R. F. (1982). A self - presentational view of social phenomena. Psychological Bulletin, 91, 3 - 26.

[60] Baumeister, R. F. (1984). Choking under pressure: Self - consciousness and paradoxical effects of incentives on skillful performance. Journal of Personality and Social Psychology, 46, 610 - 620.

[61] Baumeister, R. F., Hutton, D. G., & Tice, D. M. (1989). Cognitive processes during deliberate self - presentation: How self - presenters alter and misinterpret the behavior of their interaction partners. Journal of Experimental Social Psychology, 25, 59 - 78.

[62] Baumeister, R. F., & Showers, C. J. (1986). A review of paradoxical performance effects: Choking under pressure in sports and mental tests. Journal of Personality and Social Psychology, 16, 361 - 383.

[63] Bavelas, J., Black, A., Chovil, N., & Mullett, J. (1990). Equivocal communication. Newbury Park, CA: Sage.

[64] Bavelas, J. B. & Chovil, N. (2006). Nonverball and verbal communication: Hand gestures and facial displays as part of language use in face - to - face dialogue. In V. Manusov & M. L. Patterson (Eds.), The SAGE handbook of nonverbal communication(pp. 97 - 115). Thousand Oaks, CA: Sage.

[65] Bavelas, J. B., Chovil, N., Coates, L., & Roe, L. (1995). Gestures specialized for dialogue. Personality and Social Psychology Bulletin, 21, 394 - 405.

[66] Bavelas, J., & Gerwing, J. (2007). Conversational hand gestures and facial displays in face – to – face dialogue. In K. Fiedler (Ed.), Frontiers of social psychology: Social communication(pp. 283 – 307). New York: Psychology Press.

[67] Bell, B. E., & Loftus, E. F. (1988). Degree of detail of eyewitness testimony and mock juror judgments. Journal of Applied Social Psychology, 18, 1171 – 1192.

[68] Bell, B. E., & Loftus, E. F. (1989). Trivial persuasion in the courtroom: The power of (a few) minor details. Journal of Personality and Social Psychology, 56, 669 – 679.

[69] Bell, K. L., & DePaulo, B. M. (1996). Liking and lying. Basic and Applied Social Psychology, 18, 243 – 266.

[70] Bello, R. (2006). Causes and paralinguistic correlates of interpersonal equivocation. Jorunal of Pragmatics, 38, 1430 – 1441.

[71] Ben – Shakhar, G. (1991). Clinical judgement and decision making in CQT polygraphy: A comparison with other pseudoscientific applications in psychology. Integrative Physiological and Behavioral Science, 26, 232 – 240.

[72] Ben – Shakhar, G. (2002). A critical review of the Control Question Test (CQT). In M. Kleiner (Ed.), Handbook of polygraph testing(pp. 103 – 126). San Diego, CA: Academic Press.

[73] Ben – Shakhar, G., Bar – Hillel, M., & Kremnitzer, M. (2002). Trial by polygraph: Reconsidering the use of the guilty knowledge technique in court. Law and Human Behavior, 26, 527 – 541.

[74] Ben – Shakhar, G., Bar – Hillel, M., & Lieblich, I. (1986). Trial by polygraph: Scientific and juridicial issues in lie detection. Behavioural Sciences and the Law, 4, 459 – 479.

[75] Ben – Shakhar, G., & Dolev, K. (1996). Psychophysiological detection through the Guilty Knowledge Technique: Effects of mental countermeasures. Journal of Applied Psychology, 81, 273 – 281.

[76] Ben – Shakhar, G., & Elaad, E. (2002). The guilty knowledge test (GKT) as an application of psychophysiology: Future prospects and obstracles. In M. Kleiner (Ed.), Handbook of polygraph testing(pp. 87 – 102). San Diego, CA: Academic Press.

[77] Ben – Shakhar, & Elaad, E. (2003). The validity of psychophysiological detection of information with the guilty knowledge test: A meta – analytic review. Journal of Applied Psychology, 88, 131 – 151.

[78] Ben – Shakhar, G., & Furedy, J. J. (1990). Theories and applications in the detection of deception. New York: Springer – Verlag.

[79] Ben – Shakhar, G., Gati, I., & Salamon, N. (1995). Generalization of the orienting response to significant stimuli: The roles of the common and distinctive stimulus components. Psychophysiology, 32, 36 – 42.

[80] Ben – Shakhar, G., Lieblich, I., & Bar – Hillel, M. (1982). An evaluation of polygraphers' judgments: A review from a decision theoretic perspective. Journal of Applied Psychology, 67, 701 – 713.

[81] Benz, J. J., Anderson, M. K., & Miller, R. L. (2005). Attributions of deception in dating situations. The Psychological Record, 55, 305 – 314.

[82] Berliner, L., & Conte, J. R. (1993). Sexual abuse evaluations: Conceptual and empirical obstacles. Child Abuse and Neglect, 17, 111 – 125.

[83] Birkeland, S. A., Manson, T. M., Kisamore, J. L., Brannick, M. T., & Smith, M. A. (2006). A meta - analytic investigation of job applicant faking on personality measures. International Journal of Selection and Assessment, 14, 317 - 335.

[84] Blair, J. P. (1998). Detecting deception: The effects of Reid Behavioural Analysis Interview training. Masters thesis, Western Illinois University.

[85] Blair, J. P., & Kooi, B. (2004). The gap between training and research in the detection of deception. International Journal of Police Science and Management, 6, 77 - 83.

[86] Blair, T. M., Nelson, E. S., & Coleman, P. K. (2001). Deception, power, and self differentiation in college students' romantic relationships: An exploratory study. Journal of Sex & Material Therapy, 27, 57 - 71.

[87] Blandon - Gitlin, I., Pezdek, K., Rogers, M., & Brodie, L. (2005). Detecting deception in children: An experimental study of the effect of event familiarity on CBCA ratings. Law and Human Behavior, 29, 187 - 197.

[88] Bleske. A. L., & Shackelford, T. K. (2001). Poaching, promiscuity, and deceit: Combatting mating rivalry in same - sex friendships. Personal Relationships, 8, 407 - 424.

[89] Boaz, T. L., Perry, N. W., Raney, G., Fischler, I. S., & Shuman, D. (1991). Detection of guilty knowledge with event - related potentials. Journal of Applied Psychology, 76, 788 - 795.

[90] Bok, S. (1978). Lying: Moral choice in public and private life. New York: Random House.

[91] Boltz, M. G. (2005). Temporal dimensions of conversational interaction: The role of response latencies and pauses in social impression formation. Journal of Language and Social Psychology, 24, 103 - 138.

[92] Bond, C. F. (in press). A few can catch a liar, sometimes. Applied Cognitive Psychology.

[93] Bond, C. F., & Atoum, A. O. (2000). International deception. Personality and Social Psychology Bulletin, 26, 385 - 395.

[94] Bond, C. F., & DePaulo, B. M. (2006). Accuracy of deception judgements. Personality and Social Psychology Review, 10, 214 - 234.

[95] Bond, C. F., & DePaulo, B. M. (2007). Individual differences in detecting deception. Manuscript submitted for publication.

[96] Bond, C. F., & Fahey, W. E. (1987). False suspicion and the misperception of deceit. British Journal of Social Psychology, 26, 41 - 46.

[97] Bond, C. F., Kahler, K. N., & Paolicelli, L. M. (1985). The miscommunication of deception: An adaptive perspective. Journal of Experimental Social Psychology, 21, 331 - 345.

[98] Bond, C. F., Omar, A., Mahmoud, A., & Bonser, R. N. (1990). Lie detection across cultures. Journal of Nonverbal Behavior, 14, 189 - 205.

[99] Bond, C. F., Omar, A., Pitre, U., Lashley, B. R., Skaggs, L. M. & Kirk, C. T. (1992). Fishy - looking liars: Deception judgment from expectancy violation. Journal of Personality and Social Psychology, 63, 969 - 977.

[100] Bond, C. F., & Rao, S. R. (2004). Lies travel: Mendacity in a mobile world. In P. A. Granhag & L. A. Strömwall (Eds.), Deception detection in forensic contexts (pp. 127 - 147). Cambridge, England: Cambridge University Press.

[101] Bond, C. F., & Robinson, M. (1988). The evolution of deception. Journal of Nonverbal Behavior, 12, 295 - 307.

[102] Bond, C. F., Thomas, B. J., & Paulson, R. M. (2004). Maintaining lies: The multiple – audience problem. Journal of Experimental Social Psychology, 40, 29 – 40.

[103] Bond, C. F., & Uysal, A. (2007). On lie detection 'wizards'. Law and Human Behavior, 31, 109 – 115.

[104] Bond, G. D., & Lee, A. Y. (2005). Language of lies in prison: Linguistic classification of prisoners' truthful and deceptive natural language. Applied Cognitive Psychology, 19, 313 – 329.

[105] Bond, G. D., Malloy, D. M., Arias, E. A., & Nunn, S., & Thompson, L. A (2005). Lie – biased decision making in prison. Communication Reports, 18, 9 – 19.

[106] Bond, G. D., Malloy, D. M., Thompson, L. A., Arias, E. A., & Nunn, S. (2004). Post – probe decision making in a prison context. Communication Monographs, 71, 269 – 285.

[107] Book, A. S., Holden, R. R., Starzyk, K. B., Wasylkiw, L., & Edwards, M. J. (2006). Psychopathic traits and experimentally induced deception in self – report assessment. Personality and Individual Differences, 41, 601 – 608.

[108] Boon, S. D., & McLeod, B. A. (2001). Deception in romantic relationships: Subjective estimates of success at deceiving and attitudes toward deception. Journal of Social and Personal Relationships, 18, 463 – 476.

[109] Bothwell, R., & Jalil, M. (1992). The credibility of nervous witnesses. Journal of Social Behavior and Personality, 7, 581 – 586.

[110] Bowlby, J. (1969). Attachment and loss: Vol. 1 attachment. New York: Basic Books.

[111] Bowlby, J. (1973). Attachment and loss: Vol. 2 separation: anxiety and anger. New York: Basic Books.

[112] Bowlby, J. (1980). Attachment and loss: Vol. 3 loss. New York: Basic Books.

[113] Boychuk, T. (1991). Criteria – Based Content Analysis of children's statements about sexual abuse: A field – based validation study. Unpublished doctoral dissertation, Arizona State University.

[114] Bradford, R. (1994). Developing an objective approach to assessing allegations of sexual abuse. Child Abuse Review, 3, 93 – 101.

[115] Bradley, M. T., & Janisse, M. P. (1981). Accuracy demonstrations, threat, and the detection of deception: Cardiovascular electrodermal, and pupillary measures. Psychophysiology, 18, 307 – 315.

[116] Branaman, T. F., & Galagher, S. N. (2005). Polygraph testing in sex offender treatment: A review of limitations. American Journal of Forensic Psychology, 23, 45 – 64.

[117] Brandt, D. R., Miller, G. R., & Hocking, J. E. (1980a). The truth – deception attribution: Effects of familiarity on the ability of observers to detect deception. Human Communication Research, 6, 99 – 110.

[118] Brandt, D. R., Miller, G. R., & Hocking, J. E. (1980b). Effects of self – monitoring and familiarity on decepion detection. Communication Quarterly, 28, 3 – 10.

[119] Brandt, D. R., Miller, G. R., & Hocking, J. E. (1982). Familiarity and lie detection: A replication and extension. The Western Journal of Speech Communication, 46, 276 – 290.

[120] Brennan, K., A., Clark, C. L., & Shaver, P. R. (1998). Self – report measures of adult attachment: An integrative overview. In J. A. Simpson & W. S. Rholes (Eds.), Attachment theory and close relationships (pp. 46 – 76). New York: Guilford Press.

[121] Brigham, J. C. (1999). What is forensic psychology, anyway? Law and Human Behavior,

23, 273 - 298.

[122] British Psychological Society (1986). Report of the Working Group on the use on the polygraph in criminal investigation and personnel screening. Bulletin of the British Psychological Society, 39, 81 - 94.

[123] British Psychological Society (2004). A review of the current scientific status and fields of application of polygraphic deception detection. Final report from the BPS Working Party. Leicester, England: British Psychological Society.

[124] Brooks, C. I., Church, M. A., & Fraser, L. (1986). Effects of duration of eye contact on judgments of personality characteristics. The Journal of Social Psychology, 126, 71 - 78.

[125] Broomfield, K. A., Robinson, E. J., & Robinson, W. P. (2002). Children's understanding about white lies. British Journal of Developmental Psychology, 20, 47 - 65.

[126] Brougham, C. G. (1992). Nonverbal communication: Can what they don't say give them away? FBI Law Enforcement Bulletin, 61, 15 - 18.

[127] Bruck, M., Ceci, S. J., & Hembrooke, H. (2002). The nature of children's true and false narratives. Developmental Review, 22, 520 - 554.

[128] Buck, J. A., Warren, A. R., Betman, S., & Brigham, J. C. (2002). Age differences in Criteria - Based Content Analysis scores in typical child sexual abuse interviews. Applied Developmental Psychology, 23, 267 - 283.

[129] Bugental, D. B., Shennum, W., Frank, M., & Ekman, P. (2001). "True lies": Children's abuse history and power attributions as influences on deception detection. In V. Manusov & J. H. Harvey (Eds.), Attribution, communication behavior, and close relationships (pp. 248 - 265). Cambridge, England: Cambridge University Press.

[130] Bull, R. (1988). What is the lie - detection test? In A. Gale (Ed.), The polygraph test: Lies, truth and science (pp. 10 - 19). London: Sage.

[131] Bull, R. (1992). Obtaining evidence expertly: The reliability of interviews with child witnesses. Expert Evidence: The International Digest of Human Behaviour Science and Law, 1, 3 - 36.

[132] Bull, R. (1995). Innovative techniques for the questioning of child witnesses, especially those who are young and those with learning disability. In M. Zaragozaet al. (Eds.), Memory and testimony in the child witness (pp. 179 - 195). Thousand Oaks, CA: Sage.

[133] Bull, R. (2004). Training to detect deception from behavioural cues: Attempts and problems. In P. A. Granhag & L. A. Strömwall (Eds.), Deception detection in forensic contexts (pp. 251 - 268) Cambridge, England: Cambridge University Press.

[134] Bull, R. (2006). The views of the British Psychological Society Working Party on scientific status and fields of application of polygraph testing. Paper presented at the European Expert Meeting on Polygraph Testing. University of Maastricht, Maastricht, the Netherlands, 29 - 31 March.

[135] Bull, R., & Rumsey, N. (1988). The social psychology of facial appearance. New York: Springer - Verlag.

[136] Buller, D. B., & Aune, R. K. (1987). Nonverbal cues to deception among intimates, friends, and strangers. Journal of Nonverbal Behavior, 11, 269 - 289.

[137] Buller, D. B., & Burgoon, J. K. (1996). Interpersonal deception theory. Communication Theory, 6, 203 - 242.

[138] Buller, D. B., Burgoon, J. K., Busling, A. L. & Roiger, J. F. (1994a). Interpersonal

deception: VIII. Further analysis of nonverbal and verbal correlates of equivocation from the Bauelas et al. (1990) research. Journal of Language and Social Psychology, 13, 396 - 417.

[139] Buller, D. B., Burgoon, J. K., White, C. H., & Ebesu, A. S. (1994b). Interpersonal deception: VII. Behavioral profiles of falsification, equivocation and concealment. Journal of Language and Social Psychology, 13, 366 - 395.

[140] Buller, D. B., Comstock, J., Aune, R. K., & Strzyzewski, K. D. (1989). The effect of probing on deceivers and truthtellers. Journal of Nonverbal Behavior, 13, 155 - 170.

[141] Buller, D. B., Stiff, J. B., & Burgoon, J. K. (1996). Behavioral adaptation in deceptive transactions. Fact or fiction: A reply to Levine and McCornack. Human Communication Research, 22, 589 - 603.

[142] Buller, D. B., Strzyzewski, K. D., & Comstock, J. (1991). Interpersonal deception: I. Deceivers' reactions to receivers' suspicions and probing. Communication Monographs, 58, 1 - 24.

[143] Buller, D. B., Strzyzewski, K. D., & Hunsaker, F. G. (1991). Interpersonal deception: II. The inferiority of conversational participants as deception detectors. Communication Monographs, 58, 25 - 40.

[144] Burgess, A. W. (1985). Rape and sexual assault: A research book. London: Garland.

[145] Burgess, A. W., & Homstrom, L. L. (1974). Rape: Victims of crisis. Bowie: Brady.

[146] Burgoon, J. K., & Buller, D. B. (1994). Interpersonal deception: III. Effects of deceit on perceived communication and nonverbal dynamics. Journal of Nonverbal Behavior, 18, 155 - 184.

[147] Burgoon, J. K., Buller, D. B., Dillman, L., & Walther, J. B. (1995). Interpersonal deception IV: Effects of suspicion on perceived communication and nonverbal

[148] behaviour dynamics. Human Communication Research, 22, 163 - 196.

[149] Burgoon, J. K., Buller, D. B., Ebesu, A. S., White, C. H., & Rockwell, P. A. (1996a). Testing interpersonal deception theory: Effects of suspicion on communication behaviors and perception. Communication Theory, 6, 243 - 267.

[150] Burgoon, J. K., Buller, D. B., & Floyd, K. (2001). Does participation affect deception success? A test of the interactivity principle. Human Communication Research, 27, 503 - 534.

[151] Burgoon, J. K., Buller, D. B., Floyd, K., & Grandpre, J. (1996). Deceptive realities: 信息输出者, receiver, and observer perspectives in deceptive conversations. Communication Research, 23, 724 - 748.

[152] Burgoon, J. K., Buller, D. B., Guerrero, L. K., Afifi, W. A., & Feldman, C. M. (1996b). Interpersonal deception: XII. Information management dimensions underlying deceptive and truthful messages. Communication Monographs, 63, 50 - 69.

[153] Burgoon, J. K., Buller, D. B., White, C. H., Afifi, W., & Buslig, A. L. S. (1999). The role of conversation involvement in deceptive interpersonal interactions. Personality and Social Psychology Bulletin, 25, 669 - 685.

[154] Burgoon, J. K., & Qin, T. (2006). The dynamic nature of deceptive verbal communication. Journal of Language and Social Psychology, 25, 76 - 96.

[155] Burns, J. A., & Kintz, B. L. (1976). Eye contact while lying during an interview. Bulletin of the Psychonomic Society, 7, 87 - 89.

[156] Buss, D. M., & Barnes, M. (1986). Preferences in human mate selection. Journal of Personality and Social Psychology, 50, 559 - 570.

[157] Bussey, K. (1992). Children's lying and truthfulness: Implications for children's testimony. In S. J. Ceci, M. DeSimone Leichtman, & M. Putnick (Eds.), Cognitive and social factors in early deception(pp. 89 - 110). Hillsdale, NJ: Erlbaum.

[158] Bybee, D., & Mowbray, C. T. (1993). An analysis of allegations of sexual abuse in a multi - victim day - care center case. Child Abuse and Neglect, 17, 767 - 783.

[159] Cappella, J. N., & Schreiber, D. M. (2006). The interaction management function of nonverbal cues. In V. Manusov & M. L. Patterson (Eds.), The SAGE handbook of nonverbal communication(pp. 361 - 379). Thousand Oaks, CA: Sage.

[160] Carmel, D., Dayan, E., Naveh, A., Raveh, O., & Ben - Shakhar, G. (2003). Estimating the validity of the guilty knowledge test from simulated experiments: The external validity of mock crime studies. Journal of Experimental Psychology: Applied, 9, 261 - 269.

[161] Carpenter, R. H. (1981). Stylistic analysis for law enforcement purposes: A case study of a language variable as an index of a suspect's caution in phrasing answers. Communication Quarterly, 29, 32 - 39.

[162] Carroll, D. (1988). How accurate is polygraph lie detection? In A. Gale (Ed.), The polygraph test: Lies, truth and science(pp. 20 - 28). London: Sage.

[163] Carroll, D. (1991). Lie detection: Lies and truths. In R. Cochrane, & D. Carroll(Eds.), Psychology and social issues: A tutorial test(pp. 160 - 170). London: Falmer Press.

[164] Caso, L., Gnisci, A., Vrij, A., & Mann, S. (2005). Processes underlying deception: An empirical analysis of truths and lies when manipulating the stakes. Journal of Interviewing and Offender Profiling, 2, 195 - 202.

[165] Caso, L., Maricchiolo, F., Bonaiuto, M., Vrij, A., & Mann, S. (2006a). The impact of deception and suspicion on different hand movements. Journal of Nonverbal Behavior, 30, 1 - 19.

[166] Caso, L., Vrij, A., Mann, S., & DeLeo, G. (2006b). Deceptive responses: The impact of verbal and nonverbal countermeasures. Legal and Criminological Psychology, 11, 99 - 111.

[167] Ceci, S. J., & Bruck, M. (1995). Jeopardy in the courtroom. Washington, DC: American Psychological Association.

[168] Ceci, S. J., & Bruck, M. (1998). Reliability and credibility of young children's reports. American Psychologist, 53, 136 - 151.

[169] Ceci, S. J., Crossman, A. M., Scullin, M. H., Gilstrap, L., & Huffman, M. L. (2002). Children's suggestibitilty research: Implications for the courtroom and the forensic interview. In H. L. Westcott, G. M. Davies, & R. H. C. Bull (Eds.), Children's testimony: A handbook of psychological research and forensic practice (pp. 117 - 130). Chichester, England: John Wiley & Sons, Ltd.

[170] Ceci, S. J., & DeSimone Leichtman, M. (1992). "I know that you know that I know that you broke the toy": A brief report of recursive awareness among

[171] 3 - year - olds. In S. J. Ceci, M. DeSimone Leichtman, & M. Putnick (Eds.), Cognitive and social factors in early deception(pp. 1 - 9). Hillsdale, NJ: Erlbaum. Ceci, S. J., Huffman, M. L., Smith, E., & Loftus, E. F. (1994). Repeatedly thinking about a non - event. Consciousness and Cognition, 3, 388 - 407.

[172] Ceci, S. J., Loftus, E. F., Leichtman, M. D., & Bruck, M. (1994). The possible role of source misattributions in the creation of false beliefs among preschoolers. International Journal of Clini-

cal and Experimental Hypnosis,17, 304 - 320.

[173] Chahal, K., & Cassidy, T. (1995). Deception and its detection in children: A study of adult accuracy. Psychology, Crime, & Law,1, 237 - 245.

[174] Chandler, M., Fritz, A. S., & Hala, S. (1989). Small - scale deceit: Deception as a marker of two -, three -, and four - year - olds' early theories of mind. Child Development,60, 1263 - 1277.

[175] Chapman, L. J. (1967). Illusory correlation in observational report. Journal of Verbal Learning and Verbal Behavior,6, 151 - 155.

[176] Chartrand, T. L., & Bargh, J. A. (1999). The chameleon effect: The perception behavior link and social interaction. Journal of Personality and Social Psychology,76, 893 - 910.

[177] Cherry, E. C. (1953) Some experiments on the recognition of speech, with one and with two ears. Journal of Acoustic Society of America, 25, 975 - 979.

[178] Chiba, H. (1985). Analysis of controlling facial expression when experiencing negative affect on an anatomical basis. Journal of Human Development, 21, 22 - 29.

[179] Christianson, S. A. (Ed.), (2007). Offenders' memories of violent crimes. Chichester, England: John Wiley & Sons, Ltd.

[180] Cody, M. J., Lee, W. S., & Chao, E. Y. (1989). Telling lies: Correlates of deception among Chinese. In J. P. Forgas & J. M. Innes (Eds.),Recent advances in social psychology: An international perspective(pp. 359 - 368). North Holland, the Netherlands: Elsevier.

[181] Cody, M. J., Marston, P. J., & Foster, M. (1984). Deception: Paralinguistic and verbal leakage. In R. N. Bostrom, & B. H. Westley (Eds.),Communication Yearbook 8(pp. 464 - 490). Beverly Hills, CA: Sage.

[182] Cody, M. J., & O'Hair, H. D. (1983). Nonverbal communication and deception: Differences in deception cues due to gender and communicator dominance. Communication Monographs,50, 175 - 193.

[183] Cohen, J. (1977). Statistical power analysis for the behavioral sciences. New York: Academic Press.

[184] Cole, T. (2001). Lying to the one you love: The use of deception in romantic relationships. Journal of Social and Personal Relationships,18, 107 - 129.

[185] Cole, T., Leets, L., & Bradac, J. J. (2002). Deceptive message processing: The role of attachment style and verbal intimacy markers in deceptive message judgments. Communication Studies, 53, 74 - 89.

[186] Colwell, K., Hiscock, C. K., & Memon, A. (2002). Interview techniques and the assessment of statement credibility. Applied Cognitive Psychology, 16, 287 - 300.

[187] Colwell, K., Hiscock - Anisman, C., Memon, A., Woods, D., & Michlik, P. M. (2006). Strategies of impression management among deceivers and truth tellers: How liars attempt to convince. Amercian Journal of Forensic Psychology,24, 31 - 38.

[188] Colwell, L. H., Miller, H. A., Lyons, P. M., & Miller, R. S. (2006). The training of law enforcement officers in detecting deception: A survey of current practices and suggestions for improving accuracy. Police Quarterly,9, 275 - 290.

[189] Colwell, L. H., Miller, H. A., Miller, R. S., & Lyons, P. M. (2006). US police officers' knowledge regarding behaviors indicative of deception: Implications for eradicating erroneous be-

liefs through training. Psychology, Crime, & Law, 12, 489 - 503.

[190] Comadena, M. E. (1982). Accuracy in detecting deception: Intimate and friendship relationships. In M. Burgoon (Ed.), Communication yearbook 6 (pp. 446 - 472). Beverly Hills, CA: Sage.

[191] Consigli, J. E. (2002). Post - conviction sex offender testing and the American polygraph association. In M. Kleiner (Ed.). Handbook of polygraph testing (pp. 237 - 250). San Diego, CA: Academic Press.

[192] Conte, J. R., Sorenson, E., Fogarty, L., & Rosa, J. D. (1991). Evaluating children's reports of sexual abuse: Results from a survey of professionals. Journal of Orthopsychiatry, 61, 428 - 437.

[193] Coolbear, J. L. (1992). Credibility of young children in sexual abuse cases: Assessment strategies of legal and human service professionals. Canadian Psychology, 33, 151 - 164.

[194] Cordon, I. M., Pipe, M. E., Sayfan, L., Melinder, A., & Goodman, G. S. (2004). Memory for traumatic experiences in childhood. Developmental Review, 24, 101 - 132.

[195] Craig, R. A. (1995). Effects of interviewer behavior on children's statements of sexual abuse. Unpublished manuscript.

[196] Craig, R. A., Scheibe, R., Raskin, D. C., Kircher, J. C., & Dodd, D. H. (1999). Interviewer questions and content analysis of children's statements of sexualabuse. Applied Developmental Science, 3, 77 - 85.

[197] Craig, K. D., Hyde, S. A., & Patrick, C. J. (1991). Genuine, suppressed andfaked facial behavior during exacerbation of chronic low back pain. Pain, 46, 161 - 171.

[198] Crombag, H. F. M., Wagenaar, W. A., & Van Koppen, P. J. (1996). Crashingmemories and the problem of source monitoring. Applied Cognitive Psychology, 10, 93 - 104.

[199] Cross, T. P., & Saxe, L. (2001). Polygraph testing and sexual abuse: The lure ofthe magic lasso. Child Maltreatment, 6, 195 - 206.

[200] Crossman, A. M., & Lewis, M. (2006). Adults' ability to detect children's lying. Behavioral Sciences and the Law, 24, 703 - 715.

[201] Cullen, M. C., & Bradley, M. T. (2004). Positions of truthfully answered controls on Control Question Tests with the polygraph. Canadian Journalof Behavioural Science, 36, 167 - 176.

[202] Curtis, R. C., & Miller, K. (1986). Believing another likes or dislikes you: Behaviors making the beliefs come true. Journal of Personality and Social Psychology, 51, 284 - 290.

[203] Cutler, B. L., Penrod, S. D., & Dexter, H. R. (1990). Juror sensitivity to eyewitness identification evidence. Law and Human Behavior, 14, 185 - 191.

[204] Cutler, B. L., Penrod, S. D., & Stuve, T. E. (1988). Juror decision making in eyewitness identification cases. Law and Human Behavior, 12, 41 - 55.

[205] Dalenberg, C. J., Hyland, K. Z., & Cuevas, C. A. (2002). Sources of fantastic elements in allegations of abuse by adults and children. In M. L. Eisen,

[206] J. A. Quas, & G. S. Goodman (Eds.), Memory and suggestibility in the forensic interview (pp. 185 - 204). Mahwah, NJ: Erlbaum.

[207] Dalton, A., L., & Daneman, M. (2006). Social suggestibility to central and peripheral misinformation. Memory, 14, 486 - 501.

[208] Daniels. C. W. (2002). Legal aspects of polygraph admissibility in the United Stated. In

M. Kleiner (Ed.), Handbook of polygraph testing (pp. 327 - 338). San Diego, CA: Academic Press.

[209] Darley, J. M., & Gross, P. H. (1983). A hypothesis - confirming bias in labeling effects. Journal of Personality and Social Psychology, 44, 20 - 33.

[210] Darling, N., Cumsille, P., Caldwell, L. L., & Dowdy, B. (2006). Predictors of adolescents's disclosure to parents and perceived parental knowledge: Between - and within - person differerences. Journal of Youth and Adolescence, 35, 667 - 678. Daubert v Merrell Dow Pharmacurticals, Inc. 113 S. Ct. 2786, 1993.

[211] Davatzikos, C., Ruparel, K., Fan, Y., Shen, D. G., Acharyya, M., Loughead, J. W., Gur, R. C., & Langleben, D. D. (2005). Classifying spatial patterns ofbrain activity with machine learning methods: Application to lie detection. NeuroImage, 28, 663 - 668.

[212] Davies, G. M. (1991). Research on children's testimony: Implications for interviewing practice. In C. R. Hollin & K. Howells (Eds.), Clinical approaches to sex offenders and their victims (pp. 177 - 191). New York: John Wiley & Sons, Inc.

[213] Davies, G. M. (1994a). Children's testimony: Research findings and police implications. Psychology, Crime, & Law, 1, 175 -180.

[214] Davies, G. M. (1994b). Statement validity analysis: An art or a science? Commentary on Bradford. Child Abuse Review, 3, 104 -106.。

[215] Davies, G. M. (2001). Is it possible to discriminate true from false memories? In

[216] G. M. Davies & T. Dalgleish (Eds.), Recovered memories: Seeking the middle ground (pp. 153 -176). Chichester, England: John Wiley & Sons, Ltd.

[217] Davies, G. M. (2004). Coping with suggestion and deception in children's accounts. In P. A. Granhag & L. A. Str ömwall (Eds.), Deception detection in forensic contexts (pp. 148 -171). Cambridge, England: Cambridge University Press.

[218] Davies, G. M., Westcott, H. L., & Horan, N. (2000). The impact of questioning style on the content of investigative interviews with suspected child sexual abuse victims. Psychology, Crime, & Law, 6, 81 -97.

[219] Davis, M., & Hadiks, D. (1995). Demeanor and credibility. Semiotica, 106, 5 -54.

[220] Davis, M., Markus, K. A., & Walters, S. B. (2006). Judging the credibility of criminal suspect statements: Does mode of presentation matter? Journal of Nonverbal Behavior, 30, 181 -198.

[221] Davis, M., Markus, K. A., Walters, S. B., Vorus, N., & Connors, B. (2005). Behavioral cues to deception vs topic incriminating potential in criminal confessions. Law and Human Behavior, 29, 683 -704.

[222] Davis, R. C. (1961). Psychological responses as a means of evaluating informa - tion. In A. Biderman & H. Zimmer (Eds.), Manipulation of human behavior (pp. 142 -168). New York: John Wiley & Sons, Inc.

[223] De Keijser, J. W., & van Koppen, P. J. (2007). Paradoxes of proof and pun - ishment: Psychological pitfalls in judicial decision - making. Legal and Criminological Psychology, 12, 189 -206.

[224] Dente, E., Barath, A. A., Ng, J., Vrij, A., Mann, S., & Bull, A. (2006). Tracking hand and finger movements for behaviour analysis. Pattern Recognition Letter, 27, 1797 -1808.

[225] DePaulo, B. M. (1988). Nonverbal aspects of deception. Journal of Nonverbal Behavior, 12, 153 -162.

[226] DePaulo, B. M. (1991). Nonverbal behavior and self - presentation: A devel - opmental

perspective. In R. S. Feldman & B. Rim é (Eds.), Fundamentals of nonverbal behavior (pp. 351 – 397). Paris, France: Cambridge University Press.

[227] DePaulo, B. M. (1992). Nonverbal behavior and self – presentation. Psychological Bulletin, 111, 203 – 243.

[228] DePaulo, B. M. (1994). Spotting lies: Can humans learn to do better? Current Directions in Psychological Science, 3, 83 – 86.

[229] DePaulo, B. M. (2004). The many faces of lies. In A. G. Miller (Ed.), The social psychology of good and evil (pp. 303 – 336). New York, Guilford Press.

[230] DePaulo, B. M., Ansfield, M. E., & Bell, K. L. (1996). Theories about deception and paradigms for studying it: A critical appraisal of Buller and Burgoon's in – terpersonal deception theory and research. Communication Theory, 297 – 310.

[231] DePaulo, B. M., Ansfield, M. E., Kirkendol, S. E., & Boden, J. M. (2004). Serious lies. Basic and Applied Social Psychology, 26, 147 – 167.

[232] DePaulo, B. M., & Bell, K. L. (1996). Truth and investment: Lies are told to those who care. Journal of Personality and Social Psychology, 70, 703 – 716.

[233] DePaulo, B. M., Charlton, K., Cooper, H., Lindsay, J. L., & Muhlenbruck, L. (1997). The accuracy – confidence correlation in the detection of deception. Personality and Social Psychology Review, 1, 346 – 357.

[234] DePaulo, B. M., Epstein, J. A., & LeMay, C. S. (1990). Responses of the socially anxious to the prospect of interpersonal evaluation. Journal of Personality, 58, 623 – 640.

[235] DePaulo, B. M., Epstein, J. A., & Wyer, M. M. (1993). Sex differences in lying: How women and men deal with the dilemma of deceit. In M. Lewis & C. Saarni (Eds.), Lying and deception in everyday life (pp. 126 – 147). New York: Guilford Press.

[236] DePaulo, B. M., & Friedman, H. S. (1998). Nonverbal communication. In D. T. Gilbert, S. T. Fiske, & G. Lindzey (Eds.), The handbook of social psychology (pp. 3 – 40). Boston, MA: McGraw – Hill.

[237] DePaulo, B. M., & Jordan, A. (1982). Age changes in deceiving and detecting deceit. In R. S. Feldman (Ed.), Development of nonverbal behaviour in children (pp. 151 – 180). New York: Springer – Verlag.

[238] DePaulo, B. M., Jordan, A., Irvine, A., & Laser, P. S. (1982). Age changes in the detection of deception. Child Development, 53, 701 – 709.

[239] DePaulo, B. M., & Kashy, D. A. (1998). Everyday lies in close and casual relationships. Journal of Personality and Social Psychology, 74, 63 – 79.

[240] DePaulo, B. M., Kashy, D. A., Kirkendol, S. E., Wyer, M. M., & Epstein, J. A. (1996). Lying in everyday life. Journal of Personality and Social Psychology, 70, 979 – 995.

[241] DePaulo, B. M., & Kirkendol, S. E. (1989). The motivational impairment effect in the communication of deception. In J. C. Yuille (Ed.), Credibility assessment (pp. 51 – 70). Dordrecht, the Netherlands: Kluwer.

[242] DePaulo, B. M., Kirkendol, S. E., Tang, J., & O'Brien, T. P. (1988). The moti – vational impairment effect in the communication of deception: Replications and extensions. Journal of Nonverbal Behavior, 12, 177 – 202.

[243] DePaulo, B. M., Lanier, K., & Davis, T. (1983). Detecting deceit of the motivated liar.

Journal of Personality and Social Psychology, 45, 1096 – 1103.

[244] DePaulo, B. M., Lassiter, G. D., & Stone, J. I. (1982a). Attentional determi – nants of success at detecting deception and truth. Personality and Social Psychology Bulletin, 8, 273 – 279.

[245] DePaulo, B. M., LeMay, C. S., & Epstein, J. A. (1991). Effects of importance of success and expectations for success on effectiveness at deceiving. Personality and Social Psychology Bulletin, 17, 14 – 24.

[246] DePaulo, B. M., Lindsay, J. L., Malone, B. E., Muhlenbruck, L., Charlton, K., & Cooper, H. (2003). Cues to deception. Psychological Bulletin, 129, 74 – 118.

[247] DePaulo, B. M., & Morris, W. L. (2004). Discerning lies from truths: Behavioural cues to deception and the indirect pathway of intuition. In P. A. Granhag & L. A. Str ömwall (Eds.), Deception detection in forensic contexts (pp. 15 – 40). Cambridge, England: Cambridge University Press.

[248] DePaulo, B. M., & Pfeifer, R. L. (1986). On – the – job experience and skill at detecting deception. Journal of Applied Social Psychology, 16, 249 – 267.

[249] DePaulo, B. M., Rosenthal, R., Eisenstat, R. A., Rogers, P. L., & Finkelstein, S. (1978). Decoding discrepant nonverbal cues. Journal of Personality and Social Psychology, 36, 313 – 323.

[250] DePaulo, B. M., Rosenthal, R., Rosenkrantz, & Green, C. R. (1982b). Actual and perceived cues to deception: A closer look at speech. Basic and Applied Social Psychology, 3, 291 – 312.

[251] DePaulo, B. M., Stone, J. I., & Lassiter, G. D. (1985). Telling ingratiating lies: Effects of target sex and target attractiveness on verbal and nonverbal de – ceptive success. Journal of Personality and Social Psychology, 48, 1191 – 1203.

[252] DePaulo, B. M., & Tang, J. (1994). Social anxiety and social judgement: The example of detecting deception. Journal of Research in Personality, 28, 142 – 153.

[253] DePaulo, B. M., Tang, J., & Stone, J. L. (1987). Physical attractiveness and skill at detecting deception. Personality and Social Psychology Bulletin, 13, 177 – 187.

[254] DePaulo, B. M., Wetzel, C., Weylin Sternglanz, R., & Walker Wilson, M. J. (2003). Verbal and nonverbal dynamics of privacy, secrecy, and deceit. Journal of Social Issues, 59, 391 – 410.

[255] DePaulo, P. J., & DePaulo, B. M. (1989). Can deception by salespersons and customers be detected through nonverbal behavioral cues? Journal of Applied Social Psychology, 19, 1552 – 1577.

[256] Desforges, D. M., & Lee, T. C. (1995). Detecting deception is not as easy as it looks. Teaching of Psychology, 22, 128 – 130.

[257] deTurck, M. A. (1991). Training observers to detect spontaneous deception: Effects of gender. Communication Reports, 4, 81 – 89.

[258] deTurck, M. A., Feeley, T. H., & Roman, L. A. (1997). Vocal and visual cue training in behavioural lie detection. Communication Research Reports, 14, 249 – 259.

[259] deTurck, M. A., Harszlak, J. J., Bodhorn, D. J., & Texter, L. A. (1990). The effects of training social perceivers to detect deception from behavioural cues. Communication Research, 38, 189 – 199.

[260] deTurck, M. A., & Miller, G. R. (1985). Deception and arousal: Isolating the behavioral correlates of deception. Human Communication Research, 12, 181 – 201.

[261] deTurck, M. A., & Miller, G. R. (1990). Training observers to detect deception: Effects

of self - monitoring and rehearsal. Human Communication Research, 16, 603 - 620.

[262] DeWaal, F. (1986). Deception in the natural communication of chimpanzees. In R. W. Mitchell & N. S. Thompson (Eds.), Deception: Perspectives on human and nonhuman deceit (pp. 221 - 244). Albany: State University of New York Press.

[263] Dimberg, U., Thunberg, M., & Grunedal, S. (2002). Facial reactions to emotional stimuli: Automatic controlled emotional responses. Cognition and Emotion, 16, 449 - 471.

[264] Doherty - Sneddon, G., Bruce, V., Bonner, L., Longbotham, S., & Doyle, C. (2002). Development of gaze aversion as disengagement of visual informa - tion. Developmental Psychology, 38, 438 - 445.

[265] Doherty - Sneddon, G., & Phelps, F. G. (2005). Gaze aversion: A response to cognitive or social difficulty? Memory and Cognition, 33, 727 - 733.

[266] Donaghy, W. C., & Dooley, B. F. (1994). Head movement, gender, and deceptive communication. Communication Reports, 7, 67 - 75.

[267] Doris, J. (1994). Commentary on Criteria - Based Content Analysis. Journal of Applied Developmental Psychology, 15, 281 - 285.

[268] Driscoll, L. N. (1994). A validity assessment of written statements from sus - pects in criminal investigations using the SCAN technique. Police Studies, 17, 77 - 88.

[269] Dulaney, E. F. (1982). Changes in language behavior as a function of veracity. Human Communication Research, 9, 75 - 82.

[270] Durban, N. E., Ramirez, A., & Burgoon, J. K. (2003). The effects of participation on the ability to judge deceit. Communication Reports, 16, 23 - 33.

[271] Ebesu, A. S., & Miller, M. D. (1994). Verbal and nonverbal behaviors as a function of deception type. Journal of Language and Social Psychology, 13, 418 - 442.

[272] Edelstein, R. S., Luten, T. L., Ekman, P., & Goodman, G. S. (2006). Detecting lies in children and adults. Law and Human Behavior, 30, 1 - 10.

[273] Edinger, J. A., & Patterson, M. L. (1983). Nonverbal involvement and social control. Psychological Bulletin, 93, 30 - 56.

[274] Efron, D. (1941). Gesture and environment. New York: King's Crown.

[275] Eichenbaum, H., & Bodkin, J. A. (2000). Belief and knowledge as distinct forms of memory. In D. L. Schacter & E. Scaryy (Eds.), Memory, brain, and belief (pp. 176 - 207). Cambridge, MA: Harvard University Press.

[276] Ekman, P. (1981). Mistakes when deceiving. Annals of the New York Academy of Sciences, 364, 269 - 278.

[277] Ekman, P. (1985). Telling lies: Clues to deceit in the marketplace, politics and marriage. New York: W. W. Norton. (Reprinted in 1992 and 2001).

[278] Ekman, P. (1988). Lying and nonverbal behavior: Theoretical issues and new findings. Journal of Nonverbal Behavior, 12, 163 - 176.

[279] Ekman, P. (1989). Why lies fail and what behaviors betray a lie. In J. C. Yuille (Ed.), Credibility assessment (pp. 71 - 82). Dordrecht, the Netherlands: Kluwer.

[280] Ekman, P. (1993). Why don't we catch liars? Social Research, 63, 801 - 817.

[281] Ekman, P. (1997). Deception, lying, and demeanor. In D. F. Halpern & A. E. Voiskounsky (Eds.), States of mind: American and post - Soviet perspectives on contemporary issues in psy-

chology (pp. 93 – 105). New York: Oxford University Press.

[282] Ekman, P., Davidson, R. J., & Friesen, W. V. (1990). The Duchenne smile: Emotional expression and brain physiology II. Journal of Personality and Social Psychology, 58, 342 – 353.

[283] Ekman, P., & Frank, M. G. (1993). Lies that fail. In M. Lewis & C. Saarni (Eds.), Lying and deception in everyday life (pp. 184 – 201). New York: Guilford Press.

[284] Ekman, P., & Friesen, W. V. (1969). Nonverbal leakage and clues to deception. Psychiatry, 32, 88 – 106.

[285] Ekman, P., & Friesen, W. V. (1972). Hand movements. Journal of Communica – tion, 22, 353 – 374.

[286] Ekman, P., & Friesen, W. V. (1974). Detecting deception from the body or face. Journal of Personality and Social Psychology, 29, 288 – 298.

[287] Ekman, P., & Friesen, W. V. (1982). Felt, false, and miserable smiles. Journal of Nonverbal Behavior, 6, 238 – 253.

[288] Ekman, P., Friesen, W. V., & O'Sullivan, M. (1988). Smiles when lying. Journal of Personality and Social Psychology, 54, 414 – 420.

[289] Ekman, P., Friesen, W. V., & O'Sullivan, M., & Scherer, K. (1980). Relative importance of face, body and speech in judgements of personality and affect. Journal of Personality and Social Psychology, 38, 270 – 277.

[290] Ekman, P., Friesen, W. V., & Scherer, K. R. (1976). Body movement and voice pitch in deceptive interaction. Semiotica, 16, 23 – 27.

[291] Ekman, P., Friesen, W. V., & Simons, R. C. (1985). Is the startle reactionan emotion? Journal of Personality and Social Psychology, 49, 1416 – 1426.

[292] Ekman, P., & O'Sullivan, M. (1991). Who can catch a liar? American Psychologist, 46, 913 – 920.

[293] Ekman, P., & O'Sullivan, M. (2006). From flawed self – assessment to blatant whoppers: The utility of voluntary and involuntary behavior in detecting deception. Behavioural Sciences & the Law, 24, 673 – 686.

[294] Ekman, P., O'Sullivan, M., & Frank, M. G. (1999). A few can catch a liar. Psychological Science, 10, 263 – 266.

[295] Ekman, P., O'Sullivan, M., Friesen, W. V., & Scherer, K. (1991). Face, voice, and body in detecting deceit. Journal of Nonverbal Behavior, 15, 125 – 135.

[296] Ekman, P., Roper, G., & Hager, J. C. (1980). Deliberate facial movement. Child Development, 51, 886 – 891.

[297] Elaad, E. (1990). Detection of guilty knowledge in real – life criminal investigations. Journal of Applied Psychololgy, 75, 521 – 529.

[298] Elaad, E. (1993). Detection of deception: A transactional analysis perspective. Journal of Psychology, 127, 5 – 15.

[299] Elaad, E. (1997). Polygraph examiner awareness of crime – relevant information and the guilty knowledge test. Law and Human Behavior, 21, 107 – 120.

[300] Elaad, E. (2003). Effects of feedback on the overestimated capacity to detect lies and the underestimated ability to tell lies. Applied Cognitive Psychology, 17, 349 – 363.

[301] Elaad, E., & Ben – Shakhar, G. (1997). Effects of item repetitions and variations on the

efficiency of the guilty knowledge test. Psychophysiology, 34, 587 – 596.

[302] Elaad, E., Ginton, A., & Jungman, N. (1992). Detection measures in real – life criminal guilty knowledge tests. Journal of Applied Psychology, 77, 757 – 767.

[303] Elaad, E., Ginton, A., & Ben – Shakhar, G. (1994). The effects of prior expectations and outcome knowledge on polygraph examiners' decisions. Journal of Behavioral Decision Making, 7, 279 – 292.

[304] Ellwanger, J., Rosenfeld, J. P., Hannkin, L. B., & Sweet, J. J. (1999). P300 as an index of recognition in a standard and difficult to match – to – sample test: A model of amnesia in normal adults. The Clinical Neuropsychologist, 13, 100 – 108.

[305] Ellwanger, J., Rosenfeld, J. P., Sweet, J. J., & Bhatt, M. (1996). Detecting dimulated amnesia for autobiographical and recently learned information using the P300 event – related potential. International Journal of Psychophysiology, 23, 9 – 23.

[306] Engelhard, I. M., Merckelbach, H., & van den Hout, M. A. (2003). The guilty knowledge test and the modified stroop task in detection of deception: An exploratory study. Psychological Reports, 92, 683 – 691.

[307] Engels, R. C. M. E., Finkenauer, C., & van Kooten, D. C. (2006). Lying behaviour, family functioning and adjustment in early adolescence. Journal of Youth Adolescence, 35, 949 – 958.

[308] Ennis, E., Vrij, A., & Chance, C. (in press). Individual differences and lying in everyday life. Journal of Social and Personal Relationships.

[309] Erdmann, K., Volbert, R., & B öhm, C. (2004). Children report suggested events even when interviewed in a non – suggestive manner: What are the implications for credibility assessment? Applied Cognitive Psychology, 18, 589 – 611.

[310] Esplin, P. W., Boychuk, T., & Raskin, D. C. (1988, June). A field validity study of Criteria – Based Content Analysis of children's statements in sexual abuse cases. Paper presented at the NATO Advanced Study Institute on Credibility Assessment in Maratea, Italy.

[311] Etcoff, N. L., Ekman, P., Magee, J. J., & Frank, M. G. (2000). Lie detection and language comprehension. Nature, 405, 139.

[312] Evans, R. (1994). Police interviews with juveniles. In D. Morgan & G. M. Stephenson (Eds.), Suspicion and silence: The right to silence in criminal investigations (pp. 77 – 90). London: Blackstone.

[313] Exline, R., Thibaut, J., Hickey, C., & Gumpert, P. (1970). Visual interaction in relation to Machiavellianism and an unethical act. In P. Christie & F. Geis (Eds.), Studies in Machiavellianism (pp. 53 – 75). New York: Academic Press.

[314] Eyre, S. L., Read, N. W., & Millstein, S. G. (1997). Adolescent sexual strategies. Journal of Adolescent Health, 20, 286 – 293.

[315] Eysenck, H. J. (1984). Crime and personality. In D. J. Muller, D. E. Blackman, & A. J. Chapman (Eds.), Psychology and Law (pp. 85 – 100). New York: John Wiley & Sons, Inc.

[316] Faigman, D. L., Kaye, D., Saks, M. J., & Sanders, J. (1997). Modern scientific evi – dence: The law and science of expert testimony. St. Paul, MN: West Publishing.

[317] Faigman, D. L., Kaye, D., Saks, M. J., & Sanders, J. (2002). Modern scientific evidence: The law and science of expert testimony, volume 2. St. Paul, MN: West Publishing.

[318] Farrow, T. F. D., Reilly, R., Rahman, T. A., Herford, A. E., Woodruff, P. W. R.,

& Spence, S. A. (2003). Sex and personality traits influence the difference between time taken to tell the truth or lie. Perceptual and Motor Skills, 97, 451 – 460.

[319] Farwell, L. A., & Donchin, E. (1991). The truth will out: Interrogative polyg – raphy ('lie detection') with event – related brain potentials. Psychophysiology, 28, 531 – 547.

[320] Farwell, L. A., & Smith, S. S. (2001). Using brain MERMER testing to detect knowledge despite efforts to conceal. Journal of Forensic Sciences, 46, 135 – 143.

[321] Feeley, T. H., & deTurck, M. A. (1995). Global cue usage in behavioural lie detection. Communication Quarterly, 43, 420 – 430.

[322] Feeley, T. H., & deTurck, M. A. (1997). Perceptions of communication as seen by the actor and as seen by the observer: The case of lie detection. Paper presented at the International Communication Association Annual Conference. Montreal, Canada.

[323] Feeley, T. H., & deTurck, M. A. (1998). The behavioral correlates of sanctioned and unsanctioned deceptive communication. Journal of Nonverbal Behavior, 22, 189 – 204.

[324] Feeley, T. H., deTurck, M. A., & Young, M. J. (1995). Baseline familiarity in lie detection. Communication Research Reports, 12, 160 – 169.

[325] Feeley, T. H., & Young, M. J. (2000). The effects of cognitive capacity on beliefs about deceptive communication. Communication Quarterly, 48, 101 – 119.

[326] Feldman, R. S. (1979). Nonverbal disclosure of deception in urban Koreans. Journal of Cross – Cultural Psychology, 10, 73 – 83.

[327] Feldman, R. S., & Chesley, R. B. (1984). Who is lying, who is not: An attributional analysis of the effects of nonverbal behavior on judgments of defendant believability. Behavioral Sciences and the Law, 2, 451 – 461.

[328] Feldman, R. S., Devin – Sheehan, L., & Allen, V. L. (1978). Nonverbal cues as indicators of verbal dissembling. American Educational Research Journal, 15, 217 – 231.

[329] Feldman, R. S., Forrest, J. A., & Happ, B. R. (2002). Self – presentation and verbal deception: Do self – presenters lie more? Basic and Applied Social Psychology, 24, 163 – 170.

[330] Feldman, R. S., Jenkins, L., & Popoola, O. (1979). Detection of deception in adults and children via facial expressions. Child Development, 50, 350 – 355.

[331] Feldman, R. S. & Phillippot, P. (1993). Children's deception skills and social competence. In G. Goodman, & B. Bottoms (Eds.), Child victims, child witnesses (p. 80 – 99). New York: Guilford Press.

[332] Feldman, R. S., Tomasian, J. C., & Coats, E. J. (1999). Nonverbal deception abilities and adolescents' social competence: Adolescents with higher social skills are better liars. Journal of Nonverbal Behavior, 23, 237 – 250.

[333] Feldman, R. S., & White, J. B. (1980). Detecting deception in children. Journal of Communication, 121 – 128.

[334] Feldman, R. S., White, J. B., & Lobato, D. (1982). Social skills and nonverbal behavior. In R. S. Feldman (Ed.), Development of nonverbal behavior in children. New York: Springer – Verlag.

[335] Feldman, S. S., & Cauffman, E. (1999). Sexual betrayal among late adolescents: Perspectives of the perpetrator and the aggrieved. Journal of Youth and Adolescence, 28, 235 – 258.

[336] Fenigstein, A., Scheier, M. F., & Buss, A. H. (1975). Public and private self – con-

sciousness: Assessment and theory. Journal of Consulting and Clinical Psychology, 43, 522 - 527.

[337] Fiedler, K., Schmid, J., & Stahl, T. (2002). What is the current truth about polygraph lie detection? Basic and Applied Social Psychology, 24, 313 - 324.

[338] Fiedler, K., & Walka, I. (1993). Training lie detectors to use nonverbal cues instead of global heuristics. Human Communication Research, 20, 199 - 223.

[339] Fisher, R. P., Brennan, K. H., & McCauley, M. R. (2002). The cognitive interview method to enhance eyewitness recall. In M. L. Eisen, J. A. Quas, & G. S. Goodman (Eds.), Memory and suggestibility in the forensic interview (pp. 265 - 286). Mahwah, NJ: Erlbaum.

[340] Fisher, R. P., & Geiselman, R. E. (1992). Memory enhancing techniques for investigative interviewing: The cognitive interview. Springfiled, IL: Charles C. Thomas.

[341] Fivush, R. (2002). The development of autobiograhical memory. In H. L. Westcott, G. M. Davies, & R. H. C. Bull (Eds.), Children's testimony: A hand - book of psychological research and forensic practice (pp. 55 - 68). Chichester, England: John Wiley & Sons, Ltd.

[342] Fivush, R., Haden, C., & Adam, S. (1995). Structure and coherence of preschoolers' personal narratives over time: Implications for childhood amnesia. Journal of Experimental Child Psychology, 60, 32 - 56.

[343] Fivush, R., Peterson, C., & Schwarzmueller, A. (2002). Questions and answers: The credibility of child witnesses in the context of specific questioning techniques. In M. L. Eisen, J. A. Quas, & G. S. Goodman (Eds.), Memory and suggestibility in the forensic interview. Mahwah, NJ: Erlbaum.

[344] Flavell, J. H. (2000). Development of children's knowledge about the mental world. International Journal of Behavioural Development, 24, 15 - 23.

[345] Flavell, J. H., Botkin, P. T., Fry, C. K., Wright, J. C., & Jarvis, P. T. (1968). The development of role - taking and communication skills in children. New York: John Wiley & Sons, Inc.

[346] Fleming, J. M., & Darhey, J. H. (1991). Mixed messages: The multiple audience problem and strategic communication. Social Cognition, 9, 25 - 46.

[347] Fleming, J. M., Darley, J. H., Hilton, B. A., & Kojetin, B. A. (1990). Multiple au - dience problem: A strategic communication perspective on social perception. Journal of Personality and Social Psychology, 58, 593 - 609.

[348] Foley, M. A., & Johnson, M. K. (1985). Confusions between memories for performed and imagined actions: A developmental comparison. Child Development, 56, 1145 - 1155.

[349] Ford, E. B. (2006). Lie detection: Historical, neuropsychiatric and legal dimensions. International Journal of Law and Psychiatry, 29, 159 - 177. Ford, C. V. (1995). Lies! Lies!! Lies!!! The psychology of deceit. Washington, DC: American Psychiatric Press.

[350] Forrest, J. A., & Feldman, R. S. (2000). Detecting deception and judge's in - volvement: Lower task involvement leads to better lie detection. Personality and Social Psychology Bulletin, 26, 118 - 125.

[351] Forrest, J. A., Feldman, R. S., & Tyler, J. M. (2004). When accurate beliefs lead to better lie detection. Journal of Applied Social Psychology, 34, 764 - 780.

[352] Frank, M. G., & Ekman, P. (1997). The ability to detect deceit generalizes across different types of high - stake lies. Journal of Personality and Social Psychology, 72, 1429 - 1439.

[353] Frank, M. G., & Ekman, P. (2004). Appearing truthful generalizes across different deception situations. Journal of Personality and Social Psychology, 86, 486 – 495.

[354] Frank, M. G., & Ekman, P., & Friesen, W. V. (1993). Behavioral markers and recognizability of the smile of enjoyment. Journal of Personality and Social Psychology, 64, 83 – 93.

[355] Frank, M. G., & Feeley, T. H. (2003). To catch a liar: Challenges for research in lie detection training. Journal of Applied Communication Research, 31, 58 – 75.

[356] Frank, M. G., Feeley, T. H., Paolantonio, N., & Servoss, T. J. (2004). Individual and small group accuracy in judging truthful and deceptive communication. Group Decision and Negotiation, 13, 45 – 59.

[357] Frank, M. G., & Gilovich, T. (1988). The dark side of self – and social perception: Black uniforms and aggression in professional sports. Journal of Personality and Social Psychology, 54, 74 – 85.

[358] Freedman, J. L., Adam, E. K., Davey, S. A., & Koegl, C. J. (1996). The impact of a statement: More detail does not always help. Legal and Criminological Psychology, 1, 117 – 130.

[359] Freedman, N. (1972). The analysis of movement behavior during the clinical interview. In A. R. Siegman & B. Pope (Eds.), Studies in dyadic communication (pp. 153 – 175). Elmsford, NY: Pergamon.

[360] Freud, S. (1959). Collected papers. New York: Basic Books.

[361] Friedman, H. S. (1978). The relative strength of verbal versus nonverbal cues. Personality and Social Psychology Bulletin, 4, 147 – 150.

[362] Friedman, H. S., & Miller – Herringer, T. (1991). Nonverbal display of emotion in public and private: Self – monitoring, personality and expressive cues. Journal of Personality and Social Psychology, 61, 766 – 775.

[363] Friedman, H. S., Riggio, R. E., & Casella, D. F. (1988). Nonverbal skill, personal charisma, and initial attraction. Personality and Social Psychology Bulletin, 14, 203 – 211.

[364] Friesen, W. V., Ekman, P., & Wallbott, H. (1979). Measuring hand movements. Journal of Nonverbal Behavior, 4, 97 – 112.

[365] Fugita, S. S., Wexley, K. N., & Hillery, J. M. (1974). Black – white differences in nonverbal behavior in an interview setting. Journal of Applied Social Psychology, 4, 343 – 351.

[366] Fukuda, K. (2001). Eye blinks: New indices for the detection of deception. International Journal of Psychophysiology, 40, 239 – 245.

[367] Furedy, J. J. (1991a). Alice in Wonderland terminological usage in, and com – munica-tional concerns about, that peculiarly flight of technological fancy: The CQT polygraph. Integrative Physiological and Behavioral Science, 26, 241 – 247.

[368] Furedy, J. J. (1991b). On the validity of the polygraph. Integrative Physiological and Behavioral Science, 26, 211 – 213.

[369] Furedy, J. J. (1993). The "control" question "test" (CQT) polygrapher's dilemma: Logico – ethical considerations for psychophysiological practioners and researchers. International Journal of Psychophysiology, 15, 263 – 267.

[370] Furedy, J. J. (1996a). Some elementary distinctions among, and comments concerning, the 'control' question 'test' (CQT) polygrapher's many problems: A reply to Honts, Kircher and Raskin. International Journal of Psychophysiology, 22, 53 – 59.

[371] Furedy, J. J. (1996b). The North American polygraph and psychophysiology: Disinterested, uninterested, and interested perspectives. International Journal of Psychophysiology, 21, 97 - 105.

[372] Gale, A. (1988). The polygraph test, more than scientific investigation. In A. Gale (Ed.), The polygraph test: Lies, truth and science (pp. 1 - 9). London: Sage.

[373] Galin, K. E., & Thorn, B. E. (1993). Unmasking pain: Detection of deception in facial expressions. Journal of Social and Clinical Psychology, 12, 182 - 197. Gallaher, P. E. (1992). Individual differences in nonverbal behavior: Dimensions of style. Journal of Personality and Social Psychology, 63, 133 - 145.

[374] Gallai, D. (1999). Polygraph evidence in federal courts: Should it be admissible? American Criminal Law Review, 36, 87 - 116.

[375] Gallup, G. (1982). Self - awareness and the emergence of mind in primates. Americal Journal of Primatology, 2, 237 - 248.

[376] Gamer, M., Rill, H. G., Vossel, G., & G ödert, H. W. (2006). Psychophysiological and vocal measures in the detection of guilty knowledge. International Journal of Psychophysiology, 60, 76 - 87.

[377] Ganis, G., Kosslyn, S. M., Stose, S., Thompson, W. L., & Yurgelun - Todd, D. A. (2003). Neural correlates of different types of deception: An fMRI investigation. Cerebral Cortex, 13, 830 - 836.

[378] Garratt, G. A., Baxter, J. C., & Rozelle, R. M. (1981). Training university police in black - American nonverbal behavior. The Journal of Social Psychology, 113, 217 - 229.

[379] Garrido, E., & Masip, J. (2001). Previous exposure to the 信息输出者's behavior and accuracy at judging credibility. In R. Roesch, R. R. Corrado, & R. J. Dempster (Eds.), Psychology in the courts: International advances in knowledge (pp. 271 - 287). London: Routlegde.

[380] Garrido, E., Masip, J., & Herrero, C. (2004). Police officers' credibility judge - ments: Accuracy and estimated ability. International Journal of Psychology, 39, 254 - 275.

[381] Geraerts, E. (2006). Remembrance of things past. The cognitive psychology of remembering and forgetting trauma. PhD thesis, Maastricht University.

[382] Geraerts, E., Arnold, M. M., Lindsay, D. S., Merckelbach, H., Jelicic, M., & Hauer, B. (2006). Forgetting of prior remembering in people reporting recov - ered memories of child sexual abuse. Psychological Science, 17, 1002 - 1008.

[383] Geraerts, E., Schooler, J., Merckelbach, H., Jelicic, M., Hauer, B., & Ambadar, Z. (2007). The reality of recovered memories: Corroborating continuous and discontinuous memories of childhood sexual abuse. Psychological Science, 18, 564 - 568.

[384] Ghetti, S., & Alexander, K. W. (2004). 'If it happened, I would remember it': Strategic use of event memorability in the rejection of false autobiographical events. Child Development, 75, 542 - 561.

[385] Gilbert, D. T. (1991). How mental systems believe. American Psychologist, 46, 107 - 119.

[386] Gilovich, T. (1991). How we know what isn't so: The fallibility of human reason in everyday life. New York: Free Press.

[387] Gilovich, T., Savitsky, K., & Medvec, V. H. (1998). The illusion of transparency: Biased assessments of others' ability to read one's emotional states. Journal of Personality and Social Psy-

chology, 75, 332 – 346.

[388] Gilstrap, L. L. (2004). A missing link in suggestibility research: What is known about the behavior of field interviewers in unstructured interviews with young children? Journal of Experimental Psychology: Applied, 10, 13 – 24.

[389] Ginton, A., Daie, N., Elaad, E., & Ben – Shakhar, G. (1982). A method for evaluating the use of the polygraph in a real life situation. Journal of Applied Psychology, 67, 131 – 137.

[390] G ödert, H. W., Gamer, M., Rill, H. G., & Vossel, G. (2005). Statement validity assessment: Inter – rater reliability of criteria – based content analysis in the mock – crime paradigm. Legal and Crimiological Psychology, 10, 225 – 245.

[391] Goffman, E. (1959). The presentation of self in everyday life. New York: Doubleday.

[392] Goldman – Eisler, F. (1968). Psycholinguistics: Experiments in spontaneousspeech. New York: Doubleday.

[393] Goodman, G. S., Batterman – Faunce, J. M., Schaaf, J. M., & Kenney, R. (2002). Nearly 4 years after an event: Children's eyewitness memory and adults' perceptions of children's accuracy. Child Abuse & Neglect, 26, 849 – 884.

[394] Goodman, G. S., & Melinder, A. (2007). Child witness research and forensic interviews of young children: A review. Legal and Criminological Psychology, 12,1 – 20.

[395] Goodman, G. S., Myers, J. E. B., Qin, J., Quas, J. A., Castelli, P., Redlich, A. D., & Rogers, L. (2006). Hearsay versus children's testimony: Effects of truthful and deceptive statements on jurors' decisions. Law and Human Behavior, 30, 363 – 401.

[396] Goodman, G. S., Rudy, L., Bottoms, B., & Aman, C. (1990). Children's concerns and memory: Issues of ecological validity in the study of children's eyewitness testimony. In R. Fivush & J. Hudson (Eds.), Knowing and remembering in young children (pp. 249 – 284). New York: Cambridge University Press.

[397] Goodman, G. S., & Schwartz – Kenney (1992). Why knowing a child's age is not enough: Influences of cognitive, social, and emotional factors on children's testimony. In H. Dent & R. Flin (Eds.),Children as witnesses (pp. 15 – 32). Chichester, England: John Wiley & Sons, Ltd.

[398] Gordon, A. K., & Miller, A. G. (2000). Perspective differences in the construal of lies: Is deception in the eye of the beholder? Personality and Social Psychology Bulletin, 26, 46 – 55.

[399] Gordon, B. N., Schroeder, C. S., & Abrams, J. M. (1990). Age and social class differences in children's knowledge of sexuality. Journal of Clinical Child Psychology, 19, 33 – 43.

[400] Gordon, N. J., & Fleisher, W. L. (2002). Effective interviewing and interrogation techniques. New York: Academic Press.

[401] Gordon, R. A., Baxter, J. C., Rozelle, R. M., & Druckman, D. (1987). Expecta – tions of honest, evasive and deceptive nonverbal behavior. Journal of Social Psychology, 127, 231 – 233.

[402] Gozna, L., & Babooram, N. (2004). Non – traditional interviews: Deception in a simulated customs baggage search. In A. Czerederecka, T. Jaskiewicz – Obydzinska, R. Roesch, & J. Wojcikiewicz (Eds,), Forensic psychology and law (pp. 153 – 161). Krakow, Poland: Institute of Forensic Research Publishers.

[403] Gozna, L., & Forward, T. (2004). First impressions and stereotypical beliefs: An investigation of police officers' veracity judgements. In A. Czerederecka, T. Jaskiewicz – Obydzinska, R. Roesch, & J. Wojcikiewicz (Eds,), Forensic psychology and law (pp. 162 – 173). Krakow, Poland: Insti-

tute of forensic research publishers.

[404] Gozna, L., Vrij, A., & Bull, R. (2001). The impact of individual differences on perceptions of lying in everyday life and in high stakes situation. Personality and Individual Differences, 31, 1203 – 1216.

[405] Granhag, P. A. (2006). Rethinking implicit lie detection. Journal of Credibility Assessment and Witness Psychology, 7, 180 – 190.

[406] Granhag, P. A., Andersson, L. O.; Str ömwall, L. A., & Hartwig, M. (2004). Imprisoned knowledge: Criminals' beliefs about deception. Legal and Criminological Psychology, 9, 103 – 119.

[407] Granhag, P. A., & Hartwig, M. (2007). A new theoretical perspective on deception detection: On the psychology of instrumental mind reading. Paper submitted for publication.

[408] Granhag, P. A., & Str ömwall, L. A. (1999). Repeated interrogations: Stretching the deception detection paradigm. Expert Evidence: The International Journal of Behavioural Sciences in Legal Contexts, 7, 163 – 174.

[409] Granhag, P. A., & Str ömwall, L. A. (2000a). Effects of preconceptions on de – ception detection and new answers to why lie catchers often fail. Psychology, Crime, & Law, 6, 197 – 218.

[410] Granhag, P. A., & Str ömwall, L. A. (2000b). "Let's go over this again...": Effects of repeated interrogations on deception detection performance. In A. Czerederecka, T. Jaskiewicz – Obydzinska, & J. Wojcikiewicz (Eds.), Forensic psychology and law: Traditional questions and new ideas (pp. 191 – 196). Krakow, Poland: Institute of Forensic Research Publishers.

[411] Granhag, P. A., & Str ömwall, L. A. (2001a). Deception detection: Examining the consistency heuristic. In C. M. Breur, M. M. Kommer, J. F. Nijboer, &

[412] J. M. Reijntjes (Eds.), New trends in criminal investigation and evidence, volume 2 (pp. 309 – 321). Antwerpen, Belgium: Intresentia.

[413] Granhag, P. A., & Str ömwall, L. A. (2001b). Deception detection: Interrogators' and observers' decoding of consecutive statements. Journal of Psychology, 135, 603 – 620.

[414] Granhag, P. A., & Str ömwall, L. A. (2001c). Deception detection based on repeated interrogations. Legal and Criminological Psychology, 6, 85 – 101.

[415] Granhag, P. A., & Str ömwall, L. A. (2002). Repeated interrogations: Verbal and nonverbal cues to deception. Applied Cognitive Psychology, 16, 243 – 257.

[416] Granhag, P. A., Str ömwall, L. A., & Hartwig, M. (2005). Granting asylum or not? Migration board personnel's beliefs about deception. Journal of Ethnic and Migration Studies, 31, 29 – 50.

[417] Granhag, P. A., Str ömwall, L. A. & Hartwig, M. (2007). The SUE technique: The way to interview to detect deception. Forensic Update, 88, January, 25 – 29.

[418] Granhag, P. A., Str ömwall, L. A., & Jonsson, A. C. (2003). Partners in crime: How liars in collusion betray themselves. Journal of Applied Social Psychology, 33, 848 – 868.

[419] Granhag, P. A., Str ömwall, L. A., & Landstr öm, S. (2006). Children recalling an event repeatedly: Effects on RM and CBCA scores. Legal and Criminological Psychology, 11, 81 – 98.

[420] Granhag, P. A., & Vrij, A. (2005). Deception detection. In N. Brewer & K. Williams (Eds.), Psychology and law: An empirical perspective (pp. 43 – 92). New York: Guilford Press.

[421] Greene, J. O., O'Hair, H. D., Cody, M. J., & Yen, C. (1985). Planning and control of behavior during deception. Human Communication Research, 11, 335 – 364.

[422] Gregg, A. P. (2007). When vying reveals lying: The timed antagonistic response alethiom-

eter. Applied Cognitive Psychology, 21, 621 – 648.

[423] Greuel, L. (1992). Police officers' beliefs about cues associated with deception in rape cases. In F. L ösel, D. Bender, & T. Bliesener (Eds.), Psychology and law: International perspectives (pp. 234 – 239). Berlin: de Gruyter.

[424] Grice, H. P. (1989). Studies in the way of words. Cambridge, MA: Harvard University Press.

[425] Griffin, D. W., & Bartholomew, K. (1994a). Models of the self and other: Fundamental dimensions underlying measurements of adult attachment. Journal of Personality and Social Psychology, 67, 430 – 455.

[426] Griffin, D. W., & Bartholomew, K. (1994b). The metaphysics of measurement: The case of adult attachment. Advances in Personal Relationships, 5, 17 – 52.

[427] Griffin, Z. M., & Oppenheimer, D. M. (2006). Speakers gaze at objects while preparing intentionally inaccurate labels for them. Journal of Experimental Psychology: Learning, Memory, and Cognition, 32, 943 – 948.

[428] Gross, J. J., & Levenson, R. W. (1993). Emotional suppression: Physiology, self – report, and expressive behavior. Journal of Personality and Social Psychology, 64, 970 – 986.

[429] Grubin, D., Madsen, L., Parsons, S., Sosnowski, D., & Warberg, B. (2004). A pros – pective study of the impact of polygraphy on high – risk behaviors in adult sex offenders. Sexual A-buse: A Journal of Research and Treatment, 16, 209 – 222.

[430] Gudjonsson, G. H. (2003). The psychology of interrogations and confessions. Chichester, England: John Wiley & Sons, Ltd.

[431] Gumpert, C. H., & Lindblad, F. (1999). Expert testimony on child sexual abuse: A qualitative study of the Swedish approach to statement analysis. Expert Evidence, 7, 279 – 314.

[432] Gumpert, C. H., Lindblad, F., & Grann, M. (2000). A systematic approach to quality assessment of expert testimony in cased of alleged child sexual abuse. Psychology, Crime, & Law, 8, 59 – 75.

[433] Gumpert, C. H., Lindblad, F., & Grann, M. (2002). The quality of written expert testimony in alleged child sexual abuse: An empirical study. Psychology, Crime, & Law, 8, 77 – 92.

[434] Hadjistavropoulos, H. D., & Craig, K. D. (1994). Acute and chronic low back pain: Cognitive, affective, and behavioral dimensions. Journal of Consulting and Clinical Psychology, 62, 341 – 349.

[435] Hadjistavropoulos, H. D., Craig, K. D., Hadjistavropoulos, T., & Poole, G. D. (1996). Subjective judgments of deception in pain expression: Accuracy and errors. Pain, 65, 251 – 258.

[436] Hala, S., & Russell, J. (2001). Executive control within strategic deception: A window on early cognitive development? Journal of Experimental Child Psychology, 80, 112 – 141.

[437] Hale, J. L., & Stiff, J. B. (1990). Nonverbal primacy in veracity judgments. Communication Reports, 3, 75 – 83.

[438] Hall, J. A. (1979). Gender effects in decoding nonverbal cues. Psychological Bulletin, 85, 845 – 857.

[439] Hall, J. A. (1984). Nonverbal sex differences: Communication accuracy and exppressive style. Baltimore, MD: The Johns Hopkins University Press.

[440] Hall, J. A. (2006). Women's and men's nonverbal communication. In V. Manusov & M. L. Patterson (Eds.), The SAGE handbook of nonverbal communication (pp. 201 - 218). Thousand Oaks, CA: Sage.

[441] Happel, M. D. (2005). Neuroscience and the detection of deception. Review of Policy Research, 22, 667 - 685.

[442] Hare, R. D. (2003). The Hare Psychopathy Checklist - Revised (2nd edition). Toronto, Ontario: Multi - Health Systems.

[443] Hare, R. D., Forth, A. E., & Hart, S. D. (1989). The psychopath and prototype for pathological lying and deception. In J. C. Yuille (Ed.), Credibility assessment (pp. 25 - 49). Dordrecht, the Netherlands: Kluwer Academic.

[444] Harrigan, J. A., & O'Connell, D. M. (1996). Facial movements during anxiety states. Personality and Individual Differences, 21, 205 - 212.

[445] Harrison, A. A., Hwalek, M., Raney, D. F., & Fritz, J. G. (1978). Cues to deception in an interview situation. Social Psychology, 41, 156 - 161.

[446] Hart, C. L., Hudson, L. P., Fillmore, D. G., & Griffith, J. D. (2006). Managerial beliefs about the behavioural cues of deception. Individual Differences Research, 4, 176 - 184.

[447] Hartwig, M. (2005). Interrogation to detect deception and truth: Effects of strategic use of evidence. PhD thesis, University of Gothenburg, Department of Psychology.

[448] Hartwig, M., Granhag, P. A., & Str ömwall, L. (2007). Guilty and innocent suspects' strategies during interrogations. Psychology, Crime, & Law, 13, 213 - 227.

[449] Hartwig, M., Granhag, P. A., Str ömwall, L., & Andersson, L. O. (2004a). Suspicious minds: Criminals' ability to detect deception. Psychology, Crime, & Law, 10, 83 - 95.

[450] Hartwig, M., Granhag, P. A., Str ömwall, L., & Kronkvist, O. (2006). Strategic use of evidence during police interrogations: When training to detect deception works. Law and Human Behavior, 30, 603 - 619.

[451] Hartwig, M., Granhag, P. A., Strömwall, L., & Vrij, A. (2004b). Police officers' lie detection accuracy: Interrogating freely versus observing video. Police Quarterly, 7, 429 - 456.

[452] Hartwig, M., Granhag, P. A., Strömwall, L., & Vrij, A. (2005). Detecting deception via strategic closure of evidence. Law and Human Behavior, 29, 469 - 484.

[453] Hartwig, M., Granhag, P. A., & Vrij, A. (2005). Police interrogation from a social psychology perspective. Policing & Society, 15, 379 - 399.

[454] Haselton, M. G., Buss, D. M., Oubaid, V., & Angleitner, A. (2005). Sex, lies, and strategic interference: The psychology of deception between sexes. Personality and Social Psychology Bulletin, 31, 3 - 23.

[455] Hazan, C., & Shaver, P. (1987). Romantic love conceptualized as an attachment process. Journal of Personality and Social Psychology, 52, 511 - 524.

[456] Heilveil, I., & Muehleman, J. T. (1981). Nonverbal clues to deception in a psychotherapy analogue. Psychotherapy: Theory, Research and Practice, 18, 329 - 335.

[457] Heinrich, C. U., & Borkenau, P. (1998). Deception and deception detection: The role of cross - modal inconsistency. Journal of Personality, 66, 687 - 712.

[458] Hemsley, G. D., & Doob, A. N. (1978). The effect of looking behavior on perceptions of a communicator's credibility. Journal of Applied Social Psychology, 8, 136 - 144.

[459] Henningsen, D. D., Cruz, M. G., & Morr, M. C. (2000). Pattern violations and perceptions of deception. Communication Reports, 13, 1 – 9.

[460] Hernandez – Fernaud, E., & Alonso – Quecuty, M. (1997). The cognitive interview and lie detection: A new magnifying glass for Sherlock Holmes? Applied Cognitive Psychology, 11, 55 – 68.

[461] Hershkowitz, I. (1999). The dynamics of interviews yielding plausible and implausible allegations of child sexual abuse. Applied Developmental Science, 3, 28 – 33.

[462] Hershkowitz, I. (2001a). A case study of child sexual false allegation. Child Abuse & Neglect, 25, 1397 – 1411.

[463] Hershkowitz, I. (2001b). Children's responses to open – ended utterances in investigative interviews. Legal and Criminological Psychology, 6, 49 – 63.

[464] Hershkowitz, I. (2002). The role of facilitative prompts in interviews of alleged sex and abuse victims. Legal and Criminological Psychology, 7, 63 – 71.

[465] Hershkowitz, I., Fisher, S., Lamb, M. E., & Horowitz, D. (2007). Improving credibility assessment in child sexual abuse allogations: The role of the NICHD investigative interview protocol. Child Abuse & Neglect, 31, 99 – 110.

[466] Hershkowitz, I., Lamb, M. E., Sternberg, K. J., & Esplin, P. W. (1997). The relationships among interviewer utterance type, CBCA scores and the richness of children's responses. Legal and Criminological Psychology, 2, 169 – 176.

[467] Hess, U., & Kleck, R. E. (1990). Differentiating emotion elicited and deliberate emotional facial expressions. European Journal of Social Psychology, 20, 369 – 385.

[468] Hess, U., & Kleck, R. E. (1994). The cues decoders use in attempting to differentiate emotion – elicited and posed facial expressions. European Journal of Social Psychology, 24, 367 – 381.

[469] Hill, M. L., & Craig, K. D. (2002). Detecting deception in pain expressions: The structure of genuine and deceptive facial displays. Pain, 98, 135 – 144.

[470] Hira, S., Furumitsu, I., Nakayama, M. (2006). The effects of retention intervals on detection of deception using P300. Paper presented at the European Expert Meeting on Polygraph Testing. University of Maastricht, the Netherlands, 29 – 31 March.

[471] Hirsch, A. R., & Wolf, C. J. (2001). Practical methods for detecting mendacity: A case study. The Journal of the American Academy of Psychiatry and the Law, 29, 438 – 444.

[472] Hocking, J. E., Bauchner, J., Kaminski, E. P., & Miller, G. R. (1979). Detecting deceptive communication from verbal, visual, and paralinguistic cues. Human Communication Research, 6, 33 – 45.

[473] Hocking, J. E., & Leathers, D. G. (1980). Nonverbal indicators of deception: A new theoretical perspective. Communication Monographs, 47, 119 – 131.

[474] H öfer, E., & Akehurst, L., & Metzger, G. (1996, August). Reality monitoring: A chance for further development of CBCA? Paper presented at the Annual meeting of the European Association on Psychology and Law in Siena, Italy.

[475] H öfer, E., K öhnken, G., Hanewinkel, R., & Bruhn, C. (1993). Diagnostik und attribution von glaubwürdigkeit. Kiel: final report to the Deutsche Forschungsgemeinschaft, KO 882/4 – 2.

[476] Hoffner, C., Cantor, J., & Thorson, E. (1989). Children's responses to conflicting auditory and visual features of a televised narrative. Human Communication Research, 16, 256 – 278.

[477] Holland, M. K., & Tarlow, G. (1972). Blinking and mental load. Psychological Reports,

31, 119 – 127.

[478] Holland, M. K., & Tarlow, G. (1975). Blinking and thinking. Psychological Reports, 41, 403 – 406.

[479] Hollien, H. (1990). The acoustics of crime: The new science of forensic phonetics. New York: Plenum.

[480] Holmberg, U., & Christianson, S. A. (2002). Murderers' and sexual offenders' experiences of police interviews and their inclination to admit or deny crimes. Behavioral Sciences and the Law, 20, 31 – 45.

[481] Honts, C. R. (1991). The emperor's new clothes: The application of the polygraph tests in the American workplace. Forensic Reports, 4, 91 – 116.

[482] Honts, C. R. (1994). Assessing children's credibility: Scientific and legal issues in 1994. North Dakota Law Review, 70, 879 – 903.

[483] Honts, C. R. (1995). The polygraph in 1995: Progress in science and the law. North Dakota Law Review, 17, 987 – 1020.

[484] Honts, C. R. (1996). Criterion development and validity of the CQT in field application. Journal of General Psychology, 123, 309 – 324.

[485] Honts, C. R. (2004). The psychophysiological detection of deception. In P. A. Granhag & L. A. Str ömwall (Eds.), Deception detection in forensic contexts (pp. 103 – 123). Cambridge, England: Cambridge University Press.

[486] Honts, C. R., & Alloway, W. R. (2007). Information does not affect the validity of a comparison question test. Legal and Criminological Psychology, 12, 311 – 320.

[487] Honts, C. R., & Amato, S. L. (2002). Countermeasures. In M. Kleiner (Ed.), Handbook of polygraph testing (pp. 251 – 264). San Diego, CA: Academic Press.

[488] Honts, C. R., Devitt, M. K., Winbush, M., & Kircher, J. C. (1996). Mental and physical countermeasures reduce the accuracy of the concealed knowledge test. Psychophysiology, 33, 84 – 92.

[489] Honts, C. R., Hodes, R. L., & Raskin, D. C. (1985). Effects of physical coun – termeasures on the physiological detection of deception. Journal of Applied Psychology, 70, 177 – 187.

[490] Honts, C. R., Kircher, J. C., & Raskin, D. C. (1996). Polygrapher's dilemma or psychologist's: A reply to Furedy's logico – ethical considerations for psychophysiological practitioners and researchers. International Journal of Psychophysiology, 20, 199 – 207.

[491] Honts, C. R., Kircher, J. C., & Raskin, D. C. (2002). The scientific status of research on polygraph techniques: The case for polygraph tests. In D. L. Faigman, D. Kaye, M. J. Saks, & J. Sanders (Eds.), Modern scientific evidence: The law and science of expert testimony (Volume 2) (pp. 446 – 483). St Paul, MN: West Law.

[492] Honts, C. R., & Perry, M. V. (1992). Polygraph admissibility: Changes and challenges. Law and Human Behavior, 16, 357 – 379.

[493] Honts, C. R., Raskin, D. C., & Kircher, J. C. (1987). Effects of physical countermeasures and their electromyographic detection during polygraph tests for deception. Journal of Psychophysiology, 1, 241 – 247.

[494] Honts, C. R., Raskin, D. C., & Kircher, J. C. (1994). Mental and physical countermeasures reduce the accuracy of polygraph tests. Journal of Applied Psychology, 79, 252 – 259.

[495] Honts, C. R., Raskin, D. C., Kircher, J. C., & Hodes, R. L. (1988). Effects of spontaneous countermeasures on the physiological detection of deception. Journal of Police Science and Administration, 16, 91 – 94.

[496] Horowitz, S. W. (1991). Empirical support for statement validity assessment. Behavioral Assessment, 13, 293 – 313.

[497] Horowitz, S. W. (1998). Reliability of criteria – based content analysis of child witness statements: Response to Tully. Legal and Criminological Psychology, 3, 189 – 193.

[498] Horowitz, S. W., Lamb, M. E., Esplin, P. W., Boychuk, T. D., Krispin, O., & Reiter – Lavery, L. (1997). Reliabilty of criteria – based content analysis of child witness statements. Legal and Criminological Psychology, 2, 11 – 21.

[499] Horowitz, S. W., Lamb, M. E., Esplin, P. W., Boychuk, T. D., Reiter – Lavery, L., & Krispin, O. (1996). Establishing ground truth in studies of child sexual abuse. Expert Evidence, 4, 42 – 52.

[500] Horowitz, S. W., Kircher, J. C., Honts, C. R., & Raskin, D. C. (1997). The role of comparison questions in physiological detection of deception. Psychophysiology, 34, 108 – 115.

[501] Horvath, F. (1973). Verbal and nonverbal cues to truth and deception during polygraph examinations. Journal of Police Science and Administration, 1, 138 – 152.

[502] Horvath, F. (1978). An experimental comparison of the psychological stress evaluator and the galvanic skin response in detection of deception. Journal of Applied Psychology, 63, 338 – 344.

[503] Horvath, F. (1979). Effect of different motivational instructions on detection of deception with the psychological stress evaluator and the galvanic skin response. Journal of Applied Psychology, 64, 323 – 330.

[504] Horvath, F., Blair, J. P., & Buckley, J. P. (in press). The Behavioral Analysis Interview: Clarifying the practice, theory and understanding of its use and effectiveness. International Journal of Police Science and Management.

[505] Horvath, F., Jayne, B., & Buckley, J. (1994). Differentiation of truthful and deceptive criminal suspects in behavioral analysis interviews. Journal of Forensic Sciences, 39, 793 – 807.

[506] Horvath, F., & Meesig, R. (1996). The criminal investigation process and the role of forensic evidence: A review of empirical findings. Journal of Forensic Sciences, 41, 963 – 969.

[507] Hunter, J. E., Gerbing, D. W., & Boster, F. J. (1982). Machiavellian beliefs and personality: Construct invalidity of the Machiavellianism dimension. Journal of Personality and Social Psychology, 43, 1293 – 1305.

[508] Hurd, K., & Noller, P. (1988). Decoding deception: A look at the process. Journal of Nonverbal Behavior, 12, 217 – 233.

[509] Iacono, W. G. (2000). The detection of deception. In J. T. Cacioppo, L. G. Tassinary, & G. G. Berntson (Eds.), Handbook of psychophysiology, 2nd edition (pp. 772 – 793). Cambridge, England: Cambridge University Press.

[510] Iacono, W. G., & Lykken, D. T. (1997). The validity of the lie detector: Two surveys of scientific opinion. Journal of Applied Psychology, 82, 426 – 433.

[511] Iacono, W. G., & Lykken, D. T. (1999) Update: The scientific status of research on the polygraph techniques: The case against polygraph tests. In D. L. Faigman, D. H. Kaye, M. J. Saks, & J. Sanders (Eds.), Modern scientific evidence: The law and science of expert testimony (Pocket

Part, Volume 1) (pp. 174 – 184). St Paul, MN: West Law.

[512] Ickes, W. (1984). Compositions in black and white: Determinants of interaction in interracial dyads. Journal of Personality and Social Psychology, 47, 330 – 341.

[513] Inbau, F. E., Reid, J. E., Buckley, J. P., & Jayne, B. C. (2001). Criminal interrogation and confessions, fourth edition. Gaithersburg, Maryland: Aspen.

[514] Jackson, J. L., & Granhag, P. A. (1997). The truth or fantasy: The ability of barristers and laypersons to detect deception in children's testimony. In J. F. Nijboer & J. M. Reijntjes (Eds.), Proceedings of the first world conference on new trends in criminal investigation and evidence (pp. 213 – 220). Lelystad, The Netherlands: Koninklijke Vermande.

[515] Jang, S. A., Smith, S. W., & Levine, T. R. (2002). To stay or to leave? The role of attachment styles in communication patterns and potential termination of romantic relationships following discovery of deception. Communication Monographs, 69, 236 – 252.

[516] Joffe, R., & Yuille, J. C. (1992, May). Criteria – Based Content Analysis: An experimental investigation. Paper presented at the NATO Advanced Study Institute on the child witness in context: Cognitive, social and legal perspectives, Lucca, Italy.

[517] Johnson, A. K., Barnacz, A., Constantino, P., Triano, J., Shackelford, T. K., & Keenan, J. P. (2004). Female deception detection as a function of commitment and self – awareness. Personality and Individual Differences, 37, 1417 – 1424.

[518] Johnson, A. K., Barnacz, A., Yokkaichi, T., Rubio, J., Racioppi, C., Schackeford, T. K., Fisher, M. L., & Keenan, J. P. (2005). Me, myself, and lie: The role of self – awareness in deception. Personality and Individual Differences, 38, 1847 – 1853.

[519] Johnson, M. K. (1988). Reality Monitoring: An experimental phenomenological approach. Journal of Experimental Psychology: General, 117, 390 – 394.

[520] Johnson, M. K., & Foley, M. A. (1984). Differentiating fact from fantasy: The reliability of children's memory. Journal of Social Issues, 40, 33 – 50.

[521] Johnson, M. K., Foley, M. A., Suengas, A. G., & Raye, C. L. (1988). Phenomenal characteristics of memories for perceived and imagined autobiographical events. Journal of Experimental Psychology: General, 117, 371 – 376.

[522] Johnson, M. K., Hashtroudi, S., & Lindsay, D. S. (1993). Source monitoring. Psychological Bulletin, 114, 3 – 29.

[523] Johnson, M. K. & Raye, C. L. (1981). Reality Monitoring. Psychological Review, 88, 67 – 85.

[524] Johnson, M. K., & Raye, C. L. (1998). False memories and confabulation. Trends in Cognitive Sciences, 2, 137 – 146.

[525] Johnson, M. M., & Rosenfeld, P. J. (1992). Oddball – evoked p300 – based method of deception detection in the laboratory: II. Utilization of non – selective activation of relevant knowledge. International Journal of Psychophysiology, 12, 289 – 306.

[526] Johnson, R., Barnhardt, J., & Zhu, J. (2003). The deceptive response: Effects of response conflict and strategic monitoring on the late positive component and episodic memory – related brain activity. Biological Psychology, 64, 217 – 253.

[527] Johnson, R., Barnhardt, J., & Zhu, J. (2004). The contribution of executive processes to deceptive responding. Neuropsychologia, 42, 878 – 901.

[528] Johnson, R., Barnhardt, J., & Zhu, J. (2005). Differential effects of practice on the executive processes used for truthful and deceptive responses: An event – related brain potential study. Cognitive Brain Research, 24, 386 – 404.

[529] Johnson, R. R. (2006). Confounding influences on police detection of suspiciousness. Journal of Criminal Justice, 34, 435 – 442.

[530] Jones, D. P. H., & Krugman, R. (1986). Can a three – year – old child bear witness to her sexual assault and attempted muder? Child Abuse and Neglect, 10, 253 – 258.

[531] Jones, D. P. H., & McGraw, J. M. (1987). Reliable and fictitious accounts of sexual abuse to children. Journal of Interpersonal Violence, 2, 27 – 45.

[532] Jones, D. P. H., & McQuinston, M. (1989). Interviewing the sexually abused child. London: Gaskell.

[533] Jones, E. E., & Sigall, H. (1971). The bogus pipeline: A new paradigm for measuring affect and attitude. Psychological Bulletin, 76, 349 – 364.

[534] Kalbfleisch, P. J. (1992). Deceit, distrust and the social milieu: Application of deception research in a troubled world. Journal of Applied Communication Research, 308 – 334.

[535] Kalbfleisch, P. J. (1994). The language of detecting deceit. Journal of Language and Social Psychology, 13, 469 – 496.

[536] Kalbfleisch, P. J. (2001). Deceptive message intent and relational quality. Journal of Language and Social Psychology, 20, 214 – 230.

[537] Kalma, A., Witte, M., & Zaalberg, R. (1996). Authenticity: operationalization, manipulation, and behavioural components: An explaration. Medium Psychologie, 8, 49 – 65.

[538] Kaplar, M. E., & Gordon, A. K. (2004). The enigma of altruistic lying: Perspec – tive differences in what motivates and justifies lie telling within romantic relationships. Personal Relationships, 11, 489 – 507.

[539] Kashy, D. A., & DePaulo, B. M. (1996). Who lies? Journal of Personality and Social Psychology, 70, 1037 – 1051.

[540] Kassin, S. M. (1997). The psychology of confession evidence. American Psychologist, 52, 221 – 233.

[541] Kassin, S. M. (2004). True or false: "I'd know a false confession if I saw one". In P. A. Granhag & L. A. Strömwall (Eds.), Deception detection in forensic contexts (pp. 172 – 194). Cambridge, England: Cambridge University Press.

[542] Kassin, S. M. (2005). On the psychology of confessions: Does innocence put innocents at risk? American Psychologist, 60, 215 – 228.

[543] Kassin, S. M., & Fong, C. T. (1999). "I'm innocent!": Effects of training on judgments of truth and deception in the interrogation room. Law and Human Behavior, 23, 499 – 516.

[544] Kassin, S. M., Goldstein, C. J., & Savitsky, K. (2003). Behavioral confirmation in the interrogation room: On the dangers of presuming guilt. Law and Human Behavior, 27, 187 – 203.

[545] Kassin, S. M., & Gudjonsson, G. H. (2004). The psychology of confessions: A review of the literature and issues. Psychological Science in the Public Interest, 5, 33 – 67.

[546] Kassin, S. M., Meissner, C. A., & Norwick, R. J. (2005). "I'd know a false confession if I saw one": A comparative study of college students and police investigators. Law and Human Behavior, 29, 211 – 227.

[547] Kassin, S. M., & Norwick, R. J. (2004). Why people waive their Miranda rights: The power of innocence. Law and Human Behavior, 28, 211 – 221.

[548] Kaufmann, G., Drevland, G. C., Wessel, E., Overskeid, G., & Magnussen, S. (2003). The importance of being earnest: Displayed emotions and witness credibility. Applied Cognitive Psychology, 17, 21 – 34.

[549] Kebbel, M. R., & Milne, R. (1998). Police officers' perception of eyewitness factors in forensic investigations. Journal of Social Psychology, 138, 323 – 330.

[550] Keenan, J. P., Gallup, G., & Falk, D. (2003). The face in the mirror. New York: HarperCollins.

[551] Keenan, J. P., Gallup, G. G., Goulet, N., & Kulkarni, M. (1997). Attriutions of deception in human mating strategies. Journal of Social Behaviour and Personality, 12, 45 – 52.

[552] Kemeny, M. E, (2003). The psychobiology of stress. Current Directions in Psychological Science, 4, 124 – 129.

[553] Kendall, S., & Tannen, D. (2001). Discourse and gender. In D. Schiffrin, D. Tannen, & H. Hamilton (Eds.), The handbook of discourse analysis (pp. 548 – 567). Malden, MA: Blackwell.

[554] Kendon, A. (1994). Do gestures communicate? A review. Research on Language and Social Interaction, 27, 175 – 200.

[555] Kendon, A. (2004). Gesture: Visible action as utterance. Cambridge, England: Cambridge University Press.

[556] Kennedy, J., & Coe, W. C. (1994). Nonverbal signs of deception during posthypnotic amnesia. The International Journal of Clinical and Experimental Hypnosis, 17, 13 – 19.

[557] Kieras, J. E., Tobin, R. M., Braziano, W. G., & Rothbart, M. L. (2005). You can't always get what you want: Effortful control and children's responses to undesirable gifts. Psychological Science, 16, 391 – 396.

[558] Kim, H. S., & Baron, R. S. (1988). Exercise and the illusory correlation: Does arousal heighten stereotypical processing? Journal of Experimental Social Psychology, 24, 366 – 380.

[559] King, B. (2006). The lying ape: An honest guide to a world of deception. Cambridge, England: Icon books.

[560] Kircher, J. C., Horowitz, S. W., & Raskin, D. C. (1988). Meta – analysis of mock crime studies of the control question polygraph technique. Law and Human Behavior, 12, 79 – 90.

[561] Kircher, J. C., & Raskin, D. C. (1988). Human versus computerized evaluations of polygraph data in a laboratory setting. Journal of Applied Psychology, 73, 291 – 302.

[562] Kircher, J. C., & Raskin, D. C. (2002). Computer methods for the psychophysiological detection of deception. In M. Kleiner (Ed.), Handbook of polygraph testing (pp. 287 – 326). San Diego, CA: Academic Press.

[563] Klaver, J. R., Lee, Z., & Hart, S. D. (2007). Psychopathy and nonverbal indicators of deception in offenders. Law and Human Behavior, 31, 337 – 351.

[564] Kleiner, M. (2002). Handbook of polygraph testing. San Diego, CA: Academic Press.

[565] Kleinke, C. L. (1986). Gaze and eye contact: A research review. Psychological Bulletin, 100, 78 – 100.

[566] Kleinmuntz, B., & Szucko, J. J. (1982). On the fallibility of lie detection. Law and Soci-

ety Review, 17, 85 – 104.

[567] Kleinmuntz, B., & Szucko, J. J. (1984). Lie detection in ancient and modern times: A call for contemporary scientific study. American Psychologist, 39, 766 – 776.

[568] Kline, P. (1993). The handbook of psychological testing. New York: Routledge. Knapp, M. L., Hart, R. P., & Dennis, H. S. (1974). An exploration of deception as a communication construct. Human Communication Research, 1, 15 – 29.

[569] Knight, J. (2004). The truth about lying. Nature, 428, 692 – 694.

[570] Knox, D., Zusman, M. E., McGinty, K., & Gescheidler (2001). Deception of parents during adolescence. Adolescence, 36, 611 – 614.

[571] K öhnken, G. (1985). Speech and deception of eyewitnesses: An information processing approach. In F. L. Denmark (Ed.), The psychology of women (pp. 117 – 139), North Holland, the Netherlands: Elsevier Science Publishers.

[572] K öhnken, G. (1987). Training police officers to detect deceptive eyewitness statements. Does it work? Social Behaviour, 2, 1 – 17.

[573] K öhnken, G. (1989). Behavioral correlates of statement credibility: Theories, paradigms and results. In H. Wegener, F. L ösel, & J. Haisch (Eds.), Criminal behavior and the justice system: Psychological perspectives (pp. 271 – 289). New York: Springer – Verlag.

[574] K öhnken, G. (1996). Social psychology and the law. In G. R. Semin, & K. Fiedler (Eds.), Applied social psychology (pp. 257 – 282). London: Sage.

[575] K öhnken, G. (1999, July). Statement Validity Assessment. Paper presented at the pre – conference program of applied courses 'Assessing credibility' organised by the European Association of Psychology and Law, Dublin, Ireland.

[576] K öhnken, G. (2002). A German perspective on children's testimony. In H. L. Westcott, G. M. Davies, & R. H. C. Bull (Eds.), Children's testimony: A handbook of psychological research and forensic practice (pp. 233 – 244). Chichester, England: John Wiley & Sons, Ltd.

[577] K öhnken, G. (2004). Statement Validity Analysis and the 'detection of the truth'. In P. A. Granhag & L. A. Str ömwall (Eds.), Deception detection in forensic contexts (pp. 41 – 63). Cambridge, England: Cambridge University Press.

[578] K öhnken, G., Milne, R., Memon, A., & Bull, R. (1999). The cognitive interview: A meta – analysis. Psychology, Crime, and Law, 5, 3 – 28.

[579] K öhnken, G., Schimossek, E., Aschermann, E., & H öfer, E. (1995). The cognitive interview and the assessment of the credibility of adult's statements. Journal of Applied Psychology, 80, 671 – 684.

[580] K öhnken, G., & Steller, M. (1988). The evaluation of the credibility of child witness statements in German procedural system. In G. Davies & J. Drinkwater (Eds.), The child witness: Do the courts abuse children? (Issues in Criminological and Legal Psychology, no. 13) (pp. 37 – 45). Leicester, England: British Psychological Society.

[581] K öhnken, G., & Wegener, H. (1982). Zur Glaubwürdigkeit von Zeugenaussagen: urdigkeitskriterien (Credibility of witness statements: Experimental examination of selected reality criteria). Zeitschrift f ¨ur Experimentelle und Angewandte Psychologie, 29, 92 – 111.

[582] Kokish, R., Levenson, J. S., & Blasingame, G. D. (2005). Post – conviction sex offender polygraph examination: Client – reported perceptions of utility and accuracy. Sexual Abuse: A Journal

of Research and Treatment, 17, 211 – 221.

[583] Kowalski, R. M., Walker, S., Wilkinson, R., Queen, A., & Sharpe, B. (2003). Lying, cheating, complaining, and other aversive interpersonal behaviors: A narrative examination of the darker side of relationships. Journal of Social and Personal Relationships, 20, 471 – 490.

[584] Kozel, F. A., Padgett, T. M., & George, M. S. (2004a). A replication study of the neural correlates of deception. Behavioral Neuroscience, 118, 852 – 856.

[585] Kozel, F. A., Revell, L. J., Lorberbaum, J. P., Shastri, A., Elhai, J. D., Horner, M. D., Smtih, A., Nahas, Z., Bohning, D. E., & George, M. S. (2004b). A pilot study of functional magnetic resonance imaging brain correlates of deception in healthy young men. Journal of Neuropsychiatry and Clinical Neuroscience, 16, 295 – 305.

[586] Kozel, F. A., Johnson, K. A., Mu, Q., Grenesko, E. L., Laken, S. J., & George, M.

[587] S. (2005). Detecting deception using functional magnetic resonance imaging. Biological Psychiatry, 58, 605 – 613.

[588] Krapohl, D. J. (2002). The polygraph in personnel screening. In M. Kleiner (Ed.), Handbook of polygraph testing (pp. 217 – 236). San Diego, CA: Academic Press.

[589] Krauss, R. M. (1981). Impression formation, impression management, and nonverbal behaviors. In E. T. Higgins, C. P. Herman, & M. P. Zanna (Eds.), Social cognition: The Ontario Symposium (Vol 1, pp. 323 – 341). Hillsdale, NJ: Erlbaum.

[590] Kraut, R. E. (1978). Verbal and nonverbal cues in the perception of lying. Journal of Personality and Social Psychology, 36, 380 – 391.

[591] Kraut, R. E. (1980). Humans as lie detectors: Some second thoughts. Journal of Communication, 30, 209 – 216.

[592] Kraut, R. E., & Poe, D. (1980). On the line: The deception judgments of customs inspectors and laymen. Journal of Personality and Social Psychology, 36, 380 – 391.

[593] Kruglanski, A. W., & Webster, D. M. (1996). Motivated closing of the mind: "Seizing" and "freezing". Psychological Review, 103, 262 – 283.

[594] Kugelmass, S., & Lieblich, I. (1966). Effects of realistic stress and procedural interference in experimental lie detection. Journal of Applied Psychology, 50, 211 – 216.

[595] Kuhlman, M. S. (1980). Nonverbal communications in interrogations. FBI Law Enforcement Bulletin, 49, 6 – 9.

[596] Kurasawa, T. (1988). Effects of contextual expectancies on deception – detection. Japanese Psychological Research, 30, 114 – 121.

[597] LaFrance, M., & Mayo, C. (1976). Racial differences in gaze behavior during conversations: Two systematic observational studies. Journal of Personality and Social Psychology, 33, 547 – 552.

[598] LaFrance, M., & Mayo, C. (1978). Cultural aspects of nonverbal communication. International Journal of Intercultural Relations, 2, 71 – 89.

[599] Lakhani, M., & Taylor, R. (2003). Beliefs about the cues to deception in high – and low – stake situations. Psychology, Crime, & Law, 9, 357 – 368.

[600] Lamb, M. E. (1998). Mea culpa but caveat emptor! Response to Tully. Legal and Criminological Psychology, 3, 193 – 195.

[601] Lamb, M. E., Esplin, P. W., & Sternberg, K. J. (1995). Making children into compe-

tent witnesses: Reactions to the Amicus Brief in re Michaels. Psychology, Public Policy, and Law, 1, 438 -449.

[602] Lamb, M. E. ,Hershkowitz, I. , Sternberg, K. J. , Esplin, P. W. , Hovav, M. , Manor, M. , & Yudilevitch, L. (1996). Effects of investigative utterance types on Israeli children's responses. International Journal of Behavioral Development, 19, 627 -637.

[603] Lamb, M. E. , Orbach, Y. , Sternberg, K. J. , Esplin, P. W. , & Hershkowitz, I. (2002). The effects of forensic interview practices on the quality of information provided by alleged victims of child abuse. In H. L. Westcott, G. M. Davies, &

[604] R. H. C. Bull (Eds.), Children's testimony: A handbook of psychological research and forensic practice (pp. 131 -145). Chichester: John Wiley and Sons, Ltd.

[605] Lamb, M. E. , Sternberg, K. J. , & Esplin, P. W. (1994). Factors influencing the reliability and validity of statements made by young victims of sexualmaltreatment. Journal of Applied Developmental Psychology,15,255 -280.

[606] Lamb, M. E. , Sternberg, K. J. , & Esplin, P. W. (1998). Conducting investigative interviews of alleged sexual abuse victims. Child Abuse and Neglect, 22, 813 -823.

[607] Lamb, M. E. , Sternberg, K. J. , & Esplin, P. W. (2000). Effects of age and delay on the amount of information provided by alleged sex abuse victims in investigative interviews. Child Development, 71, 1586 -1596.

[608] Lamb, M. E. Sternberg, K. J. Esplin, P. W. , Hershkowitz, I. , & Orbach, Y. (1997a). Assessing the credibility of children's allegations of sexual abuse: A survey of recent research. Learning and Individual Differences, 9, 175 -194.

[609] Lamb, M. E. , Sternberg, K. J. , Esplin, P. W. , Hershkowitz, I. , Orbach, Y. , & Hovav, M. (1997b). Criterion -based content analysis: A field validation study. Child Abuse and Neglect, 21, 255 -264.

[610] Lamb, M. E. , Sternberg, K. J. , Orbach, Y. , Hershkowitz, I. , & Esplin, P. W. (1999). Forensic interviews of children. In R. Bull & A. Memon (Eds.), The psychology of interviewing: A handbook (pp. 253 -277). Chichester, England: John Wiley & Sons, Ltd.

[611] Lamers -Winkelman, F. (1995). Seksueel misbruik van jonge kinderen: Een onderzoek naar signalen en signaleren, en naar ondervragen en vertellen inzake seksueel misbruik. Amsterdam, the Netherlands: VU Uitgeverij.

[612] Lamers -Winkelman, F. (1999). Statement Validity Analysis: Its application to a sample of Dutch children who may have been sexually abused. Journal of Aggression, Maltreatment & Trauma, 2, 59 -81.

[613] Lamers -Winkelman, F. , & Buffing, F. (1996). Children's testimony in the Netherlands: A study of Statement Validity Analysis. In B. L. Bottoms & G. S. Goodman (1996), International perspectives on child abuse and children's testimony (pp. 45 -62). Thousand Oaks, CA: Sage.

[614] Landry, K. , & Brigham, J. C. (1992). The effect of training in Criteria -Based Content Analysis on the ability to detect deception in adults. Law and Human Behavior, 16, 663 -675.

[615] Landstr öm, S. , Granhag, P. A. , & Hartwig, M. (2005). Witnesses appearing live versus on video: Effects on observers' perception, veracity assessments and memory. Applied Cognitive Psychology, 19, 913 -933.

[616] Landström, S. , Granhag, P. A. , & Hartwig, M. (2007). Children's live and videotaped

testimonies: How presentation mode affects observers' perception, assessment and memory. Legal and Criminological Psychology, 12, 333 – 348.

[617] Lane, J. D., & DePaulo, B. M. (1999). Completing Coyne's Cycle: Dysphorics' ability to detect deception. Journal of Research in Personality, 33, 311 – 329.

[618] Langleben, D. D. (in press). Detection of deception with fMRI: Are we there yet? Legal and Criminological Psychology.

[619] Langleben, D. D., Dattilio, F. M., & Guthei, T. G. (2006). True lies: Delusions and lie – detection technology. Journal of Psychiatry & Law, 34, 351 – 370.

[620] Langleben, D. D., Loughead, J. W., Bilker, W. B., Ruparel, K., Childress, A. R., Busch, S. I., & Gur, R. C. (2005). Telling the truth from lie in individual subjects with fast event – related fMRI. Human Brain Mapping, 26, 262 – 272.

[621] Langleben, D. D., Schroeder, L., Maldjian, J. A., Gur, R. C., McDonald, S., Ragland, J. D., O'Brien, C. P., & Childress, A. R. (2002). Brain activity during simulated deception: An event – related functional magnetic resonance study. NeuroImage, 15, 727 – 732.

[622] Larochette, A. C., Chambers, C. T., & Craig, K. D. (2006). Genuine, suppressed and faked facial expression of pain in childen. Pain, 126, 64 – 71.

[623] Larson, J. A. (1932). Lying and its detection: A study of deception and deception tests. Chicago, IL: University of Chicago Press.

[624] Lawson, H. M., & Leck, K. (2006). Dynamics of internet dating. Social Science Computer Review, 24, 189 – 208.

[625] Lawson, T. J. (2000). Are kind lies better than unkind truths? Effects of the perspective and closeness of relationship. Representative Research in Social Psychology, 24, 11 – 19.

[626] Leach, A. M., Talwar, V., Lee, K., Bala, N., & Lindsay, R. C. L. (2004). "Intuitive" lie detection of children's deception by law enforcement officials and university students. Law and Human Behavior, 28, 661 – 685.

[627] Leal, S. (2005). Central and peripheral physiology of attention and cognitive demand: Understanding how brain and body work together. PhD thesis, University of Portsmouth, Department of Psychology.

[628] Leal, S., Vrij, A., Fisher, R., & van Hooff (2006). Cognitively induced arousal suppression when lying. Manusript submitted for publication.

[629] Leary, M. R., & Kowalski, R. M. (1990). Impression management: A literature review and two – component model. Psychological Bulletin, 107, 34 – 47.

[630] Lee, K., & Cameron, C. A. (2000). Extracting truthful information from lies: Emergence of the expression – representation distinction. Merrill – Palmer Quarterly, 46, 1 – 20.

[631] Lee, T. M. C., Liu, H. L., Tan, L. H., Chan, C. C. H., Mahankali, S., Feng, C. M., Hou, J., Fox, P. T., & Gao, J. H. (2002). Lie detection by functional magnetic resonance imaging. Human Brain Mapping, 15, 157 – 164.

[632] Leekam, S. R. (1992). Believing and deceiving: Steps to becoming a good liar. In S. J. Ceci, M. DeSimone Leichtman, & M. Putnick (Eds.), Cognitive and social factors in early deception (pp. 47 – 62). Hillsdale, NJ: Erlbaum.

[633] Leippe, M. R., Brigham, J. C., Cousins, C., & Romanczyk, A. (1987). The opinions and practices of criminal attorneys regarding child eyewitnesses: A survey. In S. J. Ceci, D. F. Ross,

& M. P. Toglia (Eds.), Perspectives on children's testimony (pp. 100 – 130). New York: Springer – Verlag.

[634] Leippe, M. R., Manion, A. P. & Romanczyk, A. (1992). Eyewitness persuasion: How and how well do fact finders judge the accuracy of adults' and children's memory reports? Journal of Personality and Social Psychology, 63, 181 – 197.

[635] Leo, R. A. (1996a). Inside the interrogation room. Journal of Criminal Law and Criminology, 86, 266 – 303.

[636] Leo, R. A. (1996b). Miranda's revenge. Law and Society Review, 30, 259 – 288.

[637] Leo, R. A., & Ofshe, R. J. (1998). The consequences of false confessions: Deprivations of liberty and miscarriages of justice in the age of psychological interrogation. Journal of Criminal Law and Criminology, 88, 429 – 496.

[638] Lerner, M. J. (1980). The belief in a just world. New York: Plenum.

[639] Levashina, J., & Campion, M. A. (2006). A model of faking likelihood in the employment interview. International Journal of Selection and Assessment, 14, 299 – 316.

[640] Levine, T. R. (2001). Dichotomous and continuous views of deception: A re – examination of deception ratings in Information Manipulation Theory. Communication Research Reports, 18, 230 – 240.

[641] Levine, T. R., Anders, L. N., Banas, J., Baum, K. L., Endo, K., Hu, A. D. S., & Wong, N. C. H. (2000). Norms, expectations, and deception: A norm violation model of veracity judgements. Communication Monographs, 67, 123 – 137.

[642] Levine, T. R., Asada, K. J. K., & Lindsey, L. L. M. (2003). The relative impact of violation type and lie severity on judgments of messages deceitfulness. Communication Research Reports, 20, 208 – 218.

[643] Levine, T. R., Asada, K. J. K., & Park, H. S. (2006). The lying chicken and the gaze avoidant egg: Eye contact, deception and causal order. Southern Journal of Communication, 4, 401 – 411.

[644] Levine, T. R., Feeley, T. H., McCornack, S. A., Hughes, M., & Harms, C. M. (2005). Testing the effects of nonverbal behavior training on accuracy in deception detection with the inclusion of a bogus training control group. Western Journal of Communication, 69, 203 – 217.

[645] Levine, T. R., Kim, R. K., & Park, H. S., & Hughes, M. (2006). Deception detection accuracy is a predictable linear function of message veracity baserate: A formal test of Park and Levine's probability model. Communication Monographs, 73, 243 – 260.

[646] Levine, T. R., & McCornack, S. A. (1992). Linking love and lies: A formal test of the McCornack and Parks model of deception detection. Journal of Social and Personal Relationships, 9, 143 – 154.

[647] Levine, T. R., & McCornack, S. A. (1996a). A critical analysis of the behavioral adaptation explanation of the probing effect. Human Communication Research, 22, 575 – 588.

[648] Levine, T. R., & McCornack, S. A. (1996b). Can behavioral adaptation explain the probing effect? Human Communication Research, 22, 604 – 613.

[649] Levine, T. R., & McCornack, S. A. (2001). Behavioural adaptation, confidence, and heuristic – based explanations of the probing effect. Human Communication Research, 27, 471 – 502.

[650] Levine, T. R., McCornack, S. A., & Avery, P. B. (1992). Sex differences in emotional

reactions to discovered deception. Communication Quarterly, 40, 289 – 296.

[651] Levine, T. R., Park, H. S., & McCornack, S. A. (1999). Accuracy in detecting truths and lies: Documenting the "veracity effect". Communication Monographs, 66, 125 – 144.

[652] Lewis, M. (1993). The development of deception. In M. Lewis & C. Saarni (Eds.), Lying and deception in everyday life (pp. 90 – 105). New York: Guilford Press.

[653] Lewis, M., Stanger, C., & Sullivan, M. W. (1989). Deception in three – year – olds. Developmental Psychology, 25, 439 – 443.

[654] Lind, E. A., Erickson, B. E., Conley, J., & O'Barr, W. M. (1978). Social attributions and conversation style in trial testimony. Journal of Personality and Social Psychology, 36, 1558 – 1567.

[655] Lindsay, D. S. (2002). Children's source monitoring. In H. L. Westcott, G. M. Davies, & R. H. C. Bull (Eds.), Children's testimony: A handbook of psychological research and forensic practice (pp. 83 – 98). Chichester, England: John Wiley and Sons, Ltd.

[656] Lindsay, D. S., & Johnson, M. K. (1987). Reality monitoring and suggestibility: Children's ability to discriminate among memories from different sources. In S. J. Ceci, J. Toglia, & D. F. Ross (Eds), Children's eyewitness memory (pp. 91 – 121). New York: Springer – Verlag.

[657] Lindsay, R. C. L. (1994). Expectations of eyewitness performance: Jurors' verdicts do not follow from their beliefs. In D. F. Ross, J. D. Read, & M. P. Toglia (Eds.), Adult eyewitness testimony: Current trends and developments (pp. 362 – 284). New York: Cambridge University Press.

[658] Lippard, P. V. (1988). "Ask me no questions, I'll tell you no lies": Situational exigencies for interpersonal deception. Western Journal of Speech Communication, 52, 91 – 103.

[659] Littlepage, G. E., & Pineault, M. A. (1985). Detection of deception of planned and spontaneous communications. Journal of Social Psychology, 125, 195 – 201.

[660] Littmann, E., & Szewczyk, H. (1983). Zu einigen Kriterien und Ergebnissen forensisch – psychologischer Glaubw ¨urdigkeitsbegutachtung von sexuell misbrauchten Kindern und Jugendlichen. Forensia, 4, 55 – 72.

[661] Loftus, E. F., & Palmer, J. C. (1974). Reconstructions of automobile destruction: An example of the interaction between language and memory. Journal of Verbal Learning and Verbal Behavior, 13, 585 – 589.

[662] Lorber, M. F. (2004). Psychophysiology of aggression, psychopathy, and conduct problems: A meta – analysis. Psychological Bulletin, 130, 531 – 552.

[663] Lord, C. G., Ross, L., & Lepper, M. R. (1979). Biased assimilation and attitude polarization: The effects of prior theories on subsequently considered evidence. Journal of Personality and Social Psychology, 37, 2098 – 2109.

[664] Lucas, R., & McKenzie, I. K. (1998). The detection of dissimulation: Lies, damned lies and SVA. International Journal of Police Science & Management, 1, 347 – 359.

[665] Lykken, D. T. (1959). The GSR in the detection of guilt. Journal of Applied Psychology, 43, 385 – 388.

[666] Lykken, D. T. (1960). The validity of the guilty knowledge technique: The effects of faking. Journal of Applied Psychology, 44, 258 – 262.

[667] Lykken, D. T. (1988). The case against polygraph testing. In A. Gale (Ed.), The polygraph test: Lies, truth, and science (pp. 111 – 126). London: Sage.

[668] Lykken, D. T. (1991). Why (some) Americans believe in the lie detector while others be-

lieve in the Guilty Knowledge Test. Integrative Physiological and Behavioral Science, 126, 214 – 222.

[669] Lykken, D. T. (1998). A tremor in the blood: Uses and abuses of the lie detector. New York: Plenum Press.

[670] Macdonald, J. M., & Michaud, D. L. (1992). Criminal interrogation. Denver; Colorado: Apache Press.

[671] MacLaren, V. V. (2001). A quantitative review of the guilty knowledge test. Journal of Applied Psychology, 86, 674 – 683.

[672] Maclin, O. H., & Maclin, M. K. (2004). The alias advantage and perceptions of guilt. Journal of Psychology, 138, 339 – 349.

[673] MacNeil, B. M., & Holden, R. R. (2006). Psychopathy and the detection of faking on self – report inventories of personality. Personality and Individual Differences, 41, 641 – 651.

[674] Macrae, C. N., & Bodenhausen, G. V. (2001). Social cognition: Categorical person perception. British Journal of Psychology, 92, 239 – 256.

[675] Magnussen, S., Andersson, J., Cornoldi, C., De Beni, R., Endestad, T., Good – man, G. S., Helstrup, T., Koriat, A., Larsson, M., Melinder, A., Nilsson, L. G., R önnberg, R., & Zimmer, H. (2006). What people believe about memory. Memory, 14, 595 – 613. Maier, N. R. F., & Thurber, J. A. (1968). Accuracy of judgments of deception when an interview is watched, heard, and read. Personnel Psychology, 21, 23 – 30.

[676] Mak, E. G., Y., & Lee, T. M. C. (2006). Detection of feigned memory impairments using a Chinese word task. Psychological Reports, 98, 779 – 788.

[677] Malcolm, S. R., & Keenan, J. P. (2003). My right I: Deception detection and hemispheric differences in self – awareness. Social Behavior and Personality, 31, 767 – 772.

[678] Malcolm, S. R., & Keenan, J. P. (2005). Hemispheric asymmetry and deception detection. Laterality, 10, 103 – 110.

[679] Malone, B. E., & DePaulo, B. M. (2001). Measuring sensitivity to deception. In J. A. Hall & F. J. Bernieri (Eds.), Interpersonal sensitivity: Theory and measurement (pp. 103 – 124). Mahwah, NJ: Erlbaum.

[680] Mann, S. (2001). Suspects, lies and videotape: An investigation into telling and detecting lies in police/suspect interviews. PhD thesis, University of Portsmouth, Department of Psychology.

[681] Mann, S. & Vrij, A. (2006). Police officers' judgements of veracity, tense – ness, cognitive load and attempted behavioural control in real life police interviews. Psychology, Crime, & Law, 12, 307 – 319.

[682] Mann, S., Vrij, A., & Bull, R. (2002). Suspects, lies and videotape: An analysis of authentic high – stakes liars. Law and Human Behavior, 26, 365 – 376.

[683] Mann, S., Vrij, A., & Bull, R. (2004). Detecting true lies: Police officers' ability to detect deceit. Journal of Applied Psychology, 89, 137 – 149.

[684] Mann, S., Vrij, A., & Bull, R. (2006). Looking through the eyes of an accurate lie detector. Journal of Credibility Assessment and Witness Psychology, 7, 1 – 16.

[685] Mann, S., Vrij, A., Fisher, R., & Robinson M. (2007, published online), See no lies, hear no lies: Differences in discrimination accuracy and response bias when watching or listening to police suspect interviews. Applied Cognitive Psychology.

[686] Manstead, A. S. R., Wagner, H. L., & MacDonald, C. J. (1986). Deceptive and non-

deceptive communications: Sending experience, modality, and individual abilities. Journal of Nonverbal Behavior, 10, 147 – 167.

[687] Manzanero, A. L., & Digest, M. (1996). Effects of preparation on internal and external memories. In G. Davies, S. Lloyd – Bostock, M. McMurran, & C. Wilson (Eds.), Psychology, Law, and Criminal Justice: International developments in research and practice (pp. 56 – 63). Berlin: de Gruyter.

[688] Markham, R. (1991). Development of reality monitoring for performed and imagined actions. Perceptual and Motor Skills, 72, 1347 – 1354.

[689] Marshall, B. C., & Alison, L. J. (2006). Structural behavioural analysis as a basis for discriminating between genuine and simulated rape allegations. Journal of Investigative Psychology and Offender Profiling, 3, 21 – 34.

[690] Marston, W. A. (1917). Systolic blood pressure symptoms of deception. Journal of Experimental Psychology, 2, 117 – 163.

[691] Masip, J. (2006). The social psychology of the detection of deception. Law and Human Behavior, 30, 403 – 407.

[692] Masip, J., Alonso, H., Garrido, E., Anton, C. (2005). Generalized communicative suspicion (GCS) among police officers: Accounting for the investigator bias effect. Journal of Applied Social Psychology, 35, 1046 – 1066.

[693] Masip, J., Garrido, E., & Herrero, C. (2003a). Facial appearance and judgments of credibility: The effects of facial babyishness and age on statement credibility. Genetic, Social, and General Psychology Monographs, 129, 269 – 311.

[694] Masip, J., Garrido, E., & Herrero, C. (2003b). When did you conclude she was lying? The impact of the moment the decision about the 信息输出者's veracity is made and the 信息输出者's facial appearance on police officers' credibility judgements. Journal of Credibility Assessment and Witness Psychology, 4, 1 – 36.

[695] Masip, J., Garrido, E., & Herrero, C. (2004). Facial appearance and impressions of credibility: The effects of facial babyishness and age on person perception. International Journal of Psychology, 39, 276 – 289.

[696] Masip, J., Garrido, E., & Herrero, C. (2006). Observers' decision moment in deception detection experiments: Its impact on judgement, accuracy, and confidence. International Journal of Psychology, 41, 304 – 319.

[697] Masip. J., Sporer, S., Garrido, E., & Herrero, C. (2005). The detection of deception with the reality monitoring approach: A review of the empirical evidence. Psychology, Crime, & Law, 11, 99 – 122.

[698] Matarazzo, J. D., Wiens, A. N., Jackson, R. H., & Manaugh, T. S. (1970). Interviewee speech behavior under conditions of endogenously – present and exogenously – induced motivational states. Journal of Clinical Psychology, 26, 17 – 24.

[699] Matsumoto, D. (2006). Culture and nonverbal behavior. In V. Manusov &

[700] M. L. Patterson (Eds.), The SAGE handbook of nonverbal communication (pp. 219 – 235). Thousand Oaks, CA: Sage.

[701] Maxwell, G. M., Cook, M. W., & Burr, R. (1985). The encoding and decoding of liking from behavioral cues in both auditory and visual channels. Journal of Nonverbal Behavior, 9, 239 – 264.

[702] Mazur, M. A., & Ebesu Hubbard, A. S. (2004). "Is there something I should know?" Topic avoidant responses in parent - adolescent communication. Communication Reports, 17, 27 -37.

[703] McClintock, C. C., & Hunt, R. G. (1975). Nonverbal indicators of affect and deception in an interview setting. Journal of Applied Social Psychology, 5, 54 -67.

[704] McCornack, S. A. (1992). Information manipulation theory. Communication Monographs, 59, 1 -16.

[705] McCornack, S. A. (1997). The generation of deceptive messages: Laying the groundwork for a viable theory of interpersonal deception. In J. O. Greene (Ed.), Message production: Advances in communication theory (pp. 91 -126). Mahway, NJ: Erlbaum.

[706] McCornack, S. A., & Levine, T. R. (1990a). When lies are uncovered: Emotional and relational outcomes of discovered deception. Communication Monographs, 57, 119 -138.

[707] McCornack, S. A., & Levine, T. R. (1990b). When lovers become leery: The relationship between suspicion and accuracy in detecting deception. Communication Monographs, 57, 219 -230.

[708] McCornack, S. A., & Parks, M. R. (1986). Detection deception and relational development: The other side of trust. In M. L. McLaughlin(Ed.), Communication Yearbook9(pp. 377 -389). Beverly Hills, CA: Sage.

[709] McCornack, S. A., & Parks, M. R. (1990). What women know that men don't: Sex differences in determining truth behind deceptive messages. Journal of Social and Personal Relationships, 7, 107 -118.

[710] McCroskey, J. C., & Mehrley, S. (1969). The effects of disorganization and nonfluency on attitude change and source credibility. Speech Monographs, 36, 13 -21.

[711] McKinnon, M. E. (1982). A guide to nonverbal deception indicators. Law and Order, 53 -58.

[712] McNeill, D. (1985). So you think gestures are nonverbal? Psychological Review, 92, 350 -371.

[713] McNeill, D. (1992). Hand and mind. Chicago, IL: University of Chicago Press. Mehrabian, A. (1971). Nonverbal betraying of feeling. Journal of Experimental Research in Personality, 5, 64 -73.

[714] Mehrabian, A. (1972). Nonverbal communication. Chicago, IL: Aldine - Atherton. Meijer, E. (2004). Leugendetectie en wetenschap: Vriend of vijand? De Psycholoog, 39, 174 -179.

[715] Meissner, C. A., & Kassin, S. M. (2002). "He's guilty!": Investigator bias in judgments of truth and deception. Law and Human Behavior, 26, 469 -480.

[716] Meissner, C. A., & Kassin, S. M. (2004). "You're guilty, so just confess!" Cognitive and behavioural confirmation biases in the interrogation room. In D. Lassiter (Ed.), Interrogations, confessions, and entrapment (pp. 85 -106). New York: Kluwer Academic/Plenum.

[717] Mei - tai Fan, R., Wagner, H. L., & Manstead, A. S. R. (1995). Anchoring, familiarity, and confidence in the detection of deception. Basic and Applied Social Psychology, 17, 83 -96.

[718] Melinder, A., Goodman, G. S., Eilertsen, D. E., & Magnussen, S. (2004). Beliefs about child witnesses: A survey of professionals. Psychology, Crime, & Law, 10, 347 -366.

[719] Memon, A., & Bull, R. (1999). The handbook of the psychology of interviewing. Chichester, England: John Wiley & Sons, Ltd.

[720] Memon, A., Vrij, A., & Bull, R. (2003). Psychology and Law: Truthfulness, accuracy,

and credibility, second edition. Chichester, England: John Wiley & Sons, Ltd.

[721] Metts, S. (1989). An exploratory investigation of deception in close relationships. Journal of Social and Personal Relationships, 6, 159 – 179.

[722] Mikulincer, M., & Shaver, P. R., (2005). Attachment theory and emotions in close relationships: Exploring the attachment – related dynamics of emotional reactions to relational events. Personal Relationships, 12, 149 – 168.

[723] Millar, M. G., & Millar, K. U. (1995). Detection of deception in familiar and unfamiliar persons: The effects of information restriction. Journal of Nonverbal Behavior, 19, 69 – 84.

[724] Millar, M. G., & Millar, K. U. (1997a). Effects of situational variables on judgments about deception and detection accuracy. Basic and Applied Social Psychology, 19, 401 – 410.

[725] Millar, M. G., & Millar, K. U. (1997b). The effects of cognitive capacity and suspicion on truth bias. Communication Research, 24, 556 – 570.

[726] Millar, M. G., & Millar, K. U. (1998). The effects of suspicion on the recall of cues used to make veracity judgments. Communication Reports, 11, 57 – 64.

[727] Miller, G. R., Bauchner, J. E., Hocking, J. E., Fontes, N. E., Kaminski, E. P., & Brandt, D. R. (1981). "... and Nothing but the truth". In B. D. Sales (Ed.), Perspectives in Law and Psychology, volume II: The trial process (pp. 145 – 179). New York: Plenum.

[728] Miller, G. R., deTurck, M. A., & Kalbfleisch, P. J. (1983). Self – Monitoring, rehearsal, and deceptive communication. Human Communication Research, 10, 97 – 117.

[729] Miller, G. R., Mongeau, P. A., & Sleight, C. (1986). Fudging with friends and lying to lovers: Deceptive communication in personal relationships. Journal of Social and Personal Relationships, 3, 495 – 512.

[730] Miller, G. R., & Stiff, J. B. (1993). Deceptive Communication. Newbury Park, CA: Sage.

[731] Milne, R., & Bull, R. (1999). Investigative interviewing: Psychology and practice. Chichester, England: John Wiley & Sons, Ltd.

[732] Milne, R., & Bull, R. (2003). Does the cognitive interview help children to resist the effects of suggestive interviewing? Legal and Criminological Psychology, 8, 21 – 38.

[733] Milne, R., & Bull, R. (2006). Interviewing victims of crime, including children and people with intellectual disabilities. In M. R. Kebbell & G, M. Davies

[734] (Eds.), Practical psychology for forensic investigations and prosecutions (pp. 103 – 119). Chichester, England: John Wiley & Sons, Ltd.

[735] Mitchell, D. C. (2002). The pre – test interview: A preliminary framework. In M. Kleiner (Ed.), Handbook of polygraph testing (pp. 183 – 216). San Diego, CA: Academic Press.

[736] Mitchell, R. W. (1986). A framework for discussing deception. In R. W. Mitchell & N. S. Mogdil (Eds.), Deception: Perspectives on human and nonhuman deceit (pp. 3 – 40). Albany: State University of New York Press.

[737] Mohamed, F. B., Faro, S. H., Gordon, N. J., Platek, S. M., Ahmad, H., & Williams, J. M. (2006). Brain mapping of deception and truth telling about an ecologically valid situation: Functional MR imaging and polygraph investigation – initial experience. Radiology, 238, 679 – 688.

[738] Monahan, J. (1995). Information processing differences of conversational participants and observers: The effects of self – presentation concerns and cognitive load. Communication Monographs,

62, 265 – 281.

[739] Morency, N. L., & Krauss, R. M. (1982). Children's nonverbal encoding and decoding of affect. In R. S. Feldman (Ed.), Development of nonverbal behaviour in children (pp. 181 – 199). New York: Springer – Verlag.

[740] Moston, S. (1987). The suggestibility of children in interview studies. Child Language, 7, 67 – 78.

[741] Moston, S. (1992). Truth or lies. Policing, 8, 26 – 39.

[742] Moston, S. J., & Engelberg, T. (1993). Police questioning techniques in tape recorded interviews with criminal suspects. Policing and Society, 6, 61 – 75.

[743] Moston, S. J., Stephenson, G. M., & Williamson, T. M. (1992). The effects of case characteristics on suspect behaviour during police questioning. British Journal of Criminology, 32, 23 – 39.

[744] Moston, S. J., Stephenson, G. M., & Williamson, T. M. (1993). The incidence, antecedents and consequences of the use of the right to silence during police questioning. Criminal Behaviour and Mental Health, 3, 30 – 47.

[745] Motley, M. T. (1974). Accoustic correlates of lies. Western Speech, 38, 81 – 87.

[746] Mulder, M., & Vrij, A. (1996). Explaining conversation rules to children: An intervention study to facilitate children's accurate responses. Child Abuse & Neglect, 20, 623 – 631.

[747] Nakayama, M. (2002). Practical use of the concealed information test for criminal investigation in Japan. In M. Kleiner (Ed.). Handbook of polygraph testing (pp. 49 – 86). San Diego, CA: Academic Press.

[748] National Research Council (2003). The polygraph and lie detection. Committee to Review the Scientific Evidence on the Polygraph. Washington, DC: The National Academic Press.

[749] Newman, M. L., Pennebaker, J. W., Berry, D. S., & Richards, J. N. (2003). Lying words: Predicting deception from linguistic styles. Personality and Social Psychology Bulletin, 29, 665 – 675.

[750] Newton, P., Reddy, V., & Bull, R. (2000). Children's everyday deception and performance on false – belief tasks. British Journal of Developmental Psychology, 18, 297 – 317.

[751] Nigro, G. N., Buckley, M. A., Hill, D. E., & Nelson, J. (1989). When juries 'hear' children testify: the effects of eyewitness age and speech style on juror's perceptions of testimony. In S. J. Ceci, D. E. Ross, & M. P. Toglia (Eds.), Perspectives on children's testimony (pp. 57 – 70). New York: Springer – Verlag.

[752] Nigro, G. N., & Snow, A. L. (1992). Sex, lies, and smiling faces: A brief report on gender differences in 3 – year – olds' deceptions. In S. J. Ceci, M. DeSimone.

[753] Leichtman, & M. Putnick (Eds.), Cognitive and social factors in early deception (pp. 63 – 68). Hillsdale, NJ: Erlbaum.

[754] Noller, P. (1985). Video primacy – a further look. Journal of Nonverbal Behavior, 9, 28 – 47.

[755] Nunez, J. M., Casey, B. J., Egner, T., Hare, T., & Hirsch, J. (2005). Intentional false responding shares neutral substrates with response conflict and cognitive control. NeuroImage, 25, 267 – 277.

[756] O'Connell, D. C., Kowall, S., & Dill, E. J. (2004). Dialogicality in TV news inter-

views. Journal of Pragmatics, 36, 185 – 205.

[757] Ofshe, R. (1989). Coerced confessions: The logic of seemingly irrational action. Cultic Studies Journal, 6, 1 – 15.

[758] Ofshe, R. J., & Leo, R. A. (1997). The decision to confess falsely: Rational choice and irrational action. Denver University Law Review, 74, 979 – 1112.

[759] O'Hair, H. D., Cody, M., & McLaughlin, M. L. (1981). Prepared lies, spontaneous lies, Machiavellianism and nonverbal communication. Human Communication Research, 7, 325 – 339.

[760] Oldershaw, L., & Bagby, R. M. (1997). Children and deception. In R. Rogers (Ed.), Clinical assessment of malingering and deception (pp. 153 – 166).

[761] Olsen, D. E., Harris, J. C., Capps, M. H., & Ansley, N. (1997). Computerized polygraph scoring system. Journal of Forensic Sciences, 42, 61 – 70.

[762] Orbach, Y., & Lamb, M. E. (1999). Assessing the accuracy of child's account of sexual abuse: A case study. Child Abuse & Neglect, 23, 91 – 98.

[763] Orcutt, H. K., Goodman, G. S., Tobey, A. E., Batterman – Faunce, J. M., & Thomas, S. (2001). Detecting deception in children's testimony: Fact finders' abilities to reach the truth in open court and closed – circuit trials. Law and Human Behavior, 25, 339 – 372.

[764] Osgood, C. E. (1960). Some effects of motivation on style of encoding. In T. Sebok (Ed.), Style in language (pp. 293 – 306). Cambridge, MA: MIT Press.

[765] O'Sullivan, M. (2003). The fundamental attribution error in detecting deception: The body – who – cried – wolf – effect. Personality and Social Psychology Bulletin, 29, 1316 – 1327.

[766] O'Sullivan, M. (2005). Emotional intelligence and deception detection: Why most people can't "read" others, but a few can. In R. E. Riggio & R. S. Feldman (Eds.), Applications of nonverbal communication (pp. 215 – 253).

[767] Mahwah, NJ: Erlbaum. O'Sullivan, M. (2007). Unicorns or Tiger Woods: Are lie detection experts myths or rarities? A response to on lie detection "wizards" by Bond and Uysal. Law and Human Behavior, 31, 117 – 123.

[768] O'Sullivan, M., & Ekman, P. (2004). The wizards of deception detection. In P. A. Granhag & L. A. Str ömwall (Eds.), Deception detection in forensic contexts (pp. 269 – 286). Cambridge, England: Cambridge University Press.

[769] O'Sullivan, M., Ekman, P., & Friesen, W. V. (1988). The effect of comparisons on detecting deceit. Journal of Nonverbal Behavior, 12, 203 – 216.

[770] Ost, J., Vrij, A., Costall, A., & Bull, R. (2002). Crashing memories and reality monitoring: Distinguishing between perceptions, imaginations and 'false memories'. Applied Cognitve Psychology, 16, 125 – 134.

[771] O'Toole, D., Yuille, J. C., Patrick, C. J., & Iacono, W. G. (1994). Alcohol and the physiological detection of deception: Arousal and memory influences. Psychophysiology, 31, 253 – 263.

[772] Park, H. S., & Levine, T. R. (2001). A probability model of accuracy in deception detection experiments. Communication Monographs, 68, 201 – 210.

[773] Park, H. S., Levine, T. R., McCornack, S. A., Morrisson, K., & Ferrara, M. (2002). How people really detect lies. Communication Monographs, 69, 144 – 157.

[774] Parker, A. D., & Brown, J. (2000). Detection of deception: Statement validity analysis as a means of determining truthfulness or falsity of rape allegations. Legal and Criminological Psychology, 5,

237 – 259.

[775] Parker, J. F. (1995). Age differences in source monitoring of performed and imagined actions on immediate and delayed tests. Journal of Experimental Child Psychology, 60, 84 – 101.

[776] Parliament, L., & Yarmey, A. D. (2002). Deception in eyewitness identification. Criminal Justice and Behavior, 29, 734 – 746.

[777] Patrick, C. J., & Iacono, W. G. (1989). Psychopathy, threat, and polygraph test accuracy. Journal of Applied Psychology, 74, 347 – 355.

[778] Patrick, C. J., & Iacono, W. G. (1991). Validity of the control question polygraph test: The problem of sampling bias. Journal of Applied Psychology, 76, 229 – 238.

[779] Patterson, M. L. (1995). Invited article: A parallel process model of nonverbal communication. Journal of Nonverbal Behavior, 19, 3 – 29.

[780] Patterson, M. L. (2006). The evolution of theories of interactive behavior. In V. Manusov & M. L. Patterson (Eds.), The SAGE handbook of nonverbal communication (pp. 21 – 39). Thousand Oaks, CA: Sage.

[781] Pavlidis, J., Eberhardt, N. L., & Levine, J. A. (2002a). Seeing through the face of deception. Nature, 415, 35.

[782] Pavlidis, J., Eberhardt, N. L., & Levine, J. A. (2002b). Erratum: Seeing through the face of deception. Nature, 415, 602.

[783] Pavlov, I. P. (1927). Condition reflex. Oxford, England: Clarendon Press.

[784] Pearson, H. (2006). Lure of lie detectors spooks ethicists. Nature, 441, 918 – 919.

[785] Pelham, B. W., & Neter, E. (1995). The effect of motivation on judgment depends on the difficulty of the judgment. Journal of Personality and Social Psychology, 68, 581 – 594.

[786] Pennebaker, J. W., Francis, M. E., & Booth, R. J. (2001). Linguistic Inquiry and Word Count (LIWC): LIWC 2001 manual. Mahwah, NJ: Erlbaum.

[787] Pennebaker, J. W., & Graybeal, A. (2001). Patterns of natural language use: Disclosure, personality, and social integration. Current Directions in Psychological Science, 10, 90 – 93.

[788] Pennebaker, J. W., & King, L. A. (1999). Linguistic styles: Language use as an individual difference. Journal of Personality and Social Psychology, 77, 1296 – 1312.

[789] Peskin, J. (1992). Ruse and representations: On children's ability to conceal information. Developmental Psychology, 28, 84 – 89.

[790] Peters, D. P. (1991). The influence of stress and arousal on the child witness. In J. Doris (Ed.), The suggestibility of children's recollections (pp. 60 – 76). Washington, DC: American Psychological Association.

[791] Peterson, C. C. (1995). The role of perceived intention to deceive in children's and adults' concepts of lying. British Journal of Developmental Psychology, 13, 237 – 260.

[792] Pezdek, K., & Hinz, T. (2002). The construction of false events in memory. In H. L. Westcott, G. M. Davies, & R. H. C. Bull (Eds.), Children's testimony: A handbook of psychological research and forensic practice (pp. 99 – 116). Chichester, England: John Wiley & Sons, Ltd.

[793] Pezdek, K., & Hodge, D. (1999). Planting false childhood memories in children: The role of event plausibility. Child Development, 70, 887 – 895.

[794] Pezdek, K., Morrow, A., Blandon – Gitlin, I., Goodman, G. S., Quas, J. A., Saywitz, K. J., Bidrose, S., Pipe, M. E., Rogers, M., & Brodie, L. (2004). Detecting deception in chil-

dren: Event familiarity affects criterion – based content analysis ratings. Journal of Applied Psychology, 89, 119 – 126.

[795] Pezdek, K., & Roe, C. (1997). The suggestibility of children's memory for being touched: Planting, erasing, and changing memories. Law and Human Behavior, 21, 95 – 106.

[796] Pezdek, K., & Taylor, J. (2000). Discriminating between accounts of true and false events. In D. F. Bjorklund (Ed.), Research and theory in false memory creation in children and adults (pp. 69 – 91). Mahwah, NJ: Erlbaum.

[797] Phan, K. L., Magalhaes, A., Ziemlewicz, T. J., Fitzgerald, D. A., Green, C., & Smith, W. (2005). Neural correlates of telling lies: A functional magnetic resonance imaging study at 4 Tesla. Academic Radiology, 12, 164 – 172.

[798] Pickel, K. L. (2004). When a lie becomes the truth: The effects of self – generated misinformation on eyewitness memory. Memory, 12, 14 – 26.

[799] Podlesny, J. A. (1993). Is the guilty knowledge polygraph technique applicable in criminal investigations? A review of FBI case records. Crime Laboratory Digest, 20, 57 – 61.

[800] Podlesny, J. A., & Raskin, D. C. (1977). Physiological measures and the detection of deception. Psychological Bulletin, 84, 782 – 799.

[801] Polace, D. C. (2004). Fabrication deflation? The mixed effects of lying on memory. Applied Cognitive Psychology, 18, 455 – 465.

[802] Pollina, D. A., Dollins, A. B., Senter, S. M., Krapohl, D. J., & Ryan, A. H. (2004). Comparison of polygraph data obtained from individuals involved in mock crimes and actual criminal investigations. Journal of Applied Psychology, 89, 1099 – 1105.

[803] Pontari, B. A., & Schlenker, B. R. (2006). Helping friends manage impressions: We like helpful liars but respect nonhelpful truth tellers. Basic and Applied Social Psychology, 28, 177 – 183.

[804] Poole, D. A., & White, L. T. (1991). Effects of question repetition and retention interval on the eyewitness testimony of children and adults. Developmental Psychology, 27, 975 – 986.

[805] Porter, S., Campbell, M. A., Stapleton, J., & Birt, A. R. (2002). The influence of judge, target, and stimulus characteristics on the accuracy of detecting deceit. Canadian Journal of Behavioural Science, 34, 172 – 185.

[806] Porter, S., Doucette, N. L., Woodworth, M., Earle, J., & MacNeil, B. (in press). "Halfe the world knows not how the other halfe lies": Investigation of cues to deception exhibited by criminal offenders and non – offenders. Legal and Criminological Psychology.

[807] Porter, S., & Woodworth, M. (2007). "I'm sorry I did it. . . but he started it": A comparison of the official and self – reported homicide descriptions of psychopaths and non – psychopaths. Law and Human Behavior, 31, 91 – 107.

[808] Porter, S., Woodworth, M., & Birt, A. R. (2000). Truth, lies, and videotape: An investigation of the ability of federal parole officers to detect deception. Law and Human Behavior, 24, 643 – 658.

[809] Porter, S., Woodworth, M., McCabe, S., & Peace, K. A. (2007). "Genius is 1% inspiration and 99% perspiration". . . or is it? An investigation of the impact of motivation and feedback on deception detection. Legal and Criminological Psychology, 12, 297 – 310.

[810] Porter, S., & Yuille, J. C. (1995). Credibility assessment of criminal suspects through

statement analysis. Psychology, Crime, & Law, 1, 319 – 331.

[811] Porter, S., & Yuille, J. C. (1996). The language of deceit: An investigation of the verbal clues to deception in the interrogation context. Law and Human Behavior, 20, 443 – 459.

[812] Porter, S., Yuille, J. C., & Birt, A. R. (2001). The discrimination of deceptive, mistaken, and truthful witness testimony. In R. Roesch, R. R. Corrado, & R. Dempster (Eds.), Psychology in the courts: International advances in knowledge (pp. 253 – 270). London: Routledge.

[813] Porter, S., Yuille, J. C., & Lehman, D. R. (1999). The nature of real, implanted and fabricated memories for emotional childhood events: Implications for the recovered memory debate. Law and Human Behavior, 23, 517 – 537.

[814] Pynoos, R. S., & Eth, S. (1984). The child as witness to homocide. Journal of Social Issues, 40, 87 – 108.

[815] Pynoos, R. S., & Nader, K. (1988). Children who witness the sexual assaults of their mothers. Journal of the American Academy of Child and Adolescent Psychiatry, 27, 567 – 572.

[816] Quas, J. A., Davis, E. L., Goodman, G. S., & Myers, J. E. B. (2007). Repeated questions, deception, and children's true and false reports of body touch. Child Maltreatment, 12, 60 – 67.

[817] Rabon, D. (1992). Interviewing and interrogation. Durham, North Carolina: Carolina Academic Press.

[818] Raskin, D. C. (1979). Orienting and defensive reflexes in the detection of deception. In H. D. Kimmel, E. H. Van Olst, & J. F. Orlebeke (Eds.), The orienting reflex in humans (pp. 587 – 605). Hillsdale, NJ: Erlbaum.

[819] Raskin, D. C. (1982). The scientific basis of polygraph techniques and their uses in the judicial process. In A. Trankell (Ed.), Reconstructing the past (pp. 317 – 371). Stockholm, Sweden: Norsted & Soners.

[820] Raskin, D. C. (1986). The polygraph in 1986: Scientific, professional, and legal issues surrounding acceptance of polygraph evidence. Utah Law Review, 29, 29 – 74.

[821] Raskin, D. C. (1988). Does science support polygraph testing? In A. Gale (Ed.), The polygraph test: Lies, truth and science (pp. 96 – 110). London: Sage.

[822] Raskin, D. C. (1989). Polygraph techniques for the detection of deception. In D. C. Raskin (Ed.), Psychological methods in criminal investigation and evidence (pp. 247 – 296). New York: Springer Verlag.

[823] Raskin, D. C., & Esplin, P. W. (1991a). Assessment of children's statements of sexual abuse. In J. Doris (Ed.), The suggestibility of children's recollections (pp. 153 – 165). Washington, DC: American Psychological Association.

[824] Raskin, D. C., & Esplin, P. W. (1991b). Statement Validity Assessment: Interview procedures and content analysis of children's statements of sexual abuse. Behavioral Assessment, 13, 265 – 291.

[825] Raskin, D. C., & Hare, R. D. (1978). Psychopathy and detection of deception in a prison population. Psychophysiology, 15, 126 – 136.

[826] Raskin, D. C., & Honts, C. R. (2002). The comparison question test. In M. Kleiner (Ed.), Handbook of polygraph testing (pp. 1 – 47). San Diego, CA: Academic Press.

[827] Raskin, D. C., Honts, C. R., & Kircher, J. C. (1997). The scientific status of research

on polygraph techniques: The case for polygraph tests. In D. L. Faigman, D. H. Kaye, M. J. Saks, & J. Sanders (Eds.), Modern scientific evidence: The law and science of expert testimony (pp. 565 – 582). St Paul, MN: West Law.

[828] Raskin, D. C., Kircher, J. C., Horowitz, S. W., & Honts, C. R. (1989). Recent laboratory and field research on polygraph techniques. In J. C. Yuille (Ed.), Credibility Assessment (pp. 1 – 24). Dordrecht, the Netherlands: Kluwer Academic.

[829] Raskin, D. C., & Steller, M. (1989). Assessing the credibility of allegations of child sexual abuse: Polygraph examinations and statement analysis. In H. Wegener, F. Losel, & J. Haisch (Eds.), Criminal behavior and the justice system (pp. 290 – 302). New York: Springer.

[830] Raskin, D. C., & Yuille, J. C. (1989). Problems in evaluating interviews of children in sexual abuse cases. In S. J. Ceci, D. F. Ross, & M. P. Toglia (Eds.), Perspectives on children's testimony (pp. 184 – 207). New York: Springer.

[831] Rassin, E. (1999). Criteria – Based Content Analysis: The less scientific road to truth. Expert Evidence, 7, 265 – 278.

[832] Rassin, E., & van der Sleen, J. (2005). Characteristics of true versus false allegations of sexual offences. Psychological Reports, 97, 589 – 598.

[833] Reddy, V. (2007). Getting back to the rough ground: Deception and "social living". Philosophical Transactions of the Royal Society B – Biological Sciences, 362, 621 – 637.

[834] Reid, J. E. (1947). A revised questioning technique in lie detection tests. Journal of Criminal Law, Criminology, and Police Science, 37, 542 – 547.

[835] Reid, J. E., & Arther, R. O. (1953). Behavior symptoms of lie – detector subjects. Journal of Criminal Law, Criminology and Police Science, 44, 104 – 108.

[836] Reid, J. E., & Inbau, F. E. (1977). Truth and deception: The polygraph (lie detector) technique. Baltimore: Williams & Wilkins.

[837] Reis, H. T., Senchak, M., & Solomon, B. (1985). Sex differences in the intimacy of social interaction: Further examination of potential explanations. Journal of Personality and Social Psychology, 48, 1204 – 1217.

[838] Riggio, R. E. (1986). Assessment of basic social skills. Journal of Personality and Social Psychology, 51, 649 – 660.

[839] Riggio, R. E. (1994). Epilogue: Where are we going, and how do we get there? Journal of Language and Social Psychology, 13, 514 – 518.

[840] Riggio, R. E., (2006). Nonverbal skills and abilities. In V. Manusov & M. L. Patterson (Eds.), The SAGE handbook of nonverbal communication (pp. 79 – 95). Thousand Oaks, CA: Sage.

[841] Riggio, R. E., & Friedman, H. S. (1983). Individual differences and cues to deception. Journal of Personality and Social Psychology, 45, 899 – 915.

[842] Riggio, R. E., Tucker, J., & Throckmorton, B. (1988). Social skills and deception ability. Personality and Social Psychology Bulletin, 13, 568 – 577.

[843] Riggio, R. E., Tucker, J., & Widaman, K. F. (1987). Verbal and nonverbal cues as mediators of deception ability. Journal of Nonverbal Behavior, 11, 126 – 145.

[844] Rime, B., & Schiaratura, L. (1991). Gesture and speech. In B. Rime & R. S. Feldman (Eds.), Fundamentals of nonverbal behavior (pp. 239 – 281). New York: Cambridge University Press.

[845] Roberts, K. P., Lamb, M. E., Zale, J. L., & Randall, D. W. (1998). Qualitative

differences in children's accounts of confirmed and unconfirmed incidents of sexual abuse. Paper presented at the biennial meeting of the American Psychology – Law Society, Redondo Beach, 5 – 7 March.

[846] Robinson, W. P., (1994). Reactions to falsifications in public and interpersonal contexts. Journal of Language and Social Psychology, 13, 497 – 513.

[847] Robinson, W. P., Shepherd, A., & Heywood, J. (1998). Truth, equivocation/concealment, and lies in job applications and doctor – patient communication. Journal of Language and Social Psychology, 17, 149 – 164.

[848] Rockwell, P., Buller, D. B., & Burgoon, J. K. (1997). Measurement of deceptive voices: Comparing acoustic and perceptual data. Applied Psycholinguistics, 18, 471 – 484.

[849] Roediger, H. L. (1996). Memory illusions. Journal of Memory and Language, 35, 76 – 100.

[850] Rosenfeld, J. P. (1995). Alternative views of Bashore and Rapp's (1993) alternative to traditional polygraphy: A critique. Psychological Bulletin, 117, 159 – 166.

[851] Rosenfeld, J. P. (2002). Event – related potential in the detection of deception, malingering, and false memories. In M. Kleiner (Ed.), Handbook of polygraph testing (pp. 265 – 286). San Diego, CA: Academic Press.

[852] Rosenfeld, P. J., Angell, A., Johnson, M. M., & J. Qian (1991). An ERP – based, control – question lie detector analog: Algorithms for discriminating effects within individuals' average waveforms. Psychophysiology, 28, 319 – 335.

[853] Rosenfeld, P. J., Biroschak, J. R., & Furedy, J. J. (2006). P300 – based detection of concealed autobiopgraphical versus incidentally acquired information in target and non – target paradigms. International Journal of Psychophysiology, 60, 251 – 259.

[854] Rosenfeld, J. P., Cantwell, B., Nasman, V. T., Wojdac, V., Ivanov, S., & Mazzeri, L. (1988). A modified, event – related potential – based guilty knowledge test. International Journal of Neuroscience, 24, 157 – 161.

[855] Rosenfeld, J. P., Ellwanger, J. W., Nolan, K., Wu, S., Bermann, R. G., & Sweet, J. (1999). P300 scalp amplitude distribution as an index of deception in a simulated cognitive deficit model. International Journal of Psychophysiology, 33, 3 – 19.

[856] Rosenfeld, J. P., Ellwanger, J., & Sweet, J. (1995). Detecting simulated amnesia with event – related brain potentials. International Journal of Psychophysiology, 19, 1 – 11.

[857] Rosenfeld, J. P., Rao, A., Soskins, M., & Miller, A. R. (2003). Scaled P300 scalp distribution correlates of verbal deception in an autobiographical oddball paradigm: Control for task demand. Journal of Psychophysiology, 17, 14 – 22.

[858] Rosenfeld, J. P., Reinhart, A. M., Bhatt, M., Ellwanger, J., Gora, K., Sekera, M., & Sweet, J. (1998). P300 correlates of simulated malingered amnesia in a matching – to – sample task: Topographic analyses of deception versus truth – telling responses. International Journal of Psychophysiology, 28, 233 – 247.

[859] Rosenfeld, J. P., Shue, E., & Singer, E. (2007). Single versus multiple blocks of P300 – based concealed information tests for self – referring versus incidentally obtained information. Biological Psychology, 74, 396 – 404.

[860] Rosenfeld, J. P., Soskins, M., Bosh, G., & Ryan, A. (2004). Simple, effective countermeasures to P300 – based tests of detection of concealed information. Psychophysiology, 41,

205 – 219.

[861] Rosenthal, R. (1976). Experimenter effects in behavioural research. New York: Irvington.

[862] Rosenthal, R., & DePaulo, B. M. (1979). Sex differences in eavesdropping on nonverbal cues. Journal of Personality and Social Psychology, 37, 273 – 285.

[863] Rosenthal, R., & Rubin, D. B. (1978). Interpersonal expectancy effects: The first 345 studies. The Behavioral and Brain Sciences, 3, 377 – 415.

[864] Ross, L. (1977). The intuitive psychologist and his shortcomings: Distortions in the attribution process. In L. Berkowitz (Ed.), Advances in experimental psychology (Vol 10, pp. 174 – 221). New York: Academic Press.

[865] Rotenberg, K. J., Simourd, L., & Moore, D. (1989). Children's use of a verbal – nonverbal consistency principle to infer truth from lying. Child Development, 60, 309 – 322.

[866] Rotenberg, K. J., & Sullivan, C. (2003). Children's use of gaze and limb movement cues to infer deception. Journal of Genetic Psychology, 164, 175 – 187.

[867] Rothwell, J., Bandar, Z., O'Shea, J., & McLean, D. (2006). Silent talker: A new computer – based system for the analysis of facial cues to deception. Applied Cognitive Psychology, 20, 757 – 777.

[868] Rowatt, W. C., Cunningham, M. R., & Druen, P. B. (1998). Deception to get a date. Personality and Social Psychology Bulletin, 24, 1228 – 1242.

[869] Rowatt, W. C., Cunningham, M. R., & Druen, P. B. (1999). Lying to get a date: The effect of facial physical attractiveness on the willingness to deceive prospective dating partners. Journal of Social and Personal Relationships, 16, 209 – 223.

[870] Rozelle, R. M., & Baxter, J. C. (1975). Impression formation and danger recognition in experienced police officers. Journal of Social Psychology, 96, 53 – 63.

[871] Rozelle, R. M., & Baxter, J. C. (1978). The interpretation of nonverbal behavior in a role – defined interaction sequence: The police – citizen encounter. Environmental Psychology and Nonverbal Behavior, 2, 167 – 181.

[872] Ruback, R. B. (1981). Perceived honesty in the parole interview. Personality and Social Psychology Bulletin, 7, 677 – 681.

[873] Ruback, R. B., & Hopper, C. H. (1986). Decision making by parole interviewers: The effect of case and interview factors. Law and Human Behavior, 10, 203 – 214.

[874] Ruby, C. L., & Brigham, J. C. (1997). The usefulness of the criteria – based content analysis technique in distinguishing between truthful and fabricated allegations. Psychology, Public Policy, and Law, 3, 705 – 737.

[875] Ruby, C. L., & Brigham, J. C. (1998). Can Criteria – Based Content Analysis distinguish between true and false statements of African – American speakers? Law and Human Behavior, 22, 369 – 388.

[876] Russell, J., Mauthner, N., Sharpe, S., & Tidswell, T. (1991). The 'windows task' as a measure of strategic deception in preschoolers and autistic subjects. British Journal of Developmental Psychology, 9, 331 – 349.

[877] Ruva, C., & Bryant, J. B. (1998). The impact of age, speech style, and question form on perceptions of witness credibility and trial outcome. Paper presented at the AP – LS Biennial conference, Edondo Beach, CA, March 1998.

[878] Saarni, C. (1979). Children's understanding of display rules for expressive behavior. Developmental Psychology, 15, 424 – 429.

[879] Saarni, C. (1984). An observational study of children's attempts to monitor their expressive behavior. Child Development, 55, 1504 – 1513.

[880] Saarni, C., & von Salisch, M. (1993). The socialization of emotional dissemblance. In M. Lewis & C. Saarni (Eds.), Lying and deception in everyday life (pp. 106 – 125). New York: Guilford Press.

[881] Sabbagh, M. A., Moses, L. J., & Shiverick, S. (2006). Executive functioning and preschoolers' understanding of false beliefs, false photographs, and false signs. Child Development, 77, 1034 – 1049.

[882] Sagarin, B. J., Rhoads, K. L., & Cialdini, R. B. (1998). Deceiver's distrust: Denigration as a consequence of undiscovered deception. Personality and Social Psychology Bulletin, 11, 1167 – 1176.

[883] Santarcangelo, M., Cribbie, R. A., & Ebesu Hubbard, A. S. (2004). Improving accuracy of veracity judgement through cue training. Perceptual and Motor Skills, 98, 1039 – 1048.

[884] Santtila, P., Roppola, H., & Niemi, P. (1999). Assessing the truthfulness of witness statements made by children (aged 7 – 8, 10 – 11, and 13 – 14) employing scales derived from Johnson's and Raye's model of Reality Monitoring. Expert Evidence, 6, 273 – 289.

[885] Santtila, P., Roppola, H, Runtti, M., & Niemi, P. (2000). Assessment of child witness statements using criteria – based content analysis (CBCA): The effects of age, verbal ability, and interviewer's emotional style. Psychology, Crime, & Law, 6, 159 – 179.

[886] Sapir, A. (1987/2000). The LSI course on scientific content analysis (SCAN). Phoenix, AZ: Laboratory for Scientific Interrogation.

[887] Saxe, L. (1991). Science and the GKT Polygraph: A theoretical critique. Integrative Physiological and Behavioral Science, 26, 223 – 231.

[888] Saxe, L. (1994). Detection of deception: Polygraph and integrity tests. Current Directions in Psychological Science, 3, 69 – 73.

[889] Saxe, L., & Ben – Shakhar, G. (1999). Admissibility of polygraph tests: The application of scientific standards post – Daubert. Psychology, Public Policy and Law, 5, 203 – 223.

[890] Saxe, L., Dougherty, D., & Cross, T. (1985). The validity of polygraph testing: Scientific analysis and public controversy. American Psychologist, 40, 355 – 366.

[891] Saywitz, K. J. (2002). Developmental underpinnings of children's testimony. In H. L. Westcott, G. M. Davies, & R. H. C. Bull (Eds.), Children's testimony: A handbook of psychological research and forensic practice (pp. 3 – 20). Chichester, England: John Wiley & Sons, Ltd.

[892] Schlenker, B. R., & Leary, M. R. (1982). Social anxiety and self – presentation: A conceptualization and model. Psychological Bulletin, 92, 641 – 669.

[893] Schneider, S. M., & Kintz, B. L. (1977). The effect of lying upon foot and leg movement. Bulletin of the Psychonomic Society, 10, 451 – 453.

[894] Schooler, J. W., Gerhard, D., & Loftus, E. F. (1986). Qualities of the unreal. Journal of Experimental Psychology: Learning, Memory, and Cognition, 12, 171 – 181.

[895] Schul, Y., Burnstein, E., & Bardi, A. (1996). Dealing with deceptions that are difficult to detect: Encoding and judgment as a function of preparing to receive invalide information. Journal of

Experimental Social Psychology, 32, 228 – 253.

[896] Schul, Y., Mayo, R., Burnstein, E., & Yahalom, N. (2007). How people cope with uncertainty due to chance or deception. Journal of Experimental Social Psychology, 43, 91 – 103.

[897] Schweitzer, M. E., Brodt, S. E., & Croson, R. T. A. (2002). Seeing and believing: Visual access and the strategic use of deception. The International Journal of Conflict Management, 13, 258 – 275.

[898] Schweitzer, M. E., & Croson, R. (1999). Curtailing deception: The impact of direct questions on lies and omissions. International Journal of Conflict Management, 10, 225 – 248.

[899] Schweitzer, M. E., Herhsey, J. C., & Bradlow, E. T. (2006). Promises and lies: Restoring violated trust. Organizational Behavior and Human Decision Processes, 101, 1 – 9.

[900] Seager, P., & Wiseman, R. (1999). Fooling all of the people hald of the time? Science Spectra, 15, 32 – 37.

[901] Seiter, J. S., Bruschke, J., & Bai, C. (2002). The acceptability of deception as a function of perceivers' culture, deceiver's intention, and deceiver – deceived relationship. Western Journal of Communication, 66, 158 – 180.

[902] Seto, M. C., Khattar, N. A., Lalumiere, M. L., & Quinsey, V. L. (1997). Deception and sexual strategy in psychopathy. Personality and Individual Differences, 22, 301 – 307.

[903] Seymour, T. L., Seifert, C. M., Shafto, M. G., & Mosmann, A. L. (2000). Using response time measures to assess 'guilty knowledge'. Journal of Applied Psychology, 85, 30 – 37.

[904] Shallice, T., & Burgess, P. (1994). Supervisory control of action and thought selection. In L. Weiskrantz, A. Baddeley, & D. Alan (Eds.), Attention: Selection, awareness and control: A tribute to Donald Broadbent (pp. 171 – 187). New York: Clarendon Press.

[905] Shennum, W. A., & Bugenthal, D. B. (1982). The development of control over affective expression in nonverbal behavior. In R. S. Feldman (Ed.), Development of nonverbal behavior in children (pp. 101 – 121). New York: Springer – Verlag.

[906] Siegman, A. W., & Reynolds, M. A. (1983). Self – monitoring and speech in feigned and unfeigned lying. Journal of Personality and Social Psychology, 45, 1325 – 1333.

[907] Silberman, S. (2006). Don't even think about lying: How brain scans are rein – venting the science of lie detection. Wired magazine, issue 14.01, January.

[908] Sinclair, A. (1996). Young children's practical deceptions and their understanding of false belief. New Ideas in Psychology, 4, 157 – 173.

[909] Sitton, S. C., & Griffin, S. T. (1981). Detection of deception from clients' eye contact patterns. Journal of Counseling Psychology, 28, 269 – 271.

[910] Smith, A. (1983). Nonverbal communication among black female dyads: An assessment of intimacy, gender and race. Journal of Social Issues, 39, 55 – 67.

[911] Smith, H. J., Archer, D., & Costanzo, M. (1991). "Just an hunch": Accuracy and awareness in person perception. Journal of Nonverbal Behavior, 15, 3 – 19.

[912] Smith, N. (2001). Reading between the lines: An evaluation of the scientific content analysis technique (SCAN). Police research series paper 135.

[913] London: UK Home Office, Research, Development and Statistics Directorate. Smith, V. L., & Clark, H. H. (1993). On the course of answering questions. Journal of Memory and Language, 32, 25 – 38.

[914] Sodian, B. (1991). The development of deception in young children. British Journal of Developmental Psychology, 9, 173 – 188.

[915] Sokolov, A. N. (1963). Perception and the conditioned reflex. Oxford, England: Pergamon Press.

[916] Spence, S. A. (in press). Playing Devil's Advocate: The case against fMRI lie detection. Legal and Criminological Psychology.

[917] Spence, S. A., Farrow, T. F. D., Herford, A. E., Wilkinson, I. D., Zheng, Y., & Woodruff, P. W. R. (2001). Behavioural and functional anatomical correlates of deception in humans. Neuroreport: For Rapid Communication of Neuroscience Research, 12, 2849 – 2853.

[918] Spence, S. A., Farrow, T. F. D., Leung, D. Shah, S., Reilly, B., Rahman, A., & Her – ford, A. (2003). Lying as an executive function. In P. W. Halligan, C. Bass, & D. A. Oakley (Eds.), Malingering and illness deception (pp. 255 – 266). Oxford, England: Oxford University Press.

[919] Spence, S. A., Hunter, M. D., Farrow, T. F. D., Green, R. D., Leung, D. H. & Hughes, C. J. (2004). A cognitive neurobiological account of deception: Evidence from functional neuroimaging. Philosophical Transactions of the Royal Society of London, 359, 1755 – 1762.

[920] Sporer, S. L. (1997). The less travelled road to truth: Verbal cues in deception detection in accounts of fabricated and self – experienced events. Applied Cognitive Psychology, 11, 373 – 397.

[921] Sporer, S. L. (2004). Reality monitoring and detection of deception. In P. A. Granhag & L. A. Strömwall (Eds.), Deception detection in forensic contexts (pp. 64 – 102). Cambridge, England: Cambridge University Press.

[922] Sporer, S. L., & Schwandt, B. (2006a). Paraverbal indicators of deception: A meta – analytic synthesis. Applied Cognitive Psychology, 20, 421 – 446.

[923] Sporer, S. L., & Schwandt, B. (2006b). Moderators of nonverbal indicators of deception: A meta – analytic synthesis. Psychology, Public Policy, and Law, 13, 1 – 34.

[924] Sporer, S. L., & Sharman, S. J. (2006). Should I believe this? Reality Monitoring of accounts of self – experiences and invented recent and distant autobiographical events. Applied Cognitive Psychology, 20, 837 – 854.

[925] Spranca, M., Minsk, E., & Baron, J. (1991). Omission and commission in judgment and choice. Journal of Experimental Social Psychology, 27, 76 – 105.

[926] Steller, M. (1989). Recent developments in statement analysis. In J. C. Yuille (1989). Credibility Assessment (pp. 135 – 154). Deventer, The Netherlands: Kluwer.

[927] Steller, M., & Boychuk, T. (1992). Childrens as witnesses in sexual abuse cases: Investigative interview and assessment techniques. In H. Dent & R. Flin (Eds.), Children as witnesses (pp. 47 – 73). New York: John Wiley & Sons, Inc.

[928] Steller, M., Haenert, P., & Eiselt, W. (1987). Extraversion and the detection of information. Journal of Personality and Social Psychology, 21, 334 – 342.

[929] Steller, M., & Köhnken, G. (1989). Criteria – Based Content Analysis. In D. C. Raskin (Ed.), Psychological methods in criminal investigation and evidence (pp. 217 – 245). New York: Springer – Verlag.

[930] Steller, M., & Wellershaus, P. (1996). Information enhancement and credibility assessment of child statements: The impact of the cognitive interview on criteria – based content analysis. In G. Davies, S. Lloyd – Bostock, M. McMurran, & C. Wilson (Eds.), Psychology, law, and criminal jus-

tice: international developments in research and practice (pp. 118 – 127). Berlin: de Gruyter.

[931] Steller, M., Wellershaus, P., & Wolf, T. (1988, June). Empirical validation of Criteria – Based Content Analysis. Paper presented at the NATO Advanced Study Institute on Credibility Assessment in Maratea, Italy.

[932] Stephenson, G. M., & Moston, S. J. (1994). Police interrogation. Psychology, Crime, & Law, 1, 151 – 157.

[933] Stern, J. A., Walrath, L. C., & Goldstein, R. (1984). The endogenous eyeblink. Psychophysiology, 21, 22 – 33.

[934] Sternberg, K. J., Lamb, M. E., Davies, G. M., & Westcott, H. L. (2001). 'Memorandum of good practice: Theory versus application'. Child Abuse and Neglect, 25, 669 – 681.

[935] Sternberg, K. J., Lamb, M. E., Esplin, P. W., Orbach, Y., & Hershkowitz, I. (2002). Using a structured interview protocol to improve the quality of investigative interviews. In M. L. Eisen, J. A. Quas, & G. S. Goodman (Eds.), Memory and suggestibility in the forensic interview (pp. 409 – 436). Maywah, NJ: Erlbaum.

[936] Sternberg, K. J., Lamb, M. E., Hershkowitz, I., Esplin, P. W., Redlich, A., & Sunshine, N. (1996). The relationship between investigative utterance

[937] types and the informativeness of child witnesses. Journal of Applied Developmental Psychology, 17, 439 – 451.

[938] Stiff, J. B., Corman, S., Krizek, B., & Snider, E. (1994). Individual differences and changes in nonverbal behavior: Unmasking the changing faces of deception. Communication Research, 21, 555 – 581.

[939] Stiff, J. B., Hale, J. L., Garlick, R., & Rogan, R. (1990). Effect of cue incongruence and social normative influences on individual judgments of honesty and deceit. The Southern Communication Journal, 55, 206 – 229.

[940] Stiff, J. B., Kim, H. J., & Ramesh, C. N. (1992). Truth biases and aroused suspicion in relational deception. Communication Research, 19, 326 – 345.

[941] Stiff, J. B., & Miller, G. R. (1986). "Come to think of it . . . ": Interrogative probes, deceptive communication, and deception detection. Human Communication Research, 12, 339 – 357.

[942] Stiff, J. B., Miller, G. R., Sleight, C., Mongeau, P., Garlick, R., & Rogan, R. (1989). Explanations for visual cue primacy in judgments of honesty and deceit. Journal of Personality and Social Psychology, 56, 555 – 564.

[943] Stouthamer – Loeber, M. (1986). Lying as a problem behavior in children: A review. Clinical Psychology Review, 6, 267 – 289.

[944] Streeter, L. A., Krauss, R. M., Geller, V., Olson, C., & Apple, W. (1977). Pitch changes during attempted deception. Journal of Personality and Social Psychology, 24, 12 – 21.

[945] Strömwall, L. A., Bengtsson, L., Leander, L., & Granhag, P. A. (2004). Assessing children's statements: The impact of a repeated experience on CBCA and RM ratings. Applied Cognitive Psychology, 18, 653 – 668.

[946] Strömwall, L. A., & Granhag, P. A. (2003a). Affecting the perception of verbal cues to deception. Applied Cognitive Psychology, 17, 35 – 49.

[947] Strömwall, L. A., & Granhag, P. A. (2003b). How to detect deception? Arresting the beliefs of police officers, prosecutors and judges. Psychology, Crime, & Law, 9, 19 – 36.

[948] Strömwall, L. A., & Granhag, P. A. (2005). Children's repeated lies and truths: Effects on adults' judgments and reality monitoring scores. Psychiatry, Psychology, & Law, 12, 345 – 356.

[949] Strömwall, L. A., & Granhag, P. A. (2007). Detecting deceit in pairs of children. Journal of Applied Social Psychology, 37, 1285 – 1304.

[950] Strömwall. L. A., Granhag, P. A., & Hartwig, M. (2004). Practitioners' beliefs about deception. In P. A. Granhag & L. A. Strömwall (Eds.), Deception detection in forensic contexts (pp. 229 – 250). Cambridge, England: Cambridge University Press.

[951] Strömwall, L. A., Granhag, P. A., & Jonsson, A. C. (2003). Deception among pairs: 'Let's say we had lunch together and hope they will swallow it'. Psychology, Crime, & Law, 9, 109 – 124.

[952] Strömwall, L. A, Granhag, P. A., & Landström, S. (2007). Children's prepared and unprepared lies: Can adults see through their strategies? AppliedCognitive Psychology, 21, 457 – 471.

[953] Strömwall, L. A., Hartwig, M., & Granhag, P. A. (2006). To act truthfully: Non – verbal behaviour and strategies during a police interrogation. Psychology, Crime, & Law, 12, 207 – 219.

[954] Svebak, S. (2006). Polygraph tests in Norwegion courts: Legal statud and future potential. Paper presented at the European Expert Meeting on Polygraph Testing. University of Maastricht, Maastricht, the Netherlands, 29 – 31 March.

[955] Talwar, V., & Lee. K. (2002). Development of lying to conceal a transgression: Children's control of expressive behaviour during verbal deception. International Journal of Behavioural Development, 26, 437 – 444.

[956] Talwar, V., Lee, K., Bala, N., & Lindsay, R. C. L. (2006). Adults' judgements of children's coached reports. Law and Human Behavior, 30, 561 – 570.

[957] Talwar, V., Murphy, S. M., & Lee, K. (2007). White lie – telling in children for politeness purposes. International Journal of Behavioural Development, 31, 1 – 11.

[958] Tate, C. S., Warren, A. R., & Hess, T. H. (1992). Adults' liability for children's 'Lie – Ability': Can adults coach children to lie successfully? In S. J. Ceci, M. DeSimone Leichtman, & M. Putnick (Eds.), Cognitive and social factors in early deception (pp. 69 – 88). Hillsdale, NJ: Erlbaum.

[959] Taylor, R., & Hick, R. F. (2007). Believed cues to deception: Judgements in self – generated serious and trivial situations. Legal and Criminological Psychology, 12, 321 – 332.

[960] Taylor, R., & Hill – Davies, C. (2004). Parents' and non – parents' beliefs about the cues to deception in children. Psychology, Crime, & Law, 10, 455 – 464.

[961] Taylor, R., & Vrij, A. (2001). The effects of varying stake and cognitive complexity on beliefs about the cues to deception. International Journal of Police Science and Management, 3, 111 – 123.

[962] Taylor, S. E., & Brown, J. D. (1988). Illusion and well – being: A social psychological perspective on mental health. Psychological Bulletin, 103, 1157 – 1172.

[963] Tecce, J. J. (1992). Psychology, physiology and experimental. In McGraw – Hill yearbook of science and technology (pp. 375 – 377). New York: McGraw – Hill.

[964] Tesser, A. (1978). Self – generated attitude change. In L. Berkowitz (Ed.), Advances in experimental social psychology (volume 11, pp. 288 – 338). New York: Academic Press.

[965] The Global Deception Team (2006). A world of lies. Journal of Cross – Cultural Psychology, 37, 60 – 74.

[966] Tickle – Degnen, L. (2006). Nonverbal behavior and its functions in the ecosystem of rapport. In V. Manusov & M. L. Patterson (Eds.), The SAGE handbook of nonverbal communication (pp. 381 – 399). Thousand Oaks, CA: Sage.

[967] Tickle – Degnen, L., & Rosenthal, R. (1990). The nature of rapport and its nonverbal correlates. Psychological Inquiry, 1, 285 – 293.

[968] Toglia, M. P., Read, J. D, Ross, D. F., & Lindsay, R. C. L. (Eds.) (2006). The handbook of eyewitness psychology: Volume One: Memory for events. Mahwah, NJ: Erlbaum.

[969] Tooke, W., & Camire, L. (1991). Patterns of deception in intersexual and intrasexual mating strategies. Ethology and Sociobiology, 12, 345 – 364.

[970] Toris, C., & DePaulo, B. M. (1984). Effects of actual deception and suspicious – ness of deception on interpersonal perceptions. Journal of Personality and Social Psychology, 47, 1063 – 1073.

[971] Trankell, A. (1963). Vittnespsykologins Arbetsmetoder. Stockholm, Sweden: Liber.

[972] Trankell, A. (1972). Reliability of evidence. Stockholm, Sweden: Beckmans.

[973] Tsiamyrtzis, P., Dowdall, J., Shastri, D., Pavlidis, I. T., Frank, M. G., & Ekman, P. (2007). Imaging facial physiology for the detection of deceit. International Journal of Computer Vision, 71, 197 – 214.

[974] Tully, B. (1998). Reliability of criteria – based content analysis of child witness statements: Cohen's kappa doesn't matter. Legal and Criminological Psychology, 3, 183 – 188.

[975] Tully, B. (1999). Statement validation. In D. Canter & L. Alison (Eds.), Interviewing and deception (pp. 83 – 104). Aldershot, England: Darmouth.

[976] Turner, R. E., Edgley, C., & Olmstead, G. (1975). Information control in conversations: Honesty is not always the best policy. Kansas Journal of Sociology, 11, 69 – 89.

[977] Tye, M. C., Amato, S. L., Honts, C. R., Kevitt, M. K., & Peters, D. (1999). The willingness of children to lie and the assessment of credibility in an ecologically relevant laboratory setting. Applied Developmental Science, 3, 92 – 109.

[978] Tyler, J. M., Feldman, R. S., & Reichert, A. (2006). The price of deceptive behavior: Disliking and lying to people who lie to us. Journal of Experimental Social Psychology, 42, 69 – 77.

[979] Tversky, A., & Kahneman, D. (1974). Judgement under uncertainty: Heuristics and biases. Science, 185, 1124 – 1134.

[980] Undeutsch, U. (1967). Beurteilung der Glaubhaftigkeit von Aussagen. In U. Undeutsch (Ed.), Handbuch der Psychologie Vol. 11: Forensische Psychologie (pp. 26 – 181). Göttingen, Germany: Hogrefe.

[981] Undeutsch, U. (1982). Statement reality analysis. In A. Trankell (Ed.), Reconstructing the past: The role of psychologists in criminal trials (pp. 27 – 56). Deventer, The Netherlands: Kluwer.

[982] Undeutsch, U. (1984). Courtroom evaluation of eyewitness testimony. International Review of Applied Psychology, 33, 51 – 67.

[983] Undeutsch, U. (1989). The development of statement reality analysis. In J. C. Yuille (Ed.), Credibility assessment (pp. 101 – 121). Dordrecht, The Netherlands: Kluwer.

[984] Van den Adel, H. M. (1997). Handleiding verdachtenverhoor. Den Haag: VUGA – Uitgeverij.

[985] Van der Plas, M. (2006). The use of the polygraph in Belgium. Paper presented at the European Expert Meeting on Polygraph Testing. University of Maastricht, Maastricht, the Netherlands, 29 –

31 March.

[986] Van Rossum, W. (1998). Verschijnen voor de rechter: Hoe het hoort en het ritueel van Turkse verdachten in de rechtszaal. Amsterdam, The Netherlands: Uitgeverij duizend en een.

[987] Vendemia, J. M. C., Buzan, R. F., & Green, E. P. (2005a). Practice effects, workload, and reaction time in deception. Americal Journal of Psychology, 118,413 – 429.

[988] Vendemia, J. M. C., Buzan, R. F., & Simon – Dack, S. L. (2005b). Reaction time of motor responses in two – stimulus paradigms involving deception and congruity with varying levels of difficulty. Behavioural Neurology, 16, 25 – 36.

[989] Verschuere, B., Crombez, G., De Clercq, A., & Koster, E. H. W. (2004a). Autonamic and behavioural responding to concealed information: Differentiating orienting and defensive responses. Psychophysiology, 41, 461 – 466.

[990] Verschuere, B., Crombez, G., & Koster, E. H. W. (2004b). Orienting to guilty knowledge. Cognition and Emotion, 18, 265 – 279.

[991] Verschuere, B., Crombez, G., de Clercq, A., & Koster, E. H. W. (2005). Psychopathic traits and autonomic responding to concealed information in a prison sample. Psychophysiology, 42, 239 – 245.

[992] Volbert, R., & Van der Zanden, R. (1996). Sexual knowledge and behavior of children up to 12 years: What is age – appropriate? In G. Davies, S. Lloyd – Bostock, M. McMurran, & C. Wilson (Eds.), Psychology, law, and criminal justice: international developments in research and practice (pp. 198 – 216). Berlin: de Gruyter.

[993] Vrij, A. (1993). Credibility judgments of detectives: The impact of nonverbal behavior, social skills and physical characteristics on impression formation. Journal of Social Psychology, 133, 601 – 611.

[994] Vrij, A. (1994). The impact of information and setting on detection of deception by police detectives. Journal of Nonverbal Behavior, 18, 117 – 137.

[995] Vrij, A. (1995). Behavioral correlates of deception in a simulated police interview. Journal of Psychology: Interdisciplinary and Applied, 129, 15 – 29.

[996] Vrij, A. (1997). Wearing black clothes: The impact of offenders' and suspects' clothing on impression formation. Applied Cognitive Psychology, 11, 47 – 53.

[997] Vrij, A. (1998). Telling and detecting lies: Some future directions in research. Forensic Update, 54, 14 – 19.

[998] Vrij, A. (2000). Telling and detecting lies as a function of raising the stakes. In C. M. Breur, M. M. Kommer, J. F. Nijboer, & J. M. Reintjes (Eds.), New trends in criminal investigation and evidence, volume 2 (pp. 699 – 709). Antwerpen, Belgium: Intersentia.

[999] Vrij, A. (2001). Implicit lie detection. The Psychologist, 14, 58 – 60.

[1000] Vrij, A. (2002a). Deception in children: A literature review and implications for children's testimony. In H. L. Westcott, G. M. Davies, & R. H. C. Bull (Eds.), Children's testimony (pp. 175 – 194). Chichester: John Wiley and Sons, Ltd.

[1001] Vrij, A. (2002b). Telling and detecting lies. In N. Brace & H. L. Westcott (Eds.), Applying psychology (pp. 179 – 241). Milton Keynes: Open University.

[1002] Vrij, A. (2003). We will protect your wife and child, but only if you confess: Police interrogations in England and the Netherlands. InP. J. van Koppen & S. D. Penrod (Eds.), Adversarial versus inquisitorial justice: Psychological perspectives on criminal justice systems (pp. 55 – 79). New York: Plenum.

[1003] Vrij, A. (2004a). Guidelines to catch a liar. In P. A. Granhag & L. A. Strömwall (Eds.), Deception detection in forensic contexts (pp. 287 – 314). Cambridge, England: Cambridge University Press.

[1004] Vrij, A. (2004b). Invited article: Why professionals fail to catch liars and how they can improve. Legal and Criminological Psychology, 9, 159 – 181.

[1005] Vrij, A. (2005a). Cooperation of liars and truth tellers. Applied Cognitive Psychology, 19, 39 – 50.

[1006] Vrij, A. (2005b). Criteria – Based Content Analysis: A qualitative review of the first 37 studies. Psychology, Public Policy, and Law, 11, 3 – 41.

[1007] Vrij, A. (2006a). Challenging interviewees during interviews: The potential effects on lie detection. Psychology, Crime, & Law, 12, 193 – 206.

[1008] Vrij, A. (2006b). Nonverbal communication and deception. In V. Manusov & M. L. Patterson (Eds.), The Sage handbook of nonverbal communication (pp. 341 – 359). Thousand Oaks, CA: Sage.

[1009] Vrij, A. (2007). Deception: A social lubricant and a selfish act. In K. Fiedler (Ed.), Frontiers of social psychology: Social communication (pp. 309 – 342). New York: Psychology Press.

[1010] Vrij, A. (in press). Nonverbal dominance versus verbal accuracy in lie detection: A plea to change police practice. Criminal Justice and Behavior.

[1011] Vrij, A., & Akehurst, L. (1997). The existence of a black clothing stereotype: The impact of a victim's black clothing on impression formation. Psychology, Crime, & Law, 3, 227 – 237.

[1012] Vrij, A., Akehurst, L., Brown, L., & Mann, L. (2006). Detecting lies in young chil – dren, adolescents and adults. Applied Cognitive Psychology, 20, 1225 – 1237.

[1013] Vrij, A., Akehurst, L., & Knight, S. (2006). Police officers', social workers', teachers' and the general public's beliefs about deception in children, adolescents and adults. Legal and Criminological Psychology, 11, 297 – 312.

[1014] Vrij, A., Akehurst, L., & Morris, P. M. (1997). Individual differences in hand movements during deception. Journal of Nonverbal Behavior, 21, 87 – 102.

[1015] Vrij, A., Akehurst, L., Soukara, S., & Bull, R. (2002). Will the truth come out?

[1016] The effect of deception, age, status, coaching, and social skills on CBCA scores. Law and Human Behaviour, 26, 261 – 283.

[1017] Vrij, A., Akehurst, L. Soukara, S., & Bull, R. (2004a). Detecting deceit via analyses of verbal and nonverbal behavior in children and adults. Human Communication Research, 30, 8 – 41.

[1018] Vrij, A., Akehurst, L., Soukara, S., & Bull, R. (2004b). Let me inform you how to tell a convincing story: CBCA and Reality Monitoring scores as a function of age, coaching and deception. Canadian Journal of Behavioural Science, 36, 113 – 126.

[1019] Vrij, A., Akehurst, L., Van Dalen, D., Van Wijngaarden, J. J., & Foppes, J. H. (1996). Nonverbaal gedrag en misleiding. Tijdschrift voor de Politie, 58, 11 – 14.

[1020] Vrij, A., & Baxter, M. (1999). Accuracy and confidence in detecting truths and lies in elaborations and denials: Truth bias, lie bias and individual differences. Expert Evidence, 7, 25 – 36.

[1021] Vrij, A., Dragt, A. W., & Koppelaar, L. (1992b). Interviews with ethnic interviewees:

Nonverbal communication errors in impression formation. Journal of Community and Applied Social Psychology, 2, 199 – 209.

[1022] Vrij, A., Edward, K., & Bull, R. (2001a). People's insight into their own behaviour and speech content while lying. British Journal of Psychology, 92, 373 – 389.

[1023] Vrij, A., Edward, K., & Bull, R. (2001b). Police officers' ability to detect deceit: The benefit of indirect deception detection measures. Legal and Criminological Psychology, 6, 2, 185 – 197.

[1024] Vrij, A., Edward, K., & Bull, R. (2001c). Stereotypical verbal and nonverbal responses while deceiving others. Personality and Social Psychology Bulletin, 27, 899 – 909.

[1025] Vrij, A., Edward, K., Roberts, K. P., & Bull, R. (2000). Detecting deceit via analysis of verbal and nonverbal behavior. Journal of Nonverbal Behavior, 24,239 – 263.

[1026] Vrij, A., Ennis, E., Farman, S., & Mann, S. (2006). People's perceptions of their truthful and deceptive interactions in daily life. Manuscript submitted for publication.

[1027] Vrij, A., Evans, H., Akehurst, L., & Mann, S. (2004). Rapid judgements in assessing verbal and nonverbal cues: Their potential for deception researchers and lie detection. Applied Cognitive Psychology, 18, 283 – 296.

[1028] Vrij, A., & Fischer, A. (1995). The expression of emotions in simulated rape interviews. Journal of Police and Criminal Psychology, 10, 64 – 67.

[1029] Vrij, A., & Fischer, A. (1997). The role of displays of emotions and ethnicity injudgements of rape victims. International Review of Victimology, 4, 255 – 265.

[1030] Vrij, A., Fisher, R., Mann, S., & Leal, S. (2006). Detecting deception by manipulating cognitive load. Trends in Cognitive Sciences, 10, 141 – 142.

[1031] Vrij, A., Fisher, R., Mann, S., & Leal, S. (in press). Increasing cognitive load in interviews to detect deceit. In B. Milne, S. Savage, & T. Williamson (Eds.), International developments in investigative interviewing. Uffculme: Willan Publishing.

[1032] Vrij, A., Floyd, M., & Ennis, E. (2003). Telling lies to strangers or close friends: Its relationship with attachment style. In S. P. Shohov (Ed.), Advancesin psychological research, volume 20 (pp. 61 – 74). New York: NovaScience Publishers.

[1033] Vrij, A., Foppes, J. H., Volger, D. M., & Winkel, F. W. (1992). Moeilijk te bepalen wie de waarheid spreekt: Non – verbaal gedrag belangrijkste indicator. Algemeen Politie Blad, 141, 13 – 15.

[1034] Vrij, A., & Graham, S. (1997). Individual differences between liars and the ability to detect lies. Expert Evidence, 5, 144 – 148.

[1035] Vrij, A., & Granhag, P. A. (2007). Interviewing to detect deception. In S. A. Christianson (Ed.), Offenders' memories of violent crimes (pp. 279 – 304). Chichester, England: John Wiley & Sons, Ltd.

[1036] Vrij, A., Granhag, P. A., & Mann, S. (in press). Good liars. Review of Policy Research.

[1037] Vrij, A., Harden, F., Terry, J., Edward, K., & Bull, R. (2001). The influence of personal characteristics, stakes and lie complexity on the accuracy and confidence to detect deceit. In R. Roesch, R. R. Corrado, & R. J. Dempster (Eds.), Psychology in the courts: International advances in knowledge (pp. 289 – 304). London: Routlegde.

[1038] Vrij, A., & Heaven, S. (1999). Vocal and verbal indicators of deception as a function of lie complexity. Psychology, Crime, & Law, 5, 203 – 315.

[1039] Vrij, A., & Holland, M. (1998). Individual differences in persistence in lying and experiences while deceiving. Communication Research Reports, 15, 299 – 308.

[1040] Vrij, A., Kneller, W., & Mann, S. (2000). The effect of informing liars about criteria – based content analysis on their ability to deceive CBCA – raters. Legal and Criminological Psychology, 5, 57 – 70.

[1041] Vrij, A., & Lochun, S. (1997). Neuro – linguïstisch verhoren. In P. J. Van Koppen, D. J. Hessing, & H. F. M. Crombag (Eds.), Het hart van de zaak: Psychologie van het recht (pp. 493 – 505). Deventer, the Netherlands: Kluwer.

[1042] Vrij, A., & Mann, S. (2001a). Telling and detecting lies in a high – stake situation: The case of a convicted murderer. Applied Cognitive Psychology, 15, 187 – 203.

[1043] Vrij, A., & Mann, S. (2001b). Who killed my relative? Police officers' ability to detect real – life high – stake lies. Psychology, Crime, & Law, 7, 119 – 132.

[1044] Vrij, A., & Mann, S. (2003a). Deceptive responses and detecting deceit. In P. W. Halligan, C. Bass, & D. Oakley (Eds.), Malingering and illness deception: Clinical and theoretical perspectives (pp. 348 – 362). Oxford, England: Oxford University Press.

[1045] Vrij, A., & Mann, S. (2003b). Telling and detecting true lies: Investigating and detecting the lies of murderers and thieves during police interviews. In M. Verhallen, G. Verkaeke, P. J. van Koppen, & J. Goethals (Eds.), Much ado about crime: Chapters on psychology and law (pp. 185 – 208). Brussels, Belgium: Uitgeverij Politeia.

[1046] Vrij, A., & Mann, S. (2004). Detecting deception: The benefit of looking at a combination of behavioral, auditory and speech content related cues in a systematic manner. Group Decision and Negotiation, 13, 61 – 79.

[1047] Vrij, A., & Mann, S. (2005). Police use of nonverbal behavior as indicators of deception. In R. E. Riggio & R. S. Feldman (Eds.), Applications of nonverbal communication (pp. 63 – 94). Mahwah, NJ: Erlbaum.

[1048] Vrij, A., & Mann, S. (2006). Criteria – Based Content Analysis: An empirical test of its underlying processes. Psychology, Crime, & Law, 12, 337 – 349.

[1049] Vrij, A., Mann, S., & Fisher, R. (2006a). An empirical test of the Behaviour Analysis Interview. Law and Human Behavior, 30, 329 – 345.

[1050] Vrij, A., Mann, S., & Fisher, R. (2006b). Information – gathering vs accusatory in – terview style: Individual differences in respondents' experiences. Personality and Individual Differences, 41, 589 – 599.

[1051] Vrij, A., Mann, S., Fisher, R., Leal, S., Milne, B., & Bull, R. (in press). Increasing cognitive load to facilitate lie detection: The benefit of recalling an event in reverse order. Law and Human Behavior.

[1052] Vrij, A., Mann, S., Kristen, S., & Fisher, R. (2007). Cues to deception and ability to detect lies as a function of police interview styles. Law and Human Behavior, 31, 499 – 518.

[1053] Vrij, A., Mann, S., Robbins, E., & Robinson, M. (2006). Police officers ability to detect deception in high – stakes situations and in repeated lie detection tests. Applied Cognitive Psychology, 20, 741 – 755.

[1054] Vrij, A., Nunkoosing, K., Paterson, B., Oosterwegel, A., & Soukara, S. (2002).

Characteristics of secrets and the frequency, reasons and effects of secrets keeping and disclosure. Journal of Community and Applied Social Psychology, 12, 56 – 70.

[1055] Vrij, A., Pannell, H., & Ost, J. (2005). The influence of social pressure and black clothing on crime judgements. Psychology, Crime, & Law, 11, 265 – 274.

[1056] Vrij, A., & Semin, G. R. (1996). Lie experts' beliefs about nonverbal indicators of deception. Journal of Nonverbal Behavior, 20, 65 – 80.

[1057] Vrij, A., Semin, G. R., & Bull, R. (1996). Insight in behavior displayed during deception. Human Communication Research, 22, 544 – 562.

[1058] Vrij, A., & Taylor, R. (2001). Police officers' and students' beliefs about telling and detecting little and serious lies. International Journal of Police Science & Management, 5, 1 – 9.

[1059] Vrij, A., & Van Wijngaarden, J. J. (1994). Will truth come out? Two studies about the detection of false statements expressed by children. Expert Evidence, 3, 78 – 84.

[1060] Vrij, A., & Winkel, F. W. (1991). Cultural patterns in Dutch and Surinam nonverbal behavior: An analysis of simulated police/citizen encounters. Journal of Nonverbal Behavior, 15, 169 – 184.

[1061] Vrij, A., & Winkel, F. W. (1992a). Crosscultural police – citizen interactions: The influence of race, beliefs and nonverbal communication on impression formation. Journal of Applied Social Psychology, 22, 1546 – 1559.

[1062] Vrij, A., & Winkel, F. W. (1992b). Social skills, distorted perception and being suspect: Studies in impression formation and the ability to deceive. Journal of Police and Criminal Psychology, 8, 2 – 6.

[1063] Vrij, A., & Winkel, F. W. (1994). Perceptual distortions in crosscultural interrogations: The impact of skin color, accent, speech style and spoken fluency on impression formation. Journal of Cross – Cultural Psychology, 25, 284 – 296.

[1064] Vrij, A. & Winkel, F. W. (1995). Detection of false statements in first and third graders: The development of a nonverbal detection instrument. In G. Davies, S. Lloyd – Bostock, M. McMurran, & C. Wilson (Eds.), Psychology, law and criminal justice: International developments in research and practice (p. 221 – 230). Berlin: de Gruyter.

[1065] Vrij, A., Winkel, F. W., Akehurst, L., (1997). Police officers' incorrect beliefs about nonverbal indicators of deception and its consequences. In J. F. Nijboer & J. M. Reijntjes (Eds.), Proceedings of the first world conference on new trends in criminal investigation and evidence (pp. 221 – 238). Lelystad, the Netherlands: Koninklijke Vermande.

[1066] Vrij, A., Winkel, F. W., & Koppelaar, L. (1988). Culturele verschillen in non – verbaal gedrag: De persoonlijke ruimte van Nederlanders en Surinamers. Migrantenstudies, 4, 40 – 49.

[1067] Vrij, A., Winkel, F. W., & Koppelaar, L. (1991). Interactie tussen politiefunc – tionarissen en allochtone burgers: twee studies naar de frequentie en het effect van aan – en wegkijken op de impressieformatie. Nederlands Tijdschrift voor de Psychologie, 46, 8 – 20.

[1068] Vrij, J. (2001). Verzet tegen angst. Kontakt door Aantreden, 56, 4. Wagenaar, W. A., & Dalderop, A. (1994). Remembering the zoo: A comparison of true and false stories told by pairs of witnesses. Unpublished manuscript, Department of Experimental Psychology, Leiden University, the Netherlands.

[1069] Wagenaar, W. A., & Groeneweg, J. (1990). The memory of concentration camp survivors. Applied Cognitive Psychology, 4, 77 – 87.

[1070] Walczyk, J. J., Roper, K. S., Seemann, E., & Humphrey, A. M. (2003). Cognitive mechanisms underlying lying to questions: Response time as a cue to deception. Applied Cognitive Psychology, 17, 755 – 744.

[1071] Walczyk, J. J., Schwartz, J. P., Clifton, R., Adams, B., Wei, M., & Zha, P. (2005). Lying person – to – person about live events: A cognitive framework for lie detection. Personnel Psychology, 58, 141 – 170.

[1072] Walker, A. G., & Warren, A. R. (1995). The language of the child abuse interview: Asking the questions, understanding the answers. In T. Ney (Ed.), True and false allegations in child sexual abuse: Assessment and case management (pp. 153 – 162). New York: Brunner – Mazel.

[1073] Walkley, J. (1985). Reading the suspect. Police Review, 15 February.

[1074] Wallbott, H. G., & Scherer, K. R. (1991). Stress specifics: Differential effects of coping style, gender, and type of stressor on automatic arousal, facial expression, and subjective feeling. Journal of Personality and Social Psychology, 61, 147 – 156.

[1075] Walters, S. B. (1996). Kinesic interview and interrogation. Boca Raton, Florida: CRC Press.

[1076] Waltman, J. L. (1983). Nonverbal communication in interrogation: Some applications. Journal of Police and Science Administration, 11, 166 – 169.

[1077] Wan Cheng, K. H., & Broadhurst, R. (2005). The detection of deception: The effects of first and second language on lie detection ability. Psychiatry, Psychology and Law, 12, 107 – 118.

[1078] Wang, G., Chen, H., & Atabakhsh, H. (2004). Criminal identity deception and deception detection in law enforcement. Group Decision and Negotitation, 13, 111 – 127.

[1079] Watson, D. C., & Sinka, B. K. (1993). Individual differences, social arousal and the electrodermal detection of deception. Personality and Individual Differences, 15, 75 – 80.

[1080] Wegener, H. (1989). The present state of statement analysis. In J. C. Yuille (Ed.), Credibility assessment (pp. 121 – 134). Dordrecht, the Netherlands: Kluwer.

[1081] Weiss, B., & Feldman, R. S. (2006). Looking good and lying to do it: Deception as an impression management strategy in job interviews. Journal of Applied Social Psychology, 36, 1070 – 1086.

[1082] Wells, G. L., & Leippe, M. R. (1981). How do triers of fact infer accuracy of eyewitness identification? Using memory of peripheral details can be misleading. Journal of Applied Psychology, 66, 682 – 687.

[1083] Wells, G. L., & Loftus, E. F. (1991). Commentary: Is this child fabricating? Reactions to a new assessment technique. In J. Doris (Ed.), The suggestibilityof children's recollections (pp. 168 – 171). Washington, DC: American Psychological Association.

[1084] Wessel, E., Drevland, G., Eilertsen, D. E., & Magnussen, S. (2006). Credibility of the emotional witness: A comparison of ratings by laypersons and court judges. Law and Human Behavior, 30, 221 – 230.

[1085] Westcott, H., & Brace, N. (2002). Psychological factors in witness evidence and identification. In H. Westcott & N. Brace (2002). Applying psychology (pp. 117 – 178). Milton Keynes, England: Open University Press.

[1086] Westcott, H. L., Davies, G. M., & Clifford, B. R. (1991). Adults' perceptions of children's videotaped truthful and deceptive statements. Applied Social Psychology, 31, 2322 – 2338.

[1087] Westcott, H. L., & Kynan, S. (2004). The application of a 'story – telling' framework to investigative interviews for suspected child sexual abuse. Legal and Criminological Psychology, 9, 37 – 56.

[1088] Westcott, H. L., & Kynan, S. (2006). Interviewer practice in investigative interviews for suspected child sexual abuse. Psychology, Crime, & Law, 12, 367 – 382.

[1089] Westcott, H. L., Kynan, S., & Few, C. (2005). Improving the quality of investiga – tive interviews for suspected child abuse: A case study. Psychology, Crime, & Law, 11, 77 – 96.

[1090] White, C. H., & Burgoon, J. K. (2001). Adaptation and communicative design: Patterns of interaction in truthful and deceptive conversations. Human Communication Research, 27, 9 – 37.

[1091] Whitty, M. T. (2002). Liar, liar! An examination of how open, supportive and honest people are in chat rooms. Computers in Human Behavior, 18, 343 – 352.

[1092] Wilcox, D. T., Sosnowski, D., & Middleton, D. (2000). Polygraphy and sex offenders. Forensic Update, 61, 20 – 25.

[1093] Wild, J. (2005). Brain imaging ready to detect terrorists, say neuroscientists. Nature, 437, 457.

[1094] Williams, S. (2001). Sexual lying among college students in close and casual relationships. Journal of Applied Social Psychology, 31, 2322 – 2338.

[1095] Williamson, T. (1993). From interrogation to investigative interviewing: Strategic trends in police questioning. Journal of Community and Applied Social Psychology, 3, 89 – 99.

[1096] Wilson, A. E., Smith, M. D., & Ross, H. S. (2003). The nature and effects of young children's lies. Social Development, 12, 21 – 45.

[1097] Wilson, D. S., Near, D. C., & Miller, R. R. (1998). Individual differences in Machiavellianism as a mix of cooperative and exploitative strategies. Evolution and Human Behavior, 19, 203 – 212.

[1098] Winkel, F. W., & Koppelaar, L. (1991). Rape victims' style of self – presentation and secondary victimization by the environment. Journal of Interpersonal Violence, 6, 29 – 40.

[1099] Winkel, F. W., & Vrij, A. (1990). Interaction and impression formation in a cross – cultural dyad: Frequency and meaning of culturally determined gaze behaviour in a police interview setting. Social Behaviour, 5, 335 – 350.

[1100] Winkel, F. W., & Vrij, A. (1995). Verklaringen van kinderen in interviews: Een experimenteel onderzoek naar de diagnostische waarde van Criteria Based Content Analysis. Tijdschrift voor Ontwikkelingspsychologie, 22, 61 – 74.

[1101] Winkel, F. W., Vrij, A., Koppelaar, L., & Van der Steen, J. (1991). Reducing secondary victimisation risks and skilled police intervention: Enhancing the quality of police rape victim encounters through trainingprogrammes. Journal of Police and Criminal Psychology, 7, 2 – 11.

[1102] Wolpe, P. R., Foster K. R., & Langleben, D. D. (2005). Emerging neurotechnologies for lie – detection: Promises and perils. The American Journal of Bioethics, 5, 39 – 49.

[1103] Woodall, W. G., & Burgoon, J. K. (1983). Talking fast and changing attitudes: A critique and clarification. Journal of Nonverbal Behavior, 8, 126 – 143.

[1104] Yang, Y., Raine, A., Lencz, T., Bihrle, S., Lacasse, L., & Coleti, P. (2005). Prefrontal white matter in pathological liars. British Journal of Psychiatry, 187, 320 – 325.

[1105] Yeschke, C. L. (1997). The art of investigative interviewing. Newton, Massachusetts: Butterworth - Heinemann

[1106] Yuille, J. C. (1988a). Asimulation study of criteria - based content analysis. Paper presented at the NATO advanced study institute on credibility assessment, Maratea, Italy.

[1107] Yuille, J. C. (1988b). The systematic assessment of children's testimony. Canadian Psychology, 29, 247 - 262.

[1108] Yuille, J. C., & Cutshall, J. (1989). Analysis of statements of victims, witnesses, and suspects. In J. C. Yuille (Ed.), Credibility assessment (pp. 175 - 191). Dordrecht, The Netherlands: Kluwer.

[1109] Zajonc, R. B. (1980). Compresence. In P. B. Paulus (Ed.), Psychology of group influence (pp. 35 - 60). Hillsdale, NJ: Erlbaum.

[1110] Zaparniuk, J., Yuille, J. C., & Taylor, S. (1995). Assessing the credibility of true and false statements. International Journal of Law and Psychiatry, 18, 343 - 352.

[1111] Zaragoza, M. S., Payment, K. E., Ackil, J. K., Drivdahl, S. B., & Beck, M. (2001). Interviewing witnesses: Forced confabulation and confirmatory feedback increase false memories. Psychological Science, 12, 473 - 477.

[1112] Zebrowitz, L. A., Voinescu, L., & Collins, M. A. (1996). "Wide - eyed" and "crooked - faced": Determinants of perceived and real honesty across the life span. Personality and Social Psychology Bulletin, 22, 1258 - 1269.

[1113] Zhou, L., Burgoon, J. K., Nunamaker, J. F., & Twitchell, D. (2004a). Automating linguistics - based cues for detecting deception in text - based asynchronous computer mediated communication. Group Decision and Negotiation, 13, 81 - 106.

[1114] Zhou, L., Burgoon, J. K., Twitchell, D. P., Qin, T., & Nunamaker, J. F. (2004). A comparison of classification models for predicting deception in computer - mediated communication. Journal of Management Information Systems, 20, 139 - 165.

[1115] Zhou, L., Burgoon, J. K., Zhang, D., & Nunamaker, J. F. (2004b). Language dominance in interpersonal deception in computer - mediated communication. Computers in Human Behavior, 20, 381 - 402.

[1116] Zhou, L., & Zang, D. (2006). A comparison of deception behavior in dyad and triadic group decision making in synchronous computer - mediated communication. Small Group Research, 37, 140 - 164.

[1117] Zraick, R. I., Gentry, M. A., Smith - Olinde, L., & Gregg, B. A. (2006). The effect of speaking context on elicitation of habitual pitch. Journal of Voice, 20, 545 - 554.

[1118] Zuckerman, M., DeFrank, R. S., Hall, J. A., Larrance, D. T., & Rosenthal, R. (1979). Facial and vocal cues of deception and honesty. Journal of Experimental Social Psychology, 15, 378 - 396.

[1119] Zuckerman, M., DePaulo, B. M., & Rosenthal, R. (1981a). Verbal and non - verbal communication of deception. In L. Berkowitz (Ed.), Advances in experimental social psychology, volume 14 (pp. 1 - 57). New York: Academic Press.

[1120] Zuckerman, M., Driver, R. E., & Guadagno, N. S. (1985). Effects of segmentation patterns on the perception of deception. Journal of Nonverbal Behavior, 9, 160 - 168.

[1121] Zuckerman, M., Driver, R., & Koestner, R. (1982). Discrepancy as a cue to actual and perceived deception. Journal of Nonverbal Behavior, 7, 95 – 100.

[1122] Zuckerman, M., Koestner, R., & Alton, A. O. (1984). Learning to detect deception. Journal of Personality and Social Psychology, 46, 519 – 528.

[1123] Zuckerman, M., Koestner, R., Colella, M. J. (1985). Learning to detect deception from three communication channels. Journal of Nonverbal Behavior, 9, 188 – 194.

[1124] Zuckerman, M., Koestner, R., & Driver, R. (1981b). Beliefs about cues associated with deception. Journal of Nonverbal Behavior, 6, 105 – 114.

[1125] Zuckerman, M., Speigel, N. H., DePaulo, B. M., & Rosenthal, R. (1982). Nonverbal strategies for decoding deception. Journal of Nonverbal Behavior, 6,171 – 187.

[1126] Zulawski, D. E., & Wicklander, D. E. (1993). Practical aspects of interview and interrogation. Boca Raton, Florida: CRC Press.